陳寅恪文集之七

柳如是别傳

中

上海古籍出版社

第四章　河東君過訪半野堂及其前後之關係

此章所論述分爲三期。第壹期自崇禎八年乙亥秋深河東君離去松江以後起，至崇禎十三年庚辰冬河東君過訪牧齋於半野堂止。第貳期自崇禎十三年庚辰冬河東君過訪半野堂起，至崇禎十四年辛巳夏河東君與牧齋結褵於茸城舟中止。第叁期自崇禎十四年辛巳夏錢柳結褵於茸城舟中起，至崇禎十七年甲申冬絳雲樓落成時止。其所依據資料，主要仍爲顧苓河東君傳。此傳前章已引者不復重錄，茲接錄前引顧氏之文有關此三時期者於下。

范鍇華笑廎雜筆壹顧苓「河東君傳」云：

〔河東君〕遊吳越間，格調高絕，詞翰傾一時。嘉興朱治憪爲虞山錢宗伯稱其才。宗伯心豔之，未見也。崇禎庚辰冬扁舟訪宗伯。幅巾弓鞵，著男子服。口便給，神情灑落，有林下風。宗伯大喜，謂天下風流佳麗，獨王修微楊宛叔與君鼎足而三，何可使許霞城茅止生專國士名姝之目。留連半野堂，文燕浹月。越舞吳歌，族舉遞奏。香籢玉臺，更唱迭和。既度歲，與爲西湖之游。刻東山訓和集。集中偁河東君云。君至湖上，遂別去。（寅恪案，河東君雖與牧齋有游西湖之約，但止送牧齋至嘉興鴛鴦湖，獨自逕返松江。牧齋別去河東君後，遂往游西湖及黃山也。東山訓和集及初學集所載甚明，顧氏語有誤。金鶴沖錢牧齋先生年譜崇禎十四年辛巳條云：「正月與河東君游杭州西湖，遂別去。」亦沿顧氏之誤。詳見下文論證。）過期不至，宗伯使客搆之乃出。（塔影園集壹「搆」作「促」。）定情之夕在（崇禎十四年）辛巳六月初七日。君年二十四矣。宗伯賦前七夕詩，屬諸同人和之。（塔影園集壹「同」作「詞」。）爲築絳雲樓于半野堂之後。房櫳窈窕，綺疏青瑣。旁龕金石文字，（塔影園集壹「龕」下有「古」字。）宋刻書數萬卷。列三代秦漢尊彝環璧之屬，晉唐宋元以來法書。官哥定州宣成之甆，（秦淮廣記貳之肆「成」作「城」。）端谿靈璧大理之石，宣德之銅，果園廠之髹器，充牣其中。君于是乎儉梳靚妝，湘簾棐几，煮沈水，鬥旗槍，寫青山，臨墨妙，考異訂譌，間以調謔，略如李易安在趙德卿家故事。（塔影園集壹「卿」作「甫」。）然頗能制御宗伯，宗伯甚寵憚之。

第壹期

此期之問題爲白崇禎八年乙亥秋深至崇禎十三年庚辰冬，歷時約爲五年。其間河東君之踪跡及相來往諸人與牧齋之關係是也。前引臥子詩「乙亥除夕」云：「桃根渺渺江波隔。」及「長相思」云：「美人今在秋風裡。碧雲迢迢隔江水。」是河東君在崇禎八年乙亥冬間及崇禎十一年戊寅秋間，其所在地與臥子有江波之隔。復據前引河東君戊寅草「曉發舟至武塘」及「秋深入山」兩詩，更可證知河東君於崇禎八年秋深由松江至盛澤鎮歸家院，松江與盛澤，卽所謂「江波隔」也。此外能確定河東君離去臥子後，最早常寓之地者，唯第貳章所引沈虬河東君傳中，崇禎九年丙子張溥至盛澤鎮徐佛家，遇見河東君一事。沈氏既於舟中親見河東君，則其言自爲可信。蓋河東君若離去松江他往，則舍舊時盛澤鎮之徐佛家，恐亦難覓更適當之地。徐雲翾更因將適人之故，自急於招致，使河東君與張輕雲宋如姬梁道釗諸名姝相互張大其隊伍也。但河東君此次之居徐佛家，乃與前此未入周道登家時之爲雲翾婢者，其身分迥異。沈次雲牽混前後不同時間之身分，以河東君於崇禎九年尙爲雲翾之婢，殊爲舛誤。前釋宋讓木秋塘曲「初將玉指醉流霞」句，已辨及之，讀者可參閱也。

崇禎九年間，河東君之踪跡，已於前論河東君第貳次嘉定之游節詳述之，玆不復贅。唯崇禎十年丁丑關於河東君之材料，尙未發見，故姑從闕如，以俟更攷。儻承博識通人有所賜教，則幸甚矣。至於崇禎十一年戊寅河東君之踪跡，則頗有材料可以依據，玆論釋之於下。

葛昌楣君蘼蕪紀聞上載王士祿宮閨氏籍藝文考略引神釋堂詩話略云：

河東君早歲耽奇，多淪荒雜。戊寅一編，遺韻綴辭，率不可詰。最佳如劍術行，懊儂詞諸篇，不經翦截，初不易上口也。然每遇警策，輒有雷電砰燿，刀劍撞擊之勢，亦鬟笄之異致矣。尺牘含咀英華，有六朝江鮑遺風。又云，如是嘗作男洛神賦，不知所指爲誰？其殆自矜八斗，欲作女中陳思耶？文雖總雜，題目頗新，亦足傳諸好事者。

寅恪案，神釋堂詩話之評語，在未得見臥子所刻戊寅草以前，尚不甚明瞭其所指。今幸得此書鈔本，始恍然知其所評之允當也。戊寅草首載臥子一序，詩一百六首，詞三十一闋，賦三篇。至詩餘一類，疑卽衆香詞選柳是小傳所謂「鴛鴦樓詞」者，前已論及。復據楊陳關係第貳期所錄河東君戊寅草中諸詞之攷證，其作成時代，皆不能後於崇禎八年。故戊寅草中之詞，當卽是鴛鴦樓詞。臥子是否在刻戊寅草前，已別刻鴛鴦樓詞，今不敢決言。但就楊陳二人關係觀之，以崇禎八年爲最密切。臥子自撰年譜崇禎八年乙亥條云：「是歲有屬玉堂集。」夫「屬玉堂」與「鴛鴦樓」兩名，乃對稱之辭。故疑鴛鴦樓詞果先別有刻本者，亦當在崇禎八年，至遲亦不逾九年也。賦三篇依前所攷證，其作成時間皆在崇禎九年以前。詩則若依前所論「八月十五夜」一首，乃崇禎八年中秋與臥子同賦，而排列偶錯，仍應計入崇禎八年所作詩之內者。故此首以上共一百一首，皆是崇禎八年秋深以前所作。其餘自「答汪然明」至「詠晚菊」止，共四題五首，皆是崇禎十一年秋間所作。與其前一百一首之作於崇禎八年秋季以前者，其時間相距有三年之久，何以河東君此三年內所作之詩，竟無一篇列於戊寅草？其中必有待發之覆。今日雖不能詳究其故，姑就崇禎十一年河東君及臥子之踪跡推測，或可備一解也。

河東君於崇禎十一年戊寅秋間，曾游西湖，詳見下論汪然明春星堂集叁遊草「柳如是校書過訪」詩等條所攷。茲暫不論及。（又寅恪曾見神州國光社影印蔣杲賜書樓藏柳如是山水冊末幀河東君題款中，有報人爲其作西泠採菊長卷之語。若此畫果爲眞蹟者，則更可與戊寅草中所載詩最後一首「詠晚菊」五律相參證。并疑亦是崇禎十一年戊寅秋間河東君曾遊西湖之一旁證也。俟攷。）至若臥子之踪跡亦有崇禎十一年戊寅秋間曾過西湖之事實。據陳忠裕全集自撰年譜上崇禎十一年戊寅條云：

冬，石齋師以謫還，居禹航之大滌山。予往謁之，賦詩而歸。

及同書壹肆湘眞閣集「石齋先生築講壇於大滌山，卽玄蓋洞天也。予從先生留連累日。」五言律詩八首（參同書壹貳三子詩稾「寄獻石齋先生」七言古詩五首之一自注云：「指戊寅冬事也。時侍師於禹航。」）云：

（詩略。）

又黃漳浦集貳肆「大滌書院記」（參同書所載莊起儔撰漳浦黃先生年譜崇禎十一年戊寅條。）略云：

戊寅冬，余再以逐客南旋。緬念斯山，睽違七載。又以中途警聽邊氛，未忍恝然絕帆胥江，遂復誅茅其間，徘徊日夕。當時同遊者，爲嘉興倪梅生先春，汪爾陶梃，錢仲雍琳，蕭山曹木上振龍，松江陳臥子子龍。時臥子以桐杖不遂登高。（寅恪案，此時臥子尙服其繼母唐孺人之喪。故石齋引小戴記喪服小記母喪桐杖之義以爲說。其實陳忠裕全集壹陸湘眞閣集有「戊寅九日同闇公舒章諸子登高之酌」七律二首。讀之不覺發笑也。）余病未之能從也。

及同書肆壹五言律「出大滌，將渡胥江，而羲兆木上諸兄又申湖上之約。會倪鴻寶祭酒來自山陰，遂偕朱士美〔等〕，仝入靈隱，登弢光，有作。屬鴻寶羲兆木上和之。四章。」云：

（詩略。）

及同書同卷「〔陸自巖〕曾瞻〔陳子龍〕臥子同過靈隱二章。」（寅恪案，此詩排列次序先後疑有誤。）云：

約爾巢松去，逢余墜葉時。

寅恪案，崇禎十一年冬臥子至餘杭大滌山謁石齋後，又從石齋至杭州遊西湖。此據陳黃兩集詩文可攷而知者。疑臥子自松江至餘杭，往返皆經杭州。其從石齋遊西湖之後，當卽還家。但其往餘杭謁石齋經杭州之時，可能在十月以前，卽季秋之月。此時或與河東君相值於西湖。或二人先後差錯，未得相遇，均未可知。今既難證實，可置不論。鄙意臥子或在杭州取其舊所藏河東君崇禎八年秋深以前之作品，託人刊刻，而受託刊刻之人遂併取所見河東君最近之詩，附錄於後。此戊寅草詩中所以缺去崇禎八年秋深以後，崇禎十一年秋季以前作品之故歟？若所揣測不誤，則戊寅草之刊行，主持發起者，爲陳臥子，董理完成者，爲汪然明。後來汪氏又刻河東君尺牘，遠倩林天素爲之序。今戊寅草雖首載臥子之序，但亦不必拘泥認爲臥子實親自督工刊刻也。

復次，河東君崇禎十一年戊寅之踪跡，可於汪然明春星堂集叁遊草中得窺見一二。汪氏集中疑本有與河東君有關之作甚多，後來因牧齋關係，遂多删去不存，殊可惜也。

春星堂集叁遊草「余久出遊，柳如是校書過訪，舟泊闗津而返。賦此致懷。」云：

浪遊留滯邈湖山。有客過從我未還。不向西泠問松柏，遽懷南浦出郊闗。兩峯已待行雲久，一水何辭拾翠慳。猶疑春風豔桃柳，拏舟延佇遲花間。

同書同卷「無題」云：

明粧憶昨豔湖濱。一片波光欲蕩人。羅綺叢中傳錦字，笙歌座上度芳辰。老奴愧我非溫嶠，美女疑君是洛神。欲訪仙源違咫尺，幾灣柳色隔香塵。

寅恪案，汪氏遊草卷首載其秋遊雜詠自序云：

崇禎〔十一年〕戊寅季秋汪汝謙書於攝臺。（寅恪案，春星堂詩集首汪然明小傳云：「所居曰春星堂。其爲董尚書題榜者，曰夢草齋，聽雪軒。陳眉公題榜者，曰攝臺。」又春星堂詩集陸汪鶴孫延芬堂集上寄懷春星堂詩「樓臺堪對月，四面攝烟霞。」句，自注云：「大父翫月處，眉公徵君題曰攝臺。謂四面湖山俱能攝入也。」寅恪頗疑梅坡解釋「攝臺」所以命名之意，不過從其家人傳述而來。蓋有所諱飾，未必得此臺名之眞意。據同書叁夢草附載陳眉公「紀夢歌」跋云：「聽雪堂侍兒非異人，卽天素也。五丁攝之來試君耳。」幷同書壹不繫園集「不繫園記」云：「陳眉公先生題曰不繫園。」及同書隨喜庵集題詞云：「董玄宰宗伯顏曰隨喜庵。」然則依當時慣例，命名題字，多出於一人。故「攝臺」既爲眉公題字，其命名當亦出自眉公。眉公既謂五丁攝天素來試然明於夢中，所以即取「攝」字以爲臺名耶？姑識所疑，以俟更攷。）

又汪氏遊草最前一題爲「仲秋同無方姪出遊」，最後一題爲「出遊兩月，歸途復患危病。」是然明以崇禎十一年八月出遊，約經兩月，始歸杭州。「柳如是校書過訪」詩在此草中逆數第叁。「無題」詩爲逆數第貳。據此推之，河東君於崇禎十一年季秋，曾遊杭州也。「無題」一詩，與「柳如是校書過訪」詩連接，此詩中又藏有「柳是」二字，則爲河東君而作，可確定無疑。或者原題亦非如此，今題殆復爲後來然明所諱改耶？

復次，然明「無題」詩不僅藏有河東君姓名，頗疑此詩中尚有河東君之本事。其第貳聯，自指戊寅草中男洛神賦而言，無待詳證。其第壹聯上句，恐指河東君湖上草「清明行」而言，蓋蘇蕙迴文錦字，乃贈竇滔之作品（見晉書玖陸竇滔妻蘇氏傳。可參文苑英華捌叁肆及全唐文玖柒武則天「蘇氏織錦迴文記」，馮應榴蘇文忠公詩合註貳壹「次韻回文三首」及所附江南本織錦圖上回文三首題下注。并阮閱休閱詩話總龜後集肆壹歌詠門引東觀餘論及侍兒小名錄等。）「清明行」末二句云：「盤螭玉燕不可寄，空有鴛鴦棄路旁。」亦與若蘭回文錦字同意，并用玉茗堂紫釵記之旨，餘詳後論「清明行」節。「無題」詩第壹聯下句，殆用楊景山「楡柳芳辰火」句。（見全唐詩第伍函楊巨源「清明日后土祠送田徹五律。）故「芳辰」二字實謂「清明日」與其他泛指者，如東山訓和集貳牧齋「二月十二春分日橫山晚歸作」末句「與君遙夜共芳辰」之「芳辰」不同。錢詩此題之「芳辰」，與「佳辰」「良辰」同意。（可參同書同卷河東君和詩「安歌吾欲撰良辰」句。）至若石頭記第陸叁回「壽怡紅羣芳開夜宴」中妙玉祝寶玉生日紙帖云：「檻外人妙玉恭肅遥叩芳辰。」其以「芳辰」爲生日之别稱，未知所出。豈櫳翠主人亦目怡紅公子爲羣芳之一芳耶？呵呵！

戊寅草中諸作品，詩餘及賦兩類，前皆已論證。詩則以其篇什較衆，語意亦多晦澀，已擇其重要者，攷釋之矣。兹再就前所未及，而較有關者，略論述之於下。

戊寅草詩最後四題五首，觀其題目及詩語，皆與秋季有關，卽崇禎十一年戊寅河東君在西湖所賦，而董理刊刻此稿之人，取以附録於詩一類之後者也。

「答汪然明」云：

> 微雰獨領更幽姿。袖裏琅玕今尚持。天下淸暉言仲舉，平原高會有當時。因思木影蒼林直，爲覺西泠繡羽遲。便曉故園星劍在，蘭皋秋荻已荒靡。

寅恪案，前已論述春星堂集叁遊草中有七律二首，卽「柳如是校書過訪」及「無題」兩詩，皆爲河東君而作者。河東君此詩疑是答汪氏第壹詩，而汪氏「無題」一詩，則又答河東君此詩者也。河東君此詩乃牧齋所謂「語特莊雅」者，（見東山詶和集壹牧齋第壹次答河東君詩題。）斯亦河東君初次與人詶和，自高身分之常例，殊不足爲異。但「因思木影蒼林直，爲覺西泠繡羽遲。」一聯，上句謂素仰然明尚俠之高風，下句謂不以已身訪謁汪氏過遲爲嫌。語意亦頗平常，豈料然明再答以「無題」一詩，中有「老奴愧我非溫嶠，美女疑君是洛神。」一聯，含有調戲之意，已覺可笑。至後來然明刊集時，改易此詩之原題爲「無題」，以免牧齋之嫌妬，更覺可笑矣。

「九日作」云：

離離鶴渚常悲此，因適（？）含霞夕樹平。不有霸陵橫意氣，何人戲馬閱高淸。峻風落葉翻翔婉，菊影東籬欲變縈。寂寞文園事（？）屢至，海雲秋日正相明。

寅恪案，前引黃石齋「大滌山記」，知臥子於崇禎十一年戊寅九月九日實在大滌山。今據此詩知河東君是日適在西湖也。兩地違隔，倍深思舊之情，故此詩末二句及之。「文園」自是以司馬相如指臥子。「事」字疑是「書」字之譌。然則此時河東君當屢得臥子手書，其中或亦論及刊刻戊寅草事耶？

「秋盡晚眺」二首云：

西巒已降青濛色，耿木澄枝亦見違。遠觀衆虛林磬淡，近聯流冥赤楓肥。相聽立鶴如深意，側傲寒花薄暮磯。爲有秋容在畫角，荒臺多是草湇非。

流澌紛影入魚粱。藥徑秋巖氣已傷。天下嶙峋歸草閣，郊原深永怯牙檣。烟苞衰柳餘晴媚，日藹江籬落照黃。叓自紅霜夜明滅，文漣丹溜總相妨。

「詠晚菊」云：

感爾多霜氣，辭秋遂晚名。梅冰懸葉易，籬雪洒枝輕。九畹供玄客，長年見石英。誰人問搖落，自起近丹經。

寅恪案，「九日作」詩有「菊影東籬欲變縈」句。「秋盡晚眺」及「詠晚菊」兩題，皆以菊爲言。斯蓋河東君以陶淵明李易安自比，亦即此時以「隱」爲名之意也。細思之，河東君之身分，與陶李終不相同，雖「秋盡晚眺」第壹首「側警寒花薄暮磯」，第貳首有「烟苞衰柳餘晴媚」等語，但「寒花」指菊，既非「儗人必於其倫」之義。「衰柳」則就河東君此時之身世論，似尚不可言衰。第叁章言河東君於崇禎十二年受臥子是年「上巳行」詩「寒柳無人臨古渡」句意之啓發，遂賦金明池詠寒柳詞一闋，鄙說固不敢自信爲必然，要可與河東君此數詩共參究也。據蔣杲賜書樓所藏柳如是山水冊末幀，乃河東君訓報友人爲其畫採菊長卷者。今止見影印本，作長卷者之名字甚不清晰，未易辨實。河東君題欵中有「西泠採菊長卷」之語，恐與「秋盡晚眺」第壹首「爲有秋容在畫角」句有關。蓋指友人爲其作西泠採菊長卷而言也。又觀「秋盡晚眺」第貳首「流澌紛影入魚粱」及「天下嶙峋歸草閣」之語，則河東君此時所居之處，殆一尋常之臨水客舍，與後來即崇禎十二年再遊西湖，借居「桂棟葯房」之汪然明別墅者，情況迥異，取此詩與河東君尺牘第壹首參較，汪氏好客任俠之風，可窺見一斑矣。「詠晚菊」詩「九畹供玄客，長年見石英。」一聯，或謂用離騷「余既滋蘭之九畹兮」及「夕餐秋菊之落英」。「石英」之「石」，若非「食」即「餐」之意，以音同而誤寫，則當指石上或石間之菊英而言耳。其說亦自可通。

戊寅草中除臥子汪然明外，其他與河東君往來唱訓諸名士，如宋尚木徵璧之類，其事蹟作品，皆甚顯著，可不多述。尚有一二當時名士之可攷者，則略論及之，可借此窺見河東君當日友朋交際之情況也。更有可注意者，卽戊寅草作品中，絕不見有宋轅文徵輿及李舒章雯二人之姓氏名字一事。此草之絕大部分爲臥子之舊藏，其無轅文之名字，固由楊宋兩人曾有微妙之關係，臥子之删去不錄，亦頗易解。至舒章則何以絕不一見其名字，其故今不易知，或者河東君崇禎八年首夏離去松江之南園南樓遷居當地之橫雲山，實與舒章有關。蓋舒章家本有別墅在其處。茲不須詳攷，若一檢陳忠裕全集拾屬玉堂集「雨中過李子園亭」詩題下附考證引李舒章集「張卿（南垣）行」詩「我家橫山若嵤嶁，開生幸入虎頭手。」又引梅邨集張南垣傳「其所爲園，李工部之橫雲。」幷參第叁章論臥子「秋居雜詩」十首之七「遨遊犬子倦，賓從客兒嬌。」自注「舒章招予遊橫雲，予病不往。」及曹溶靜惕堂詩集壹壹「李氏橫山草堂歌」等，卽可證知。職是之故，頗疑河東君之遷居橫雲，舒章實爲地主。臥子之删去舒章名字，殆由於此耶？韓君平詩云：「吳郡陸機爲地主，錢塘蘇小是鄉親。」上句之切合舒章，固不待言，下句則可參後論「有美詩」涉及河東君自稱爲松江籍事。故河東君亦可謂舒章之鄉親矣。一笑！

戊寅草中有「朱子莊雨中相過」七古一首，其詩頗佳，今錄之於下。詩云：

朱郎才氣甚縱橫，少年射策凌儀羽。（「凌儀羽」一本作「眞霞舉」。）豈徒窈窕扶風姿，海內安危亦相許。朝來顧我西郊前，咫尺蛟龍暗風雨。沉沉烟霧吹鸞輈，四野虛無更相聚。君家意氣何飛揚。顧盼不語流神光。時時悵望更歎息，歎吾出處徒凄傷。天下英雄數公等，我輩杳冥非尋常。嵩陽劍器亦難取，中條事業皆渺茫。即今見君豈可信，英思倜儻人莫當。斯時高眺難爲雄。水雲寥落愁空濛。鴛塘蓉幕皆寂寞，神扉開闔翔輕鴻。蒼蒼幽夢墜深碧，朱郎起拔珊瑚鈎。風流已覺人所少，清新照耀誰能儔。高山大水不可見，騷人傑士眞我謀。嗟哉朱郎何爲乎。吾欲乘此雲中鵠，與爾笑傲觀五湖。

寅恪案，曹溶靜惕堂詩集貳玖「送朱子莊北上赴選」七律二首，其第壹首略云：

辭家北指薊臺雲。射策恢奇海內聞。重憶先朝遺烈在，（自注：「謂其祖文恪公。」寅恪案，「文恪」乃明大學士秀水朱國祚之謚。）芝蘭今日又逢君。

同書同卷「送朱子莊令宜春」七律二首（題下自注：「時攜廣陵姬同行。」）其第壹首有句云：

重喜明時早致身。

同書叁「輓朱子莊」五古二首，其第貳首略云：

並轡越承明，直入邯鄲市。挾瑟燕姬牀，容貌若桃李。惜哉青春姿，獨處重帷裏。服藥媚紅顏，終爲悅己死。

今檢道光修宜春縣志秩官門明知縣欄載：

朱茂暻。秀水人。進士。崇禎十三年任。

吳道昌。貴州人。舉人。十七年任。

同書貳貳名宦門明朱茂暻傳略云：

朱茂暻字子莊，秀水人。崇禎十四年令宜春。（寅恪案，表作「十三年」，傳作「十四年」，相差一歲。疑傳有誤，當從表爲是。）精勤蒞治，剔奸戢豪。性喜延攬，與諸生課文品題，竟日無倦色。

又陳臥子評選皇明經世文編中，宋徵璧所撰凡例亦列有檇李朱子莊茂暻之名。可知朱子莊乃一年少貌美，豪氣縱橫之風流世胄。柳曹兩詩所言頗多符合。故河東君詩題之朱子莊，即是此人無疑。但須注意者，同時別有一朱子莊，名容重，明之宗室寧獻王九世孫。事蹟見張庚國朝畫徵錄上「八大山人」條所附及陳田明詩紀事甲貳下。讀戊寅草者，不可誤認也。

戊寅草「送曹鑒躬奉□使之楚藩」七律二首云：

紛紛玄意領羣姿。寂寞遙聞向楚時。文學方須重鄴下，乘傳今更屬龍池。澄江歷亂吳雲沒，洛浦皐烟帝子悲。不是君才多壯敏，三湘形勢有誰知。

揚舲歷歷大江陰。極目湘南才子臨。楚水月明人澹黯，吳川楓動玉蕭森。因看淮幕風雲壯，未覺襄鄖烽火深。顧吾相逢增意氣，（寅恪案，「吾」字爲虞韻平聲。此處應讀仄聲，方協聲律。檢嘉慶修松江府志肆伍選舉表舉人欄崇禎三年庚午「李待問」下注「字存吾」。可爲松江土語「吾」「我」同讀仄聲之一旁證也。）如今無事只遙吟。

王士禎思舊錄貳曹溶小傳（可參浙江通志壹柒玖文苑貳及光緒修嘉興府志伍貳曹氏本傳。）云：

溶字鑒躬，號秋岳，別號金陀老圃。浙江秀水人。崇禎〔十年〕丁丑進士。國榷卷首之一「各藩」欄「楚王」條末載：

武岡王顯槐。宣化王華壁。

曹溶靜惕堂詩集貳玖「入楚」七律云：

中朝翼軫動文墟。楚國名山入詔書。樓上鶴聲迴四牡，湘南秋色老三閭。搴流蘅蕙王孫宅，遶地雲霞使者車。無侯祝融攀禹蹟，章臺夢澤總悲歔。

寅恪案，秋岳與河東君兩人之詩，其中相符合者頗多，曹氏此次入楚封藩，或封宣化王華壁，或封武岡王顯槐嗣子華增。依柳曹詩「湘南」之語，則封武岡王之可能較大。此問題頗複雜，今難詳確攷證。（可參明史壹壹陸楚昭王楨傳幷皇明經世文編肆伍肆郭文毅〔正域〕集「直陳楚藩行勘始末疏」及同書肆伍捌孫宗伯〔愼行〕集「題爲恭承恩詔謹條鈐東楚宗事」等。）但奉使封藩，必在鑒躬中式進士登朝以後，始有可能。然則河東君此題乃崇禎十年丁丑，或更後之時間，遙聞秋岳奉使，遂有是作。此二律在戊寅草列於「曉發舟至武塘」前第柒題。「曉發舟至武塘」一題，乃崇禎九年丙子秋深所賦，詳見後論。由是言之，戊寅草中諸詩排列，亦不盡依時間先後，斯可爲一例證也。戊寅草中更有一可注意之詩，卽「贈友人」七古一首。此詩以前後排列推之，當作於崇禎七年甲戌。茲迻錄此詩幷論證之於下。

「贈友人」云：

霏微雜霧吹在野。朗月淸靈飛不下。流觴曲沼層波靑，金塘白苧蒼涼夜。矜嚴之氣通英詞。神鋒高湧濤聲時。與君突兀論情愫，四座靚默皆凝思。君言磊落無尋常，顧盼縱橫人不知。當年頗是英雄才，至今猛氣猶如斯。我聞起舞更嘆息，江湖之色皆奔馳。卽今天下多紛紛，天子非常待顏駟。丈夫會遇詎易能，長戈大戟非難爲。一朝拔起若龍驤，身師（帥？）幽幷扶風兒。大羽插腰箭在手，功高躍馬稱精奇。偶然蠖落在榛莽，亦當結客長楊媚。（揚眉？）甘泉五柞馬蹤下，藍田柳市人多推。千秋以是垂今名，四海因之爭心期。嗟哉鳳凰今滿野，有時不識如山鷗。君家北海饒異略，屠肆知爲非常姿。一旦匿之心膽絕，三年天下無猜疑。君今負義亦如此，得非石室山人無。攬（覽？）君蕭壯徒扼腕，城頭擊鼓烏夜呼。偉人豪士不易得，偉人豪士不易得，得之何患非吾徒。

寅恪案，此「友人」不顯著其姓名，果爲何人耶？詩云：「君家北海饒異略。」檢後漢書列傳伍肆趙岐傳略云：

岐遂逃難四方，自匿姓名，賣餅北海市中。時安丘孫嵩年二十餘，遊市見岐，察非常人。停車呼與共載。岐懼失色。嵩乃下帷，令騎屏行人，密問岐曰，視子非賣餅者。又相問而色動，不有重怨，卽亡命乎？我北海孫賓石，闔門百口，勢能相濟。岐素聞嵩名，卽以實告之，遂以俱歸。藏岐複壁中數年。因赦乃出。

可知此友人之姓氏爲孫也。又檢陳忠裕全集壹貳三子詩稾「贈孫克咸」七古，題下附考證引王士禛「肆雅堂詩集序」（參陳田明詩紀事辛籤陸「孫臨」條。）云：

孫先生諱臨，字克咸，更字武公。少司馬晉季弟。少讀書任俠，與里中方密之周農父錢飲光齊名。所爲歌詩古文詞，流傳大江南北。崇禎末，流賊蹂楚豫，闌入蘄黃英霍間，皆爲戰場。皖當其衝。先生渡江走金陵，益散家財，結納奇材劍客，與雲間陳大樽夏瑗公徐復菴三君厚善。大樽贈先生詩曰，孫郎磊落天下才云云。著其事也。

及陳臥子先生安雅堂稿壹肆書牘類「答方密之（以智）」云：

足下與李子（舒章）孫子（克咸）周子（勒卣）輩皆落落，惟弟幸通籍末。

復證以河東君及臥子詩幷阮亭序所言任俠尙武之事，則此孫姓友人，恐非克咸莫屬。又戊寅草中有「劍術行」一篇，神釋堂詩話極稱賞之。今錄其詩於下，幷可參陳忠裕全集拾屬玉堂集「劍術行」。依陳詩題下案語，以爲或是贈方密之之作。鄙意楊陳兩詩題目旣同，時間相近，不知是否俱爲贈孫氏之作。或由孫氏轉致密之，亦未可知。姑存此疑案，以待參究。

戊寅草「劍術行」云：

西山狐鳥何縱橫。荒陂白日啼鼯鼪。偶逢意氣蒼茫客，鬢眉慘淡堅層冰。手無風雲但悍疾，挾我雙騎西南行。未聞馬上言龍驤，已見門前懸弓戟。拂衣欲走青珊瑚，澒洞不言言劍術。須臾樹杪雷電生。玄猿赤豹侵空冥。寒鋒倒景不可識，陰崖落木風悲吟。（「吟」一作「鳴」。）吁嗟變化須異人，時危劍器摧石骨。我徒壯氣滿天下，廣陵白髮心惻惻。視此草堂何爲者，雄才大略惟愁疾。況看舉袖星辰移。海童江妾來遲遲。傑如雄虺射嬰茀，矯如脅鵠離雲倪。萃如列精俯大壑，翕（翳？）如疋練從文貍。奇鶬孤鶚眼前是，陰雲老鶴徒爾爲。丈夫虎步兼學道，一朝或與神靈隨。獨我忼慨懷此意，對之硉矹將安之。

復次，河東君「贈友人」詩之「友人」，果爲孫克咸者，則孫氏尙有與葛嫩一重公案。余懷板橋雜記述之頗詳，因附錄之。且因澹心此條涉及楊龍友事。而龍友節義文藝，皆可流傳。今日因孔尙任桃花扇傳奇，於龍友爲人，頗多誣詆，遂致論人論世，皆乖史實。茲以其與臥子輩及松江有關，故余氏所記，涉及龍友者，亦不刪略，庶其可杜淺識悠悠之口云爾。

余澹心懷板橋雜記中麗品門「葛嫩」條云：

葛嫩字蕊芳。余與桐城孫克咸交最善。克咸名臨，負文武才略。倚馬千言立就，能開五石弓，善左右射。短小精悍，自號飛將軍。欲投筆磨盾，封狼居胥。又別字武公。然好狹邪遊，縱酒高歌，其天性也。先昵朱市妓王月，月爲勢家奪去，抑鬱不自聊。與余閒坐李十娘家。十娘盛稱葛嫩才藝無雙，卽往訪之。闌入臥室，値嫩梳頭，長髮委地，雙腕如藕，面色微黃，眉如遠山，曈人點漆。敎請坐。克咸曰，此溫柔鄉也。吾老是鄉矣。是夕定情，一月不出。後竟納之閒房。甲申之變，移家雲間，間道入閩，授監中丞楊文聰事。兵敗被執，并縛嫩，主將欲犯之。嫩大罵，嚼舌碎，含血噀其面。將手刃之。克咸見嫩抗節死，乃大笑曰，孫三今日登仙矣。亦被殺。中丞父子三人同日殉難。

崇禎十二年十三年間，河東君之踪跡，更可於汪然明所刊河東君湖上草及尺牘兩書中，得其梗概。今北京中國科學院藏柳如是湖上草幷尺牘鈔本後附載：

汪然明以柳如是尺牘幷湖上草見貽，口占二絕。

汪郎元是有情癡。一卷投來湖上詩。脫盡紅閨脂粉氣，吟成先弔岳王祠。

謫來天上好樓居。詞翰堪當女狀頭。三十一篇新尺牘，篇篇蘊藉更風流。

甲申冬日仙山漁人林雲鳳題於檇李歸舟。（寅恪案，佚叢甲集收齋集外詩附柳如是詩載南祓跋語，稱孫龍尾鈔本。卷尾有「武陵漁人」一跋，幷附此跋。但「武陵漁人」與此「仙山漁人」即林雲鳳者，當非一人。）

右二種原本藏城南徐子晉家。

寅恪案，此爲汪然明刊行河東君湖上草及尺牘之確證。瞿氏鐵琴銅劍樓所藏。雖湖上草與尺牘合爲一册，但無此附錄，當是後來傳鈔所删遺也。此兩書中，尺牘一種實爲最有價値之史料。惜鈔本多脫誤，不易通解之處頗不少。杭州高氏藏有明刻本湖上草及與汪然明尺牘。寅恪未得親見。聞上有「曾在舊山樓」印，然則此本乃虞山趙次侯宗建家舊物也。（參葉昌熾藏書紀事詩柒。）據云，湖上草爲寫刻，尺牘則宋體字，但皆有譌誤脫漏之處。故間接轉託校讐外，仍依諸鈔本，並參王秀琴女士胡文楷君編選「歷代名媛書簡」本迻錄，略附鄙見，爲之斠補。茲僅能擇其資攷證饒趣味者，論釋之。至湖上草諸詩，原文具在，讀者可自得之，不必多論。其有關攷證者，亦於詮釋尺牘及他處言及之，不復重贅。惟綴數語幷擇錄最佳之作數首，俾見河東君當日行踪交遊之一二而已。

關於林氏事蹟，同治修蘇州府志捌柒長洲林雲鳳傳，引徐晟存友札小引云：

啓禎間以詩名吳中。其詩穩順聲勢，格在中晚間，不爲一時鍾譚所移。年八十餘卒。

又初學集拾崇禎詩集陸「乙亥中秋吳門林若撫胡白叔二詩人引禊琴之禮，勸破詩戒，次若撫來韻四首。」東山酬和集貳牧翁「六月七日迎河東君於雲間，喜而有述」四首中，第壹第貳第叁首後，附有林雲鳳若撫和章。有學集貳秋槐詩支集「讌新樂小侯於燕譽堂。林若撫徐存永陳開仲諸詞人並集。」詩。同書錢遵王註本伍絳雲餘燼集下「林若撫挽詞」。列朝詩集丁壹叁唐時升詩中，「詠雁字」二十四首序云：

郡人林若撫所賦「雁字」十首，諷詠久之，淸婉流麗，姿態橫生，飄飄有淩雲之思。

明詩綜柒壹選錄林雲鳳詩三首，幷附錄詩話一則。徐釚本事詩柒選林氏「鞋盃行」，「虎邱宴集觀女郎蹴踘行」，「陰澄湖舟中觀衆女郎沐髮歌」及「陳保御席上賦得相逢行，贈白小姬。」等四首。吳偉業梅村家藏藁柒「梅花菴話雨，同林若撫聯句」。毛晉和友人詩卷內有林氏「酒蕈」詩及子晉所作「丁亥六月望日若撫七十初度」詩。程嘉燧耦耕堂存稿詩中載「山莊逢林若撫話舊次韻」及「汎湖和林若撫韻」。黃宗羲思舊錄「林雲鳳」條，均可供參攷。

河東君與汪然明尺牘共爲三十一通。觀林雲鳳「三十一篇新尺牘」之句，可以爲證。王秀琴女士胡文楷君編選歷代名媛書簡肆柳是致汪然明書共三十通，卽鈔自瞿氏所藏者，蓋誤合第捌第玖兩簡爲一通也。其後又載柳是寄錢牧齋書一篇，下注云：「清代名人情書。」柳是此書最初由來，尙未能攷知。但觀其內容，事實乖謬可笑，且詞旨鄙俗，讀之令人作嘔，必是僞撰無疑。今竟與致汪然明尺牘共列選中，何厚誣河東君之甚？此不得不爲之辨明者也。

茲先論河東君致汪然明尺牘最後一簡，卽第叄壹通。以其關涉汪氏刻行此書之年月故也。其文云：

尺素之至，甚慰相存。知虞山別後，已過夷門，延津之合，豈漫然耶？此翁氣誼，誠如來教。重以盛心，引睇明愷。顧慚菲薄，何以自竭。惟有什襲斯言，與懷俱永耳。武夷之遊，聞在旦夕，雜佩之義，於心闕然。當俟越橐云歸，或相賀于虞山也。應答小言，已分嗤棄，何悟見賞通人，使之成帙。非先生意深，應不及此。特有遠投，更須數本，得飛槳見貽，爲感！非渺諸惠，謝謝。四箑草完，不盡。

寅恪案，汪氏春星堂詩集肆閩遊詩紀第壹題爲「暮春辭家閩遊」。又此集首載崇禎辛巳中秋閩漳王志道所撰序云：

其少也，嘗散千金以濟遊客，客遂俠之。

故知書中所謂「武夷之遊」，卽指然明赴閩訪林天素之行。此行開始於崇禎十四年辛巳暮春。河東君既言「聞在旦夕」，則河東君復此書時，恐卽在是年三月間也。所可笑者，然明此行本專爲訪覓林天素，但天素終未能與之偕歸西湖。河東君「當俟越橐云歸，或相賀于虞山。」之言，蓋有雙關之意。一爲然明自閩返時，己身或已歸虞山錢氏。二爲然明或與天素同至虞山，故可相賀。詞旨殊爲微妙。惜然明此行空勞往返，是其「天福」卽豔福，（見第叁章論牧齋「採花釀酒歌」。）遠不及牧齋也。後來李笠翁漁作「意中緣」劇曲，以楊雲友配董玄宰，林天素配陳眉公。遊戲之筆，殊有深意。（陳文述蘭因集下載汪端「翁大人重修西湖三女士墓詩」之三「輕薄姻緣說意中」句下自注云：「李笠翁撰意中緣，以雲友配董香光，謬論也。」寅恪案，自然好學齋主人混合文學想像與歷史事實爲一事，未免過泥矣。）然不及柳如是配錢牧齋，林天素配汪然明，更爲理想之因緣。此點笠翁亦未嘗不知，不過當時尙有避忌，不便公然形諸楮墨。其中間有關涉然明者，則以「江懷一」或「江秋明」之假名代之，實不得已也。（寅恪案，春星堂集伍夢香樓集中載有李漁次韻然明詩七絕四首，但今檢笠翁集中與然明有關之詩詞，惟卷伍「元宵無月，次汪然明封翁韻，時座有紅粧。」五律一首及卷陸「清明日汪然明封翁招飲湖上，座皆名士，兼列紅粧。」七律一首。其第貳句云：「園在西陵不繫舟。」自注云：「舟名不繫園。」又卷捌行香子詞一闋題爲「汪然明封翁索題王修微遺照」等。至汪氏夢香樓集附載之詩，則未見也。又牧齋外集貳伍有順治十八年辛丑夏日所作「李笠翁傳奇戲題」一篇，可供參證。若曲海提要貳壹「意中緣」條所攷，則頗疎略，殊不足取也。）笠翁此書請黃媛介作序，蓋以皆令與戲中女主人類似之故。黃序自寫其身世之感，辭旨頗佳。此書卷上復載「禾中女史（卷下作「閨史」）批評」之語。媛介爲嘉興籍。「禾中女史」或「閨史」，自是皆令。其第捌齣「先訂」中，林天素答董思白謂：「眞正才子也。不必定以姿貌見長。」批云：「此至論也。非千古第一佳人口中說不出。」及第貳壹齣「捲簾」中，逃求畫人流言謂有男子於簾內代筆，欲捲簾面試。批云：「余少年時，亦受此謗。然堅持不動，彼亦無奈我何。只此一節，稍勝雲友。索書畫者，頗能諒之。」皆有關媛介身世之感者，至「捲簾」一批，則頗爲可笑。夫慧林之容貌姿致，雖不及顧媚陳沅，然必遠勝「阿承醜女」，（寅恪案，吳偉業梅村詩話「黃媛介」條云：「媛介和余〈題鴛湖閨詠四首〉詩。此詩出後，屬和者衆。妝點閨閣，過於綺靡。黃觀只（濤）獨爲詩非之。以爲媛介德勝於貌，有阿承醜女之名，何得言過其實？此言最爲雅正云。」）不妨任人飽看。皆令何可持閨門禮法以自矜尚，而傲視雲道人耶？評語中更有可注意者，即「捲簾」齣中，逃楊雲友欲爲黃天監捐官事。批云：「因妻得官，乃雲友良人之實事。杭人無不知之。」則爲輯雲道人逸事者所不及知。故特標出之，以供後來爲「林下風」作傳者之參攷。

更有可怪者，徐樹敏錢岳選衆香詞書集族里雲隊有成岫詞三闋。其小傳略云：

成岫字雲友。錢塘人。性愛雲間董宗伯書法畫意，臨摹多年。每一着筆，即可亂眞。今膴腽而失蒼勁者，皆雲友作也。年二十二，尙未有偶。戊子春，董宗伯留湖上，見雲友所倣書畫甚夥，自不能辨。後得徵士汪然明言其詳，即爲蹇修，遂結褵於不繫園。雲友歸董之後，琴瑟靜御，俱譜入意中緣傳奇。有慧香集。

寅恪案，徐錢所據不知何書。今止就所述兩事言之，即見其妄。一董其昌爲萬曆十六年戊子舉人，十七年己丑進士。（見嘉慶修松江府志伍肆董其昌傳及同書肆伍選舉表明舉人，萬曆十六年戊子科條。）在此以前，玄宰聲名尙未甚盛，書畫亦何能爲人摹倣如此之多。二爲汪然明造不繫園湖舫，在天啓三年癸亥，（見春星堂集壹不繫園集汪氏自記。）上距萬曆戊子爲三十五年。董成二人豈得預先於尙未造成之舟中結褵？謬誤殊甚。此殆後人讀芥子園意中緣劇曲，不解所述玄宰與雲友之關係，乃笠翁遊戲之筆，竟信爲實有其事。可謂天下之笨伯矣。聊附於此，以博一笑！

又河東君書中「虞山別後，已過夷門。」者，「虞山」指收齋言，「夷門」指然明言。此處「虞山」「夷門」皆借地以指人，乃當時文字所習用。其所以用大梁之「夷門」以指然明者，蓋以魏之信陵君比之。湖上草河東君「贈汪然明」詩有「論到信陵還太息」及與汪然明尺牘第叁通有「先生之俠」等句，可與春星堂詩集肆閩遊詩紀王志道序稱然明「散千金濟遊客，人遂俠之。」同書伍遺稿（原注：「又名松溪集」）

「壬辰初冬游嘉禾，飢寒之客雲集，遂售田二十一畝分應之。臘月得次見信，差足自慰。因述禾中感遇，補詩八章。」其二云：

蕭條歲暮動行旌。猶集南宮感送迎。（自注：「南宮祠在嘉興南門內。」）時俗不堪談雅道，新詩偏喜見多情。但看此日趨炎熱，有愧當年負宿名。莫問胸中懷磈磊，鍊師提酒向予傾。（自注：「余別南宮（祠）楊世功袖黃皆令詩箋云，誰識君家唯仗俠，空囊猶解向人傾。時鍊師曹朗元攜酒餞別，感賦，次皆令韻。」）

及同書叁西湖韻事「重修水仙廟記」云：

二三女校書焚香擘箋，以詩畫映帶左右，而余以黃衫人傲睨其間。（寅恪案，此處「黃衫」二字，雖與「布衣」同意，但上文有「二三女校書」之語，則然明實暗以「黃衫客」自居也。）

至開封也。據此頗疑牧齋於崇禎十四年二月在杭州，或與然明會見，在杭盤桓遊賞之後，二月末即往遊黃山。三月廿四日過釣臺，復經杭州嘉興返常熟。（見初學集壹玖東山詩集貳「過釣臺有感」，并林天素「柳如是尺牘小引」目然明爲「黃衫豪客」等詩文相印證。非謂牧齋於鴛湖別河東君後，遂列朝詩集丁壹叁上程孟陽「次牧齋題壁」詩及陳忠裕全集壹肆三子詩稿「孟夏一日禾城遇錢宗伯，夜談時事。」五律等。）檢春星堂集肆「閩遊詩紀」有「夏前一日至閩浙分疆」七律。據鄭氏近世中西史日表崇禎十四年辛巳三月廿六日立夏。綜合錢汪兩氏遊踪之時日先後推計，則然明作書致河東君時，牧齋尙未由黃山返西湖，可斷言矣。若牧齋遊黃山前，得遇然明於杭州之假定，果爲事實，則牧齋必請然明力爲勸說河東君，而然明亦欲在未赴閩之前，了此一重公案也。顧云美「河東君傳」云：「君至湖上，遂別去，宗伯使客搆之乃出。」此客爲何人，雖不能確知，然必非然明。因是時然明已赴閩，不能負此使命。其人既非然明，而又能往松江說河東君者，則恐不外然明之摯友如馮雲將之流。（見下論尺牘第叁拾通。）錢柳因緣之完成，然明爲最有力之人，顧氏作傳時，距然明之卒，固已甚久，（然明卒於淸順治十二年乙未七月。見有學集叁貳汪然明墓誌銘。）至若馮雲將，則其卒年未能考知。據有學集伍絳雲餘燼集下有「壽馮雲將八十」詩二首，爲順治十一年甲午所作。又牧齋尺牘上「與宋玉叔書」言雲將年八十七。（見下論尺牘第叁拾通。）爲順治十八年辛丑所作。下數至康熙三年甲辰，卽河東君之卒年，雲將若尙存者，其年爲九十歲。云美作傳，當又在其後，雲將恐無此老壽，諒已先卒。顧氏猶不顯著其姓名，殊未知何故。徐樹敏錢岳所選之衆香詞書集樂隊柳是傳，其中所言，不盡翔實，但謂：「虞山見而異之，得汪然明言其詳。」則甚符合當時眞相也。

河東君尺牘首載三山林雪天素書於翠雨閣之小引。詞旨佳妙，特全錄之。其文云：

余昔寄跡西湖，（寅恪案，林天素之遊西湖，當在天啓元年辛酉。不久卽歸閩。此據春星堂詩集叁夢草董其昌題詞，然明自撰「幽窗紀夢」詩幷序，及詩後所附陳繼儒「紀夢歌跋」等所推定。但春星堂詩集貳「湖上逢方若淵，同訪林天素。」詩，列在天啓三年「癸亥元日喜晴」詩之後，則恐是後來誤排耳。茲以限於討論範圍，可不詳辨。）每見然明拾翠芳堤，偎紅畫舫，徜徉山水間，儼然黃衫豪客。時唱和有女史纖郎，（寅恪案，「女史纖郎」當指王修微而言。詳見下論尺牘第貳伍通。觀春星堂詩集伍遺稿「次兒請假歸省，感懷述事。」八首之四「猶喜譚詩遇女郎」句，自注云：「昔逢王〔修微〕楊〔雲友〕林〔天素〕梁〔喻微〕諸女史。今遇吳巖子，〔卞〕玄文，黃皆令，王端淑諸閨閣。」之語。梁女史疑是梁喻微。見春星堂詩集貳綺詠「秋日湖上逢燕姬梁喻微。初冬寄懷。」七絕七首及「湖上送梁喻微之廣陵」七絕一首。至於同書肆閩遊詩紀「梁夷素女史畫西湖六橋景。余攜遊三山，孫鳳林學憲見而愛之。余因題三絕以贈。」七絕三首之梁夷素乃梁孟昭。孟昭本末載記頗詳。但陳文述西泠閨詠玖「武林詠梁夷素」詩序略云：「夷素名孟昭，武林女子。茅鹿門孫修撰見滄子九成婦。著墨繡軒詩，善畫。陳眉公比之天女花雲孫錦，非人間所易得。」寅恪以爲胡文楷君歷代婦女著作考陸引王端淑名媛詩緯梁孟昭條，并吳振棫杭郡詩續輯肆壹，阮元兩浙輶軒錄肆拾中有梁孟昭詩。梁孟昭字夷素，著有墨繡軒集。乃茅瓚孫九仍室。孟昭弟次辰復有文名。與雲伯所言大抵相同，惟雲伯以九成爲見滄即瓚之子，又「九仍」作「九成」，有所牽混耳。餘可參胡書陸梁孟昭條引王士祿宮閨氏籍藝文考略，姜紹書無聲詩史柒，湯漱玉玉臺畫史叁，李濬之清畫家詩史癸集上及施淑儀清代閨閣詩人徵略壹等。茲有一問題，即依據汪詩自注，「女史」與「閨閣」之界說，明白如此，「纖郎」之稱「女史」，固自應爾。若梁孟昭，何以亦稱「女史」？豈「女史」「閨閣」幷舉，與單獨稱「女史」，其定義有所不同耶？俟攷。又第叁章論陳臥子滿庭芳詞，引湯漱玉玉臺畫史，載黃媛介畫扇，鈐朱文「閨秀」印，亦足資旁證。至李笠翁意中緣劇本所載黃皆令評語，其卷上作「禾中女史」，卷下則改爲「禾中閨史」，當是笠翁先用「女史」之稱，後始悟其不妥，故又改爲「閨史」。李氏初以皆令爲「禾中女史」者，蓋與徐釚本事詩「王士禎」條所載王漁洋題黃皆令扇詩，目媛介爲「秋孃」，正復相類也。關於皆令之身分問題，俟後論之。今見神州國光社影印海虞邵氏家藏柳如是花鳥着色絹本，其署欵爲「如是女史柳是作於絳雲樓」。若河東君適牧齋後，居絳雲樓時，尙自稱「女史」，似有未便，殊爲可疑。此殆第叁章論河東君書法，引翁同龢瓶廬詩稿柒「漫題河東君畫」所謂「題尤不倫」者。假使此畫是贋品，則固不能依據之以討論此問題也。其他可參下文論「纖郞」節。）人多豔之。再十年，余歸三山，（寅恪案，春星堂詩集肆閩遊詩紀有：「福州訪林天素，知已移居建寧，賦懷十首。」之題。董其昌容臺集詩集貳「贈林天素」詩云：「鑄得干將劍，遙呈劍客看。」又同集肆「題林天素畫」云：「鑄得干將呈劍客。」皆用晉書叁陸張華傳，延平津合劍之典，當因天素爲福建人之故。但天素移居建甯，或與延平有關，今未能詳知。董集乃淸代禁書，世不多見，茲附記於此，以備參證。）然明寄眎畫卷，知西泠結件，有畫中人楊雲友，人多妬之。今復出懷中一瓣香，以柳如是尺牘寄余索敍。琅琅數千言，豔過六朝，情深班蔡，人多奇之。然明神情不倦，處禪室以致散花，行江皋而逢解珮。再十年，繼三詩畫史而出者，又不知爲何人？總添入西湖一段佳話。余且幸附名千載云。

然則然明之刊此尺牘，實在崇禎十四年暮春以前。故先由杭州寄示林天素索敍。其第叁拾通乃河東君於崇禎十三年庚辰在牧齋家時所寄者。（詳見下文。）今第叁壹通云：「應接小言，使之成帙。特有遠投，更須數本。」則是然明於未赴閩前，已將成帙之刻本，寄與河東君。否則河東君不能更向然明索取數本也。由此觀之，然明初刻之尺牘，實止於崇禎十三年末，其數共爲三十通。此第叁壹通，乃河東君於崇禎十四年暮春以後所寄者，汪氏遂取此簡附於前所刻三十通之後。以意揣測，此附刻之時間，當在然明於崇禎十五年壬午夏間，自閩返杭後所爲。其時距河東君與牧齋結褵不久。此簡有「此翁氣誼，誠如來敎。重以盛心，引睇明愷。顧慚菲薄，何以自竭。惟有什襲斯言，與懷俱永耳。」之語，可知然明原函，必多代牧翁勸說之辭。今好事既成，故取河東君允答之札，附於其後，不僅以之作跋可以結束一段因緣。且用以慶賀己身介紹此段美滿因緣之成功也。然明用意殊深妙矣。

復次，袁思亮君題高野侯藏河東君與汪然明尺牘及湖上草念奴嬌詞後附記云：

柳如是與汪然明尺牘及湖上草各一卷。如是歸錢牧齋後，然明刊之，以數十册寄牧齋，牧齋拉雜摧燒之，並求其板燬焉。

今觀第叁壹通及第叁拾通所云：

弟小草以來，如飄絲霧，黍谷之月，遂躡虞山，南宮主人，倒屣見知，羊公謝傅，觀茲非渺。皆盛稱牧齋之美，則牧齋不應因妬發慾，作斯焚琴煮鶴之舉。未識袁兄何從得此異說，惜其久歸道山，不能面詢，殊爲憾事也。

綜觀此尺牘全部，不僅辭旨精妙，可供賞玩。其中所言，足以間接證知當日社會情狀者，亦復不少。今不能一一攷釋，唯取關於河東君身世飄零之感及歸宿選擇之難者，略詮論之。其他諸端，間亦有所涉及，然非主旨所在也。他日儻有好事者，取其全文，精校而詳釋之，則非獨可以賞奇文，資談助，更或於一代史事之研治，不無稗益歟！

尺牘第壹通云：

湖上直是武陵谿，此直是桂棟葯房矣。非先生用意之深，不止於此。感甚！感甚！寄懷之同，乃夢寐有素耳。古人云：「千里猶比隣。」殆不虛也。廿八之訂，一如台命。

寅恪案，書中「此直是桂棟葯房」，即指崇禎十二年春間河東君遊杭州時，然明所借居之處。據東山訓和集貳牧翁「橫山汪氏書樓」云：

人言此地是琴臺。小院題詩閟綠苔。妝閣正臨流水曲，鏡奩偏向遠山開。印餘屐齒生芳草，行處香塵度早梅。日暮碧雲殊有意，故應曾伴美人來。

則此書樓必曾爲河東君所借居。當卽河東君所謂「桂棟葯房」者也。牧翁此詩後，復有「二月十二春分日横山晚歸作」七律一首。結句云：

最是花朝并春半，與君遙夜共芳辰。

詩後并附河東君和作。此和章初學集不載。或者河東君之作，辭意雖妙，然於花朝適值春分一點，未能切合，稍嫌空泛，故遂删去耶？「横山」見沈德潛等纂西湖志纂壹叁西溪勝蹟門及光緒修杭州府志貳壹山水門（錢塘縣。）至痛史第貳壹種甲申朝事小紀中「柳如是小紀」，附有河東君所賦「横山雜作」一首。此「横山」疑是河東君所居松江横雲山之簡稱，未必卽指杭州西溪名勝之「横山」。（可參與汪然明尺牘第貳捌通。）河東君此詩最初出處未詳。繹其語意如「只此時名皆足廢，寧須萬事折腰忙。」等句，頗不合河東君身分，甚爲可疑。且其他諸句，亦多不可解者。此詩是否眞爲河東君所作，殊不能決定也。

尺牘第貳通云：

早來佳麗若此，又讀先生大章，覺五夜風雨淒然者，正不關風物也。羈紅恨碧，使人益不勝情耳。少頃，當成詩一首呈教。明日欲借尊舫，一向西泠兩峰。餘俱心感。

寅恪案，河東君此札之主旨乃向然明借舫春遊。關於然明西湖遊舫一事，實爲當日社會史之重要材料。今汪氏集中詩文具在，不必詳引。僅略述梗概，并附記明末亂後汪氏遊舫之情況，聊見時代變遷，且誌盛衰興亡之感云爾。

春星堂詩集壹載汪然明小傳云：

製畫舫於西湖。曰不繫園。（寅恪案，春星堂詩集壹「不繫園記」略云：「〔天啓三年〕癸亥夏仲爲雲道人築淨室，偶得木蘭一本，斵而爲舟。四越月乃成。計長六丈二尺，廣五之一。陳眉公先生題曰不繫園。佳名勝事，傳異日西湖一段佳話。」）曰隨喜庵。（寅恪案，春星堂詩集壹隨喜庵集崇禎元年花朝題詞略云：「余昔搆不繫園，有九忌十二宜之約。時騷人韻士，高僧名姝，嘯詠駢集。董玄宰宗伯顏曰隨喜庵。」）其小者，曰團瓢，曰觀葉，曰雨絲風片。

及同書伍遺稿「自嘲并示兒輩」八章之五「畫舫無權逐浪浮」句下自注云：

余家不繫園，亂後重新，每爲差役，不能自主。

可知然明之西湖遊舫頗多，有大小兩類。河東君所欲借者，當是團瓢觀葉或雨絲風片等之小型遊舫也。觀春星堂詩集壹不繫園集載黃汝亨代然明所作「不繫園約欵」十二宜中，名流高僧知己美人等四類人品之條，以河東君之資格，其爲「美人」，自不待言。「知己」則河東君與汪然明之情分，即就此尺牘三十一通觀之，已可概見。其第伍通略云：

嵇叔夜有言，人之相知，貴濟其天性。今以觀先生之于弟，得無其信然乎？

及第捌通云：

嗟乎！知己之遇，古人所難。自愧渺末，何以當此？

尤足爲例證。夫「知己」之成立，往往發生於兩方相互之關係。由此言之，然明固是河東君之知己，而謂河東君非然明之知己，亦不可也。「名流」雖指男性之士大夫言，然河東君感慨激昂，無閨房習氣。（見上引宋徵璧「秋塘曲」序。）其與諸名士往來書札，皆自稱弟。（見與汪然明尺牘。）又喜著男子服裝，（見上引顧苓「河東君傳」。）及適牧齋後，如牧齋遺事「國初錄用耆舊」條略云：

河東君侍左右，好讀書，以資放誕。客有挾著述，願登龍門者，雜沓而至。錢或倦見客，即出與酬應。客當答拜者，則肩筠輿，代主人過訪於逆旅，竟日盤桓，牧翁殊不芥蒂。嘗曰，此吾高弟，亦良記室也。戲稱爲柳儒士。

然則河東君實可與男性名流同科也。至若「高僧」一目，表面觀之，似與河東君絕無關係，但河東君在未適牧翁之前，即已研治內典。所作詩文，如與汪然明尺牘第貳柒第貳玖兩通及初訪半野堂贈牧翁詩，（見東山訓和集壹。）即是例證。牧齋有美詩云：「閉門如入道，沈醉欲逃禪。」（見東山訓和集壹。）實非虛譽之語。後來因病入道，（見有學集壹叁「病榻消寒雜詠」詩「一剪金刀繡佛前」及「鸚鵡疏窗晝語長」爲河東君入道而作二首。至河東君入道問題，俟後論之。茲不涉及。）則別爲一事。可不於此牽混論及。總而言之，河東君固不可謂之爲「高僧」，但就其平日所爲，超世俗，輕生死，兩端論之，亦未嘗不可以天竺維摩詰之月上，震旦龐居士之靈照目之。蓋與「高僧」亦相去無幾矣。故黃貞父約欵關於人品之四類，河東君一人之身，實全足以當之而無愧。汪氏平生朋好至衆，恐以一人而全具此四類之資格者，必不多有。當崇禎十二年春間，林天素已返三山，楊雲友亦埋骨西泠，至若纖郎卽王修微，則又他適。然明諸遊舫，若舍河東君而不借，更將誰借耶？列朝詩集閏肆選王修微關於不繫園詩一首（春星堂詩集壹不繫園集作「寄題不繫園」。）玆附錄之，以供談助。

「汪夫人以不繫園詩見示，賦此寄之。」云：

湖上選名園。何如湖上船。新花搖灼灼，初月戴娟娟。牖啓光能直，簾鈎影乍圓。春隨千嶂曉，夢借一溪烟。虛閣延清入，低欄隱幙連。何時同嘯咏，暫繫淨居前。

寅恪案，汪錢兩氏所錄，同是一詩，而其題文略異者，蓋經然明刪換。牧齋所選之詩，其題當仍因舊文，惟「夫人」二字，其原文疑作「然明」二字耳。此二字之改易，殆由修微適許霞城後，有所不便之故耶？其實汪然明之夫人，雖不如劉伯玉妻段氏之興起風波，危害不繫園之津渡。但恐亦不至好事不憚煩，而寄詩與修微也。故作狡獪，欲蓋彌彰，眞可笑矣。

復次，丁氏武林掌故叢編本不繫園集補遺載蒙叟「寄題」七律二首。今檢有學集叁夏午集「留題湖舫」（自注：「舫名不繫園。」）文字悉同。其詩云：

園以舟爲世所稀。舟名不繫了無依。諸天宮殿隨身是，大地烟波瞥眼非。淨掃波心邀月駕，平鋪水面展雲衣。主人欲悟虛舟理，只在紅妝與翠微。

湖上堤邊艤櫂時。菱花鏡裏去遲遲。分將小艇迎桃葉，徧采新歌譜竹枝。楊柳風流烟草在，杜鵑春恨夕陽知。憑闌莫漫多回首，水色山光自古悲。

寅恪案，湘刻叢睦汪氏遺書本春星堂詩集壹不繫園集删去「蒙叟」二字。當是然明裔孫簠所爲。至同書伍夢香樓集中牧翁所賦「眉史春睡歌」（寅恪案，此詩有學集未載，但牧齋外集壹有「爲汪然明題沈宛仙女史午睡圖」。作「沈」不作「張」，殊可注意。又詩中亦有數字不同，殆由輾轉傳鈔，致有歧異。又夢香樓集中女主人張宛仙步然明韻四首之二云：「風韻何如半野堂。」殊可笑。幷附記於此。）下題撰人之名爲「虞山」，是否後來改易，今未見他刻，不敢決言。坊間石印狄平子葆賢平等閣藏江左三大家詩畫合璧，內有（康熙二年）癸卯三月十又二日龔芝麓鼎孳所書此題第貳首，但未明著何人所作。兹附論及之，以免他日誤會。牧翁兩詩皆佳，蓋特具興亡之感，非泛泛酬應之作也。第貳首尤妙。「楊柳風流烟草在，杜鵑春恨夕陽知。」一聯，即指河東君而言。下句兼用李義山詩集壹「錦瑟」詩「望帝春心託杜鵑」句及秦少游淮海詞踏莎行「郴州旅舍」詞「杜鵑聲裡斜陽暮」句之兩出處。牧齋此詩固賦於清順治七年庚寅，實涉及河東君明崇禎十一，十二，十三等年間遊寓西湖之往事。悲今念昔，情見乎詞，而河東君哀郢沈湘之旨，復楚報韓之心，亦可於此窺見矣。

又周亮工賴古堂尺牘新鈔肆載汪汝謙與周靖公書云：

人多以湖遊怯見月，誚虎林人。其實不然。三十年前虎林王謝子弟多好夜遊看花，選妓徵歌，集于六橋。一樹桃花一角燈，風來生動，如燭龍欲飛。較秦淮五日燈船，尤爲曠麗。滄桑後，且變爲飲馬之池。晝遊者尚多蝟縮，欲不早歸不得矣。

寅恪案，然明此書可與前引其「自嘲」詩「畫舫無權逐浪浮」句下自注相參證。蓋淸兵入關，駐防杭州，西湖勝地亦變而爲滿軍戎馬之區。迄今三百年，猶存「旗下」之名。然明身值此際，舉明末啓禎與淸初順治兩時代之湖舫嬉遊相比論，其盛衰興亡之感，自較他人爲獨深。吁！可哀也已。尺牘第叁通云：

泣蕙草之飄零，憐佳人之遲暮，自非綿麗之筆，恐不能與于此。然以雲友之才，先生之俠，使我輩卽極無文，亦不可不作。容俟一荒山煙雨之中，直當以痛哭成之耳。

尺牘第陸通云：

弟欲覽草堂詩，乞一簡付。諸女史畫方起，便如綵雲出衣。至雲友一圖，便如濛濛淥水，傷心無際。容假一二日，悉其靈妙，然後奉歸也。

寅恪案，上錄河東君兩札，當是然明欲倩河東君爲楊慧林作題跋哀悼一類之文辭，故雲道人畫冊，遂在河東君西湖寓所，供其披覽。河東君因更向然明索其前後爲雲友所作諸詩，以爲資料。「草堂詩」者，春星堂詩集之簡稱，卽指然明所作詩而言，蓋春星堂之命名，卽取杜少陵「春星帶草堂」之句也。（見杜工部集玖「夜宴左氏莊」。）至關於雲友之材料，大都見於春星堂詩集中，而聽雪軒一集，尤專爲雲友而作者。汪氏詩文具在，玆不必煩引，僅節錄董香光一人題語於後，亦足見「林下風」之藝事，爲一代畫宗所傾服，至於此極也。

春星堂詩集叁聽雪軒集首載題詞兩條(第壹條可參董玄宰其昌容臺集文集陸「〔題〕林下風畫」條。)略云：

山居荏苒幾三十年，而閨秀之能爲畫史者，(寅恪案，董集此句作「乃聞閨秀之能畫史者。」)一再出，又皆著於武林之西湖。初爲林天素，繼爲楊雲友。(寅恪案，董集「楊雲友」作「王友雲」。)然天素秀絕，吾見其止。雲友澹宕，特饒骨韻。假令嗣其才力，殆未可量。〔崇禎二年〕己巳二月望董其昌書。(寅恪案，董集無「己巳」下九字。)

又略云：

今觀此冊山水小景，已涉元季名家蹊徑。乃花鳥寫生，復類宋時畫苑能品諸人伎倆。雖管仲姬親事趙之敏，僅工竹石，未必才多乃爾，而生世不諧，弗獲竟其所詣。可憐玉樹，埋此塵土，隨西陵松柏之後，有汪然明者，生死金湯，非關惑溺。珍其遺迹，若解漢皋之珮。傳之同好，共聆湘浦之音。可謂一片有心，九原知己。愼勿以視煮鶴之輩也。

尺牘第肆通云：

接教幷諸台貺，始知昨宵春去矣。天涯蕩子關心殊甚。紫燕香泥，落花猶重，未知尙有殷勤啓金屋者否？感甚！感甚！劉晉翁雲霄之誼，使人一往情深，應是江郎所謂神交者耶？某翁願作交甫，正恐弟仍是濯纓人耳。一笑！

寅恪案，此札所言，共有三端。一爲自述身世飄零之感。二爲關於劉晉卿，即劉同升者。三爲拒絕願作鄭交甫之「某翁」。請依次論之。河東君謂「昨宵春去，關心殊甚。」然「殷勤啓金屋者」，尚未知有無其人。則飄零之感，哀怨之詞，至今讀之，猶足動人。何況當日以黃衫俠客自命之汪然明乎？宜汪氏屢爲河東君介紹「啓金屋者」。雖所介紹之人，往往不得河東君之同意，但天壤間終能得一牧齋，以爲歸宿，是亦可謂克盡其使命，不負河東君之屬望矣。至於不同意或同意之差別，及其是非，則不置可否。不少。茲依次擇其有趣而可攷者，略論述之。此三十一通尺牘中，關於此點者，亦頗因與所欲攷論之主旨無關也。據明史貳壹陸劉應秋傳附同升傳略云：

同升字晉卿，〔江西吉水人。〕崇禎十年殿試第一。莊烈帝問年幾何？曰，五十有一。帝曰，若尙如少年，勉之。授翰林修撰。楊嗣昌奪情入閣。何楷林蘭友黃道周言之，俱獲罪。同升抗疏。帝大怒。謫福建按察司知事。移疾歸。

知晉卿在崇禎十二年己卯春間，即河東君作此書時，其年爲五十三。河東君以「翁」稱之者，未必指其年老，不過以「翁」之稱號推尊之耳。蓋晉卿於陳臥子同爲崇禎十年丁丑科進士，同出黃石齋之門，而晉卿爲是科狀頭。晉卿固從臥子及然明處得知河東君。河東君亦以晉卿爲臥子同科之冠首，亟欲一窺知其爲何如人，其才學果能出臥子之上與否也。然明必已深察柳劉兩方之意，樂於爲之介紹。湖上草載有「贈劉晉卿」七律一首，當卽作於此時。尺牘第拾通云：

行省重臣忽枉瓊瑤之答，施之蓬戶，亦以云泰。凡斯皆先生齒牙餘論，况郵筒相望，益見遠懷耶？

此札乃河東君離去西湖歸家後，接然明轉寄晉卿訓答前所贈詩，因遂作書以謝然明之厚意也。「行省重臣」，自是指晉卿言。但以貶謫如此末秩之人，而稱之爲「行省重臣」，殊爲不倫。然亦不過通常酬應虛譽之語，未可嚴格繩之也。晉卿著有錦鱗集，江西通志壹佰玖藝文略謂此集四卷，一作十八卷。其四卷本或是初作，十八卷本或是續編。明詩綜柒肆及江西詩徵陸叁，雖皆選錄晉卿之詩，但均無與柳汪陳諸人往來之作。故河東君與劉晉卿之關係，亦無從詳攷。至晉卿此時所在之地，當是其福建任所。據春星堂詩集肆閩遊詩紀，「崇安青雲橋」七絕題下注云：

橋爲柴連生大令重興，有劉晉卿太史碑記。

是然明於崇禎十四五年間遊閩時，同升已移疾歸。否則然明此行所作諸詩，其中必有與劉氏相見訓和之作也。攷明實錄懷宗崇禎實錄壹壹略云：

崇禎十一年秋七月庚戌翰林院修撰劉同升，編修趙士春各疏救黃道周，劾楊嗣昌。尋謫道周江西知事，劉同升福建知事，趙士春簡較。

及黄石齋道周黄漳浦集肆壹五言律「何玄子〔楷〕劉晉卿〔同升〕趙景之〔士春〕同發舟，遲久不至。四章。」云：

（詩略。）

同書卷首洪思撰黄子傳（參同書卷首傳譜補遺蔡世遠撰黄道周傳。）略云：

〔先生〕以疏論楊嗣昌陳新甲謫官。黜爲江西布政司都事。未任。

又陳忠裕全集玖湘眞閣集「送同年趙太史（寅恪案，此詩題下考證謂即趙士春。）謫閩中二首」云：

（詩略。）

然則石齋本人及其詩題中所指貶謫諸人，除何氏未詳外，（參明史貳柒陸何楷傳。）石齋實未到任，而劉趙二氏則皆赴官也。「願作鄭交甫」之某翁，今不易考知其爲何人，恐是謝三賓。河東君謂「正恐弟仍是濯纓人耳。」此「濯纓人」之語，乃借用楚辭「漁父」中，「漁父莞爾而笑，鼓枻而去。歌曰，滄浪之水清兮，可以濯吾纓。」等句之意。蓋謂己身將如漁父「鼓枻而去」，卽乘舟離西湖他往也。河東君既自比漁父，是亦以「某翁」比屈原。攷謝三賓以監軍登萊之役，乾沒多金，甚招物議，幸於崇禎八年丁父憂歸，得免黜謫，遂遨遊山水，結廬西湖，放情聲色，聊自韜晦。（詳見下論。）當崇禎十二年己卯春河東君遊武林時，象三亦在杭州，故「某翁」之爲謝氏，實有可能。其以靈均比象三，固不切當。但觀下引第貳伍札，以王謝佳兒擬陳臥子，同一例證，不須過泥也。後來河東君於崇禎十三年庚辰冬次韻答牧翁冬日泛舟詩（見東山詶和集壹。）云：「漢珮敢同神女贈。」儻使此「某翁」得見之，其羞怒又當何如？一笑！

抑更有可論者，翁方綱蘇詩補注貳「常潤道中，有懷錢塘，寄述古。」五首之二「去年柳絮飛時節，記得金籠放雪衣。」條（參趙德麟侯鯖錄柒「濠守侯德裕侍郎藏東坡一帖」條。並覃溪天際烏雲帖攷壹及繆荃孫雲自在堪筆記「覃溪天際烏雲帖收藏世系表」等。）略云：

予得東坡墨蹟云，杭州營籍周韶知作詩。〔蘇〕子容過杭，（寅恪案，子容蘇頌字。見翁氏天際烏雲帖攷。）述古飲之，韶泣求落籍。子容曰，可作一絕。韶援筆立成，遂落籍。同輩皆有詩送之。龍靚云：「桃花流水本無塵。一落人間幾度春。解佩暫酬交甫意，濯纓還作武陵人。」固知杭人多慧也。

寅恪案，河東君尺牘以「交甫」「濯纓」二事連用，當出於龍靚之詩，用事遣辭，可謂巧妙。至其所以能用此古典以儗今事者，當非直接得見東坡手蹟，恐是從此帖摹刻之本，或記載西湖名勝逸事諸書中，間接得知耳。

尺牘第伍通云：

嵇叔夜有言：「人之相知，貴濟其天性。」弟讀此語，未嘗不再三歎也。今以觀先生之于弟，得無其信然乎？浮談謗歘之跡，適所以爲累，非以鳴得志也。然所謂飄飄遠遊之士，未加六翮，是尤在乎鑒其機要者耳。今弟所汲汲者，亡過于避跡一事。望先生速擇一靜地爲進退。最切！最感！餘晤悉。

寅恪案，河東君此札所言擇靜地以避跡一事，在其寄寓西湖然明横山別墅以後。（見前論第壹札。）河東君此時聲名廣播，外間聞風而來者，必多爲河東君所不欲覿面之人。縱有願與覿面并相訓酢者，但其人究非理想，而又豪霸癡黠糾纏不止，難於抗拒，如謝象三之例。故更請然明別擇一避跡之靜地。此靜地必非指汪氏横山別墅。蓋汪氏之家原在杭州缸兒巷。（見春星堂詩集壹然明先生小傳及遺稿後，然明曾孫師韓跋語。）河東君自不便卽寓缸兒巷然明之家，與其姬妾家人共處。否則河東君豈不幾與崇禎十三年冬暫居牧齋家之我聞室相類耶？汪氏爲己身避嫌疑及爲河東君作介紹計，處河東君於横山別墅，實最適宜。然既不與汪氏家人共居一處，遂亦難免於如象三輩之來擾。河東君急欲以擇一靜地爲決進退，并有遠遊離去之意，其故卽在於此，而當日之情勢迫切不可少緩者，更可想見矣。又牧齋有美詩（見東山訓和集壹。）云：「蘇隄渾倒踏，黟水欲平塡。」寅恪少日讀此詩，頗不能解。蓋「蘇隄」自指西湖而言，河東君與西湖甚有關係，此上句可通。但下句以「黟水」爲對文，則突兀不倫，未曉其意所至。更檢錢曾初學集詩註，亦未有詮釋。懷蓄此疑頗久，苦無從求敎於博雅通人。及垂死之年，得讀河東君尺牘，并參以一笑堂集春星堂集等，始恍然大悟，「黟水」卽指然明。然明爲新安人，故以「黟水」目之。合此兩句言之，卽謂河東君寓杭州汪氏横山別墅時，因然明以求見之人，必甚不少。據此札避跡以求靜地之語，可知牧翁之詩，殊爲實錄也。觀然明一生所爲，如爲楊雲友作「生死金湯」之類，（見上引汪然明聽雪軒集所載董其昌題詞。）事例不少。今於河東君亦復相同。就其中尤足稱者，莫過於護惜張宛仙一端。玆并附述之，以供攷證，且資談助云爾。

春星堂詩集伍夢香樓集汪然明自序略云：

夢香樓集爲眉史宛仙而成也。憶壬辰於鴛水遇之，終宴無一語，然依依不可得而親疎遠近。座客謂西湖漸復舊觀，得伊人點綴，可稱西子。予唯唯。拈四絕以訂之。別後杳然，私謂空賦巫山一夢矣。今夏宛仙有意外之虞，來武林，予爲解之。時尚有側目者，又有私慕者。宛仙匿影不出。予一日拉同人雅集不繫園，（寅恪案，前引李笠翁詩集陸「汪然明封翁招飲湖上，座列名士，兼列紅粧。」七律，自注云：「舟名不繫園。」殆卽此時所作。但李集編列此詩於庚子後，辛丑前，實則此時然明死已久矣。其誤無疑也。）致使聲名益噪，遊人多向予問津。不輕引入桃源者，時多戎馬，恐名花爲之摧殘，可惜也。孟冬有文武顯貴臨湖上，聞而慕之。會予蕭齋，有不惜明珠白璧，屬予蹇修者。宛仙笑而謝曰：「公輩眞鍾情，如薄命人非宜富貴家，且何忍遽別西湖也。」聞者多病宛仙少周旋。然亦以此益高宛仙矣。乙未花朝松溪道人汪汝謙書於夢香樓。

又同書同集張宛仙和詩序略云：

予昔於鴛水遇然明先生。先生有詩訂遊西湖。於茲三年，始得踐約。六月十九過朱萼堂，琴尊書畫，雅集名流。予時倦暑，先生因設檀牀玉枕文席香山，清供具備。有詩紀事，和者盈帙。予因步韻，以志主人情重，亦一時佳話云。雲間張宛。（原注：「宛仙舊字小青。」）

寅恪案，宛仙與然明相遇於嘉興之時間，爲順治九年壬辰。春星堂詩集伍遺稿「壬辰初冬游嘉禾，飢寒之客雲集，遂售田二十一畝，分應之。臘月得次兒（繼昌）信，差足自慰。因泚禾中感遇，補詩八章。」其一云：

西湖拋却到鴛湖。笑我來游一事無。泉石幽香偏吐艷，琴書冷韻每操觚。（自注：「時訪香隱校書。」）莫懷羈旅情多感，猶喜同聲興不孤。漫道臨邛應重客，文君有待合當壚。（自注：「香隱隱居，不輕見人。」）

然則然明之識宛仙之時，正值其閉門謝客，不輕見人之際。蓋當日情勢，必有所畏憚，不敢取次酬應者矣。宛仙既不酬應，則生事自有問題。然明所謂「飢寒之客」，卽指宛仙及黃皆令等而言。汪氏此八詩之中，關於宛仙者，列第壹。關於皆令者，列第貳。豈亦汪氏當日售田所得金額，分潤多寡之次第耶？

復次，然明之豪俠，若其於張宛仙之例，固可稱道。然當建州入關之初，明之士大夫不隨故國舊君同盡，猶能偷活苟存，幷得維護才媛名姝之非貌寑如黃皆令者，亦自有其故在。據春星堂詩集壹所載然明次子繼昌小傳略云：

徵五先生諱繼昌，號悔岸。然明先生次子。順治〔五年〕戊子經魁。〔六年〕己丑成進士。歷仕廣西左江道，湖廣江防兵備按察司副使。

又同書伍遺稿載「〔順治十一年〕甲午七月次兒蒙洪〔承疇〕督師調至長沙軍前。」七律八首及「次兒請假歸省，督師贈予風雅典型匾額。感懷述事，復拈八章。」兩題云：

（詩均略。）

觀前引然明於壬辰冬，即作此兩題詩之前二年，至嘉興售田，則其生計艱困可知。幸其次子悔岸追隨當日漢奸渠首，漸至監司，稍稍通顯。然明不獨藉此可以苟全，且得以其餘力維護名姝矣。堂堂督師書贈之匾額，自可高懸於春星堂上，以作擋箭牌。避難投止之張小青，遂亦得脫免於「文武顯貴」之網羅也。特附記亨九書贈然明匾額一事於此，聊與居今日歷世變之君子，共發一嘆云爾。

尺牘第柒通云：

鵑聲雨夢，遂若與先生爲隔世遊矣。至歸途黯瑟，惟有輕浪萍花與斷魂楊柳耳。回想先生種種深情，應如銅臺高揭，漢水西流，豈止桃花千尺也。但離別微茫，非若麻姑方平，則爲劉阮重來耳。秋間之約，尙懷渺渺，所望於先生維持之矣。便羽即當續及。昔人相思字每付之斷鴻聲裏。弟於先生，亦正如是。書次惘然。

其第捌通云：

枯桑海水，羈懷遇之，非先生指以翔步，則漢陽搖落之感，其何以免耶？商山之行，亦視先生爲淹速爾。徒步得無煩屐乎？并聞。

其第壹叁通云：

鱗羽相次，而晤言遙阻，臨風之懷，良不可任。齊雲勝遊，兼之逸侶，崎嶇之思，形之有日。奈近羸薪憂，褰涉爲憚。稍自挺動，必不忍蹇偃以自外于霞客也。兹既負雅招，更憚索見。神爽遙馳，臨書惘惘。

其第壹陸通云：

弘覽前兹，立雋代起。若以渺末，則輪翮無當也。先生優之以峻上，期之於綿邈，得無逾質耶？鱗羽相望，足佩殷遠。得片晷商山，復聞揮麈，則羈懷幸甚耳。

寅恪案，此四通皆闕於然明約河東君往遊商山齊雲者，第捌通商山之約，河東君實已成行。第壹陸通商山之招，以此後書札無痕跡可尋，恐未能赴約。第壹叁通齊雲之遊，則未成事實也。

初學集壹捌東山詩集壹響雪閣(自注：「新安商山。」)詩云：

綺牕阿閣赤山湄。想像憑闌點筆時。簾捲春波塵寂寂，歌傳石瀨響遲遲。清齋每憶桃花米，素扇爭題楊柳詞。日夕汀洲聊騁望，澧蘭沅沚正相思。

其下卽接以「登齊雲巖」四首云：

（詩略。）

以上兩題皆牧齋崇禎十四年辛巳春間遊黃山之詩。東山詶和集貳止載「響雪閣」一題，而無「登齊雲巖」四首。蓋「齊雲巖」與河東君無涉，故不列於東山詶和集。觀「響雪閣」詩有：「想像憑闌點筆時」及「素扇爭題楊柳詞」之句，可知河東君實曾遊商山，而未嘗登齊雲巖。至「楊柳詞」是否卽指河東君金明池「詠寒柳」詞，或泛指河東君其他作品，尙須詳攷。或謂「素扇爭題楊柳詞」乃兼指絪雲詩扇而言。「楊柳詞」卽太平廣記壹玖捌引雲溪友議「唐白居易有妓樊素善歌，小蠻善舞。」條中之「楊柳詞」。（見後論牧齋崇禎十五年壬午仲春自和合歡詩節。）鄙意此典故之「楊柳詞」，雖與牧齋響雪閣詩字面相同，然旨趣不合，故或說非是。

又東山詶和集壹載偈菴（卽程孟陽嘉燧。）「次牧翁（冬日同如是）泛舟韻」云：

蚤聞南國翠娥愁。（寅恪案，全唐詩第陸函李白貳肆「怨詞」云：「美人捲珠簾，深坐顰娥眉。但見淚痕濕，不知心恨誰。」河東君夙有「美人」之號，詳見前第貳章。又同書同函李白伍「長相思」第貳首，或作「寄遠」云：「美人在時花滿堂。美人去後空餘牀。牀中繡被卷不寢，至今三載猶聞香。香亦竟不滅，人亦竟不來。相思黃葉落，白露點青苔。」太白此詩中「美人」餘「香」不滅之語，可與前第叁章所引臥子崇禎十一年戊寅秋作品「長相思」詩中「美人」及「餘香」諸句相參證。

然則孟陽用典遣辭，甚爲切當，而「美人心恨誰？」之「誰」，則舍臥子莫屬也。復次，杜工部集玖「陪諸貴公子丈八溝攜妓納涼，晚際遇雨。」二首之二云：「雨來霑席上，風急打船頭。越女紅裙濕，燕姬翠黛愁。纜侵隄柳繫，幔卷浪花浮。歸路翻蕭瑟，陂塘五月秋。」及白氏文集伍「宅西有流水」詩「紅袖斜翻翠黛愁」句等，皆可與孟陽此句參證也。）曾見書飛故國樓。（自注：「如是往遊新安，故鄉人傳其詞翰。」寅恪案，孟陽與然明皆屬徽州府籍。但孟陽所稱之「故鄉人」卽今俗語所謂「老鄉」者，非僅指然明而言，並目一班之徽州人也。「其詞翰」殆卽指河東君之篇什而言。可參第壹章論牧齋永遇樂詞及第貳章論牧齋「觀美人手跡」詩。然則孟陽欲專有河東君，而不介紹於牧齋。牧齋之得見河東君之詞翰，實由於然明。其實河東君屢游西湖，幷寄寓然明別墅，自不待同遊商山，始傳致其詞翰。孟陽不過欲藉此以解脫其掩蔽河東君於牧齋之咎責耳。汪程兩人器量廣狹，心智高下，於此可見矣。抑更有可注意者，卽河東君與然明崇禎十一年戊寅秋季以後，始有往來。檢耦耕堂存稿詩及孟陽自序，自十一年秋至十三年冬，並未發見孟陽有返其故鄉新安之痕跡。據此程詩所謂「曾見」者，恐非指己身親見之義，不過謂他人見之，轉告得知之意也。）遠客寒天須秉燭，美人淸夜恰同舟。（寅恪案，此句「美人」二字，可與第壹句相印證。）玉臺傳得詩千首，金管吹來坐兩頭。從此煙波好乘興，萬山春雪五湖流。

尤可證河東君曾應然明遊商山之約也。尺牘第柒通云：「秋間之約，尙懷渺渺。」第捌通云：「商山之行，亦視先生爲淹速爾。徒步得無煩屐乎？」則似此遊在崇禎十二年己卯秋間。至第柒通所云：「但離別微茫，非若麻姑方平，則爲劉阮重來耳。」之語，頗不易解。繹其辭意，似謂然明若偕己身同訪商山之友人，如麻姑與王方平同過蔡經家之例，則此約可踐。若然明與其友人同至己身所居之處，必不得相見，如劉晨阮肇重到天臺，而仙女已渺然矣。第拾叁通拒絶然明約遊齊雲巖云：「既負雅招，更慚索見。」所謂「雅招」，即指偕遊。所謂「索見」，即指來訪，此意可以互證也。所成問題者，則此居商山之友，究爲何人？今殊難考。據春星堂詩集貳綺詠續集有「秋日過商山訪朱子暇〔治憪〕，時子暇將歸西湖。」五律一首。則然明秋季訪朱子暇於商山，已有其例。但然明此詩作於崇禎四年辛未以前，時間過早，自與河東君此行無涉。惟子暇於商山有寄居之處，而然明有訪友之舉，既有成例可循。故崇禎十二年己卯秋間，然明與河東君偕遊商山，當亦與曩時訪朱氏之遊相類。此河東君所以有麻姑王方平同過蔡經家之譬喻耶？

又檢閔麟嗣纂黄山志柒賦詩門，明代最後無名氏所作之前，載有楊宛「詠黄山」七絶一首云：

黄山山上萬峰齊。一片孤雲千樹低。笑殺巫山峰十二，也稱神女楚王遺。

冒辟疆襄影梅庵憶語云：

〔崇禎十三年〕庚辰夏留滯影園，欲過訪姬。（指董小宛。）客從吳門來，知姬去西子湖，兼往遊黄山白嶽。遂不果行。

〔崇禎十四年〕辛巳早春余省覲去衡嶽，繇浙路往。過半塘訊姬，則仍滯黃山。

寅恪案，董小宛冒辟疆之因緣，世人習知，無取多論。至此楊宛，卽顧云美河東君傳中引牧齋語，所謂：

天下風流佳麗，獨王修微〔微〕，楊宛叔〔宛〕與君〔指河東君。〕鼎足而三。何可使許霞城〔譽卿〕，茅止生〔元儀〕專國士名姝之目？

一節中之楊宛叔，其有關資料詳見下論田弘遇南海進香節所引。鄙意牧齋編纂列朝詩集所以選錄宛叔之詩，並爲小傳，蓋深致悼惜之意也。今據楊宛此詩及影梅菴憶語所言，可以推知當時社會一般風氣，自命名士之流，往往喜摹倣謝安石「每遊賞必以妓女從」之故事。（見晉書柒玖謝安傳。）然明之約河東君往遊商山齊雲，亦不過遵循此例耳。蓋昔日閨閣名媛之守禮法者，常不輕出游，卽在清代中葉文學作品，如儒林外史敍述杜少卿夫婦遊山，（見儒林外史第叁叁回。）所以能自矜許，稱爲風流放誕之故也。

復次，第柒通云：「回想先生種種深情，應如銅臺高揭，漢水西流，豈止桃花千尺也。」王秀琴女士胡文楷君編選歷代名媛書簡肆載此文，「漢」字下注云：「疑漳之誤。」殆以「銅臺」「漢水」爲不同之兩義，不可連用。故改「漢」爲「漳」，則兩句皆表一義。蓋以魏武之銅爵臺與鄴之漳水爲連類也。鄙意河東君此文乃用太白詩「桃花潭水深千尺，不及汪倫送我情。」之句，以比然明之深情。復用「銅臺」「漢水」之辭，以比然明之高義。銅雀臺固高，可以取譬。認銅臺爲銅雀臺，自是可通。但若又認漢水爲漳水，而與銅臺爲連類，則是河東君直以然明比魏武，而自居於銅雀臺妓。與崇禎十二年汪柳關係之情勢，極不適合。河東君爲避嫌疑計，必不出此。且河東君薰習於幾社名士，如臥子李宋之流者甚久。幾社一派詩文宗法漢魏六朝，河東君自當熟精選理，豈有不讀文選貳叁謝玄暉同謝諮議銅雀臺詩，卽玉臺新詠肆謝朓銅雀臺妓及文選陸拾陸士衡弔魏武帝文者乎？魏文帝所作「燕歌行」云：「星漢西流夜未央。」（見文選貳柒。）及「雜詩」二首之一云：「天漢迴西流。」（見文選貳玖。）又杜子美「同諸公登慈恩寺塔」五古云：「河漢聲西流。」（見杜工部集壹。）皆詩人形容極高之語。天上之銀漢可言西流，人間之漳水不可言西流。故「漢」字非「漳」字之譌。細繹河東君文中「銅臺」「漢水」兩句，皆形容極高之辭，卽俗所謂「意薄雲天」之義。或者河東君因三輔黃圖謂：「神明臺在建章宮中，祀仙人處。上有銅仙舒掌捧銅，承雲表之露。」（據平津館叢書本。）及杜少陵詩「承露金莖霄漢間」之句，（見杜工部集壹伍「秋興」八首之五。）不覺牽混以銅臺爲言，並因杜詩「霄漢」之語，復聯想天上之銀漢。故遂分拆杜詩此一句，構成此文「銅臺」「漢水」之兩句，以形容然明之「雲天高義」耶？陳其年維崧詞（迦陵詞貳捌賀新涼「春日拂水山莊感舊」。）云：

人說尙書身後好，紅粉夜臺同嫁。省多少望陵閒話。

則實用魏武銅爵臺妓故事。此詞作於河東君此札後數十年。河東君久已適牧齋，牧齋既死，又身殉以保全其家。迦陵詞中用「望陵」之語，頗爲適切也。

又太平廣記壹玖伍「紅綫」條（原注：「出（袁郊）甘澤謠。」）云：

既出魏城西門，將行二百里，見銅臺高揭，而漳水東注，晨飈動野，斜月在林。憂往喜還，頓忘於行役。感知酬德，聊副於心期。

然則河東君實取袁氏文中「銅臺高揭」四字，而改易「漳水東注」爲「漢水西流」四字。其所以如此改易者，不僅表示高上之義，與銀漢西流相合，且「流」字爲平聲，於聲律更爲協調。吾人觀此，益可證知河東君文思之精妙矣。復次，有學集貳拾「許（瑤）夫人（吳綃）嘯雪菴詩序」云：

漳水東流，銅臺高揭。洛妃乘霧，羨翠袖之英雄，妓女望陵，弔黃鬟於冥莫。

寅恪案，此序用甘澤謠之文，亦改「注」爲「流」，以合聲律，但序之作成，遠在河東君尺牘之後。白香山詩云：「近被老元偷格律。」（見白氏文集壹陸「編集拙詩成一十五卷，因題卷末。」七律。）林天素「柳如是尺牘小引」云：

今（汪然明）復出懷中一瓣香，以柳如是尺牘寄余索敍，琅琅數千言，豔過六朝，情深班蔡，人多奇之。

然則牧齋殆可謂偷「香」竊「豔」者耶？又「黃鬟」事，見三國志壹玖魏志任城威王彰傳。「黃鬟」乃指曹操子曹彰而言。牧齋用典，不應以子爲父，或是「黃鬟」乃「弔」之主詞，但文意亦未甚妥，恐傳寫有譔。竊疑「鬒」乃「星」或他字之譌。若本作「星」字者，卽用魏志壹武帝紀建安五年破袁紹條所云：

初桓帝時，有黃星見於楚宋之分，遼東殷馗善天文，言後五十歲，當有眞人起於梁沛之間，其鋒不可當。至是凡五十年，而公破紹，天下莫敵矣。

抑或別有出處，敬乞通人賜敎。

尺牘第壹柒通云：

流光甚駛，旅況轉淒。恐悠悠此行，終浪遊矣。先生相愛，何以命之？一逢歲始，卽賜清騶。除夕詩當屬和呈覽，餘台炤，不旣。

寅恪案，河東君當是於崇禎十二年冬遊杭州，寄寓然明之西溪橫山書屋，卽在此度歲。元旦患病嘔血，稍愈之後，於崇禎十三年二月離杭州歸嘉興。其間大約有三月之久。第貳貳通云：「雪至雨歸。」謂雪季在杭州，雨季赴嘉興。

尺牘第貳叁通云：

前接敎後，日望車塵。知有應酧，良晤中阻。徒倚之思，日切而已。

其第貳肆通云：

雲霄殷誼，褰涉忘勞。居有倒屣，行得順流。安驅而至，坦履而返。萍葉所依，皆在光霽。特山煙江樹，觸望黯銷。把袂之懷，渺焉天末。已審春暮遊屐遄還，故山猿鶴，夢寐遲之。如良晤難期，則當一羽修候爾。廿四日出關，倉卒附聞。嗣有縷縷，俟之續布，不旣。

故知然明以應酧離杭他往，欲河東君留杭至暮春三月還杭後與之相晤。然河東君赴禾之意甚切，不及待然明之返，遂於崇禎十三年庚辰二月廿四日離杭往嘉興也。第貳肆通所謂「廿四日出關」者及第貳伍通所謂「率爾出關」，卽前引春星堂詩集叁「柳如是校書過訪，舟泊關津而返。」詩云：「遽懷南浦出郊關。」皆指由杭州北行所必經之「北關」。（見光緒修杭州府志陸。）故河東君所謂「出關」，亦卽離杭北行之意也。河東君此次遊杭，時經三月之久，中間患病頗劇，自有所爲而來，必有所爲而去。第壹柒通云：「流光甚駛，旅況轉凄。恐悠悠此行，終浪遊矣。」其辭旨悽感，發病嘔血，亦由於此。蓋當崇禎十二年己卯歲末，河東君年已二十二，美人遲暮，歸宿無所。西湖之遊，本爲閱人擇婿。然明深識其意，頗作黃衫。第貳伍通所謂「觀濤」，卽然明又一次約河東君至杭，爲之介紹佳婿之意。錢塘可觀浙江潮，故以枚乘「七發」觀濤廣陵爲比，藉作隱語也。「浪遊」一語，乃不諧之意。然則河東君此行，究與何人有關，而終至其事不諧耶？鄙意此人卽鄞縣謝象三三賓是也。鮚埼亭外集貳玖云：

三賓知嘉定時，以贄列錢受之門下，爲之開雕婁唐諸公集。其後與受之爭妓柳氏，遂成貿首之仇。南都時，受之復起，且大拜。三賓稱門下如故。其反覆如此。

寅恪案，三賓人品卑劣，誠如全氏所論。但謝山之言亦有失實者。攷牧齋爲天啓元年浙江鄉試正考官。（詳見前第壹章拙作「題牧齋初學集」詩所論。）象三以是年鄉試中式。（見雍正修寧波府志壹柒選舉上明舉人條及初學集伍叁「封監察御史謝府君墓誌銘」中「三賓余門人也。」之語。)故三賓所撰一笑堂集中涉及牧齋，稱之爲座師者，共有「丁亥冬被誣在獄，時錢座師亦自刑部回，以四詩寄示，卒爾和之。」「壽錢牧齋座師」「壽座師錢牧齋先生」等三首。(均見一笑堂詩集叁。)象三之詩，其作成年月雖多數不易詳悉攷定。然觀象三於丁亥即順治四年，猶稱牧齋爲座師。牧齋且以「次東坡御史臺寄妻詩」寄示謝氏，謝氏復賦詩和之。又「壽錢牧齋座師」詩中有：

天留碩果豈無爲。古殿靈光更有誰。渭水未嘗悲歲晚，商山寧復要人知。

等語，皆足證象三於牧齋晚年，交誼未改也。或疑此兩詩爲弘光南都即位，牧齋復起以後所作，與謝山「三賓稱門下如故」之語，尚不衝突。但檢初學集叁陸有「謝象三五十壽序」一篇。據一笑堂詩集壹「(順治七年)庚寅初度自述」五古中「吾年五十八，六十不多時。」之句，逆推象三年五十時，乃崇禎十五年壬午也。河東君以崇禎十四年辛巳夏歸於牧齋，崇禎十七年甲申夏福王立於南京。然則牧齋於此兩時限之間，猶撰文爲象三壽。故知全氏謂：「與受之爭妓柳氏，遂成貿首之仇。」其說殊不可信也。

又檢初學集捌伍「跋前後漢書」(參天祿琳瑯書目宋版史部漢書錢謙益跋，春酒堂文存叁「記宋刻漢書」，陳星厓詩集壹「鷗波道人漢書歎」幷陳星厓銘海補注全祖望句餘土音補注陸此題注。)云：

趙文敏家藏前後漢書，爲宋槧本之冠。前有文敏公小像。太倉王司寇得之吳中陸太宰家。余以千金從徽人贖出。藏弆二十餘年。今年鬻之於四明謝象三。床頭黃金盡，生平第一殺風景事也。此書去我之日，殊難爲懷。李後主去國，聽敎坊雜曲，「揮淚對宮娥」一段悽涼景色，約略相似。癸未中秋日書于半野堂。

牧齋尺牘外編「與□□」書所言多同於牧齋之跋，惟涉及李本石之語，則跋文所未載。玆僅節錄此段，以供參攷。其文云：

京山李維柱字本石。本寧先生之弟也。嘗語予，若得趙文敏家漢書，每日焚香禮拜，死則當以殉葬。

更可證牧齋於崇禎十六年癸未中秋，猶與象三有往來。牧齋此次之割愛售書，殆爲應付構造絳雲樓所需經費之用。攷初學集貳拾下東山詩集肆「燈下看內人插瓶花，戲題四絕句。」其一云：「水仙秋菊並幽姿」及「玉人病起薄寒時」。此題後第貳題卽爲「絳雲樓上梁，以詩代文。」八首。然則牧齋售書之日，與絳雲樓上梁之時，相距甚近。兩事必有相互關係無疑。象三雖與牧齋爭娶河東君失敗，但牧齋爲築金屋以貯阿雲之故，終不得不忍痛割其所愛之珍本，鬻於象三。由是而言，象三亦可借此聊以快意自解，而天下尤物之不可得兼，於此益信。蒙叟一生學佛，當更有所感悟矣。觀下引牧齋重跋此書之語，亦可證也。一笑！

有學集肆陸「書舊藏宋雕兩漢書後」（參天祿琳瑯書目史部。）云：

趙吳興家藏宋槧兩漢書。王弇州先生鬻一庄得之陸水邨太宰家。後歸于新安富人。余以千二百金從黃尚寶購之。崇禎癸未損二百金售諸四明謝氏。庚寅之冬吾家藏書盡爲六丁下取。此書却仍在人間。然其流落不偶，殊可念也。今年遊武林，坦公司馬攜以見示，諮訪眞贋。予從臾勸亟取之。司馬家插架萬籤，居然爲壓庫物矣。嗚呼！甲申之亂，古今書史圖籍一大刦也。庚寅之火，江左書史圖籍一小刦也。今吳中一二藏書家，零星捃拾，不足當吾家一毛片羽。見者誇詡，比于酉陽羽陵。書生餓眼，見錢但不在紙裹中，（天祿琳瑯書目作「但見錢在紙裹中。」）可爲捧腹。司馬得此十袠，乃今時書庫中寶玉大弓，當令吳兒見之，頭目眩暈，舌吐而不能收。不獨此書得其所歸，亦差足爲絳雲老人開顏吐氣也。刦灰之後，歸心空門，爾時重見此書，始知佛言昔年奇物，經歷年歲忽然覆睹，記憶宛然，皆是藏識變現，良非虛語，而呂不韋顧以楚弓人得，爲孔老之云，豈爲知道者乎？司馬深知佛理，幷以斯言諗之。（天祿琳琅書目此句下有「歲在戊戌孟夏二十一日重跋於武林之報恩院。」十九字。）

寅恪案，蒙叟於崇禎十六年癸未秋割愛賣兩漢書，已甚難堪。象三此時家甚富有，但猶抑損牧齋購入原價二百金。靳此區區之數，不惜招老座師以更難堪之反感。豈因爭取「美人」失敗，而又不甘間接代付「阿雲」金屋經費之故，遂出此報復之市儈行爲耶？牧齋云：「不獨此書得其所歸，亦差足爲絳雲老人開顔吐氣也。」蒙叟屬辭不多用「絳雲老人」之稱。今特著「絳雲」二字者，不僅因絳雲樓藏書被焚，深致感念。窺其微意所在，亦暗寓「阿雲金屋」一重公案也。牧齋如盧家之終有莫愁，固可自慰。然亦卒不能收回已亡之楚弓，姑借佛典阿賴耶識之説，強自解釋，情甚可憐。若象三以「塞翁」爲其別號，則不知其所失者爲書耶？抑或人耶？謝氏二十年之間，書人兩失，較牧齋之得人而失書者，猶爲不逮。此亦其人品卑劣有以致之，殊不足令人憫惜也。

至牧齋所謂「坦公司馬」應卽張縉彥。其事蹟見清史列傳柒玖貳臣傳本傳及清史稿貳伍壹劉正宗傳附張縉彥傳。清史列傳載其於順治十一年甲午由山東右布政使，遷浙江左布政使。十五年戊戌擢工部右侍郎。與浙江通志壹貳壹職官表壹壹承宣布政使欄「張縉彥」下注：「字坦公，新鄉人。前辛未進士。順治十一年任。」及「許文秀」下注：「遼東人。順治十五年任。」之記載相合。又明史壹壹貳七卿年表兵部尙書欄載：

崇禎十六年癸未十月張縉彥任。十七年〔甲申〕三月縉彥降賊。

及同書叁佰捌馬士英傳云：

張縉彥以本兵首從賊。賊敗，縉彥竄歸河南。自言集義勇收復列城。卽授原官，總督河北山西河南軍務，便宜行事。（參計六奇明季北略貳貳張縉彥條。）

等，皆可與清國史館張縉彥傳參證也。

復次，有學集伍絳雲餘燼集下「贈張坦公」二首。其一云：

中書行省古杭都。曾有尙書曳履無。暫借願廳居左轄，（牧齋外集壹「願」作「頭」。是。）且抛手版領西湖。

其二云：

中朝九伐勒殊勳。父老牽車拜使君。藉草定追蘇白詠，澆花應酹岳于墳。西陵古驛連殘燒，南渡行宮入亂雲。註罷金經臥簾閣，諸天春雨自繽紛。

牧齋外集陸「張坦公集序」略云：

中州張坦公先生射策甲科，起家縣令，受當寧簡在，入直翰苑，洊歷大司馬。當是時，國勢阽危，樞務旁午，天子神聖，非常寄任。朝野屛息跂望，以爲李伯紀〔綱〕，于廷益〔謙〕合爲一人。俄而天地晦冥，國有大故，觸冒萬死，走荆雒諸山中，經營寨柵，收合徒旅，逆闖之號令不行于荆南，公實以隻手遏之。燕雲底定，璽書慰存，乃始卷甲臥鼓，頓首歸命。迴翔朝右，資望深茂。乃由山左擢杭左轄。先後十餘年，閱歷變故，最險最奇。其所爲詩文，亦隨心遞變。世之知坦公者，當以其詩文，而坦公之生平建豎，欲有所寄託，以自見於竹素，舍此集亦何以矣。昔少陵遇天寶之亂，流離巴蜀，有昔遊遣懷之作。一則曰，昔者與高李，晚登單父臺。寒蕪際碣石，萬里風雲來。一則曰，昔我遊宋中，惟梁孝王都。憶與高李輩，論交入酒壚。蓋自七雄劉項幷吞割據之餘，戰伐通塗，英雄陳迹，多在梁宋之間。而况如公者，以含章振生之姿，攬中州河雒之秀，天實命以鼓吹休明，陶鑄風雅。于是乎孟津超乘於前。（寅恪案，「孟津」指王鐸。事蹟見清史列傳柒玖貳臣傳本傳等。鐸河南孟津人。又爲大學士，故云。）行屋俠轂于後，（寅恪案，「行屋」指薛所蘊。事蹟見清史列傳柒玖貳臣傳本傳。幷參牧齋外集伍薛行屋詩序。又桴庵爲河南孟縣人，故稱其「行屋」之號，以免與覺斯相混也。）旗鼓相當，鞭弭競奮，亦天相之也。威弧不弦，帝居左次，橋山之龍胡不逮，崆峒之仙仗杳然。於是乎棄戎旃，理翰墨，捨韎韋，事畢牘，詞壇騷壘，收合餘燼，地負海涵，大放厥詞，而依水園之全集始出。坦公書來曰，公知我者，幸爲我詩序。余雖老廢，歸向空門，不敢謂不知坦公也。孟津已矣，今所爲高李者，有行屋及安丘二公在。（寅恪案，「安丘」指劉正宗。事蹟見清史列傳柒玖貳臣傳及清史稿貳伍壹本傳等。正宗爲大學士，故以「安丘」稱之，與稱覺斯爲孟津同例也。）坦公將還朝，共理承明之事，試相與評吾言，以爲何如也。

寅恪案，牧齋贈坦公詩，大約作於順治十一年甲午或十二年乙未，「書舊藏宋雕兩漢書後」一文末署：「歲在戊戌孟夏廿一日，重跋於武林之報恩寺。」即在順治十五年張氏尚在杭任，未奉調入京之時。至「張坦公集序」則作於張氏將離杭赴京之際，更在「書舊藏宋雕兩漢書後」以後矣。復檢清史列傳柒玖貳臣傳張縉彥傳略云：

順治十七年六月左都御史魏裔介劾大學士劉正宗罪惡，言縉彥與爲莫逆友，序其詩，稱以將明之才，詞詭譎，而心叵測。均革職逮訊。御史蕭震疏劾縉彥曰，官浙江時，編刊無聲戲二集，自稱不死英雄。有弔死在朝房，爲隔壁人救活云云。冀以假死，塗飾其獻城之罪。又以不死，神奇其未死之身。臣未聞有身爲大臣，擁戴逆賊，盜竊宗社之英雄。且當日抗賊殉難者有人，闔門俱死者有人，豈以未有隔壁人救活，遂彼英雄？雖病狂喪心，亦不敢出此等語。縉彥乃筆之於書，欲使亂臣賊子相慕效乎？疏並下王大臣察議，以縉彥詭詞惑衆，及質訊時，又巧辯欺飾，擬斬決。上貰縉彥死，褫其職，追奪誥命，籍沒家產，流徙寧古塔。尋死。

寅恪案，牧齋爲此僨軍之將，亡國之大夫，而秉「不死之英雄」作序，鋪張敷衍，長至千餘言，其欲得張氏之潤筆厚酬，自不待論。鄙意牧齋當日之奢望，似猶不僅此也。豈竟欲藉此諛辭，感動張氏，取其購得謝三賓之宋槧兩漢書，還諸舊主，庶幾古籍美人可以幷貯一處，（此「處」即「絳雲餘燼處」之「處」。若作「樓」，則非絳雲樓，而是後來河東君縊死之榮木樓矣。）與之共命而同盡，更爲絳雲老人開顏吐氣耶？坦公未能如牧齋之願，而此書遂流落他所，展轉收入淸內府。三百年來陵谷屢遷，此曠世奇寶，若存若亡，天壤間恐終不可復睹矣。惜哉！惜哉！

更有一事可與錢謝此重公案相參勘者，黃丕烈士禮居藏書題跋記伍「唐女郎魚玄機詩一卷，宋刻本。」條云：

朱承爵字子儋。據列朝詩集小傳，知爲江陰人。世傳有以愛妾換宋刻漢書事。其人亦好事之尤者。唐女郎何幸，而爲其所珍重若斯。

寅恪案，列朝詩集丁捌撰朱氏「落花」詩二首。其小傳不載以愛妾換宋刻漢書事。蕘翁所言，未知何據？牧齋所撰列朝詩集諸人小傳，多喜記瑣聞逸事之可資談助者，子儋以愛妾換宋刻漢書一事，牧齋當亦有所知聞。然不收入小傳中者，豈其事略同於象三與己身之關係，遂特避嫌，諱而不載耶？若果如是，則其心良苦，其情可笑矣。

復次，牧齋尺牘貳與李孟芳書共十三通。其中三通關涉王弇州家漢書事。

第壹通云：

子晉幷乞道謝。漢書且更議之，不能終作篋中物也。歸期想當在春夏之交，把臂亦非遠矣。

第拾通云：

歲事蕭然，欲告糴於子晉。藉兄之寵靈，致此質物。庶幾泛舟之役有以藉手，不致作監河侯也。以百石爲率，順早至爲妙，少緩則不及事矣。

第壹貳通云：

空囊歲莫，百費蝟集。欲將弇州家漢書，絕賣與子晉，以應不時之需。乞兄早爲評斷。此書亦有人欲之，意不欲落他人之手。且在子晉，找足亦易辦事也。幸卽留神。

寅恪案，牧齋尺牘之編次頗有舛譌。如卷上致梁鎭臺三通，其第壹通乃致梁維樞者，而誤列於致梁鎭臺，卽梁化鳳題下，乃是一例。見第伍章所論。至排列復不盡依時間先後。如第伍通論牧齋垂死時之貧困節引「致盧澹巖」札第肆通應列於第壹通前，卽是其例。假定此寄李孟芳諸札之排列先後有誤，則第拾通「泛舟之役」自指與河東君有關之事。如初學集貳拾東山詩集叁河東君和牧齋「中秋日攜內出游，次冬日泛舟韻。」二首之二所謂「夫君本自期安槳，賤妾寧辭學泛舟。」之義。假定寄李孟芳札排列先後不誤，則「泛舟之役」別指一事，與河東君無關。茲僅稍詳論後一說，以俟讀者抉擇，蓋前一說易解，不待贅述也。

就後一說言之，第壹通「歸期在春夏之間」等語，乃崇禎十一年戊寅牧齋被逮在京時所作。若牧齋與孟芳之尺牘皆依時間先後排列，則第拾通疑是崇禎十五年冬間所作。因此通前之第捌通有：

日來婦病未起，老夫亦潦倒倦卧。呻吟之音，如相唱和。

等語。其時河東君正在重病中也。又第拾通云：「庶幾泛舟之役，有以藉手。」所謂「泛舟之役」，不知何指。若謂是崇禎十四年辛巳冬十一月與河東君泛舟同遊京口，（見初學集貳拾「（辛巳）小至日京口舟中」幷河東君和作。及「冬至後京江舟中感懷八首」。）則是年中秋河東君尙未發病。（見初學集貳拾「（辛巳）中秋日攜內出遊」二首幷河東君和作。）大約九十月間卽漸有病。故牧齋「小至日京口舟中」詩云：「病色依然鏡裏霜。」河東君和作云：「香奩累月廢丹黃。」據鄭氏近世中西史日表，此年冬至爲十一月十九日。依「累月」之語推之，其起病當在九十月間，然尚能出遊幷賦詩，諒未甚劇。但在途中病勢增重，祇得暫留蘇州，未能與牧齋同舟歸常熟度歲。觀牧齋「辛巳除夕」詩「悽斷鰥魚渾不寐，夢魂那得到君邊。」之句，知柳錢兩人此際不在一處，而河東君之病甚劇，又可推見也。此點詳見後論，茲不多及。由是言之，牧齋致李氏尺牘第拾通中「泛舟之役」一語，非指此次京口之遊，自不待辨。至崇禎十五年冬，牧齋實有關涉「泛舟」之事，更就明清時人「泛舟之役」一習用之語攷之，實有二解：一指漕運。卽用左傳僖公十四年所載，其文略云：

冬晉荐饑，使乞糴於秦。〔秦〕輸粟於晉，自雍及絳相繼，命之曰汎舟之役。

如碑傳集壹叁陸田雯撰盧先生世漼傳云：

領汎舟之役，值久旱河竭，盜賊充斥，公疏數十上，犂中漕弊，皆報可。

及道光修濟南府志伍貳盧世漼傳云：

僨漕運，時久旱河竭，盜賊縱横，條議上聞，皆中肯綮。

可以爲證。二指率水師攻戰之意。如晉書壹壹拾載記拾慕容儁載記云：

遣督護徐冏率水軍三千，汎舟上下，爲東西聲勢。

可以爲證。檢牧齋此時幷無參預漕運之事，則其所謂「泛舟之役」者，乃與水軍之攻戰有關無疑。若此假設不誤，茲略引資料，論之於下：

初學集貳拾「泛程九屏領兵入衞二首。時有郎官欲上書請余開府東海，任擣勦之事，故次首及之。」七律二首之二後四句云：

絕轡殘雲驅䩞鞨，扶桑曉日候旌旗。東征倘用樓船策，先與東風酹一巵。

及同書貳拾下「〔癸未〕元日雜題長句」八首之四云：

東略舟師島嶼紆。中朝可許握兵符。樓船搗穴眞奇事，擊楫中流亦壯夫。弓渡綠江驅濊貊，鞭投黑水駕天吳。劇憐韋相無才思，省壁愁看匡海圖。（自注：「沈中翰上疏請余開府登萊，以肄水師。疏甫入而奴至，事亦中格。」）

又有學集叁貳「卓去病先生墓誌銘」云：

崇禎末，中書沈君廷揚以海運超拜。特疏請余開府東海，設重鎭任援勦。去病家居，老且病矣，聞之大喜，畫圖系說，條列用海大計，惟恐余之不得當也。疏入未報，而事已不可爲。

然則「泛舟之役」，即「樓船」及「用海」之策。大約牧齋於崇禎十五年壬午歲暮，得知有巡撫登萊，率領舟師東征之議，以爲朝命旦夕可下，必先有所摒擋籌劃，因有告糴於毛氏之舉歟？

又孟芳與子晉關係至密。子晉稱之爲舅氏，見其所著野外詩卷「八月十五夜從東湖歸，獨坐快閣。」詩題下自注云：「和孟芳舅氏。」可以爲證。子晉此種「舅氏」之稱謂，蓋與其稱繆仲醇希雍同例，亦見野外詩卷「暮春游興福寺」詩序。初學集陸壹牧齋作子晉父毛淸墓誌銘云：「君娶戈氏，於仲醇爲彌甥壻。」及同書叁玖「毛母戈孺人六十壽序」云：「毛生子晉之母戈孺人六十矣。」則知子晉之稱孟芳爲「舅氏」不過長親之意耳。讀者幸勿誤會。毛李兩人情誼既如此親密，故牧齋託孟芳向子晉「告糴」，欲藉其「寵靈」也。此函中「質物」之語，即指質於毛晉家之漢書而言。第壹貳通疑亦是崇禎十五年歲杪所作。因十六年中秋，此漢書已鬻於謝氏，故知此函所謂「歲莫」，必非十六年歲杪也。「找足」者，欲將前抵押之漢書，「絕賣」與子晉。不知何故，此議未成。後來此書於崇禎十六年秋牧齋賣與謝三賓，當先將謝氏所付書價之一部分，從子晉贖回，然後轉賣耳。「此書亦有人欲之」之「人」，或即是象三，亦未可知。賣此書與謝氏，實非牧齋本意，乃出於萬不得已。所以感恨至於此極也。牧齋此書今天壤間已不可得見。世之談藏書掌故者，似未注意此重公案，聊補記於此，以諗好事者。牧齋平生有二尤物。一爲宋槧兩漢書，一爲河東君。其間互有關聯，已如上述。趙文敏家漢書，雖能經二十年之久「每日焚香禮拜」，然以築阿雲金屋絳雲樓之故，不得不割愛鬻於情敵之謝三賓。未能以之殉葬，自是恨事。至若河東君，則奪之謝三賓之手，「每日焚香禮拜」達二十五年之久。身沒之後，終能使之感激殺身相殉。然則李維柱之言，固爲漢書而發，但實亦不異爲河東君而發者。嗚呼！牧齋於此，可以無遺憾矣。

又謝三賓任太僕少卿，以丁父憂出京後，即買宅西湖，（寅恪案，一笑堂詩集叁「湖莊」二題，「武林舊寓爲武弁入居，殘毀殊甚，庚寅始復，感成七律。」并同書肆「燕子莊」七律「花紅水綠不歸去，辜負西湖燕子莊。」句及「過武林」七律「燕子莊前柳色黃，每乘春水向錢塘。」句等，可證。）放情聲色。（寅恪案，一笑堂詩集叁「無題」七律「却來重入少年場」句，可證。）全謝山謂象三視師登州時，「乾沒賊營金數百萬，其富耦國。」（詳見鮚埼亭外集貳玖「題視師紀略」。）其言即使過當，然象三初罷太僕少卿，居杭州時，必非經濟不充裕者，可以斷言。 其子于宣字宣子，崇禎九年丙子即已中式鄉試。（見雍正修寧波府志壹柒選舉上明舉人條。）早與然明有往還。（見春星堂詩集貳「余爲修微結廬湖上。冬日謝于宣伯仲過臨，出歌兒佐酒。」）則象三亦必爲然明知交之一，可以推知。 但今檢春星堂集及一笑堂詩集，俱未發現兩人往還親密之記載，其故尙待詳攷。 茲姑設一假定之說，在象三方面，因河東君與之絕交，而然明不能代爲挽回，轉介紹其情人與牧齋。 且刻河東君尺牘，不盡刪譏笑己身之語，遂致懷恨。 在然明方面，因河東君與象三之絕交，實由於柳之個性特強，而謝又拘牽禮俗，不及其師之雅量通懷，忽略小節。 象三既不自責，反怨然明之不盡力，未免太不諒其苦衷。 職是之故，兩家集中，遂無踪跡可尋耶？ 當崇禎十一，十二，十三年之際，象三之年爲四十六，四十七，四十八歲。 故然明胸中，爲河東君覓婿計，象三之年齡資格家財及藝能（徐沁明畫錄伍略云：「謝三賓號塞翁。 工山水。每與董玄宰李長蘅程孟陽究論八法， 故落筆迥異恆境。」）四者，均合條件。 今檢一笑堂詩集關涉河東君諸題，大抵不出此數年間之作。 茲擇錄幷略論之於下。

一笑堂詩集叁「湖上同胡仲修陸元兆柳女郎小集」云：

載酒春湖春未央，陰晴恰可適炎涼。佳人更帶烟霞色，詞客咸蟠錦繡腸。樂極便能傾一石，令苛非復約三章。不知淸角嚴城動，烟月微茫下柳塘。

寅恪案，或謂此題之前第貳拾題爲「與程孟陽曾波臣陸文虎集湖上」七律，其末句云，「岸柳山花又暮春」，豈柳謝之發生關係，由孟陽介紹耶？鄙意不然，因松圓耦耕堂存稿詩下有「久留湖寺」及「湖上五日對雨遣懷」兩題，知孟陽崇禎十一年戊寅春夏之間，雖實在西湖，但十二年及十三年春間，則未發見其曾游杭州之迹象。就松圓不介紹河東君於牧齋之例推之，似未必肯作此割愛之事。且據戊寅草及春星堂詩集，河東君之遊西湖，蓋始於崇禎十一年戊寅秋季，在此以前，即十一年春，則無西泠天竺間之踪跡可尋，故三賓「湖上同柳女郎小集」之詩，作於十二年乙卯春間之可能性最大也。

同書肆「懷柳姬」云：

烟雨空濛歸路艱。石尤風急阻蕭山。倩將一枕幽香夢，吹落西溪松柏間。（自注：「時柳寓西溪。」）

寅恪案，象三謂河東君時寓西溪。然明橫山書屋即在西溪。然則此詩乃作於崇禎十二年或十三年河東君寄寓江氏西溪別墅時也。

上引一笑堂詩集二題，既標出「柳」姓，其爲河東君而作，絕無問題。又檢此集尙有似關涉河東君之詩不少。因其排列不盡依時間先後，故亦未敢確言。姑附錄之，並略著鄙見，以俟更攷。

一笑堂詩集壹「卽事」云：

萬事瓦解不堪言，一場春夢難追覓。無情只有楊柳枝，日向窗前伴愁絕。

寅恪案，一笑堂集中，其有關涉河東君之嫌疑諸詩，幾全是今體。此首雖是古體，但細繹題目及辭旨，恐仍有爲河東君而作之可能。前兩句用白氏文集壹貳「花非花」詩：「來如春夢不多時，去似朝雲無覓處。」後二句用同書壹陸「別柳枝」詩：「兩枝楊柳小樓中。嫋娜多年伴醉翁。」蓋謂有情之美人「楊柳枝」已去矣，惟有無情之植物「楊柳枝」與塞翁相伴耳。此解釋是否有當，未敢自信，尚希通人垂敎。

同書貳「柳」云：

曾賜隋堤姓，猶懷漢苑眠。白門藏宿鳥，玄灞拂離筵。一曲春湖畔，雙眉曉鏡前。不愁秋色老，所感別經年。

寅恪案，此首疑亦懷河東君之作，至作於何年，則未能確定也。

同書叁「無題」云：

淸尊良夜漏初長。人面桃花喜未央。彩鳳已疑歸碧落，行雲依舊傍高唐。十年長樂披星月，百戰青齊飽雪霜。回首眞成彈指事，却來重入少年場。

寅恪案，此詩前四句意謂初疑河東君已適人，今始知仍是待攀折之章臺柳。「人面桃花」句，固用孟槃本事詩情感類「博陵崔護」條。似象三在賦此詩前，曾一度得見河東君者，但詳攷象三自天啓五年任嘉定縣知縣。崇禎元年入京任陝西道御史，後擢太僕寺少卿，八年丁憂歸里，十一年服闋，始可放情聲色。此十餘年間，恐無機會與河東君相值。然則其得知河東君，殆因讀嘉定諸老關於河東君兩次遊嘐之作品，未必如崔護曾親見桃花人面也。又河東君湖上草崇禎十二年己卯春所賦西湖八絕句之一「最是西陵寒食路，桃花得氣美人中。」兩句，極爲世人稱賞，傳播一時，或與象三此詩第貳句有關耶？「無題」詩第貳聯謂己身自崇禎元年戊辰任京職至八年乙亥丁憂歸。其在都實未滿十年，乃舉成數而言，不必過泥也。此聯下句指己身崇禎五年壬申監軍登萊之役，象三撰「視師紀略」，以自誇其軍功。今日尙可想見當時綺筵酣醉，談兵說劍，博取美人歡心之情況。吾人平心論事，謝氏視師紀略一書，雖爲全謝山鄙爲不足道，但象三之書，究是實地經驗之言，持與牧齋天啓元年辛酉浙江鄉試程錄中之文，止限於紙上談兵者，以相比較，門生作品，猶勝座師一籌。唯美人心目中賞鑑如何，則生於三百年後者，不得而知矣。

同書同卷「雨餘」云：

寒食清明一雨餘。春芳未歇綠陰舒。閒依陸子經烹茗，漫學陶公法種魚。方竹杖分野老惠，細花箋寄美人書。一年好景清和日，莫放尊前夜月虛。

寅恪案，此題下一題卽上引「湖上同胡仲修陸元兆柳女郎小集」七律。兩詩所言景物符合，頗疑此

「美人」乃指河東君。蓋象三先以書約河東君宴集湖上也。

同書同卷「春歸」云：

春歸何處最銷魂。飛絮閒庭晝掩門。幽緒秖應歸燕覺，愁懷難共落花論。天涯人遠音書斷，斗室香銷笑語存。無限情懷消折盡，不堪風雨又黄昏。

寅恪案，此題下一題爲「嘉禾道中」有「三伏生憎客路長」之句。竊疑崇禎十三年庚辰春河東君與謝氏絶交之後，遂因而發病，避往嘉興。象三不勝「天涯人遠音書斷」之「幽緒」「愁懷」，故冒暑追至禾城，思欲挽回殭局。兩題前後銜接，殊非偶然。此點可與下引尺牘第貳伍通相參證。寅恪初讀一笑堂詩集，頗覺柳謝關係之作不多，後取尺牘參較，始知兩書實有互相發明之妙也。復檢一笑堂詩集叁有「庚辰九月再寓嘉禾祥符寺」一題，頗疑象三此行亦與河東君有關。本章下論牧齋於崇禎十三年庚辰十月至嘉興晤惠香，爲河東君訪半野堂之前導，然則謝去錢來，皆是「孩童捉柳花」之戲。（見下引白詩。）前引全謝山「題視師紀略」，謂象三「與受之爭妓柳氏，遂成貿首之仇。」「貿首之仇」固不確，「爭妓柳氏」則爲實錄也。又第叁章論戊寅草陳臥子序中「柳子」之語，蓋本於白香山「春盡日宴罷感事獨吟」詩「春隨樊子一時歸」句及蘇東坡「朝雲詩引」。象三以「春歸」爲題，亦取意於白蘇。更觀香山此題，尙有「思逐楊花觸處飛」之句，則謝氏冒暑往嘉興，亦是「逐楊花」也。但香山「獨吟」詩後第貳題爲「前有別柳枝絶句，夢得繼和云，春盡絮飛留不得，隨風好去落誰家。（寅恪案，夢得此兩句見全唐詩第陸函劉禹錫壹貳「楊柳枝詞」九首之九。）又復戲答。」云：

柳老春深日又斜。任他飛向別人家。誰能更學孩童戲，尋逐春風捉柳花。

則象三冒暑往禾「尋逐春風捉柳花」之後，河東君落於錢後人之家，而象三惓戀不忘，童心猶在，可哀可笑也已。至象三自號「塞翁」，不知始於何時。若在與河東君絕交之後，則其失馬之意，恐不免仍取義於香山之詩，卽白氏文集叁伍「病中詩十五首」之「賣駱馬」及「別柳枝」兩絕句幷同書柒壹「不能忘情吟」之序及詩，美人名馬互相關聯之意。然則塞翁所失者非「駱馬」乃「柳枝」也。苟明乎此，乾隆修鄞縣志壹陸謝三賓傳云：「謝三賓字象山。」則知「象山」以象香山自命。一笑堂詩集中諸詩涉及香山柳枝之作者，實皆爲河東君而賦，無足怪也。

同書同卷「無題」云：

咫尺花源未可尋。避人還向水雲深。簫聲已隔烟霄路，珮影空留洛水潯。寂寞文園長被病，衰遲彭澤但行吟。空齋獨坐淸如衲，留得枯禪一片心。

寅恪案，此詩疑亦爲河東君而作。其辭旨可與本章前引汪然明「無題」詩，相參證也。

同書同卷「湖莊」云：

數椽新構水邊莊。草舍題名燕子堂。棲處不嫌雲棟小，來時常及柳絲黃。願言江左家風舊，

（寅恪案，鮚埼亭集外編陸「明故按察副使監軍贛菴陸公（宇㸌）墓碑銘」謂周明貽謝三賓書曰：

「昔德祐之季，謝昌元贊趙孟傳誘殺袁進士以賣國，執事之家風也。」取陸書與謝詩中「家風」二字對，不禁令人失笑。）不貯徐州脂粉香。月夕風晨聊一笑，此非吾土寄相羊。

同書同卷「湖莊」云：

湖山晚對更蒼蒼。燕子堂前徑欲荒。寒雁帶雲棲荻渚，虛舟載月倚蓮塘。嚴城街鼓催更早，遠寺僧鐘度水長。獨上段橋天似洗，數星漁火耿鄰莊。

寅恪案，此兩詩皆象三自詠其西湖別墅者，第壹題自是與河東君有關。第貳題儻作於崇禎十三年庚辰以後，十七年甲申以前，亦與河東君有關。其作第壹題時，與河東君往還正密。至作第貳題時，則河東君已與之絕交矣。第壹題第貳聯上句用劉夢得「金陵五題」之第貳題「烏衣巷」七絕「舊時王謝堂前燕」之典。（見全唐詩第陸函劉禹錫壹貳。）下句用白香山「燕子樓」三首并序之典。（見白氏文集壹伍。）綜合上下兩句之意，實爲掩飾之辭，非由衷之語也。頗疑「燕子堂」與「一笑堂」或即同一建築物。後來河東君與之絕交，故第貳題云：「燕子堂前徑欲荒。」謝家堂前之燕，既飛向別人之家，遂取第壹題「月夕風晨聊一笑」句中「一笑」二字，以改易「燕子」二字之舊堂名。又或用全唐詩叁李白叁「白紵詞」中「美人一笑千黃金」之句。「美人」爲河東君之號，此堂之名亦與河東君有關。第貳章已論及之。若果如是，第壹題第柒句可爲後來發一苦笑之預兆也。象三自丁憂後，優遊林下，構湖莊，買古籍，所用不貲。其人既非以賣文爲活，則經費何從而來？全謝山謂其登萊之役，乾沒多金，當可信也。

同書同卷「無題」二首云：

曲徑低枝罥額羅。水亭花榭笑經過。偶尋靜侶穿修竹，愛近幽香坐碧蘿。秋水芙蓉羞媚頰，高堂絲竹避清歌。從來不識人間事，肯使閒愁上翠娥。

春園又憶雨如麻。細語明缸隔絳紗。幾度暗牽遊子意，何來遽集野人家。芙蓉霜落秋湖冷，楊柳烟銷夜月斜。回首故山無限思，一江烟水漲桃花。

同書同卷「坐雨」略云：

秋雨空堂長綠莎。柴關車馬斷經過。

同書同卷「排悶」云：

排悶裁詩代管絃。筆牀喚起穎生眠。死灰已棄從相溺，熱竈雖炎定不然。最喜長康癡黠半，却憐茂世酒螯全。無人縛處求離縛，熟讀南華第一篇。

寅恪案，以上三題五首相連，疑是同時所作。蓋象三因秋雨追憶前次湖上春雨時，與河東君文讌之事，卽上引「雨餘」及「湖上同柳女郎小集」兩題所言者。象三自號塞翁，然念念不忘已失之「馬」。其爲人黠固有之，癡亦不免。既被河東君棄絕，更招嘲駡，卽「死灰已棄從相溺」。象三雖竭力以圖挽回，終不生效，卽「熱竈雖炎定不然」。追思往事，裁詩排悶，卽「無人縛處求離縛」。夫三賓害如是之單相思病，眞可謂天下之大癡。尤足證第叁章所引牧齋「題張子石湘游篇小引」中「人生斯世，情之一字，熏神染骨，不唯自累，又足以累人乃爾。」等語爲不虛。然則河東君之魔力，殊可畏哉！殊可畏哉！又「排悶」下第肆題爲「閒居」，其結語云：「暫勅病魔爲外護，當關爲謝客侵晨。」此乃反用李義山詩集上「富平少侯」詩：「當關莫報侵晨客，新得佳人字莫愁。」之辭旨，甚爲巧妙。「排悶」下第伍題爲「坐雨」詩，有「信風信雨小樓中，萬軸千籤擁座東。」及「惟餘侍女問難字，無復書郵報遠筒。」等語，可取與初學集貳拾東山詩集「〔壬午〕獻歲書懷」二首之二「網戶疏窗待汝歸」及「四壁圖書誰料理」等句相印證。蓋河東君之博通羣籍，實爲當時諸名士所驚服惓戀者也。

同書同卷「鄰莊美人歌吹」云：

塵心淨盡絮沾沙。永日閒門閉落花。唱曲聲從何處起，倚樓人是阿誰家。桃花路近迷仙棹，楊柳枝疏隔暮鴉。卻怪晚風偏好事，頻吹笑語到窗紗。

寅恪案，此詩結句云：「卻怪晚風偏好事，頻吹笑語到窗紗。」自是只聞歌吹，而未見歌吹者。但象三特用「美人」二字，疑意有所指。豈爲河東君落在籤後人家而作耶？若依此詩排列次序，前一首爲「閒步」，末句云：「疎林淡靄近重陽」。後一首爲「病中口占」，首句云：「秋色蕭條冷夕陽」。則前後兩題，皆秋間之作，似與「鄰莊」詩中「絮沾沙」及「閉落花」等語之爲春暮者不合。但細繹「楊柳枝疎隔暮鴉」，則亦是秋季景物。故不必過泥，認其必作於春季也。儻「鄰莊」一詩，果作於秋季者，則第貳聯下句乃用李太白「何許最關情，烏啼白門柳。」之典。（見全唐詩第叁函李白叁「楊叛兒」。）據有學集壹「和東坡西臺詩韻」序，知牧齋以順治四年丁亥四月初被逮至南京下獄，歷四十餘日，出獄之後，值河東君三十生日，遂和東坡西臺詩為壽，幷以傳示友朋求和。今「鄰莊」詩後第叁題為「丁亥冬被誣在獄，時錢座師亦自刑部回，以四詩寄示，率爾和之四首」。初視之，似象三得牧齋詩在丁亥冬。更思之，謝氏在獄中，似不能接受外來文字，如牧齋此題之涉及當日政治者，然則謝氏得其座師詩時，或在未入獄之前，和詩雖在入獄後所作，而「鄰莊」一題，實在接牧齋慶祝河東君壽辰詩時所賦，因不勝感慨，遂有桃花楊柳一聯，以抒其羨慕妬忌之意歟？俟攷。

同書同卷「落花」云：

欲落何煩風雨催。芳魂餘韻在蒼苔。枝空明月成虛照，香盡游蜂定暗猜。有恨似聞傳塞笛，多情偶得傍妝臺。春風自是無情物，冷眼看他去復來。

寅恪案，此詩辭旨多取材於樂府詩集貳肆「梅花落」諸人之作。讀者可取參閱，不須贅引。惟有第伍句固用梅花落曲之典，但恐亦與象三之自號「塞翁」不無關涉也。第柒第捌兩句似謂河東君於鴛湖與牧齋別去後，又復由茸城同舟，來到虞山家中。此「去復來」一段波折，持較河東君於崇禎十三年庚辰春與己身絕交離杭州赴嘉興，遂一去不復來者，以冷眼觀之，殊不勝其感歎也。

同書肆「美人」云：

香袂風前舉，朱顏花下行。還將團扇掩，一笑自含情。

寅恪案，此「美人」殆非泛指，當專屬之河東君。象三以「一笑」名其集，而集中關涉河東君之詩甚不少，則此詩末句「一笑」二字，大可玩味。又牧齋垂死時賦「追憶庚辰冬半野堂文讌」詩有「買回世上千金笑」之句。夫「乾沒多金，富可耦國。」之富裕門生，獨於此點不及其賣文字以資生活，鬻書籍而構金屋之貧窮座師，誠如前論「湖莊」兩題，所謂可發一苦笑者也。一笑！

同書同卷「柳」七絕四首云：

灞橋烟雨一枝新。不効夭桃臉上春。想像風流誰得似，楚王宮裏細腰人。

朝烟暮雨管離情。唱盡隋堤與渭城。惟有五株陶令宅，無人攀折只啼鶯。

莫遣春寒鎖柳條。風華又是一年遙。卽令春半湖塘路，多少遊人倚畫橈。

水岸微風百媚生。漢宮猶愧舞腰輕。東山愛爾多才思，更在春深絮滿城。

寅恪案，象三詩集中諸作，排列不依時間先後，前已及之。故此題是否爲河東君而作，殊未敢決言。若果爲河東君而作者，則第肆首末兩句，可爲下引尺牘第貳伍通「某公作用，亦大異賭墅風流。」等語之旁證。又象三賦此首，用謝安及謝道蘊之故實，足稱數典不忘祖。但後來牧齋傳刊東山訓和集，想象三讀之，必深恨老座師之於舊門生，不僅攘奪其心愛之美人，幷將其先世佳妙典故席捲而去矣。

同書同卷「聽白氏女郎曲」云：

紘子輕彈曲緩謳。白家樊素舊風流。博陵自是傷情調，况出佳人玉指頭。

寅恪案，此題中之「白女郎」，恐非眞姓白，實指河東君，其以「白」爲稱者，不過故作狡獪耳。象三既以香山自命，因目河東君爲樊素。第叁句兼用白氏文集陸玖「池上篇」序略云：

潁川陳孝山與釀法，酒味甚佳。博陵崔晦叔與琴，韻甚清。（參同書柒拾「唐故虢州刺史崔公墓誌銘。」）蜀客姜發授秋思，聲甚淡。弘農楊貞一與青石三，方長平滑，可以坐臥，每至池風春，池月秋，水香蓮開之旦，露清鶴唳之夕，拂楊石，舉陳酒，援崔琴，彈姜秋思，頹然自適，不知其他，酒酣琴罷，又命樂童登中島亭，合奏霓裳散序。曲未竟，而樂天陶然已醉，睡於石上矣。

及太平廣記肆捌捌「鶯鶯傳」略云：

崔已陰知將訣矣，恭貌怡聲，徐謂張曰，君常謂我善鼓琴，向時羞顏，所不能及。今且往矣，既君此誠。因命拂琴，鼓霓裳羽衣序，不數聲，哀音怨亂，不復知其是曲也。左右皆欷歔。崔亦遽止之。投琴，泣下流連，趨歸鄭所，遂不復至。

據此，則第叁章引質直談耳，述河東君與宋轅文絶交時，以倭刀斷琴之事，或與象三此詩亦有類似之處。觀象三「懷柳姬」一題，其稱柳如是爲「柳姬」與陳臥子稱楊影憐爲「楊姬」者，同是一例。復證以此題「白氏女郎」之語，益知其以河東君爲禁臠矣。由是推論，柳謝恐已先有婚姻成約，柳後復背棄，故謝之怨恨，殊非偶然。又錢柳因緣自鴛湖別後，曾有一段波折，當由嫡庶問題，詳見後論柳錢茸城舟中結褵節。然則謝之失敗，錢之成功，皆決於此點無疑也。

同書同卷「竹枝詞」五首云：

錢塘門外是西湖。湖上風光記得無。儂在畫船牽繡幙，郎乘油壁度平蕪。

初從三竺進香回。逐隊登船歸去來。誰解儂家心裏事，靈籤乞得暗中開。

攜手長堤明月中。紅樓多在段橋東。當年歌舞今安在，魂斷西泠一笛風。

細雨微風度柳洲。柳絲裊裊入西樓。春光莫更相撩撥，心在湖中那一舟。

處處開堂佛法新。香雲能洗六根塵。欲攜女伴參禪去，生怕山僧偷看人。

寅恪案，此題似屬一般性，但亦可兼括河東君在內。觀前引河東君湖上草「西泠十首」，其第壹首第貳聯云：「金鞭油壁朝來見，玉佩靈衣夜半逢。」乃與謝詩同是一般性者。唯柳詩末二句云：「一樹紅梨更惆悵，分明遮向畫樓中。」則爲高自標置，暗示避居西溪汪氏書樓之意，與謝詩「柳絲裊裊入西樓」之語，區以別矣。

同書同卷「贈人」云：

白璧巖巖蔭座人。高情早已屬秋旻。還驚麗藻波瀾闊，沒得句章與緯眞。

寅恪案，「句章」爲鄞縣之古稱，「緯眞」乃屠隆之字，屠亦鄞縣人。象三以屠長卿自比也。至所贈之人，據「麗藻波瀾闊」之語，恐非河東君莫屬。姑記此疑，以俟更攷。

同書同卷「贈別」云：

嚬紅低綠斂雙蛾。腸斷尊前一曲歌。爲問別時多少恨，滿城飛絮一江波。

清歌細舞不勝情。惜別休辭酒再傾。此去銷魂何處劇，夕陽山外短長亭。

春花欲落雨中枝。觸目傷情是別離。罷撫危絃收舞袖，背人小語問歸期。

行雲聚散本無根。紅袖尊前拭泪痕。欲借冰絃傳別恨，斷腸深處不堪論。

寅恪案，細玩四首辭旨，乃女別男者。此女非不能詩，特此男爲之代作，如初學集貳拾牧齋「代惠香別」之例。頗疑此四首乃象三作於「懷柳姬」之前。蓋謝氏由杭州返寧波，别河東君之際所賦。其時間或是崇禎十二年也。

同書同卷「櫻桃」云：

牆角櫻桃一樹花。春風吹綻色如霞。重來但見森森葉，惆悵西風暮雨斜。

寅恪案，此首疑是象三於明南都傾覆以後，至虞山祝賀牧齋生日，因有感於杜牧之「綠葉成陰子滿枝」之語，（見太平廣記貳柒叁「杜牧」條引唐闕史及全唐詩第捌函杜牧捌「悵詩」幷序。又可參同書同函杜牧伍「歎花」。）遂爲河東君及趙管妻而作也。檢一笑堂詩集叁「海虞」云：

訪舊經過海上城。丹楓紫荻照波明。微雲漏日秋光澹，遠水搖風曉色淸。千里懷人輕命駕，一時與盡欲兼程。山川滿目傷心處，獨臥孤篷聽雁聲。

又「壽錢牧齋座師」（此詩上四句前已引，茲以解釋便利之故，特重錄之。）云：

天留碩果豈無爲。古殿靈光更有誰。渭水未嘗悲歲晚，商山寧復要人知。秋風名菊三杯酒，春雨華鐙一局棋。遙向尊前先起壽，敬爲天下祝耆頤。

此兩題連接，當爲同時所作。牧齋生日爲九月二十六日，象三親至常熟，自是爲牧齋祝壽。雖難決定爲何年所作，「海虞」詩有「山川滿目傷心處」之句，「壽牧齋」詩有「渭水」「商山」一聯，則至早亦必在順治七年庚寅以後。復觀「天留碩果豈無爲」之句，則疑是距鄭延平將率師入長江前不甚久之時間。象三或更藉此次祝壽之機緣，以解釋前此購漢書減值之宿憾歟？其以「櫻桃」爲題者，仍是用「櫻桃樊素口，楊柳小蠻腰。」之典。（見太平廣記壹玖捌「白居易」條引雲溪友議及孟棨本事詩事感類「白尙書姬人樊素善歌，妓人小蠻善舞。」條。）「櫻桃」詩第貳句「春風吹綻色如霞」，可與牧齋答河東君半野堂初贈詩「聞君放誕想流風。臉際眉間訝許同。」之語相證發。第肆句「西風」一辭，不僅與牧齋生日在季秋之今典符會，且與柳氏傳「一葉隨風忽報秋，縱使君來豈堪折。」之語適合。（見太平廣記肆捌伍。）儻讀者取虎邱石上無名氏題詩「最憐攀折章臺柳，憔悴西風問阿儂。」之句相較，尤令人失笑。（詳見第伍章所論。）所可注意者，據「海虞」詩「千里懷人輕命駕，一時與盡欲兼程。」及「壽牧齋」詩「遙向尊前先起壽」等語，是象三本爲祝壽至虞山，又不待牧齋生日復先返棹，其故殊不可解。豈河東君不願此不速之客來預壽筵耶？俟攷。又檢一笑堂詩集叁「壽座師錢牧齋先生」云：

一代龍門日月懸。晏居人望似神仙。道同禹稷殊行止，文與歐蘇作後先。夜雨溪堂收散帙，秋風山館聽調絃。不知誰爲蒼生計，須與先生惜盛年。

寅恪案，此詩第陸句殆與河東君有關。第柒捌兩句之辭旨，似在崇禎十四年河東君適牧齋以後，十七年明北都未破以前所賦。象三詩集止分體而不依時，故「天留碩果豈無爲」一律，雖排列於此首之前，其實作成時間，乃在此首之後也。

同書同卷「索歌」云：

簾幙春陰晝不開。排愁須仗麴生才。煩君爲撥三絃子，一曲蒲東進一杯。

寅恪案，「蒲東」一辭，疑用元微之鶯鶯傳「蒲之東十餘里，有僧舍曰普救寺，張生寓焉。」之語，與「聽白氏女郎曲」詩「博陵自是傷情調」之「博陵」，同一出處。蓋以河東君比雙文也。又「索歌」之「索」，殆與樂府詩集柒玖丁六娘「十索」四首及無名氏同題二首有關。唯此則男向女索，而所索爲歌耳。由是推之，此女必能歌者。河東君善歌，見第叁章論戊寅草中「西河柳」節，茲不更贅。

同書同卷「白辛夷」（自注：「玉蘭。」）云：

玉羽霜翎海鶴來。滿庭璀燦雪爭開。瓊花未必能勝此，定有瑤姬下月臺。

寅恪案，此首或有爲河東君而作之可能。玩末句「定有」二字，恐非偶然咏花之詩，實指河東君肌膚潔白而言。見後論牧齋「冬日同如是泛舟有贈」詩及「玉蘂軒記」等。茲暫不詳及。元微之有句云：「尋常百種花齊發，偏摘梨花與白人。」（見才調集伍「離思」六首之六。）象三賦詩，殆有此感耶？至若白樂天長恨歌「梨花一枝春帶雨」句，（見白氏文集壹貳。）雖爲五十年後小臣外吏評泊楊妃之語，自不可與普救唐昌之才子詞人親覩仙姿者，同科並論。但玉環源出河中觀王雄之支派，河中爲中亞胡族居留地，（可參拙著元白詩箋證稿第貳章「琵琶引」論琵琶女。第肆章「豔詩及悼亡詩」論鶯鶯。幷校記中所補論諸條。）故香山所言，未必全出於想象虛構也。

同書同卷「柳絮」云：

紅袖烏絲事渺茫。小園寥落歎韶光。無端簾幙風吹絮，又惹閒愁到艸堂。

寅恪案，此首疑爲河東君而作。第叁句恐是兼用劉夢得「春盡絮飛留不得，隨風好去落誰家。」之句及世說新語言語類「謝太傅寒雪日內集」條「兄女（道蘊）曰，未若柳絮因風起。」之典。但第壹句有「紅袖烏絲」之語，則綜合第壹第叁兩句之意，當是象三見河東君詩詞之類，因而有感。此乃牧齋「戲題美人手跡」之反面作品。蓋謝詩乃杜蘭香已去，而錢詩則萼綠華將來，故哀樂之情迥異也。

同書同卷「西泠橋」云：

堤花零落舊山青。楚雨巫雲付杳冥。二十年來成一夢，春風吹淚過西泠。

寅恪案，象三此詩雖不能確定爲何年所作，但有「二十年來」之語，則其作成時間必甚晚，可以無疑。

至「楚雨巫雲」之典，自指河東君而言，又不待論。由此推之，謝氏遲暮之年，猶不能忘情如此，眞可謂至死不悟者矣。若更取塞翁此詩，與沒口居士「蒲團歷歷前塵事，好夢何曾逐水流。」之句，（見有學集壹叁「病榻消寒雜咏」第叁肆首。）互相印證，則知師弟二人，雖夢之好惡不同，而皆於垂死之年，具有「尋夢」之作，吾人今日讀之，不禁爲之廢書三歎也。

今據上引一笑堂詩集諸題觀之，有爲河東君而作之嫌疑者，竟若是之多，殊覺可詫。細思之，亦無足異。象三於此，頗與程孟陽相似，殆由惓戀舊情，不忍割棄之故。夫程謝乃害單相思病者，其詩集之保留此類作品，可憐，可恨，可笑，固無待言。至若陳臥子之編刻本身諸集，多存關涉河東君之詩詞，則與朱竹垞不刪「風懷詩」之事，皆屬雙相思病之範圍，自不可與程謝同日而語。噫！象三氣量褊狹，手段陰狠，復挾多金，欲娶河東君而不遂其願。儻後來河東君所適之人非牧齋者，則其人當不免爲象三所傷害。由今觀之，柳錢之因緣，其促成之人，在正面爲汪然明，在反面爲謝象三，豈不奇哉？苟明乎此，當日河東君擇婿之艱，處境之苦，更可想見矣。

河東君與汪然明尺牘第貳伍通云：

率爾出關，奄焉逾月。先生以無累之神，應觸熱之客，清淳之語，良非虛飾，而弟影杯彌固，風檄鮮功，乃至服餌清英，泳游宗極，只溢滯淫靡，間恬遏地，（寅恪案，「溢」疑當作「益」。「淫靡」二字連文，當斷句。「間」上疑脫一「雲」字，或「此」字。「雲間」或「此間」，指松江也。另一本「間」

作「聞」，恐非。蓋河東君與臥子關係密切，若作「聞」字，則未免疏遠矣。似不如仍作「間」字上有脱文爲較妥。俟攷。「恬遏地」三字連文，解釋見下。）有觀機曹子，切劘以文。其人鄴下逸才，江左罕儷，兼之叔寶神清之譽，彥輔理遣之談。觀濤之望，斯則一耳。承諭出處，備見剴切，特道廣性峻，所志各偏。久以此事推纖郎，行自愧也。即某與云云，亦弟簡雁門，而右逢掖。諸尚使然，先生何尤之深，言之數歟？至若某口語，斯又鄙流之恆，無足異者。董生何似？居然雙成耶？棲隱之暇，樂聞勝流。顧嵇公嬾甚，無意一識南金。奈何！柴車過禾，旦夕遲之。伏枕荒謬，殊無銓次。

寅恪案，河東君此札爲尺牘三十一通中最可研究，而富有趣味者。惜有譌誤之處，明刻本已然，無可依據校補，兼以用典之故，其辭旨更不易曉。然此通實爲河東君身世之轉捩點，故不可不稍詮釋引申之，藉以説明錢柳因緣殊非偶然，必有導致之條件，爲其先驅也。此札末云：「柴車過禾，旦夕遲之。伏枕荒謬，殊無銓次。」乃河東君於崇禎十三年庚辰春間以與謝三賓絶交，遂致發病，因離杭州。抵嘉興後，留居養疴。然明得知此情況，欲往慰問勸説，先以書告之。河東君即復此札，以答謝其意，且自述己身微旨所在也。至河東君此次在禾養疴之處，頗疑即吳來之昌時之勺園。第叁章論河東君戊寅草「初秋」七律八首中第肆第伍兩首及陳臥子平露堂集「初秋」七律八首中第陸首，皆涉及吳來之。蓋河東君至遲已於崇禎八年乙亥秋間在松江陳臥子處得識吳氏。又本章及第伍章有關惠乃最可能之地。此札所用典故之易解者，止舉其出處，不更引原文，以免繁贅。讀者若取兩章諸條參互觀之，則知所揣測者，卽不中亦不遠也。吳氏之勺園，香勺園臨頓里及卞玉京諸條，皆直接或間接可證明河東君此次在嘉興養痾之處，

如「影杯彌固」見晉書肆叁樂廣傳。「風檄鮮功」見三國志魏志陸袁紹傳裴注引魏氏春秋，同書貳壹王粲傳附陳琳傳裴注引典略，後漢書列傳陸肆上袁紹傳及文選肆肆陳孔璋「爲袁紹檄豫州」等。「叔寶神清之譽」見晉書叁陸衛玠傳劉惔論玠語。「彥輔理遣之談」亦見同書同傳。但玠傳以此屬之叔寶，而非其妻父樂廣也。「觀濤」見文選叁肆枚叔「七發」。「簡雁門而右逢掖」見後漢書列傳叁玖王符傳。「董生何似，居然雙成耶？」見漢武內傳，卽所謂「〔王母〕又命侍女董雙成吹雲和之笙。」者。「嵇公嬾甚」見文選肆叁嵇叔夜「與山巨源絕交書」。「無意一識南金」見晉書陸捌薛兼傳。綜合推測，然明原書之內容約有三端，一「某與云云」者之「某」，當卽象三，亦卽「雁門」。蓋河東君自謂其天性忽略貴勢，而推崇儒素，如皇甫嵩之所爲者，然明不可以此責之也。二「至若某口語」之「某」，當亦指象三。尺牘第貳玖通云：「某公作用，亦大異賭墅風流矣。」之「某公」，乃用晉書柒玖謝安傳，自是指象三。河東君以此罵三賓爲謝氏不肖子孫也。蓋象三因河東君與之絕交，遂大肆誹謗，散播謠言，然明舉以告河東君。「風檄鮮功」之「檄」，卽象三之蜚語。三「董生何似，居然雙成耶？」此乃受人委託之董姓，轉請然明爲之介紹於河東君，但河東君不願與之相見。尺牘第貳柒通末所云：「餘扼腕之事，病極，不能多述。」所謂「扼腕之事」，或亦與象三有關也。

河東君既不以某公爲然，因亦鄙笑其所遣之董姓，而比之於王母之侍女，爲其主人吹噓服役也。「觀濤之望，斯則一耳。」之語有兩義，一指愈疾之意。一指至杭州之意。蓋杭州亦觀濤之地也。（可參尺牘第貳肆通所論。）河東君此札下文所言，乃表示不願至杭州與謝象三復交之旨，謂心中之理想，實是陳臥子。此則元微之所謂「曾經滄海難爲水，除却巫山不是雲。」者。因已有「觀機曹子」在，不必更見他人，諒然明亦必解悟其故矣。茲成爲問題者，即此「觀機曹子」，究誰指乎？繹「恬過地」一辭，乃王謝地胄之義。王恬謝遏皆是王謝門中之佳子弟，且爲東晉當日之勝流也。見晉書陸伍王導傳附子恬傳。又世說新語賢媛類「王凝之謝夫人既往王氏」條及劉孝標注。晉書玖陸王凝之妻謝氏傳幷世說新語賢媛類「王江州夫人語謝遏」及「謝遏絕重其姊」條等。「觀機曹子」之「子」，其義當同於世說「王凝之謝夫人既往王氏」條所謂「王郎逸少之子」及晉書王凝之妻謝氏傳所謂「王郎逸少子」之「子」，乃兒子之義。蓋河東君自比於有「林下風」之謝道蘊。故取「觀機曹子」之辭，以目其意中人。河東君既不論社會階級之高下，而自比於謝道蘊，則臥子家世，雖非王謝門第，然猶是科第簪纓之族。「儗人必於其倫」之義，固稍有未合。但爲行文用典之便利，亦可靈活運用，不必過於拘執也。「觀政某曹」乃分部郎官之稱。蓋明之六部，即古之諸曹。當時通目兵部爲樞部，依據此稱，偏檢與河東君最有關係之勝流，若宋轅文李存我幷李舒章諸名士之父，皆未嘗任兵部之職。惟陳臥子之父所聞，雖非實任兵部之職，但曾有一度與兵部發生關係。河東君或因此誤記牽混，遂以爲繡林實任兵部主事。故以「觀機曹子」之辭，目臥子也。據陳忠裕全集貳玖「先考繡林府君行述」略云：

是秋（指萬曆四十三年乙卯秋。）舉於鄉，主司爲相國高陽孫公。府君在冬官時，於諸曹中清望最高。羣情推轂，且夕當改銓部曹郎，而高陽公又以府君慷慨任事，欲移之樞部。未決，會艱歸，俱不果。

又檢黃石齋道周黃漳浦集貳陸「陳繡林墓志」略云：

乙卯舉於鄉，甚爲高陽公（原注：「洪思曰，孫文介公愼行，高陽人。」寅恪案，洪思事蹟可參楊鍾羲雪橋詩話餘集壹「龍溪洪阿士名思。黃石齋先生高弟。」條。）所知。其時欲改公銓部。（寅恪案，此時陳所聞官工部屯田司主事。）孫文介（原注：「謂孫尚書愼行也。」）方任嚴疆，欲得公在樞部。事未決，會公丁艱歸。

可知臥子之父繡林，曾一度有爲兵部主事之可能，而未成事實。「樞機」兩字義同，可以通用。故「樞部」即「機部」。茲有一端，不可不辨者，卽石齋以孫承宗之謚爲「文介」，乃下筆時誤記。實則承宗爲高陽人，以兵部尚書兼東閣大學士，預機務，經略薊遼。（見初學集肆柒孫公行狀及明史貳伍拾孫承宗傳。）愼行爲武進人，卒謚文介。始終未嘗官兵部尚書，亦未任宰相。且絕不能以著籍武進之人，而任應天主考，考取華亭之陳所聞爲舉人之理。（見明史貳肆叁孫愼行傳。）石齋偶爾筆誤，未足爲異，然洪氏不特不爲改正，又從而證實之，竟以承宗爲愼行，可謂一誤再誤。甚矣！讀書之難也。因恐世人以洪氏與石齋關係密切，注釋石齋之文，必得其實，故爲附辨之如此。然觀河東君此札推重臥子如此，而臥子不能與河東君結合之事勢，已如前論，當亦爲然明所深知。然則臥子既難重合，象三又無足取，此時然明胸中，必將陳謝兩人之優劣同異，互相比較，擇一其他之人，取長略短，衡量斟酌，將此條件適合之候補者，推薦於河東君。苦心若是，今日思之，猶足令人歎服！由此言之，牧齋於萬曆三十八年庚戌二十九歲時，與韓敬爭狀元失敗，僅得探花，深以爲憾。又於崇禎元年戊辰四十七歲時，與溫體仁周延儒爭宰相失敗，且因此獲譴，終身憤恨。然於崇禎十三年庚辰五十九歲時，與陳子龍謝三賓爭河東君，竟得中選。三十年間之積恨深怒，亦可以暫時洩息矣。牧齋此時之快意，可以想見也。俟後論河東君過訪半野堂時詳論之。

復次，河東君此札中所謂「纖郎」果爲誰耶？前引林天素所作「柳如是尺牘小引」已言其所謂女史纖郎，當卽王修微。兹請更詳證之。春星堂詩集伍遺稿「西湖紀遊」（寅恪案，據厲鶚湖船錄稱此文爲「西湖曲自序」。）云：

復於西泠緒（？）纖道人淨室旁，營生壙。玄宰董宗伯題曰，此未來室也。陳眉公喜而記之。

檢陳繼儒眉公先生晚香堂小品柒「微道人生壙記」略云：

修微姓王，廣陵人。生壙成，眉道人爲之記。

故「纖道人」之爲王修微，絕無疑義。修微名微，復字修微。「纖」「微」二字同義，可以通用。「纖郎」

當是修微曾以此爲稱也。（寅恪後見王國維題高野侯藏汪然明刻本柳如是尺牘七絶三首之一云：「纖郎名字吾能意，合是廣陵王草衣。」足徵觀堂先生之卓識也。）茲成爲問題者，河東君此札，林天素小引及然明西湖曲自序，何以皆不稱「修微」爲「微道人」，或「草衣道人」等別號，而稱之爲不經見之「纖郎」耶？牧齋列朝詩集閏肆選修微詩。朱竹垞彝尊明詩綜玖捌妓女類亦選修微詩。朱氏所作修微小傳云：

初歸歸安茅元儀，晚歸華亭許譽卿，皆不終。

竹垞所言，必有依據。但牧齋則諱言其初歸茅止生。又諱言其歸許霞城而不終。初學集壹柒移居詩集載「茅止生挽詩」七絶十首，當作於崇禎十三年庚辰夏間。修微之脱離止生，必更遠在其前也。西園老人（寅恪案，李延昰字期叔，號辰山。亦號放鷴道者。「西園老人」乃其又一別號也。）南吳舊話錄壹捌諧謔類云：

許太僕往虞山候錢牧齋。歸與王修微盛談柳蘼蕪近事。（原注：「蘼蕪故姓楊，字蘼蕪。雲間妓也。能詩。嫁虞山錢牧齋。」）忽拍案曰，楊柳小蠻腰，一旦落沙叱利手中。修微哂之曰，此易解。恐蠻府參軍追及耳。（寅恪案，此條後附嘉定李宜之「哭修微」絶句百首。有句云，「有情有韻無蠻福」。其下原注：「修微嘗謂余有一種死情。是日公實訴余，修微嘗呼之爲許蠻，故戲之。」）

寅恪案，修微之歸許霞城，雖不知在何年？然據顧云美河東君傳云：「宗伯大喜，謂天下風流佳麗，獨王修微楊宛叔與君鼎足而三。何可使許霞城茅止生專國士名姝之目。」牧齋作此語，在崇禎十三年冬間，可知此時修微已早離茅元儀，而歸於許譽卿矣。前引南吳舊話錄中李宜之「哭修微」絕句百首，其序亦云：

與修微離合因緣，見之古律詞曲，皆有題署。獨七言絕句，多褻猥事，既嫁之後，遂雜入無題。不欲斥言其人，以避嫌也。

可知當時通例，名姝適人之後，詩文中詞旨過涉親昵者，往往加以删改，不欲顯著其名。蓋所以避免嫌疑。前引然明爲河東君而作之「無題」七律一首，即是其證。河東君此札，林天素所作柳如是尺牘小引及汪然明西湖曲自序，皆稱王修微爲不經見之「織郎」，或「織道人」，而不顯著其姓氏及字號者，蓋皆在修微適人以後之作，而辭旨所涉，殊有避免嫌疑之必要也。

尺牘第貳陸通至貳玖通皆是河東君崇禎十三年庚辰首夏至孟秋之間所作。河東君於此年春間在杭州與謝象三絕交發病，至嘉興養疴，因住禾城逾月。其後移居吳江盛澤鎮，欲待然明之晤談。當是以其地不便相晤，遂買棹至垂虹亭相候，而然明不果赴約。河東君以盛澤鎮不可久留，急待與然明面談，竟不俟其來訪，而先至杭州。豈知然明此時尚在徽州，於是不得已改往松江，入居橫雲山。然其病仍未痊愈。及聞然明已歸杭州，乃函約其到橫雲山相晤。河東君於七月得然明復書，謂以家事不能往晤。故約其在秋末會於西湖也。至第叁拾通乃河東君到虞山以後所作。作此函時，已在牧齋家中。河東君之身世，於此始告一結束矣。由此觀之，崇禎十三年首夏至孟秋間所作之尺牘，實爲河東君身世飄零，疾病纏綿，最困苦時間之作品。若能詳悉攷證其內容，并分析其與然明之密切關係，則錢柳因緣之得如此成就，殊爲事勢情理之所必致者也。茲擇此四通中有關者，略詮釋之於下。

第貳陸通云：

弟昨冒雨出山，早復冒雨下舟。昔人所謂欲將雙屐，以了殘緣。正弟之喻耳。明早當泊舟一日，俟車騎一過，卽迴煙棹矣。望之。

寅恪案，此通中「弟昨冒雨出山」之「山」，與第貳捌通中「弟之歸故山也」之「故山」，實同指一地，卽是吳江盛澤鎭。至第貳捌通之「橫山幽奇」，「甫入山後」及「山中最爲麗矚」，并第貳玖通之「及歸山閣」之「山」，皆指松江之橫雲山。此三通中雖同用「山」字，實指兩地，不可牽混也。何以知前者之「山」及「故山」乃指盛澤鎭耶？第壹理由，因禾城中無山可言。至城外三十里之胥山，卽朱竹垞所謂「嘉禾四望無山，近府治者胥山，一簣而已。」者。（見光緒修嘉興府志壹貳山川壹「胥山」條及朱彝尊曝書亭集陸捌「胥山題壁」。）河東君於第貳玖通中既言「抱痾禾城，已纏月紀。」「禾城」乃嘉興之泛指，未有養痾於胥山之事。故知前者之「山」及「故山」乃「故居」之意。第貳理由，因第貳捌通云：

弟之歸故山也，本謂吹笛露橋，聞簫月榭。乃至錦瑟瑤笙，已作畫簷蛛網。日望淒涼，徒茲綿麗。所以未及遏剡棹，而行踪已在六橋煙水間矣。

此所謂「吹笛露橋，聞簫月榭。」乃用周美成片玉詞上蘭陵王「柳」云：

記月榭攜手，露橋聞笛。沈思前事，似夢裏，淚暗滴。

之語。用詠柳之詞，以指己身，自極切當。但「月榭」「露橋」之「故山」，若謂是指禾城外之胥山，必無「錦瑟瑤笙，已作畫簷蛛網。」之理。故知後者之「山」乃是一昔華麗今荒涼之處所。取以目河東君盛澤鎮之故居，方與所言適合。此河東君所以亟欲與然明面商他徙，不待來訪，而先躬往也。又有可注意者，河東君於宋人詠柳之詞，皆所熟誦，不僅秦少游金明池一闋而已。此殆因其寓姓爲「柳」之故，非獨以其身世與柳有關耶？

復次，河東君約與然明晤談之地，疑是吳江之垂虹亭。觀前第貳章及第叁章引沈虬河東君傳所言，張溥至垂虹亭，易小舟訪徐佛於盛澤鎮，而佛已適人，遂攜河東君至垂虹亭之事推之，則知當時風習，文士名姝往往以垂虹亭爲集會之地。蓋不僅景物足供賞玩，且交通便利，可通大舟。非若往來盛澤鎮，必易小舟也。由此言之，河東君所謂：「弟昨冒雨出山，早復冒雨下舟。」者，乃前一夕由盛澤鎮乘小舟，至垂虹亭。翌晨復易大舟，以待然明來訪。「下舟」者，即下大舟之謂。「明早當泊舟一日，俟車騎一過，即迴煙棹矣。」者，乃留在垂虹亭旁大舟中，再待然明一日。若尚不至，則又易小舟返盛澤鎭也。據此札所言，河東君此時迫切不可緩待之情勢，及其焦急之心理，可以想見矣。

尺牘第貳柒通云：

得讀手札，便同阿閦國再見矣。但江令愁賦，與弟感懷之語，大都若天涯芳草，何繇與巴山之雨，一時傾倒也。許長史眞誥，亦止在先生數語間耳。望之！餘扼腕之事，病極，不能多述也。

寅恪案，此通關鍵乃「許長史眞誥，亦止在先生數語間耳。」一節。陶隱居眞誥，爲集合楊羲許謐卽許長史諸人手迹，而成之書。其中多涉及仙女如萼綠華安妃等，降臨人間之事。河東君此通所指，雖難確定，頗疑與第貳章所引牧齋「戲題美人手跡」七詩有關。牧齋此題作於崇禎十三年庚辰春初，河東君此札作於同年夏間。所隔時日，至少亦有三四月之久。故然明將牧齋此詩傳致於河東君，大有可能。至牧齋所見之河東君手跡，亦是從然明處得來也。攷晉書柒玖謝安傳云：

寓會稽，與王羲之及高陽許詢桑門支遁游處。

及同書捌拾王羲之傳略云：

羲之旣去官，與東土人士盡山水之遊。又與道士許邁共修服食，徧遊東中諸郡，窮諸名山，泛滄海。歎曰，我卒當以樂死。謝安謂羲之曰，中年以來，傷於哀樂，與親友別，輒作數日惡。羲之曰，年在桑榆，自然至此。須正賴絲竹陶寫。恆恐兒輩覺，損其懽樂之趣。時劉惔爲丹陽令。（寅恪案，「令」字應依世說新語言語類「劉眞長爲丹陽尹」條，改作「尹」字。）許詢嘗就惔宿。牀帷新麗，飲食豐甘。詢曰，若此保全，殊勝東山。惔曰，卿若知吉凶由人，吾安得保此。羲之在坐曰，令巢許遇稷契，當無此言。二人並有愧色。

世說新語言語類「劉眞長爲丹陽尹」條，劉注引續晉陽秋云：

許詢字玄度。高陽人。魏中領軍允玄孫。總角秀惠，衆稱神童，而風情簡素。司徒掾辟，不就。蚤卒。

眞誥貳拾眞胄世譜略云：

〔許〕副字仲先。庶生。卽長史〔謐〕之父也。與謝奕〔安等〕兄弟周旋。

又略云：

〔許〕邁字叔玄，小名映，改名遠遊。與王右軍父子周旋。

然則謝安石王逸少之在東山，其所與交遊者，爲許詢許邁，而非許謐，卽許長史。但長史之父仲先及兄遠遊，固嘗與王謝勝流相往來。河東君或於此有所誤記，因而牽混耶？若爲誤記牽混，則東山之謝安石，恐非牧齋莫屬。蓋然明當時所能介紹於河東君之勝流，惟牧齋一人曾於崇禎元年戊辰會推閣臣，列名其中。雖因此革職回籍，然實取得候補宰相之資格。至其餘如謝象三之流，資望甚淺，不足與謝安石相比也。職此之故，第貳章論牧齋「戲題美人手跡」七首，謂其詩乃錢柳因緣重要資料之一，實則亦是錢柳因緣材料之最先見於記載者。河東君此札可取以相證發也。

尺牘第貳捌通云：

（上段前已引。）已至湖湄，知先生尙滯故里。又以横山幽奇，不減赤城，遂懷尙平之意。不意甫入山後，纏綿夙疾，委頓至今。近聞先生已歸，幸卽垂示。山中最爲麗矚，除藥爐禪榻之外，卽松風桂渚。若覩良規，便爲情景俱勝。讀孔璋之檄，未可知也。伏枕草草，不悉。

寅恪案，此札「藥爐」二字，杭州高氏藏本如此，今依以迻錄。瞿氏鈔本「藥」下缺一字。王胡本補作「鐺」，自是可通，但杜牧之「題禪院」詩云，「今日鬢絲禪榻畔，茶煙輕颺落花風。」（見全唐詩第捌函杜牧叁及孟棨本事詩高逸類。）并東坡集柒「和子由」四首之二「送春」云，「鬢絲禪榻兩忘機。」及東坡後集肆「朝雲詩」云，「不似楊枝別樂天」，「天女維摩總解禪」，「經卷藥爐新活計，舞衫歌扇舊因緣。」河東君自與謝象三絕交發病後，意態消沈，借禪悅以遣愁悶，因而多讀佛經。如第貳伍通云：「泳游宗極。」第貳柒通云：「便同阿閦國再見矣。」第貳玖通云：「見遮須之尊，忘波旬之怖。」及「今雖華鬘少除，而尼連未浴。」等，皆用內典之文，可爲例證。至「藥爐禪榻」之語，固出杜蘇之詩，人所習知，不足爲異。所可論者，河東君以其身世之關係，於「朝雲詩」一類之作品，本甚留意。況曾一度以「楊朝」爲稱，唐叔達爲之賦「七夕行」，程孟陽爲之賦「朝雲詩八首」及「今夕行」。其於東坡是詩，尤所專注，此事理所必然也。（詳見前論「河東君嘉定之游」節。）河東君作此書時，正值其瀏覽佛經及賞玩蘇詩之際。其實東坡此詩之「藥爐」，本指燒鍊丹汞之「藥爐」，而非煎煮藥物之「藥爐」。觀此詩七八兩句

「丹成逐我三山去，不作巫陽雲雨仙。」可證。蓋「經卷藥爐」指佛道之教義，「舞衫歌扇」指姬妾之生活。以今昔情境互異爲對文。東坡此意，河東君未嘗不知，不過借用之，以寫煎藥療病之景况耳。若必謂非作「藥鐺」不可，則恐轉涉拘泥矣。職是之故，頗疑此札之「藥爐」即東坡「朝雲詩」之「藥鑪」，而非「藥鐺」也。河東君早與幾社名士交遊，自然薰染輕鄙宋詩之風習。第叁章論河東君金明池「詠寒柳」詞，實用東坡之詩。今觀此札中「藥爐禪榻」之語，又得一證。王胡本以「藥爐」爲「藥鐺」，就文義言，原甚可通。然於河東君學問蛻變之過程，似尚未達一間也。夫河東君之涉獵教乘，本爲遣愁解悶之計，但亦可作賦詩詞取材料之用。故所用佛經典故，自多出於法苑珠林等類書。若「遮須」一詞，乃用晉書壹佰貳劉聰載記，實亦源於佛經，頗稱僻典。然則其記誦之博，實有超出同時諸名姝者。明末幾社勝流之詩文，以所學偏狹之故，其意境及材料殊有限制。河東君自與程孟陽一流人交好以後，其作品遣詞取材之範圍，已漸脫除舊日陳宋諸人之習染，駸駸轉入錢程論學論詩之範圍。蓋幾與當時蕭伯玉士瑋艾千子南英江西諸名士同一派別，而非復雲間舊日之阿蒙矣。

河東君至杭州訪然明不遇，未能與商遷居之地，故遂自行決定，由吳江之盛澤，遷往松江之橫雲山。似此不俟然明之回杭，而匆促作此移居之計者，其間必有不能久待之理由。據陳忠裕全集臥子自撰年譜崇禎十三年庚辰條略云：

春納側室薄氏。以三月北發。六月就選人，得紹興司李。七月南還。以八月奉太安人攜家渡

錢塘。〔抵任所。〕

可知崇禎十三年春，臥子於其繼母唐孺人服闋後，卽又納妾薄氏，復北上選官。以常例推計，其得官南還及赴新任，當不過數月間事。河東君自崇禎八年夏間脫離臥子，晚秋離去松江後，至崇禎十三年夏間作此札時，固已歷五歲之久，而兩方實未能忘情。第叁章論臥子「長相思」「上巳行」兩詩，已言及此點。意者，河東君作此書時，或已悉臥子之北行，或竟知臥子之得官南歸，所以亟欲遷居松江，而不待然明之歸者，其意旨儻在是耶？「横山」卽横雲山。嘉慶修松江府志柒山川門云：

在府城西北二十三里，高七十尺，周回五里。本名横山。唐天寶六年易今名。

又河東君戊寅草「〔崇禎八年〕秋夜雜詩」四首之二「澄崖相近看」句下自注云：

横山在原後。

寅恪案，第叁章引錢肇鼇質直談耳柒「柳如之軼事」條載河東君舊日居松江之佘山。佘山在松江府城北二十五里。（見嘉慶修松江府志柒山川門。）佘山與横雲山地相隣接，而横雲山之規模尚狹小於佘山，河東君是否先居佘山，後遷横雲山。抑或前後皆居横雲山，錢氏牽混言之。今不易考知矣。「赤城」者，文選壹壹孫興公「遊天台山賦」云，「赤城霞起而建標」，故以赤城比天台。其實高下大小，不可同語。若謂河東君於此亦不免文人浮誇之習，則恐所見尚失之膚淺。鄙意河東君之取横雲山以比天台山者，暗寓「劉阮重來」之意，實希望臥子之來訪也。此通云：「不意甫入山後，纏綿夙疾，委頓至今。」第貳玖通云：「及歸山閣，幾至彌留。」豈居橫山以後，卧子又無來訪之事所致耶？更可注意者，東坡詞云：「人間自有赤城居士。」（見東坡詞水龍吟。）河東君殆亦於此時熟玩蘇詞，不僅熟精選理也。

尺牘第貳玖通云：

（上段前已引。）邈邈之懷，未卜淸邁。何期明河，又讀鱗問耶？弟即日觀濤廣陵，聆音震澤。先生又以尙禽之事未畢，旣不能晤之晚香，或當期之仙舫也。某公作用，亦大異賭墅風流矣。將來湖湄鰷魚如絲，林葉正頳。其爲延結，何可言喩。

寅恪案，歐陽永叔居士集壹伍「秋聲賦」云，「明河在天」，「夷則爲七月之律」。今河東君此書云，「何期明河，又讀鱗問耶？」是此書作於崇禎十三年七月間。「觀濤廣陵，聆音震澤。」當是訪覓名流，擇婿人海之意，而非眞欲有所遊覽也。否則與下文「不能晤之晚香，或當期之仙舫。」之語，意義不貫。「仙舫」謂「不繫園」之類，即指杭州，乃然明所居之地。「晚香」謂「佘山」，（陳眉公建晚香堂於東佘山，有晚香堂蘇帖及晚香堂小品等。據陳夢蓮所作其父年譜，眉公卒於崇禎十二年己卯九月二十三日。河東君作此書時，眉公已前卒。故此「晚香」當是泛指佘山，非謂約然明會於眉公處也。）即指松江，乃河東君所居地。此札之意，謂然明旣以家事，不能來松江相訪，則己身將往杭州相會。其時間當在深秋，即魚肉白，林葉紅之候也。然明書中，必又言及謝三賓對於河東君有何不利之言行。此類言行，今雖難攷悉，但據全謝山所述象三「晚年求用於新朝，欲以賄殺六狂生，不克。竟殺五君子以爲進取之路。」等事推之，其人之陰險可知。然則河東君此時既爲象三所恨，處境頗危。若非託身一甚有地位之人，如牧齋者，恐象三尚不肯便爾罷休。觀河東君此札，其急於求得歸宿之所，情見乎辭者，殆亦與此有關歟？「某公作用，亦大異賭墅風流矣。」之語，自是用晉書柒玖謝安傳，世人共知，不待徵引。所可笑者，牧齋爲象三父一爵母周氏所作合葬墓誌銘有「其先晉太傅」及「謝自太傅，家於東中。」等語。（見初學集伍叁「封監察御史謝府君墓誌銘」。）夫吾國舊日妄攀前代名賢，冒認宗祖，矜誇華胄之陋習，如杜少陵「丹青引」中「將軍魏武之子孫」之例者，（見杜工部集伍。）何可勝數，亦無須辨駁。象三於此本不足怪。但其人與河東君雖有特殊關係，幸後來野心終不得逞，否則東山訓和集之編刊，將不屬於牧齋，轉屬於象三，而象三可謂承家法祖之孝子順孫矣。至若河東君罵其「大異賭墅風流」，意謂象三爲安石之不肖裔孫，固甚確切痛快，殊不知儻象三果能效法其遠祖者，恐未必眞河東君之所願也。

尺牘第叁拾通云：

嗣音遙阻，頓及蕭晨。時依朔風，禹臺黯結。弟小草以來，如飄絲霧，黍谷之月，遂躡虞山。南宮主人，倒屣見知，羊公謝傅，觀茲非渺。彼聞先生與馮雲將有意北行，相望良久。何謂二仲尙渺洄溯。弟方耽遊蠟屐，或至閣梅梁雪，彥會可懷。不爾，則春王伊邇，薄遊在斯。當偕某翁便過〔通〕德，一景道風也。耑此修候，不既。

寅恪案，此書乃崇禎十三年庚辰十二月河東君已移居牧齋我聞室時所作。「時依朔風，禹臺黯結。」者，文選肆壹李少卿答蘇武書云：「時因北風，復惠德音。」河東君此書亦作於冬季，故有斯語。「禹臺」即「禹王臺」，亦即「梁王吹臺」，其地在開封。（見清嘉慶一統志壹捌柒開封府貳。）此與第叁壹通用「夷門」指然明者相同，前已論及，蓋取此兩詞，以比然明爲魏之信陵君也。「小草已來，如飄絲霧。」者，「小草」用世說新語排調類「謝公始有東山之志」條，謂由松江橫雲山出遊也。「如飄絲霧」即「薄遊」之意，下文亦有「薄遊在斯」之語，可以參證。更有可論者，文選貳陸謝靈運「初去郡一首」云：

畢娶類尙子，薄游似邴生。

李注云：

嵇康高士傳曰，尙長字子平，河內人。隱避不仕，爲子嫁娶畢，敕家事斷之，勿復相關，當如我死矣。嵇康書亦云尙子平。范曄後漢書曰，向長字子平，男娶女嫁既畢，敕斷家事。尙向不同，未詳孰是。班固漢書曰，邴曼容養志自脩，爲官不肯過六百石，輒自免去。

寅恪案，「尙」「向」之異，茲可不論。第貳玖通云，「先生又以尙禽之事未畢」。「禽」字應作「長」或「平」，即用康樂詩句及李注。春星堂詩集叁遊草最後一首「出遊兩月，歸途復患危病。釋妄成眞，自此彌切。」云，「向平有累應須畢」。然明此詩作於崇禎十一年戊寅季秋。其時尙未畢兒女婚嫁。至河東君作第貳玖通時，已逾兩年，正値然明兒女婚嫁之際也。若第貳拾通「又以橫山幽奇，不減赤城，遂懷尙平之意。」則用范蔚宗後漢書列傳柒叁逸民傳向長傳中，向子平禽子夏「俱遊五嶽名山」之典，非謂「男女娶嫁既畢」之義也。但於貳捌通用「尙平之意」，以指己身，而於第貳玖通轉用「尙禽之事」以指然明。指然明爲禽慶與尙平共遊五嶽名山，自無不可。若指己身爲尙平，則河東君己身婚嫁尙未能畢，正在苦悶彷徨之際，誤用此典，不覺令人失笑。「薄遊」之義，原爲「游宦」之「游」。故康樂詩用「邴曼容爲官不肯過六百石，輒自免去。」之典。與浪游之意絕無關涉。河東君久誦蕭選，熟記謝詩，遂不覺借用康樂之句，牽連混及，頗不切當。斯亦詞人下筆時所難免者，不必苛責也。「黍谷之月，遂躡虞山。」者，乃冬至氣節所在之仲冬十一月到常熟之意。（寅恪案，鄭氏近世中西史日表崇禎十三年庚辰十一月九日冬至。）文選叁左太沖「魏都賦」云：「且夫寒谷豐黍，吹律暖之也。」李注引劉向別錄曰：

鄒衍在燕，有谷地美而寒，不生五穀。鄒子居之，吹律而溫至黍生。今名黍谷。

又杜工部集壹陸「小至」詩云：「冬至陽生春又來。」蓋河東君以崇禎十三年庚辰十一月至常熟，仍留舟次。至十二月二日，始遷入牧齋家新建之我聞室。其作此書，據前引耦耕堂存稿文下「題歸舟漫興冊」中「庚辰臘月望，海虞半野堂訂遊黃山。」之語推之，則當在十三年十二月十五日孟陽離常熟以後，河東君尚居牧齋家中之時也。所以確知如此者，東山訓和集壹第壹首云：

庚辰仲冬訪牧翁於半野堂，奉贈長句。

河東柳是字如是。（原注：「初名隱。」）

（詩見後。）

列朝詩集丁壹叁上松圓詩老程嘉燧詩云：

庚辰十二月二日虞山舟次值河東君，用韻輙贈。

（詩見後。）

及東山訓和集壹牧翁詩云：

寒夕文讌，再疊前韻。是日我聞室落成，延河東君居之。（原注：「涂月二日。」）

（詩見後。）

可知河東君於崇禎十三年庚辰十一月乘舟至虞山，「幅巾弓鞵，著男子服。」訪牧齋於半野堂。其始尚留舟次，故孟陽詩題云：「庚辰十二月二日虞山舟次值河東君。」而牧齋詩題云：「是日（指庚辰十二月二日。）我聞室落成，延河東君居之。」此詩第肆句又云：「綠窗還似木蘭舟。」然則河東君之訪牧齋，其先尚居虞山舟次，後始還入牧齋家中，首尾經過時日，明白可以攷見者若是。後來載記涉及此事，往往失實，茲略徵最初最要之材料如此。其他歧異之說，概不多及，以其辨不勝辨故也。

復次，河東君之訪半野堂，在此之前，實已預有接洽，幷非冒昧之舉，俟後詳論。其「幅巾弓鞵，著男子服」者，不僅由於好奇標異，放誕風流之故。蓋亦由當時社會風俗之拘限，若竟以女子之裝束往謁，或爲候補宰相之當關所拒絕，有以致之也。其所以雖著男子之「幅巾」，而仍露女子之「弓鞵」者，殆因當時風尙，女子以大足爲奇醜。故意表示其非如蒲松齡聊齋誌異所謂「蓮船盈尺」之狀耶？自顧云美作圖徵詠之後，（此圖今藏瀋陽故宮博物館。餘可參范鍇華笑廎雜筆壹「河東君訪半野堂小影圖傳幷題詩跋五則。」）繼續摹寫者，頗亦不少。惜寅恪未得全見。惟神州國光社影印余秋室白描柳如是小像最爲世所稱道。蓉裳善畫美人，有「余美人」之目，（見秦祖永續桐陰論畫等。）竟坐是不得爲狀頭。（見蔣寶齡墨林今話柒。）此小像不知是何年所作。以意揣之，當在秋室乾隆丙戌殿試以後。然則「余美人」之未能中狀元，此小像實不任其咎也。又「美人」本爲河東君之號，以「余美人」而畫「楊美人」，可稱雙美矣。因戲題三詩，附載於後，以博好事者一笑。詩云：

弓鞵逢掖訪江潭。奇服何妨戲作男。詠柳風流人第一，（河東君金明池詠寒柳詞有句云：「念疇昔風流，暗傷如許。」非用謝道蘊詠絮事。）畫眉時候月初三。（河東君於崇禎十三年十二月二日入居牧齋新建之我聞室。李笠翁「意中緣」劇中，黃天監以「畫眉」爲「畫梅」。若從其言，則屬對更工切矣。一笑！）東山小草今休比，南國名花老再探。（牧齋於萬曆三十八年庚戌廷試以第三人及第，時年二十九歲。至崇禎十三年庚辰遇河東君時，年已五十九歲矣。）好影育長終脈脈，（見世說新語紕漏類。）與亡遺恨向誰談。

岱嶽鴻毛說死生。當年悲憤未能平。佳人誰惜人難得，故國還憐國早傾。柳絮有情餘自媚，桃花無氣欲何成。楊妃評泊然脂夜，流恨師涓枕畔聲。

佛土文殊亦化塵。如何猶寫散花身。白楊幾換墳前樹，紅豆長留世上春。天壤茫茫原負汝，海桑渺渺更愁人。衰殘敢議千秋事，賸詠崔徽畫裏眞。

河東君札中「南宮主人」之語，指牧齋言。蓋北宋以來，習稱禮部爲「南宮」。（見王闢之澠水燕談錄柒歌詠類「范文正公未免乳，喪其父。」條。）時牧齋以禮部右侍郎革職家居故也。「馮雲將」者，南京國子監祭酒秀水馮夢禎之仲子。夢禎以文章氣節有聲於時。（見初學集伍壹「南京國子監祭酒馮公墓誌銘」。列朝詩集丁壹伍「馮祭酒夢禎」條小傳及光緒修嘉興府志伍貳馮夢禎傳。）以娶仁和沈氏之故，遂居杭州。（見光緒修杭州府志壹陸玖馮夢禎傳。）雲將雖爲名父之子，而科試殊不得志，身世頗困頓。與汪然明始終交好。觀牧齋有學集叁貳汪然明墓誌銘云：

及乎彌留待盡，神明湛然。要雲將諸人，摩挲名蹟，吹簫擫阮，移日視蔭，乃抗手而告別。

可爲例證。今春星堂集中關涉馮雲將者甚多。茲僅擇錄夢香樓集所附和詩中雲將四絕句之一於下。其詩辭旨皆不佳，遠不及黃媛介李漁諸人之和作也。馮鴉鷀和詩云：

輕綃飄拂紫雲香。玉骨淩風枕簟涼。幽夢迴來情髣髴，不知誰箇是檀郎。

牧齋尺牘壹與宋玉叔琬書云：

不肖在杭有五十年老友曰馮鵷鶵，字雲將者，故大司成開之先生之仲子也。年八十有七矣。杜門屏居，能讀父書，種蘭洗竹，不媿古之逸民。開之故無遺貲，雲將家益落。

據此雲將暮齒之情況，亦可想見矣。茲所以不避繁贅之嫌，略詳雲將名字及生平者，蓋爲小青故事，後人多所誤會之故。列朝詩集閏肆「女郎羽素蘭」條小傳附論小青事云：

又有所謂小青者，本無其人。邑子譚生造傳及詩，與朋儕爲戲曰，小青者，離「情」字。正書「心」旁似「小」字也。或言姓鍾，合之成「鍾情」字也。其傳及詩俱不佳，流傳日廣，演爲傳奇。（寅恪案，牧齋此條可參陳忠裕全集拾幾社稾「彷彿行」并所附李舒章原作。）至有以「孤山訪小青墓」爲詩題者。俗語不實，流爲丹青，良可爲噴飯也。以事出虞山，故附著於此。

陳文述蘭因集上（參陳文述西泠閨詠玖「梅花嶼馮小青詩序。」）辨正牧齋之說，略云：

或妬婦揚焚圖毀詩之餘烈，百計以滅其迹。馮既舊家，婦應豪族。蒙叟受託，作此不經之語，未可知也。

寅恪案，頤道居士駁牧齋所言之謬，甚確。但以牧齋受馮生嫡室之託，造作不經之語，殊不知牧齋與雲將交誼甚篤，因諱其娶同姓爲妾，與古禮「買妾不知其姓，則卜之。」之教義相違反也。（見小戴記曲禮上。）至雲伯撰西泠閨詠，又以小青之夫爲馮千秋。是誤認馮雲將卽馮千秋，則爲失實。據光緒修杭州府志壹肆捌馮延年傳云：

馮延年字千秋。明國子監祭酒秀水夢禎孫。夢禎娶武林沈氏，愛西湖之勝，築快雪堂於湖上。延年因入籍錢塘。中崇禎十二年副貢，入太學。歸隱秋月菴。

然則千秋乃開之之孫。牧齋作開之墓誌云：「余與鵷鶵好。」是牧齋爲雲將之故，因諱小青之事，較合於情理也。

又河東君湖上草有「過孤山友人快雪堂」七律一首。據列朝詩集丁壹伍馮夢禎小傳云：

築室孤山之麓，家藏快雪時晴帖，名其堂曰快雪。

可知此友人卽馮雲將。河東君遊西湖時，固嘗與雲將往還也。崇禎十三年冬間河東君居牧齋家，汪馮二人欲同至虞山者，當是勸說河東君不再放棄機會，卽適牧齋也。此後然明遊閩，牧齋乃託雲將至松江搆促河東君。前論尺牘第叁壹通時，已言及之矣。「閣梅梁雪，彥會可懷。不爾，則春懷伊邇，薄遊在斯。當偕某翁便過通德。」者，河東君初還入我聞室時，當已與牧齋約定於崇禎十三年歲杪，同至杭州。否則，亦擬於崇禎十四年春間偕遊西湖，共訪然明。疑此預約皆出自牧齋之意，蓋欲請然明勸說河東君之故。觀前引第叁壹通首節，然明甚誇牧齋氣誼等語，可以推知也。鄙意河東君此書乃是由牧齋所促成，必經牧齋過目者。當日牧齋特遣人致函然明，告以河東君之將至杭過訪，幷請其代爲勸說。牧齋致然明之書，惜已不可得見，而河東君此書之性質，不過牧齋專函之附片耳。

關於湖上草贈諸文人之詩，雖爲酬應之作，不必多論。然有一特點，卽牧齋所稱河東君半野堂初贈詩「語特莊雅」者是也。（見東山詶和集壹第貳詩題。）夫以河東君當日社會之地位，與諸男性文人往來酬贈，若涉猥俗，豈不同於溱洧士女之相謔，而女方實爲主動者乎？（見毛詩鄭風溱洧孔氏正義。）此河東君酬贈諸詩，所以「語特莊雅」，自高身分之故。顧云美云：「（河東君）游吳越間，格調高絕，詞翰傾一時。」洵非虛譽也。

蘼蕪紀聞上載王士祿宮閨氏籍藝文考略一名然脂集云：

（河東君）所著有戊寅草。鄒斯漪刻其詩于詩媛十名家集中。（寅恪案，佚叢甲集牧齋集外詩附柳如是詩，卷尾載武陵漁人跋云：「蘇息翁新購詩媛八名家，令急爲借讀。內有河東君一□，特爲錄出。」與此作「詩媛十名家」者不同。）又汪汝謙刻其尺牘一卷。林雪云，如是尺牘豔過六朝，情深班蔡。神釋堂詩話云，河東詩早歲耽奇，多淪荒雜。戊寅一編，遣韻綴辭，率不可詰。最佳如劍術行懊儂詞諸篇，不經翦截，初不易上口也。然每遇警策，輒有雷電砰燿，刀劍撞擊之勢，亦鬒笄之異致矣。後來多傳近體，七言乃至獨絕。若婉變魚龍問才豔，深涼烽火字珊瑚。下杜昔爲走馬地，阿童今作鬥雞游。小苑有香皆冉冉，新花無夢不濛濛。月幌歌闌尋麈尾，風牀書亂覓搔頭。洗罷新松看沁雪，行殘舊藥寫來禽。此例數聯，惝怳朦朧，附以神麗，魚薛擅能，茲奇未覩。誠如陳思所云，神光離合，乍陰乍陽者也。擬古如臺館易嵯峨，珠玉會蕭瑟，讀之尤令人悲悚。尺牘含咀英華，有六朝江鮑遺風。

又鄒弢三借廬筆（贅）談壹貳「河東君」條略云：

往見書賈持河東君詩稿一册，乃惠山韻香尼手錄本。僅記其夜起二句云，初月不明庭戶暗，流雲重疊吐殘星。眞得初唐神韻者。

寅恪案，神釋堂詩話中所舉七言近體數聯，「婉孌」一聯見戊寅草「初夏感懷」四首之二。「下杜」一聯見同書「五日雨中」。「小苑」一聯卽下引西泠十首之一第叁第肆兩句，洵佳作也。「月幌」一聯見初學集貳拾東山詩集叁附河東君和牧翁「中秋日攜內出遊，次冬日泛舟韻」二首之一。「洗罷」一聯見有學集貳秋槐詩支集附河東君和牧翁「人日示內」二首之二。又所舉擬古詩「臺館」兩句，則見戊寅草「擬古詩十九首」中「去者日以疎」一首。至若鄒弢三借廬贅談壹貳所舉「夜起」兩句，（詳見後引。）今尚未能證實，更俟詳攷。凡此諸例，雖皆河東君詩句之流播人口者，然其佳作猶不止此數例而已也。湖上草諸詩，「西湖八絕句」之「桃花得氣美人中」一首於第貳章論牧齋與姚叔祥共論近代詞人戲作七絕及第叁章論臥子崇禎八年春間所作寒食七絕三首時，已兩次全引其文，不須更重錄外，茲再擇錄最佳及有關攷證者共數首，略加校釋於下，聊見全豹之一斑云爾。

「西泠」十首之一云：

西泠月照紫蘭叢。楊柳絲多待好風。小苑有香皆冉冉，新花無夢不濛濛。金吹油壁（壁）朝來見，玉作靈衣夜半逢。一樹紅梨更惆悵，分明遮向畫樓中。

寅恪案，河東君此詩爲詠當時西湖諸名媛而作，幷自述其身世之感也。「西泠月照紫蘭叢」者，用李義山詩集中「汴上送李郢之蘇州」詩「蘇小小墳今在否，紫蘭香徑與招魂。」之語。「叢」者，多數之義，指諸名媛言。與下文「一樹」之指己身言者，相對爲文。「楊柳絲多待好風」乃合李義山集中「無題」二首之一「斑騅只繫垂楊岸，何處西南待好風。」兩句爲一句。（寅恪案，李集諸本「待」字多作「任」。馮浩玉谿生詩箋註肆「待」字下注云：「一作任，誤。」神州國光社影印牧齋手校李集中亦作「待」。）「金吹」二字，杭州高氏所藏明本亦同，殊不易解。或謂用喬知之「從軍行」一作「秋閨」詩「玉霜凍珠履，金吹薄羅衣。」之語。（見全唐詩第貳函喬知之詩。）蓋河東君以其身世，初亦略同於窈娘，宜於喬補闕之「秋閨」「綠珠篇」等詩，有所感會。戊寅草載其「寒食雨夜十絕句」之五云：「想到窈娘能舞處，紅顏就手更誰知。」陳臥子於崇禎六年清明，卽河東君賦「寒食雨夜」詩之次日，亦有「今日傷心何事最，雨中獨上窈娘墳。」之句。（見陳忠裕全集壹玖陳李唱和集「清明」七絕。）故河東君之用「金吹」二字，恐非出於偶然也。鄙意此說未是。第壹理由，喬詩之「金吹」當作「金風」解，「吹」字應讀去聲。但在柳詩，則應作平聲，始合音調。第貳理由，「金吹」與「油壁」不相關聯，兩詞連用，亦似牽強。職此之故，頗疑「金吹」應作「金鞭」。「鞭」字脫落，因誤成「吹」字耳。蘇小小歌云：「我乘油壁車，郎騎青驄馬。何處結同心，西陵松柏下。」（見郭茂倩樂府詩集捌伍。）故「金鞭」卽指「青驄馬」言，與「油壁」一辭相聯貫。且「鞭」字平聲，於音律協調，較作「金吹」者，更爲易解矣。「玉作」亦疑爲「玉佩」之譌誤。楚辭九歌大司命云：「靈衣兮被被，玉佩兮陸離。」者，是也。「金鞭油壁」與「玉佩靈衣」相對爲文，自極工切。「紅梨」者，玉谿生詩「崇文館裏丹霜後，無限紅梨憶校書。」（見李義山詩集中「代秘書贈弘文館諸校書」。）本以「紅梨」比事，卽取鄭虔柹葉臨書之意，乃指「男校書」之校書郎。後來因薛濤有「女校書」之稱，遂用「紅梨」以目女校書，如徐復祚之「紅梨記」戲劇乃其例也。河東君自比於「一樹紅梨」「遮向畫樓中」者，卽遮隱於畫樓之中，不欲俗人窺見之意。尺牘第伍通云：「弟之所汲汲者，亡過於避迹一事。」河東君此詩自言其所以不同於西湖當時諸名媛者，乃在潛隱一端。其改名爲「隱」，取義實在於是。至所謂「畫樓」，殆指尺牘第壹通所謂「桂棟葯房」之然明横山別墅，卽牧齋詩中所謂「汪氏書樓」者也。此詩第貳句「楊柳絲多待好風」，中藏河東君之新舊姓氏。第捌句則暗藏「隱」字，卽河東君此時之改名。故湖上草之作者，亦題爲「柳隱如是」。當時作詩之風氣，詩中往往暗藏有關人之姓名，第貳章已詳論之矣。又牧齋於崇禎十三年秋間與姚叔祥共論近代詞人詩云：「近日西陵誇柳隱。」可知牧齋作詩時，實已得見然明所刻之湖上草，而「西陵」「柳隱」兩辭幷用，殆卽指此首而言耶？

「西泠」第拾首云：

荒涼夙昔鶴曾遊。松柏吟風在上頭。（原注：「時遊孤山。」）吏苑已無句漏鼎，（原注：「稚川爲句漏長。」）煙霞猶少岳衡舟。（原注：「褚元璩隱于錢塘時放舟衡岳。」）遙憐浦口芙蓉樹，彷彿山中孔雀樓。從此邈然冀一遇，遺宮廢井不勝愁。

寅恪案，此首在湖上草諸詩中非佳妙之作。但亦非尋常遊覽之作，必有爲而發。惜今不能攷實。姑妄推測，約略解釋，殊不敢自信也。第貳句下自注云：「時遊孤山。」故知河東君遊孤山，而有所感會。然細繹全首詞旨，除「鶴曾遊」外，其他并無與孤山典故有關者。頗疑此詩殆有感於馮小青之事而作。「松柏同心」已成陳迹。馮雲將家已貧落，無復煉金之鼎。往來於富人之門，不能如褚元璩之高逸。舊日小青之居處，猶似已身昔日松江之鴛鴦樓，卽南樓，既睹孤山陳迹之荒涼，尙冀他日與臥子重尋舊好也。褚元璩爲褚伯玉之字。其事蹟見南齊書伍肆及南史柒伍本傳。嘉慶一統志貳玖肆紹興府山川門「宛委山」條，引遁甲開山圖云：「禹治水，至會稽，宿衡嶺。」又同書同卷陵墓門云：「齊褚伯玉墓在嵊縣西西白山。」「衡嶺」當卽「衡岳」，固是元璩棲隱之地，不過倒「衡岳」爲「岳衡」，以協聲調，殊覺牽強耳。何遜「夜夢故人」詩云：「浦口望斜月，洲外聞長風。」及「相思不可寄，直在寸心中。」（見漢魏六朝百三名家集何記室集。）河東君「浦口」之句，初視之，不過仲言詩意。細繹之，則知實出王子安集貳「採蓮賦」中「浦口窄而萍稠」之語。崇禎八年秋河東君與臥子有採蓮一段佳話，前論臥子採蓮賦節中已詳及，茲可不贅。蓋河東君賦此詩之際，遙想八年前之「鴛鴦樓」卽「南樓」，此時當亦同一荒涼境界，斯所以因遊孤山，憶昔懷人，乃有此作耶？「孔雀樓」者，疑是用列仙傳上蕭史傳

「能致孔雀白鶴於庭。」太平廣記肆捌捌元稹鶯鶯傳載續會眞詩云：「行雲無處所，蕭史在樓中。」宋某氏侍兒小名錄拾遺引帝王世紀云：「秦穆公女名弄玉，善吹簫，作鳳凰音，感鳳凰，從天而降。後升天矣。」及九家集注杜詩壹柒「鄭駙馬宅宴洞中」七言近體「自是秦樓壓鄭谷」句下注「趙云，此言主家本是秦女之樓，而氣象幽邃，壓倒鄭子眞之谷口矣。」之典。蓋以己身與臥子同居松江之「鴛鴦樓」，卽南樓，有似小青與雲將同居之孤山「秦樓」，卽「孔雀樓」耳。此詩首句「鶴曾遊」之「鶴」，亦當是同出此典，不僅用林君復事也。（參嘉慶一統志貳捌肆杭州府貳古蹟門及光緒修杭州府志叁拾古蹟貳錢塘縣「放鶴亭」條。）河東君自傷其身世與小青相類，深恨馮妻及張孺人之妬悍，雲將及臥子之懦怯，遂感恨而賦此詩歟？湖上草中「過孤山友人快雪堂」七律一首，是否與此首同時所作，雖不能知。然此「友人」當爲馮雲將，則無可疑。所以諱言之者，或因有遊孤山悼小青之什，故不顯著馮氏之名也。

「清明行」云：

春風曉帳櫻桃起。繡閣花驄綺香旨。（寅恪案，「綺香旨」三字，杭州高氏藏明本作「綺晴旨」，北京鈔本亦同。「晴旨」或是「情旨」之譌誤，但仍涉牽強。瞿氏鈔本作「綺香旨」，復不可通。然瞿本之易「晴」爲「香」，當經過改校而又譌寫者。豈校改者本改「晴」爲「音」，「音」更誤爲「香」耶？假定爲「音旨」，則世說新語賞譽類「太傅東海王鎭許昌」條云：「奉誦遺言，不若親承音旨。」晉書肆玖阮瞻傳亦同。又漢魏六朝百三名家集梁簡文帝集壹「與廣信侯重述內典書」云：「闊絕音旨，每用延結。」故改爲「音旨」，殊有理據。至於「綺」字，則寅恪疑爲「絕」字之形譌。「繡閣花驄絕音旨」或「情旨」者，佳人繡閣中騎花驄公子之「音旨」或「情旨」斷絕也。若如此校改，辭意雖甚可通，然輾轉揣測，終嫌武斷。姑備一說於此，以俟通人之敎正耳。）桃枝柳枝偏照人，碧水延娟玉爲柱。（「柱」瞿本誤作「桂」。）朱蘭入手不禁紅，芳草紛勻自然紫。西泠窈窕雙迴鸞，蕙帶如聞明月氣。可憐玉鬢茱萸心。盈盈豔作芙蓉生。明霞自落鳳巢裡，白蝶初含團扇情。丹珠夜泣柳條曲。夢入鴛閨空瀁漭。斯時紅粉飄高枝，荳蔻香深花不續。青樓日暮心茫茫。柔絲折入黃金牀。盤螭玉燕無可寄，（寅恪案，此句可參倪璠註庾子山集伍「燕歌行」中「盤龍明鏡寄秦嘉，辟惡生香寄韓壽。」句，及「楊柳歌」中「白玉手版落盤螭」句。）空有鴛鴦棄路旁。

寅恪案，此題雖爲「淸明」，然辭旨與淸明殊少關涉。反覆誦讀，幷取陳臥子之詩參證之，始恍然明瞭其間之關係也。臥子詩與河東君此詩之有關者共三首。一爲崇禎八年乙亥春之「櫻桃篇」。二爲崇禎九年丙子春之「寒食行」。三爲崇禎十二年己卯春之「上巳行」。櫻桃篇及寒食行載於平露堂集。宋徵璧序此集云：

陳子成進士歸，讀禮之暇，刻其詩草名白雲者。已又裒乙亥丙子兩年所撰著，爲平露堂集。刻成，命予序之。

然則平露堂之刻成，至早當在崇禎十年下半年，遲則在崇禎十一年。至湘眞閣集之刻成，已在崇禎十四年之後矣。臥子賦「櫻桃篇」時，正値其與河東君同居之際。此篇固爲河東君所親見而深賞者。「寒食行」作成之時，河東君雖已離去臥子，但平露堂集之鐫刻，至遲亦在崇禎十一年。河東君作「清明行」之前，亦必得見臥子之「寒食行」也。職此之故，河東君「淸明行」中之辭句，往往與臥子「櫻桃篇」「寒食行」相類似，自非偶然。蓋河東君此時之詩，多取材於臥子之作品。如前所論湖上草中西湖八絕句「桃花得氣美人中」一首，實與臥子崇禎八年春間所作「寒食」七絕有關者，即是其例證。茲錄臥子「櫻桃篇」及「寒食行」於下。讀者取與河東君「淸明行」並觀，則其間關係自明，不待贅論。至二人作品之所以從同相似之故，實由兩方情感篤摯，遂亦漸染及於文字使然。未可舉偷江東集之故事相誚，(見舊五代史壹肆羅紹威傳。)而以柳隱偷羅隱爲言也。

陳忠裕全集壹壹平露堂集「櫻桃篇」云：

美人曉帳開紅霞。山樓閣道春風斜。綠水初搖楊柳葉，石屏時拂櫻桃花。淡灩籠烟寒白日，柔條叢蕚相交加。有時飛入玉窗裏，春夢方長人不起。芳草閒庭蝶正黃，瓊甃小院蘭猶紫。茫茫珠露翦輕紅，裝成自擲湘文水。棠棃宮中日暖時。龍旗鳳輦紛流離。低枝隱映入纖手，時親蟬鬢無人知。頳玉盤承紅靺鞨，翔麟飛鞚行參差。即今寂寞香雲度。墮粉搖英春草路。麗魄應悲夜雨天，幽人愁倚東風樹。珊瑚磊落幾時多，恐有流鶯含已暮。

同書同卷「寒食行」云：

江城桃李月，春風花亂飛。空濛度寒食，紅翠展芳菲。郊原漠漠涵平綠，柳雲如夢金塘曲。遠林宿雨壓棠棃，水底明霞浮屬玉。開簾悄望愁不眠。流鶯已落朱欄前。天際青蔥障白日，迷離偃蹇搖蒼烟。此時美人橫繡閣，幽怨鳴箏看花藥。碧玉新妝倦復鬆，丹珠小帳香逾薄。鞦韆弱影鬭垂楊。輕颸飄蕩吹紅裳。牆外紫騮驕不去，回頭拾得金鳳凰。

前於第叁章攷河東君金明池詠寒柳詞作成之年月，已言及臥子「上巳行」與河東君此詞有關。茲更論臥子「上巳行」與河東君「清明行」之關係。蓋「上巳行」中警策之語爲「垂柳無人臨古渡，娟娟獨立寒塘路。」即用玉谿生「柳」詩「清明帶雨臨官道」句，（見李義山詩集下。）實混合清明上巳爲一時間，而柳陳兩人所各賦詠之題，其所指之節候，在當時乃同是一日也。攷清明行及上巳行俱作於崇禎十二年。是年三月三日適值清明。（依陳氏二十史朔閏表崇禎十二年三月朔爲陽曆四月三日推算。鄭鶴聲近世中西史日對照表亦同。）史邦卿梅溪詞蝶戀花云：

二月東風吹客袂。蘇小門前，楊柳如腰細。蝴蝶識人遊冶地。舊曾來處花開未。幾夜湖山生夢寐。評泊尋芳，只怕春寒裏。今歲清明逢上巳，相思先到濺裙水。

然則河東君臥子之詩，其題同辭同，時日亦同，固不待言。至梅溪詞中之人之地及其旨意，又更相同，尤爲可注意也。噫！當崇禎之季世，明室困於女眞後裔建州之侵逼，岌岌乎不可終日，與天水南渡開禧之時，復何以異？ 邦卿爲韓侂胄之堂吏，曾隨覘國之使北行，則亦關涉恢復中原之謀劃（見梅溪詞滿江紅題云：「九月二十一日出京懷古。」及龍吟曲題云：「陪節欲行，留別社友。」）但一角湖山，蘇小門前，猶自尋芳遊冶，良可嘆息。 或以此嗤鄙梅溪乃一胥史，非足與言國家之安危者，殊不知臥子爲幾社勝流，於崇禎六年秋間計偕北行，賦詩留別，亦綣綣於河東君。 有「美人贈我酒滿觴。 欲行不行結中腸。 何年解佩酬明璫。」及「河干薄暮吹紅裳。 紉以芍藥羞青棠。 何爲棄此永不忘。」等句。其後又有「不然奮身擊胡羌。 勒功金石何輝光。」之語， 是以恢復遼左自任。（可參第叁章論臥子此詩節。）斯固臥子所以抒寫「離情壯懷」，應有之作。 實與邦卿龍吟曲所云：「歌裏眠香，酒酣喝月，壯懷無撓。 楚江南，每爲神州未復，闌干靜，慵登眺。」及「同社詩囊，小窗針線，斷腸秋早。」諸語無異。若一攷其賦詩之時及所言之人，則前後四五百年之間，情事實相符會。 豈獨節令之適合而已哉？ 雖然，兒女情懷與英雄志略，亦未嘗不可相反而相成。 故不必拘執此點，以爲邦卿及臥子病也。

河東君「清明行」結語云：「盤螭玉燕無可寄， 空有鴛鴦棄路旁。」「盤螭」出陳思王集貳樂府「桂之樹行」中「上有棲鸞，下有盤螭。」句。 「玉燕」用別國「洞冥記」貳云：

神女留玉釵以贈〔漢武〕帝。 帝以賜趙婕妤。 至昭帝元鳳中，宮人猶見此釵。 黃諃欲之，明日示之，既發匣，有白燕飛昇天。 後宮人學作此釵，因名玉燕釵，言吉祥也。

此河東君自言己身雖如神女， 然無玉釵之物可以報答臥子。 蓋針對臥子寒食行「回頭拾得金鳳凰」

之結語。「金鳳凰」謂婦人之釵也。(可參司馬彪續漢書輿服志下「后夫人服」條。又臥子「拾得」二字之出處，或與吳均續齊諧記及韋絢劉賓客嘉話錄「漢宣帝以皁蓋車一乘賜大將軍霍光」條中黃君仲北山羅鳥得鳳凰，入手卽化成紫金事有關。俟攷。)又檢李太白「代美人愁鏡」詩二首之二(見全唐詩第叁函李白貳肆。)云：

美人贈此盤龍之寶鏡，燭我金縷之羅衣。時將紅袖拂明月，爲惜普照之餘暉。影中金鵲飛不滅。臺下青鸞思獨絕。藁砧一別若箭弦。去有日，來無年。狂風吹却妾心斷，玉筯幷墮菱花前。

寅恪案，「美人」乃河東君之號，「盤龍」卽「盤螭」。「藁砧一別若箭弦。去有日，來無年。」正針對臥子之怨詞也。

更檢全唐詩第叁函李白叁「白頭吟」第貳體云：

錦水東流碧，波蕩雙鴛鴦。雄巢漢宮樹，雌弄秦草芳。相如去蜀謁武帝，赤車駟馬生輝光。一朝再覽大人作，萬乘忽欲凌雲翔。聞道阿嬌失恩寵，千金買賦要君王，相如不憶貧賤日。位高金多聘私室。茂陵姝子皆見求，文君歡愛從此畢。淚如雙泉水，行墮紫羅襟。五更雞三唱，淸晨白頭吟。長吁不整綠雲鬢，仰訴青天哀怨深。城崩杞梁妻，誰道土無心。東流不作西歸水，落花辭枝羞故林。頭上玉燕釵，是妾嫁時物。贈君表相思，羅袖幸時拂。莫捲龍鬚席，從他生網絲。且留琥珀枕，還有夢來時。鸕鶿袭在錦屏上，自君一掛無由披。妾有秦樓鏡。照心勝照井。願持照新人，雙對可憐影。覆水却收不滿杯。相如還謝文君迴。古來得意不相負，祇今惟有青陵臺。

河東君賦清明行前二年，即崇禎十年丁丑，臥子已通籍貴顯矣。此際以文君長卿相比，雖不甚切當。然太白「玉燕釵」之句，似可借用。蓋以求「相如還謝文君迴」之實現。「雙對可憐影」暗藏「影憐」之名。此名即陳楊關係最密切時所用者，可因此喚起大樽往日之回憶。「波蕩雙鴛鴦」與「空有鴛鴦棄路旁」相對照，辭旨哀豔，想臥子得讀河東君此詩之時，正如楊景山所謂「風流才子多春思，腸斷蕭娘一紙書」者也。茲以上巳行與清明行兩詩，關係錯雜繁複，故不嫌全錄太白此首，以資參證。

抑尚有可言者，前論河東君寒柳詞，謂與湯玉茗紫釵記有關，頗疑清明行「玉燕」之句，實亦暗用蔣子徵所作「霍小玉傳」中紫玉釵及玉茗堂紫釵記中紫玉燕釵之故事。河東君淹通文史，兼善度曲，蔣防之傳，湯顯祖之記，當無不讀之理。就本人之身分與臥子之關係，取霍小玉與李益相比，最爲適當。故清明行結語之意，蓋希望臥子不作蔣傳中負心忘舊好之李益，而是湯記中多情不自由之君虞也。或者河東君賦此詩時，憶及崇禎八年首夏與臥子離別之際，臥子和淮海滿庭芳詞「紫燕翻風」之句，遂聯想紫釵記紫玉燕釵之事，而有此結語歟？俟攷。

又臥子「上巳行」云：「公子空遺芍藥花，美人自愛櫻桃樹。」「芍藥花」乃臥子自指其懷念河東君諸詩，

「櫻桃樹」之「樹」，固出於李義山詩集中「深樹見一顆櫻桃尚在」五律及同卷「嘲櫻桃」五絕云：

朱實鳥含盡，青樓人未歸。南園無限樹，獨自葉如幃。

之典。但「櫻桃」二字，實更指崇禎八年乙亥春臥子自作之「櫻桃篇」及河東君崇禎十二年己卯春所作「清明行」，「春風小帳櫻桃起」之句。竊疑臥子上巳行乃獲見河東君清明行後，遂作一詩以酬慰其意者。此年清明適逢上巳，詩題雖爲兩名，詞意實是一事。此臥子故作狡獪，以爲諱飾耳。讀者儻更取第叁章所錄臥子此詩詳繹之，當益信鄙說之不誣也。

論釋河東君崇禎十二年己卯之作品「湖上草」及十三年庚辰作品「與汪然明尺牘」既竟，關於錢柳因緣導致之情勢及其必然性，讀者當可明瞭矣。然在崇禎十三年十一月河東君過訪半野堂之前，尚有牧齋於是年十月往遊嘉興之一重公案。此公案關涉一稱「惠香」之女性。寅恪於其人之本末，殊有疑滯，未能解釋。姑試作一假設，以待他日之證明也。初學集壹柒移居詩集「冬日嘉興舟中戲示惠香二首」云：

畫閣蘭橈取次同。蕩舟容與過垂虹。波如人面輕浮碧，日似殘粧旋褪紅。理曲近憐鶯脰水，弄花遙惜馬塍風。可憐平望亭前鳥，雙宿雙飛每一叢。

依然吳越舊陂塘。粉剩脂殘水尚香。已分西施隨范蠡，拌將蘇小賽眞娘。鉛華散落霑書帙，絃管交加近筆床。昨日虎丘西畔過，女墳湖水似鴛鴦。

同書同卷「宿鴛湖偶題」云：

煙水迢迢與夢長。一般燈火兩般霜。鴛鴦湖上人相竝，燕子樓中夜未央。（寅恪案，牧齋此詩結語用關盼盼事，當與東坡詞永遇樂「夜宿燕子樓，夢盼盼。」一闋有關。由此推之，則知其所賦「八月十六夜有感」一詞，特取永遇樂調者，必非偶然也。）

寅恪案，「戲示惠香」詩之前第壹題爲「九月望日得石齋館丈午日見懷詩，次韻却寄。」第叁題爲「九日宴集含暉閣醉歌」，第肆題爲永遇樂詞四首，第伍題爲「姚叔祥過明發堂，共論近代詞人。戲作絕句十六首。」又「宿鴛湖偶題」之後，第壹題爲「王店弔李玄白，還泊南湖有感。」（寅恪案，李衷純字玄白，嘉興人。明詩綜陸拾選其詩七首。李氏與牧齋關係密切，見初學集伍肆「大中大夫兩淮都轉運鹽使司運使李君墓誌銘」。）第貳題爲「題南湖勺園」，（寅恪案，光緒修嘉興府志壹伍古蹟門貳秀水縣「勺園」條云：「一名竹亭。在滮湖濱。吳吏部昌時別業。」牧齋此詩結語云：「樓上何人看煙雨，爲君枝策上溪橋。」當更有所指，不僅謂煙雨樓也。）此卷即竟。下卷爲東山詩集，乃河東君訪半野堂以後之作也。今綜合諸題之排列先後，取時間地域及詩詞中所言之人事，參合推證之，則知崇禎十三年庚辰七月以後至十月，其間爲河東君過訪半野堂預備成熟之時期。明發堂在拂水山莊。此題乃牧齋家居常熟時，姚士粦來訪，與之論詩所作。據永遇樂詞「十七夜」云：「隔船窗，暗笑低顰，一縷歌喉如髮。」及「生公石上，周遭雲樹，遮掩一分殘闕。」則是中秋後二夕，在蘇州舟中所作。含暉閣在半野堂，乃牧齋於重陽節時，居常熟城內家中所作。「戲贈惠香」及「宿鴛湖偶題」諸詩，均在嘉興所作，自不待言。據光緒修嘉興府志壹貳山川門「鴛鴦湖」條略云：

以其居於南方，又謂之南湖云。湖在府城南半里許。

然則初學集壹柒移居詩集最後四題，皆與嘉興有關，乃牧齋於崇禎十三年仲冬河東君訪半野堂不久以前，往遊其地所作也。

「戲贈惠香」二律之典故，錢遵王初學集詩註壹柒徵引頗詳，不待贅釋。但繹此題第壹首所言，皆與嘉興鴛鴦湖及近旁吳江之鶯脰湖故實有關。至第貳首則全屬蘇州會城舊典。惠香之與嘉興鴛鴦湖及蘇州會城兩地有關，可以推知。永遇樂詞「十六夜有感」一闋，既是爲河東君而作，（見第壹章所論。）其第肆闋「十七夜」忽有「生公石上」之語，明是在蘇州所作。就蘇嘉兩地域與惠香之關係，更推及惠香與河東君之關係，並繹「宿鴛湖偶題」詩，「燕子樓中夜未央」之句，則其間必有待發之覆，抑可知也。餘詳後論河東君適牧齋後，患病問題節。茲暫不多述。

初學集貳拾東山詩集叁「留惠香」云：

竝蔕俱棲宿有期。舞衣歌扇且相隨。君看陌上穠桃李，處處春深伴柳枝。

「代惠香答」云：

皇鳥高飛與鳳期。差池一燕敢追隨。桃花自趁東流水，管領春風任柳枝。

「代惠香別」云：

春水桃花沒定期。柳腰婀娜鎭相隨。憑將松柏青青意，珍重秋來高柳枝。

「別惠香」云：

花信風來判去期。紅塵紫陌肯相隨。池邊苑外相思處，多種夭桃媵柳枝。

徐乃昌影寫錢塘丁氏善本書室藏元刻陽春白雪附黃丕烈跋（參士禮居藏書題跋記陸。）云：

元刻陽春白雪，爲錢唐何夢華（元錫）藏書。矜貴之至。因其是惠香閣物也。惠香閣初不知爲誰所居。夢華云，是柳如是之居。兹卷中有「牧翁」印，有「錢受之」印，有「女史」印。其爲柳如是所藏無疑。「惜玉憐香」一印，殆亦東澗所鈐者。卷中又有墨筆校勘，筆勢秀媚。識者指爲柳書。余未敢定也。要之，書經名人所藏，圖章手迹倍覺古香。宜夢華之視爲珍寶矣。先是，曾影鈔一本，與余易書。但重其爲元刻，而其餘爲古書生色者，莫得而知。今展讀一過，實饜我欲。雖多金，又奚惜耶？書僅五十一番，相易之價，亦合五十一番。惜書之癖，毋乃太過。命工重裝，幷誌緣起。嘉慶十有四年己巳正月二十有八日雨窗識。復翁。

又云：

越歲辛未中春廿有二日，錢唐陳曼生偕其弟雲伯，同過余齋。出此相示。因雲伯去年曾攝常熟邑篆，有修柳如是墓一事。于河東君手迹，亦有見者。兹以校字證之。雲伯以爲然。當不謬也。復翁記。

牧齋跋元鈔本樂府新編陽春白雪(見楊紹和楹書隅錄續編肆。)云：

惠香閣藏元人舊鈔本陽春白雪十卷。依元刊本校錄一過，分注于下。丙子二月花朝，牧翁。

寅恪案，崇禎十五年春間，牧齋所作詩中有涉及惠香之事，甚可注意。但河東君適牧齋後之患病問題，俟下文詳述，今暫不論。茲所欲言者，卽惠香究爲何人及與河東君之關係也。何黃二氏均以惠香閣爲河東君所居及認惠香與河東君爲一人，殊爲謬妄。觀牧齋自題其所校錄陽春白雪之年月，可知至遲在崇禎九年丙子二月花朝日，牧齋已與惠香閣之名發生關係。然則此女性之惠香，其名初見於崇禎十三年庚辰冬間，復見於十五年壬午春季，皆在丙子花朝四年或六年之後。將如何解釋此疑問耶？鄙意一爲先有人之名，後有建築物之名。建築物因人得名，如牧齋以河東君名是字如是，別號我聞居士之故，因名其所居曰我聞室，卽是其例。(參前論蔣氏舊藏河東君山水畫册。)一爲先有建築物之名，後有人之名，人因建築物得名。惠香之名，疑是其例。蓋牧齋心中早已懸擬一金屋之名，而此金屋乃留待將來理想之阿嬌居之者。若所推測不誤，則此女性恐是一能歌之人，與陽春白雪有關。故牧齋取惠香之假名以目之。斯固文士故作狡獪之常態，不足異也。據牧齋所作關於惠香之四絕句桃柳並用，初視之，亦頗平常。檢庚子山詩有「流水桃花色，春洲杜若香。」及「春水望桃花，春洲藉芳杜。」等句，(見倪璠註庾子山集肆「詠畫屏風詩」二十四首之九及同書伍「對酒歌」。)則

「桃」字實與惠香之「香」字有關。或者此女性眞名中，有一「桃」字。然就今所見之材料，無一能證實此點者，仍俟詳攷。茲可決定者有三事，一即依牧齋「冬日嘉興舟中戲示惠香」兩律及牧齋陽春白雪跋語，已可知此女性之居處，必與嘉興及蘇州有關，幷爲能歌之人。茲復檢初學集壹柒移居詩集崇禎十三年庚辰八月十七夜牧齋於蘇州所作永遇樂詞云：

白髮盈頭，淸光炤眼，老顚思裂。折簡徵歌，醵錢置酒，漫浪從他說。銀箏畫鼓，翠眉檀板，恰稱合歡佳節。隔船窻，暗笑低顰，一縷歌喉如髮。　生公石上，周遭雲樹，遮掩一分殘闕。天上霓裳，人間桂樹，曲調都淸切。干戈滿地，烏驚鵲繞，一寸此時心折。憑誰把靑天淨洗，長留皓月。

及同書貳拾上東山詩集叁崇禎十五年壬午中秋河東君病中，牧齋所作「効歐陽詹翫月詩」其後段云：

病婦夢回笑空床。笑我白癡中風狂。誰家翫月無歌版，若箇中秋不舉觴。虎山橋浸水精域，生公石砌琉璃場。酒旗正臨天駟動，歌扇恰倚月魄涼。何爲煩憂添哽咽，懵騰噤齘夜不央。秋髮紛紛伴墜葉，細雨唧唧和啼螿。自從姮娥到月殿，長依金穴飛夜光。但聞高歌詠水鏡，阿誰彈事驚封章。章上倘蒙天一笑，素娥甚汝空奔忙。老夫聽罷心惻惻。低頭自問笑狂易。婦言可云愼勿聽，撑腸拄肚終難釋。天上素娥亦有黨，人間白叟將安適。合眼猶見星煌煌，入夢仍聞笑啞啞。打門未許驚周公，倒枕一任東方白。

更可證此女性在崇禎十五年壬午春間，伴送河東君於病中自蘇州返常熟，故河東君亦於是年中秋病中有「誰家甑月無歌版，若箇中秋不舉觴。虎山橋浸水精域，生公石砌琉璃場。」等語，婉勸牧齋往聽其清歌，藉以遣此佳節之岑寂。據是推之，則此居住蘇州而擅長歌唱之女性，即惠香無疑也。二郎依牧齋所作關於惠香四絶句中皆有「桃」字，則此女性名中當有「桃」字，前已言及。又細繹牧齋四詩中，皆以桃柳並舉，當亦非尋常泛用之辭語。據王讜唐語林陸補遺云：

韓退之有二妾，一曰絳桃，一曰柳枝，皆能歌舞。初使王庭湊，至壽陽驛，絶句云，風光欲動别長安。春半邊城特地寒。不見園花兼巷柳，馬頭惟有月團圞。蓋有所屬也。柳枝後踰垣遁去，家人追獲。及鎮州初歸，詩曰，别來楊柳街頭樹，擺弄春風只欲飛。還有小園桃李在，留花不放待郎歸。自是，專寵絳桃矣。

及邵博聞見後錄壹柒「韓退之使鎮州」條云：

孫子陽爲予言，近時壽陽驛發地，得二詩石。唐人跋云，退之有倩桃風柳二妓，歸途聞風柳已去，故云。後張籍祭退之詩云，「乃出二侍女，合彈琵琶箏。」者，非此二人邪？

是牧齋暗以韓退之自比，而以河東君比柳枝或風柳，惠香比絳桃或倩桃。然則此惠香之眞名中當有「桃」字或「絳」字。「桃」字恐是小名，甚難考出。至「絳」字或與後來所傳河東君妹楊絳子之名有關也。三郎觀留惠香「竝蒂俱棲宿有期」，代惠香「皇鳥高飛與鳳期，差池一燕敢追隨。」及别惠香「多種天桃媵柳枝。」等句，則此女性原是河東君之密友，後來又獨立門戶，如河東君與徐雲翾之關係。由第壹點引申，河東君於崇禎十三年庚辰春離杭州至禾城養痾及牧齋述河東君病中之語，當與惠香之居處有關。由第貳點及第叁點引申，疑後來譌傳河東君妹絳子之軼事，乃好事者就此演變而成。第壹點不待多論。第貳及第叁點，則須略徵傳譌之說，辨析眞僞，而究其演變僞造之所由焉。徐乃昌閨秀詞鈔補遺「楊絳子傳」附柴紫芳蘆峰旅記略云：

柳河東君如是歸虞山蒙叟後，其妹楊絳子猶居吳江垂虹亭。鄙姊之行，遂不與人往來。構一小園於亭畔，歸心禪悅。嘗謁靈巖支硎等山，飄遙閒適。覘乃姊之迷落於白髮翁者，不啻天上人間。嘉興薛素素女士慕其行，特雇棹擔書訪絳子於吳門。相見傾倒，遂相約不嫁男子。乃同至慧泉，溯大江而上，探匡廬，入峨嵋，題詩銅塔，終隱焉。其後素素背盟，復至檇李。絳子一人居川中，足跡不至城市。河東君數以詩招之，終不應。未幾卒。著有靈鵲閣小集行世。其春柳寄愛姊，調高陽臺一闋，蓋諷之也。

寅恪案，柴氏所記有可信者，亦有不可信者，當分別觀之。「絳子」之「絳」不僅與桃花顏色有關。且可與牧齋詩用韓退之之妾絳桃之名相合。絳子「居吳江垂虹亭」，謁蘇州之「靈巖支硎等山」及薛素素「訪絳子於吳門」等事，又可與牧齋永遇樂詞，舟中贈惠香及翫月詩等相印證。然則絳子與河東君之關係，乃勾欄中姊妹行輩之名分，非眞同產。此其可信者也。至絳子與薛素素相約不嫁男子一端，則大謬特謬。請徵舊記，以明其妄。

繆荃孫雲自在堪筆記書畫門「薛素素小影」條載胡孝轅（震亨）讀書日錄云：

薛素素南都院妓。姿性澹雅，工書，善畫蘭。時復挾彈走馬，翩翩男兒俊態。後從金壇于褒甫玉嘉有約矣，而未果。吾郡沈虎臣德符竟納爲妾。合歡之夕，郡中沈少司馬純甫，李孝廉伯遠偕諸名士送之。姚叔祥（士粦）有詩云，管領烟花只此身。尊前驚送得交新。生憎一老少當意，勿謝千金便許人。含淚且成名媛別，離腸不管沈郎嗔。相看自笑同秋葉，妬殺儂家並蒂春。褒甫恨薛之爽約及沈之攘愛也，寄贈薛三律云，錦水飛來第二身。蕙心更擅藝如神。相憐南國應無輩，不悟東家別有鄰。紈扇寫留騎鳳女，寶符賫向馭龍人。碧山烟外含愁思，猶似蛾眉隔座顰。涼壁哀蛩弔蕙帷。計狂祝夢又多違。錦書織恨盈千軸，鈿帶縈愁減一圍。溺水藥來娥月皎，明河槎去客星微。越人不肯歸西子，花泣吳宮掩夕扉。銅標誌里候靈芸。中道香車改轍聞。魂逐飛蓬辭夜幕，淚隨落葉點秋裙。尾生作鬼難仇水，巫女爲神易變雲。自古情多歡便少，雙棲何必笑離羣。

列朝詩集閏肆「薛素素小傳」略云：

素素少遊燕中，爲李征蠻所嬖。其畫像傳入蠻峒，酉陽彭宣慰深慕好之。北里名姬至於傾動蠻夷，古所希有也。中年長齋禮佛，數嫁皆不終。晚歸吳下富家翁，爲房老以死。

明詩綜玖捌「薛素素小傳」云：

素素小字潤孃，嘉興妓。有異才。數嫁皆不終。有南游草。

又同書同卷〔靜志居〕詩話略云：

予見其手寫水墨大士甚工。董尚書未第日，授書禾中，見而愛之，爲作小楷心經，兼題以跋。嘗侍沈孝廉景倩巾櫛。

寅恪案，孝轅所記素素事及姚于詩，皆可供談助。故詳錄之。至竹垞所述，大抵本之牧齋。惟言董香光未第日見素素所繪觀音像而愛之，爲寫心經，兼題以跋之事，乃新增材料中最可注意者，旣出自竹垞目睹，自是可信。據牧齋所言素素「數嫁皆不終，晚歸吳下富家翁，爲房老以死。」則柴氏所言「素素背盟」一端，亦頗得實，又酉陽在四川境，則柴氏稱絳子與素素同遊川中之說，或由此誤傳，亦有可能。然此諸端，皆不足深論。獨絳子與素素相約不嫁男子一點，則須略攷素素絳子兩人之年齡。據嘉慶修松江府志伍肆「董其昌傳」略云：

董其昌字玄宰，華亭人。成萬曆十七年進士，選庶吉士。

及同書選舉表云：

明舉人。萬曆十六年戊子科。董其昌，玄宰。

然則玄宰至早在萬曆十六年以前，卽其尙未中式鄉試以前，遇見素素於嘉興。此時素素之年齡至少亦不能小於十五歲。從此年下數至崇禎十四年辛巳，即河東君適牧齋之歲，共爲五十三年，則素素年已六十八歲矣。絳子既稱河東君之妹，河東君適牧齋之時，年二十四歲，絳子之年當更較少。世間若有年近古稀之老嫗，轉與二十上下妙齡之少女，共爲盟誓，不嫁男子者，禹域之外，當今之時，何所不有，或亦可能。至於三百年前崇禎之季，自無此奇事，可以決言。故紫芳所述，其謬妄不待辨也。

柴氏所記絳子與素素同約不嫁男子之事，雖是大謬。然其他所言絳子諸端，要不無有相當之眞實性。復由此眞實性，演變成爲此鄙薄其姊「迷落於白髮翁」之故事，並流傳其高陽臺「寄愛姊」一詞，即徐氏閨秀詞鈔補遺所錄者是也。鄙意惠香是否與絳子實爲一人，尚待攷實，今難斷定。前論河東君與汪然明尺牘第伍通時，附述張宛仙之事。汪然明於順治九年壬辰，始識宛仙於嘉興，稱其名爲「香隱校書」。又宛仙和然明四絕句之二有句云，「風韻何如半野堂」，則名字地域人事三者之關係，宛仙頗有與惠香實爲一人之嫌疑。假定崇禎十三年庚辰牧齋於嘉興舟中作詩示惠香之時，而惠香年齡爲十五至十八歲者，則順治九年壬辰應爲二十七至三十歲。據此等年歲推論，固可稱爲河東君之妹。又就然明稱其在順治九年至十二年之間，匿影不出，不輕見人，及遊人問津，顯貴愛慕，諸端推之，皆與其年齡情事約略適合。然則宛仙豈即惠香歟？是耶？非耶？姑備一說於此，殊未敢自信也。

又據蕘圃之言，牧齋原藏元刻本陽春白雪所鈐印章中，除「惠香閣」一章外，尚有「女史」及「惜玉憐香」兩章之問題。「女史」二字，前於論河東君尺牘時，曾引江然明所下「閨秀」與「女史」之界說，兹不必再贅。若依汪氏之說，惠香當日至牧齋家時，其身分本是「女史」。故知此「女史」之章，非後之好事者所僞造也。至於「惜玉憐香」一章，則關於黄皆令媛介之問題。前第貳章引吳梅村詩話，鄧孝威天下名家詩觀及王漁洋池北偶談，並第叁章引湯漱玉玉臺畫史諸節中，已略涉及皆令。兹請止就皆令與牧齋及河東君之關係一點，更少詳言之。其他諸端雖饒興趣，然以本文範圍之故，終須有所限制，未可喧賓奪主也。

周勒山銘林下詞選壹壹「黄媛介」條云：

媛介久以詩文擅名。其書畫亦爲世所稱賞。作離隱歌序云，予產自清門，歸於素士。兄姊（原注：「名媛貞。」）雅好文墨，自少慕之。乃自乙酉逢亂被刼，轉徙吳閶，遷遲白下，後入金沙，閉跡牆東。（原注：「琴張居士名園。」）雖衣食取資于翰墨，而聲影未出于衡門。古有朝隱，市隱，漁隱。予殆以離索之懷，成其肥遯之志焉。將還省母，爰作長歌，題曰離隱。歸示家兄，或者無曹妹續史之才，庶幾免蔡琰居身之玷云爾。

寅恪案，媛介之「離隱歌」，今未能得見。卽歌序之文，諸書雖有轉載，但多所删改，蓋涉忌諱使然。就所見諸本，惟周氏之書，似最能存其舊觀，故依錄之。序文中「後入金沙，閉蹟牆東。」及原注：「琴張居士名園。」之「琴張居士」爲何人？初未能知。後檢楊鍾羲雪橋詩話續集壹云：

金壇張明弼字公亮，號琴張子。爲顧黃公丈人行。

乾隆修金壇縣志捌人物志文學門張明弼傳略云：

張明弼字公亮。天啓丁卯遊北雍。翰林齊心孝館致之。編修黃道周尤心契。崇禎癸酉登賢書。丁丑五十四始成進士，授揭陽知縣。謫浙江按察司照磨。陞台州推官。踰年陞戶部陝西司主事。憤馬士英阮大鋮當國，不赴。年六十九卒。著螢芝集二十卷，兔角詮十卷，蕉書三十乘。

又同書壹貳雜志古蹟門云：

牆東園。在縣西十二里方邊村。張明弼別業。

始知「琴張居士」卽張明弼，「名園」卽牆東園。歌序中最可注意者，爲「乙酉逢亂被刼，轉徙吳閶，遲白下，後入金沙，閉跡牆東。」及「將還省母，爰作長歌，題曰離隱。歸示家兄，或者無曹妹續史之才，庶幾免蔡琰居身之玷云爾。」等語。黃皆令於淸兵攻取江浙之際，逢亂被刼，後始得脫。有關材料多所諱刪，故今不能詳悉其本末。但取當時類似之記載推測之，亦可得其大略。由此引申，更於皆令當日社會身分之問題，可得一較明晰之通解也。此問題請分乙酉逢亂以前及以後兩時期言之。

明詩綜捌陸閨門「黄媛貞小傳」云：

媛貞字皆德，秀水人。先世父貴陽守副室。有臥雲齋詩集。俞右吉云，亡友黄鼎平立二妹。一字皆德，一字皆令，均有才名。皆德爲貴陽朱太守房老，深自韜晦。世徒盛傳皆令之詩畫。然皆令青綾步障，時時載筆朱門，微嫌近風塵之色，不若皆德之冰雪淨聰明也。

盛楓撰嘉禾徵獻錄伍拾「黄媛貞」條云：

年十五六，同邑貴陽知府朱茂時過其門，聞讀史記。詢之旁人，則貞也。力求媒妁娶爲妾。能詩詞，工書法。凡啓札皆出其手。無子，以老壽終。

同書同卷「黄媛介」條云：

媛介字皆令。亦善詩文，工書法。少許楊氏，楊貧，以鬻畚爲業，父母欲寒盟。介不可，卒歸楊。

寅恪案，嘉興黄氏雖是盛門，然皆令所出之支派，殊爲式微。觀其姊皆德，竟可聘作宰相朱國祚從孫茂時之妾一事，即可證明其家之社會地位甚低。皆令之許聘楊世功時，年齡必甚幼小。世功乃貧至「鬻畚爲業」，則皆令之家，其貧苦當亦相去不遠。故黄鼎一門，在當日宜爲士大夫所輕視。皆令固亦可作妾，與其姊相類。前於第貳章論張溥欲娶皆令事，疑其是娶爲妾，而非爲妻。皆令於離隱歌序開宗明義謂「予產自淸門，歸於素士。」蓋所以辨白其社會地位，非泛泛自述之辭也。乙酉逢亂被刼之事，今殊難詳攷。然即據清高宗批歷代通鑑輯覽壹壹柒附明唐王本末，順治二年六月條云：

嘉興已歸附，而士紳屠象美等，復聚衆據城拒守。大兵還攻之，半月而破。

及有學集貳拾「贈黃皆令序」云：

南宗伯署中，閑園數畝，老梅盤拏，柰子花如雪屋。烽烟旁午，訣別倉皇。皆令擬河梁之作，河東抒雲雨之章。（寅恪案，毛詩殷其靁傳云，山出雲雨。及箋云，大夫信厚之君子。爲君使，功未成。歸哉歸哉，勸以爲臣之義未得歸也。牧齋蓋用此義，謂皆令可歸家，而已則不能也。）分手前期，蹔游小別。

可知當清兵南來，南京危急時，皆令即從牧齋吏部尙書署中歸返嘉興。其後屠象美等舉兵抗清，及嘉興城爲清兵攻陷，皆令殆於此際爲清兵所刼。被刼經過，今依據過墟志感所述劉寡婦事，可以推知。此書記載雖不盡可信，然當時婦女被刼經過，尙與眞相不甚相遠。其書謂劉寡婦初由常熟被刼至松江，復由松江歸旗安置江寧。其兄及壻見有得許親人領回之令條諸端，諒是當日一般情事。（詳見過墟志感下。）皆令之至蘇州，當與劉寡婦之至松江相同。其又至江寧，則亦與劉寡婦不異。若其至金壇，則當是依「許親人領回」之條例也。皆令此次經過，其「離隱歌」中必有敍述，今旣不可得見。頃存「丙戌清明」一首，當是被刼之時，或距此時不遠所作。兹錄於下：

倚柱空懷漆室憂。人家依舊有紅樓。思將細雨應同發，淚與飛花總不收。折柳已成新伏臘，禁煙原是古春秋。白雲親舍常凝望，一寸心當萬斛愁。（見梁乙眞淸代婦女文學史第壹章第貳節「秀水黃皆令」條。）

皆令既被刼復得脫，當時必有見疑於人之情事。而其兄尤引以爲恥辱。故「離隱歌序」云，「歸示家兄，庶幾免蔡琰居身之玷。」卽指此而發也。皆令自經此役，其社會身分頗爲可疑。今錄吳梅村王漁洋李武曾商媚生諸人之詩於下，以爲例證。

吳偉業梅村家藏藁陸詩前集陸「題鴛湖閨詠」四首之一云：

石州螺黛點新妝。小拂烏絲字幾行。粉本留香泥蛺蝶，錦囊添線繡鴛鴦。秋風擣素描長卷，春日鳴筝製短章。江夏只今標藝苑，無雙才子埽眉娘。

徐釚本事詩拾所錄王士禛「觀黃皆令吳巖子卞篆生書扇各題一詩」其黃皆令扇詩云：

歸來堂裏罷愁妝。離隱歌成淚數行。才調祇應同衞鑠，風流底許嫁文鴦。蕭蘭宮掖裁新賦，香茗飄零失舊章。今日貞元搖落客，不將巧語憶秋孃。（參池北偶談壹貳「黃媛介詩」及同書壹捌「婦人畫」等條。）

同詩壹貳所錄李武曾良年「黃皆令歸吳，楊世功索詩送行。」二首云：

曾因廡下棲吳市，忽憶藏書過若耶。愁殺鴛鴦湖口月，年年相對是天涯。

盛名多恐負淸閒。此去蘭陵好閉關。柳絮滿園香茗坼，侍兒添墨寫靑山。

杜氏輯祁忠惠公(彪佳)遺集附商夫人(景蘭)香奩集「贈閨塾師黄媛介」七律(寅恪案,杜氏輯本附載眉生諸女諸子婦等與皆令唱訓詩頗多,茲不備引。鄧漢儀天下名家詩觀初集壹貳所選商祁諸閨秀詩,亦載此七律,自是出自梅市詩鈔。依毛奇齡西河合集陸壹冊書後類「梅市唱和詩抄稿書後」,可以推知。又檢鄧氏所選眉生詩有「送别黄皆令」五古一首,今仍存於景蘭集中。但鄧氏選本無贈皆令七律。)云:

門鎖蓬蒿十載居。何期千里覯雲裾。才華直接班姬後,風雅平欺左氏餘。八體臨池爭幼婦,千言作賦擬相如。今朝把臂憐同調,始信當年女校書。

寅恪案,梅村「無雙才子掃眉孃」及眉生「始信當年女校書」之句,雖皆用計有功唐詩紀事「薛濤」條所載胡曾詩(參全唐詩第拾函胡曾「贈薛濤」七絶。)云:

萬里橋邊女校書。琵琶花下閉門居。掃眉才子知多少,管領春風總不如。

未免擬人非其倫。然此病亦詞人所常有,可不深論。惟漁洋「今日貞元搖落客,不將巧語憶秋孃。」之語,則用韋縠才調集壹白居易所作「江南喜逢蕭九徹,因話長安舊遊,戲贈五十韻。」中,「巧語許秋娘」之句。關於此「秋娘」,寅恪已於拙著元白詩箋證稿「琵琶引」章有所論證,茲不贅言。但「秋娘」爲貞元時長安名妓。漁洋自比香山,而以秋娘比皆令。今日觀之,頗爲可怪。夫漁洋平日作詩,其用事精確,固不及同時之顧亭林。然儉腹趁韻,何乃一至於此耶?故就此推論,則知皆令乙酉逢亂被刼之後，其社會身分必有見疑於人者，離隱歌序中「雖衣食取資於翰墨，而聲影未出於衡門。」之句及序文末述所以作此歌主旨之「庶幾無蔡琰居身之玷」一語，乃得通解矣。更由是推之，漁洋詩「風流底許嫁文鴦」句中之「底許」者，「何可」之意。亦當指皆令乙酉逢亂被刼之事而言。三國志魏志貳捌諸葛誕傳附載文欽子鴦事蹟略云：

欽子鴦將兵在小城中，聞欽死，勒兵馳之，衆不爲用。鴦單走踰城出，自歸大將軍。

頗疑皆令乙酉逢亂，爲清軍將領所刼，其人原本降將，如李成棟之比者。漁洋因得取譬文鴦。然終難考知也。有學集貳拾「贈黃皆令序」云：

紅袖告行，紫臺一去，過淸風而留題，(寅恪案，厲鶚宋詩紀事捌柒閨媛類載，南宋末臨海王氏爲元兵所刼，過淸風嶺題崖石七律一首。本末詳樊榭所引孫道易東園客談。)望江南而祖別。少陵墮曲江之淚，(寅恪案，牧齋此句或暗指皆令被淸兵所刼後，轉送至金陵之事，卽離隱歌序所謂「遷遲白下」，非泛用少陵「哀江頭」詩之古典也。)遺山續小娘之歌。(寅恪案，詳見元遺山詩集陸樂府「續小娘歌」十首，施國祁箋注。)世非無才女子，珠沉玉碎，踐戎馬而換牛羊，視皆令何如？

亦足反證皆令初爲淸軍所刼，而後得脫者。旣被刼掠，鄉里當必謠諑紛紜，不便卽返，免致家人難堪。此所以離家爲隱遯之故也。漁洋「蕭蘭宮掖裁新賦，香茗飄零失舊章。」與武曾「此去蘭陵好閉闕」及「柳絮滿園香茗坼」之句，俱詠媛介本事，故辭語相同。今以材料缺乏，未能攷知。但檢康熙修常州府志貳拾古蹟門云：

茶舍在罨畫溪，去湖汊一里。李棲筠守常州時，有僧獻陽羨佳茗，陸羽以爲芬香冠絕他境，可供尙方。遂置舍。

常州卽古蘭陵之地。陸羽又以爲陽羨茶芬香冠絕他境，則王李詩語或與之有關耶？漁洋「蕭蘭宮掖裁新賦」句，「蕭蘭」疑用陸士衡懷土賦「甘堇茶於飴芘，緜蕭艾其如蘭。」語。（見漢魏百三名家集陸平原集壹。）「懷土賦」與「離隱歌」皆思歸之作，且取以譬黃楊之婚姻也。「宮掖裁新賦」當用晉書叁叁左貴嬪傳「受詔作愁思之文，因爲離思賦。」之典。殆指離隱歌，或皆令他作也。其以此故事相比者，非僅因皆令才華有似左芬，亦以晉書此傳有「姿陋無寵，以才德見禮。」之語。與梅村「鴛湖閨詠」四首之四「才比左芬年更少」句，辭意正同。蓋皆令之不與其他被刼婦女，如劉寡婦及宋蕙湘，廣陵張氏輩同其命運者，（見鄧漢儀天下名家詩觀初集壹貳宋蕙湘「題衞源旅舍」七絕四首及廣陵張氏「西溝道中淚筆」七絕五首。）當由貌陋之故，吳王作詩，乃實錄非譏誚。牧齋以皆令不似明妃之「一去紫臺連朔漠」爲皆令幸，誠可信可哀矣。武曾詩「曾因廡下棲吳市，忽憶藏書過若耶。」下句指皆令於順治十五年自杭州往遊紹興，與祁彪佳夫人商景蘭並其諸女及子婦唱和事。（見西河合集陸壹冊書後類「梅市倡和詩抄稿書後。」）「若耶」在紹興境，而祁氏淡生堂藏書又著稱於東南者也。上句用後漢書列傳柒叁逸民傳梁鴻傳「遂至吳，依大家皐伯通，居廡下。」之文，固不待言。但此句取譬之皐伯通廡下，乃指牧齋之絳雲樓而言。皆令之往來虞山，居牧齋家，第貳章論梅村詩話及第叁章論玉臺畫史時，已略及之。玆更稍詳述其事於下。

衆香詞樂集族里女宗類選錄黃媛介詞眼兒媚「謝別柳河東夫人」云：

黃金不惜爲幽人。種種語殷勤。竹開三徑，圖存四壁，便足千春。　匆匆欲去尙因循。幾處暗傷神。曾陪對鏡，也同待月，常伴彈箏。

又前調云：

剪燈絮語夢難成。分手更多情。欄前花瘦，衣中香暖，就裏言深。　月兒殘了又重明。後會豈如今。半帆微雨，滿船歸況，萬種離心。

寅恪案，此兩詞皆謝別河東君之作。第壹詞上半闋「黃金不惜爲幽人」句，河東君資助皆令者必不少，此語當是實錄。下半闋「曾陪對鏡，也同待月，常伴彈箏。」及第貳詞上半闋「衣中香暖，就裏言深。」諸句，更足徵黃柳二人實爲閨中密膩摯友也。「曾陪對鏡」辭語新雋。第叁章謂陳眉公「贈楊姬」五言絕句，疑是爲河東君而作。儻此假設果能成立，則此黃柳同照之鏡，必不致撲碎矣。更可注意者，爲第貳首下闋「月兒殘了又重明，後會豈如今。」之語。月殘復明，可能是媛介以月缺之時，來訪河東君，月明之後乃始別去。然頗疑皆令此語別有深意。此詞作於何年，今不易攷。若作於乙酉以後，則當謂後會之時，明室復興，不似今日作詞之際，朱明之禹貢堯封僅餘海隅邊徼之殘山賸水。前引有學集叁夏五詩集「留題湖舫」第貳首「楊柳風流烟草在，杜鵑春恨夕陽知。」之句，因推論河東君復楚報韓之志。今觀皆令此詞，殆有同心者，此卽所謂「就裏言深」者歟？又前引皆令「丙戌清明」詩「倚柱空懷漆室憂。人家依舊有紅樓。」及「折柳已成新伏臘，禁烟原是古春秋。」等句，可與此詞相證發。後之讀皆令詩詞者，當益悲其所抱國家民族之思，不獨個人身世之感矣。

吳詩集覽壹貳上「鴛湖閨詠」四首之三云：

絳雲樓閣敞空虛。女伴相依共索居。學士每傳青鳥使，蕭娘同步紫鸞車。新詞折柳還應就，舊事焚魚總不如。記向馬融譚漢史，江南淪落老尚書。

寅恪案，梅村此首乃專言黃與柳錢之關係者。靳氏注中於古典頗備，而今典如言「納柳氏在鴛湖舟中，則皆令與柳舊爲女伴矣。」則甚誤。玆姑不詳辨。惟言「索居上有相依字共字亦奇。」能解梅村微妙之意，殊爲可取。所可笑者，吳詩此首以馬融比牧齋，固與受之平生以國史自任者相合，但取皆令離隱歌序「雖無曹妹續史之材」，實以曹大家自命之意，及河東君訪半野堂初贈牧翁詩之「聲名眞似漢扶風」，（見東山訓和集壹河東君詩第壹首。）亦以馬季長比錢氏者相同。綜合觀之，牧齋何幸得此兩曹大家爲女師，「伏於閣下受讀」耶？（見後漢書列傳柒肆列女傳曹世叔妻傳。）

初學集叁叁「士女黃皆令集序」略云：

皆令本儒家女。從其兄象三受書。歸於楊郎世功。歌詩畫扇流傳人間。晨夕稍給，則相與籠閣梯几，拈仄韻，徵僻事，用相娛樂而已。有集若干卷，姚叟叔祥敍而傳之。皆令又屬楊郎過虞山，傳內言，以請序於余。余嘗與河東評近日閨秀之詩。余曰：「草衣之詩近於俠。」河東曰：「皆令之詩近於僧」。夫俠與僧，非女子本色也。此兩言者，世所未喻也。皆令之詩曰：「或時賣歌詩，或時賣山水。猶自高其風，如昔鬻草履。」又曰：「燈明惟我影，林寒鳥稀鳴。窗中人息機，風雪初有聲。」再三諷詠，凄然詘然，如霜林之落葉，如午夜之清梵。豈非白蓮南嶽之遺響乎？河東之言僧者，信矣。繇是而觀，草衣之詩，可知已矣。叔祥之序薈稡古今淑媛，以媲皆令，累累數千言。譬之貌美人者，不論其神情風氣，而必曰如王嬙，如西施，如飛燕合德。此以修美人之圖譜，則可矣。欲以傳神寫炤，能無見笑於周昉乎？癸未九月虞山牧齋老人爲其序。

有學集貳拾「贈黃皆令序」略云：

絳雲樓新成，吾家河東邀皆令至止。硯匣筆牀，清琴柔翰，挹西山之翠微，坐東山之畫障。丹鉛粉繪，篇什流傳。中吳閨闥，侈爲盛事。今年冬，余遊湖上，皆令僑寓秦樓，其窮日甚。湖上之人莫或過而問焉。滄海橫流，刦灰蕩埽。絳雲圖書萬軸，一夕煨燼。河東湖上詩「最是西泠寒食路，桃花得氣美人中。」皆令苦相吟賞。今日西湖追憶此語，豈非窮塵往刦。河東患難洗心，懺除月露，香燈禪版，淨侶蕭然。皆令盍歸隱乎？當屬賦詩以招之。

寅恪案，皆令與河東君雖皆著籍嘉興。然其相識始於何年，今不易攷。觀初學集壹柒移居詩集牧齋與姚叔祥共論近代詞人七絕十六首中，其第壹壹首云：

不服丈夫勝婦人。昭容一語是天眞。（原注：「呂和叔上官昭容書樓歌云，自言才藝是天眞，不服丈夫勝婦人。」）王微楊宛爲詞客，肯與鍾譚作後塵。

其第壹貳首云：

草衣家住斷橋東。（原注：「王微自稱草衣道人。」）好句清如湖上風。近日西陵誇柳隱，桃花得氣美人中。（原注前已引，茲從略。）

則牧齋於崇禎十三年庚辰秋間作十六絕句，止言王楊柳三人，而不及媛介。可知牧齋尚未見媛介之詩，亦不識其人。據初學集貳拾下東山詩集「燈下看內人插瓶花，戲題四絕句。」其一云：

水仙秋菊並幽姿。插向磁缾三兩枝。低亞小牕燈影畔，玉人病起薄寒時。

此四絕句後第貳題即「絳雲樓上梁，以詩代文八首。」牧齋「黃皆令集序」作於崇禎十六年癸未九月，正河東君病起之時。其「贈黃皆令序」云：「絳雲樓新成，吾家河東邀皆令至止。」則皆令之遊虞山，居絳雲樓，當在崇禎十六年冬或稍後，亦恐是第壹次至牧齋家也。牧齋序皆令集，表面上不以姚士粦之文爲然，實際上暗寓皆令才高貌寢之意。東坡集玖「續麗人行」序云：

李仲謀家有周昉畫背面欠伸內人，極精。戲作此詩。

其詩結語云：

君不見孟光舉案與眉齊。何曾背面傷春啼。

此牧齋所以有「能無見笑於周昉」之語，實寓蒯通說韓信「相君之背」之意也。又牧齋屢遊西湖，其贈皆令序中「今年冬，余遊湖上。」之「今年」，未能確定其爲何年。但必在河東君「贈黃若芷大家」詩前不甚久之時間也。（見第伍章所論。）牧齋既有「當屬〔河東〕賦詩招之。」之語，則牧齋贈皆令序時，皆令當已久未至虞山矣。此後皆令又曾否至虞山，亦未能攷悉也。牧齋贈序謂皆令「僑寓秦樓」，不知有所實指，抑或用典？若用典者，疑非用列仙傳蕭史弄玉故事，而用古樂府陌上桑「日出東南隅，照我秦氏樓。」即「使君自有婦，羅敷自有夫。」等句之意也。

梅村家藏藁叁壹「黃媛介詩序」略云：

黃媛介者，體自高門，夙親柔翰。逮夫親故凋亡，家門況瘁。感襄城之荀灌，痛越水之曹娥。恨碎首以無從，顧投身其奚益。蔡琰則惟稱亡父，馬倫則自道家君。隕涕何言，傷心而已。惟長楊曾經獻賦，而深柳可以讀書。（原注：「所居深柳讀書堂。」）點硯底之青螺，足添眉黛。記詩中之紅豆，便入吹簫。共傳得婦傾城，翻爲名士。却令家人竊覗，笑似諸生。所攜唯書卷自隨，相見乃鉛華不御。發其舊篋，爰出新篇。即其春日之詩，別倣元和之體。可爲妙製，允矣姸辭。僕也昔見濟尼，蚤聞謝蘊。今知徐淑得配秦嘉，是用覽彼篇章，加之詮次。庶幾東海重聞桃李之歌，不數西崑止載蘼蕪之賦爾。

寅恪案，梅村此序迹皆令本末頗備。惟今日以材料殘缺之故，不易確知。其取譬荀灌曹娥，則疑是乙酉皆令逢亂時事。荀灌見晉書玖陸列女傳荀崧小女灌傳。借用以指皆令於乙酉歲清兵攻圍嘉興時，逢亂被刼事。曹娥見後漢書列傳柒肆列女傳孝女曹娥傳。豈皆令之父於乙酉亂時溺死耶？今難攷已。「東海」用鮑明遠及其妹事。鮑氏本東海人。（見宋書伍壹宗室及南史壹叁宋宗室及諸王上，臨川烈武王道規傳附鮑照傳。）「桃李之歌」用李太白「會桃李之芳園，序天倫之樂事。」語。（寅恪案，此依全唐文叁肆玖李白叁之本。此本題爲「春夜宴從弟桃花園序」，而文中作「會桃李之芳園」。今李集諸本或題與文俱作「桃花」，或俱作「桃李」，恐非。蓋「桃花」者，乃園之本名。「桃李」者，乃太白所改字，以免「花」與「芳」之重複，且聲律更協調耳。）希望皆令與象三兄妹復歸於好。「西崑」借用西崑詩體主要人楊億之姓，以指楊世功。「蘼蕪之賦」則用玉臺新詠壹古詩「上山採蘼蕪」之典，竟指世功爲「故夫」，頗疑黃楊夫婦實有仳離之事。梅村於「鴛湖閨詠」第肆首結語云：「往事只看予薄命，致書知已到長干。」乃用李太白「長干行」二首之一「同居長干里，兩小無嫌猜。」及「早晚下三巴，預將書報家。」之語。（見全唐詩第叁函李白叁。）亦希望皆令與世功夫婦復歸於好之意。駿公詩文，辭旨敦厚，可謂善處人骨肉間矣。

綜合惠香及皆令與錢柳之關係觀之，乃知牧齋「惜玉憐香」之章，蓋有所實指，非泛用成語也。「香」

乃惠香之名，固不待言。「玉」則離隱歌序中，皆令自言「庶幾無蔡琰居身之玷」。河東君題其畫扇，又稱之爲「無瑕詞史」，皆令自比於無玷之玉，於此可證。故「玉」亦皆令之名也。此「玉」此「香」皆牧齋所欲兼收並畜，而不致與河東君有尹邢避面之事者。「惠香閣」固爲惠香所居。玉臺畫史言皆令畫扇有「東山閣」題字。然則此「東山閣」亦「惠香閣」之比也。（可參第伍章論絳雲樓上梁詩。）牧齋有志不成，其理由之關於皆令者，乃社會制度問題，不俟贅論。至於惠香，則未知其故。蓋由惠香本末無從詳攷所致。第壹章拙詩云：「尙託惠香成狡獪，至今疑滯未能消。」意在於此。當世通人儻能補此遺憾，則幸甚矣。

復次，陳其年婦人集「姑蘇女子圓圓」條下冒褒注云：

吳縣葉襄贈姜垓百韻詩有云，酒壚尋卞賽，花底出陳圓。（寅恪案，葉襄字聖野，長洲人。事蹟見同治修蘇州府志捌捌幷明詩綜柒柒「葉襄」條附靜志居詩話及陳田明詩紀事貳貳葉襄條。聖野與牧齋之關係，可參有學集伍絳雲餘燼詩下「冬夜假我堂文宴」詩「和聖野」七律及同書壹玖「葉聖野詩序」等。又板橋雜記下軼事門「萊陽姜如須遊於李十娘家」條，雖所記爲如須游南京時事，與蘇州無涉，但如斯爲人之風流好事，亦藉此可窺見一斑矣。）

足見當崇禎季年陳卞俱爲姑蘇負盛名之佳麗。然雲裝不與畹芬同被中貴外戚刧去，亦可謂幸事。至玉京是否避居他地，遂得脫免，則未能知。

又梅村家藏藁叁「圓圓曲」略云：

專征簫鼓向秦川，金牛道上車千乘。斜閣雲深起畫樓，散關月落開妝鏡。傳來消息滿江鄉。烏柏紅經十度霜。敎曲妓師憐尙在，浣紗女伴憶同行。舊巢共是啣泥燕，飛上枝頭變鳳凰。長向尊前悲老大，有人夫壻擅侯王。當時祗受聲名累，貴戚名豪競延致。一斛明珠萬斛愁，關山漂泊腰支細。錯怨狂風颺落花，無邊春色來天地。換羽移宮萬里愁，珠歌翠舞古梁州。爲君別唱吳宮曲，漢水東南日夜流。

寅恪案，梅村「聽女道士卞玉京彈琴歌」（見梅村家藏藁叁。）中有「歸來女伴洗紅粧。枉將絕技矜平康。如此纔足當侯王。」可與此曲「浣沙女伴憶同行」及「有人夫壻擅侯王」等句參證。又梅村「過錦樹林玉京道人墓詩（見梅村家藏藁拾。）中有「烏柏霜來映夕曛」及「翻笑行人怨落花，從前總被春風誤。」亦可與此曲「烏柏紅經十度霜」及「錯怨狂風颺落花，無邊春色來天地。」等句參證也。童時誦此曲，以爲「浣沙女伴」乃是泛指。由今思之，恐梅村之意，偏重雲裝而言。故「十度霜」之語，與「琴河感舊」詩（見梅村家藏藁陸。）及「聽卞玉京彈琴歌」二題，尤有密切關係。所以有此假設者，蓋畹芬於崇禎十五年壬午春間，由吳被刼至燕，（詳見第伍章引影梅菴憶語述辟疆於崇禎十五年壬午仲春聞得其父宗起量移之耗，由毘陵至吳門，則畹芬於十日前已被刼北去事。）歷十年爲順治八年辛卯。此時月所已由錦州移鎭漢中，又奉率師入蜀之旨。（見淸史稿肆世祖本紀順治五年四月丁亥吳三桂自錦州移鎮漢中條及同書伍順治八年九月壬午命吳三桂征四川條。幷清史列傳捌拾逆臣傳吳三桂傳等。）此曲「專征簫鼓向秦川，金牛道上車千乘。」謂月所由秦入川之事。梅村得聞月所入蜀新命，約在順治八年初冬，即「傳來消息滿江鄉。烏桕紅經十度霜。」矣。至「斜谷雲深起畫樓，散關月落開妝鏡。」幷「珠歌翠舞古梁州」及「漢水東南日夜流」等句，則敍寫漢中地域之辭語也。

抑更有可申論者，三國志蜀志伍諸葛亮傳云：「將軍身率益州之衆，出於秦川。」文選叁拾謝靈運擬魏太子鄴中集詩「王粲」詩序云：「家本秦川貴公子孫。」（寅恪案，仲宣乃山陽高平人太尉王龔之曾孫，司空王暢之孫，世爲豪族，所謂「貴公子孫」也。見後漢書列傳肆陸王龔傳。）武鄉康樂所言之地域範圍，俱不包括四川，此乃漢魏六朝「秦川」二字之界說。梅村借用「秦川」之成語，兼賅陝西四川而言，實非舊日之本義也。

又說郛肆「三夢記」之二（參孟棨本事詩徵異門及唐詩紀事叁柒「元稹」條。）云：

> 元和四年河南元微之爲監察御史，奉使劍外。去踰旬，予與仲兄樂天隴西李杓直同遊曲江，詣慈恩佛舍，偏歷僧院，淹留移時，日已晚，同詣杓直修行里第，命酒對酬甚歡暢。兄停杯久之，曰，微之當達梁矣。（寅恪案，本事詩及唐詩紀事迻此事，非知退原文，「梁」作「褒城」或「褒」。檢新唐書肆拾地理志山南西道云：「興元府漢中郡，赤，本梁州漢川郡。開元十三年以梁涼聲近，更名褒州。二十年復曰梁州。天寶元年更郡名。興元元年爲府。」故「梁」「褒」可互稱。微

之賦詩在元和四年，遂有「古梁州」之句也。）命題一篇於屋壁。其詞曰，春來無計破春愁。醉折花枝當酒籌。忽憶故人天際去，計程今日到梁州。實二十一日也。十許日會梁州使適至，獲微之書一函，後寄紀夢詩一篇，其詞云，夢君兄弟曲江頭。也入慈恩院裏遊。屬吏喚人排馬去，覺來身在古梁州。（寅恪案，元氏長慶集壹柒「梁州夢」詩「兄弟」作「同遶」，「也入」作「也向」，「院裏」作「院院」，「屬吏喚人排馬去」作「亭吏呼人排去馬」，「覺來」作「忽驚」，大抵較佳。蓋微之夢中同遊者，尚有李杓直建，非止白氏兄弟。知退此記中有「徧歷僧院」，微之詩題原注有「慈恩諸院」，與「院院」語合。「亭吏」指漢川驛亭之吏而言，若作「屬吏」則太泛。「去馬」謂由漢川驛向次驛馳去之馬。「忽驚」更能寫出夢中驚醒之情況，若作「覺來」殊爲平淡，恐非元才子所宜出也。）日月與遊寺題詩日月率同。蓋所謂此有所爲，而彼夢之者矣。

復檢元氏長慶集壹柒「使東川」詩二十二首，其第伍首「梁州夢」（自注：「是夜宿漢川驛，夢與杓直樂天同遊曲江，兼入慈恩寺諸院，倏然而寤，而遞乘及階，郵吏已傳呼報曉矣。」）云：

（詩見上引。）

其第拾首「漢江上笛」（自注：「二月十五日夜，於西縣白馬驛南樓聞笛悵然，憶得小年曾與從兄長楚寫漢江聞笛賦，因而有愴耳。」）云：

小年爲寫游梁賦，最說漢江聞笛愁。今夜聽時在何處，月明西縣驛南樓。

據上引白記及元詩，可知樂天詩之「梁州」，微之詩之「古梁州」皆指明淸兩代漢中之地而言，實梅村「圓圓曲」中「珠歌翠舞古梁州」句之出處也。「圓圓曲」世人所習誦，但此詩作成之年月，尚存疑問，而辭句典故，亦間有前賢所未及詳者，故不避瑣贅之譏，特附論之於此。

由是言之，「圓圓曲」之作成，應在順治八年辛卯初冬，卽與「聽卞玉京彈琴歌」爲同一年之作品，亦與順治七年庚寅秋間作「琴河感舊」詩之時間，相距不甚遠。至顧師軾梅村先生年譜繫「圓圓曲」於順治元年甲申，恐不過以陳吳二人，其家國興亡，悲歡離合，前後變易之關鍵在順治元年，未必實有梅村作此詩於順治元年之確據。又同書繫「琴河感舊」詩及「聽卞玉京彈琴歌」於順治七年庚寅。「琴河感舊」詩，固作於庚寅，但梅村詩話謂雲裝於順治八年辛卯春過訪，共載橫塘。「聽卞玉京彈琴歌」云：「此地由來盛歌舞。子弟三班十番鼓。月明絃索更無聲，山塘寂寞遭兵苦。」實指其事。所謂「此地」卽蘇州，可爲此歌作於順治八年辛卯春間之旁證。蓋吳卞兩人舊地重遊，不勝今昔之感。回溯十年之前，卽崇禎十五年壬午，畹芬正於此時被刼北行。梅村因玉京之淪落，念畹芬之遭遇，遂賦詩及之耳。若如是解釋，則「圓圓曲」中「十度霜」及「女伴」等句，皆有著落。然則駿公於一年中甚近之時間，賦此兩詩，以陳卞兩人前後同異情事爲言，而家國身世之悲恨，更深更切。儻讀吳集者，取此兩詩參互並觀，其瞭解當必較一般泛覽，所得尤多。惜知此者鮮矣。

又程穆衡原箋，楊學沆補注吳梅村先生編年詩集，列「圓圓曲」於順治十六年己亥。附按語云：

其時三桂有女嫁王永寧，方居蘇州拙政園。故云別唱吳宮曲也。

鄙意「圓圓曲」若作於順治十六年已亥，則與「傳來消息滿江鄉，烏桕紅經十度霜。」之句，時間不合。據清史列傳捌拾逆臣傳吳三桂傳，順治十六年三桂在雲南，與曲中「秦川」「金牛道」「斜谷」「散關」「古梁州」及「漢水」等語指漢中者，地域不合。程楊之言，乃由後世附會禹貢「華陽黑水惟梁州」，漢書地理志「益州郡滇池有黑水祠」（見通典壹柒伍州郡曲伍「古梁州」條。）及雲南爲元代梁王封地，（見明史壹貳肆梁王把匝瓦爾密傳及靳榮藩吳詩集覽壹伍上「滇池鐃吹」四律之解釋。）並誤解駿公圓圓曲辭意所致。寅恪昔年旅居昆明，偶過某戲院，見懸有「珠歌翠舞古梁州」七字橫額，亦襲用吳詩之成句，而失其本旨者之一例。可見此類誤解，極爲廣徧，眞有糾不勝糾之感矣。

復次，靳介人吳詩集覽肆下釋此歌「十年同伴兩三人，沙董朱顏盡黃土。」句之「沙」爲沙才，固不誤，但未盡。據板橋雜記中麗品門「沙才」條略云：

沙才美而豔，善吹簫度曲。後攜其妹曰嫩者，游吳郡，卜居半塘，一時名噪。才以瘡發，殉其半面。嫩歸吒利，鬱鬱死。

及衆香詞數集花叢「沙宛在」條，選宛在詞江城子「哭姊」一闋，幷附錄曹溶滿庭芳「高澹游招同人集紀勝堂贈嫩兒」詞，（寅恪案，高澹游名簡，號一雲山人，吳縣人。事蹟可參同治修蘇州府志壹佰拾本傳及秦祖永桐陰論畫上「高簡」條。）其下半闋云：

羞隨輕浪滚，蓮花步暖，輭盡無痕。怪當年叱利，假借堪嗔。今日誰能拘管，算恆河，自有仙眞。

情何限，千堆白雪，占穩鳳樓春。

然則梅村賦詩時，沙才已死，但未詳何時，而嫩兒亦有被刼之事。其何時被刼，則未能攷知。或謂秋岳詞中「假借」之語，頗堪玩味，豈嫩兒乃後論牧齋「壬午獻歲書懷」二首之二所引冒辟疆影梅庵憶語壹崇禎十四年秋被刼之贋鼎畹芬歟？（寅恪偶檢小說月報第陸卷第壹壹號況周頤「陳圓圓事蹟」引劉健「庭聞錄」云：「吳妓陳沅顧壽，並名噪一時。田宏遇以重價市壽，而沅名更高，不易得。會其壻以細故得罪，欲求好，無以通媚，百計購沅以獻。宏遇善之如初。」然則辟疆所謂「贋鼎」，或亦有指顧壽之可能耶？俟攷。）據秦逸芬「桐陰論畫」所推瀹游之生年及淸史列傳柒捌貳臣傳曹溶傳論之，則秋岳此詞之作，若在順治三年至十年之間，或說方可成立。又板橋雜記「嫩歸叱利，鬱鬱死。」之語，頗與秋岳詞衝突。鄙意瀹心得諸傳聞，似不如秋岳親見之可信也。今姑記於此，俟後更攷。至「沙董」之「董」，靳氏據板橋雜記中麗品門，釋爲董年。寅恪檢余書此條，引張紫淀文峙「悼小宛」五律略云：

美人在南國，余見兩雙成。寂寂皆黃土，香風付管城。

故疑白死時，年已先死，靳說可通。唯冒辟疆聲言小宛死於順治八年辛卯正月二日（見第伍章論牧齋「病榻消寒雜詠」四十六首之三十七「和老杜生長明妃一首」中，「吳殿金釵葬幾迴」句。）則梅村偕玉京於是年春間游蘇州之際，似已得知小宛被刼稱死之事。小宛姊妹亦曾居吳門，與陳卞二沙爲同時佳麗。吳詩作此聯繫，殊有可能。其所謂「兩三人」者，沙嫩未死，沙才已死。董白死時，董年先死。董白雖稱死，然實未死。陳沅則不著姓字，而意在言外。梅村下筆不苟，於此可見。今讀此歌，別有一可注意之事，卽順治七年末，八年初，清人似有點取強奪秦淮當時及舊日樂籍名姝之舉。此舉或與世祖之喜愛戲劇有關。（可參顧師軾梅村先生年譜順治九年壬辰附徐釚詞苑叢談玖紀事肆「吳祭酒作秣陵春」條及前第叁章論河東君嘉定之游節引嘉定縣志李宜之傳。）樂籍名姝中，其尚未嫁如卞賽及此歌之「碧玉班中怕點留」者。（寅恪案，樂府詩集肆伍李暇「碧玉歌」云：「碧玉上宮妓。」故吳詩此句目未脫秦淮樂籍者。）已適人如董白及此歌所謂「樂營門外盧家泣」者。（寅恪檢玉臺新詠玖「歌詞」二首之二云：「十五嫁爲盧家婦。」故吳氏此句目已脫秦淮樂籍適人者。）前述汪然明於順治九年壬辰始識張宛仙於嘉興，而宛仙已匿影不出，不輕見人。恐亦與玉京入道避禍之事，同一原因。更細繹「聽女道士卞玉京彈琴歌」結語云：

坐客聞言起歎嗟。江山蕭瑟隱悲笳。莫將蔡女邊頭曲，落盡吳王苑裏花。

則用蔡文姬胡笳十八拍之典，以匈奴比建州。梅村遺辭必非泛指，特拈出此重公案，願與世之讀吳詩者，共參究之也。

或謂惠香有爲卞玉京之可能。檢梅村家藏藁拾「過錦樹林玉京道人墓」詩傳云：

玉京道人莫詳所自出。或曰秦淮人，姓卞氏。知書工小楷，能畫蘭，能琴。年十八，僑虎丘之山塘。所居湘簾棐几，嚴淨無纖塵。雙眸泓然，日與佳墨良紙相映徹。見客，初亦不甚酬對。少焉，諧謔間作，一坐傾靡。與之久者，時見有怨恨色。問之，輒亂以它語。其警慧，雖文士莫及也。與鹿樵生一見，遂欲以身許。酒酣，拊几而顧曰，亦有意乎？生固爲若弗解者。長嘆凝睇，後亦竟弗復言。尋遇亂別去，歸秦淮者五六年矣。久之，有聞其復東下者，主於海虞一故人。生偶過焉，尙書某公者，張具請爲生必致之。衆客皆停杯不御。已報曰，至矣。有頃，迴車入內宅，屢呼之，終不肯出。生悒怏自失，殆不能爲情。歸賦四詩以告絕。已而嘆曰，吾自負之，可奈何！踰數月，玉京忽至。有婢曰柔柔者，隨之。嘗著黃衣，作道人裝。呼柔柔取所攜琴來，爲生鼓一再行，泫然曰，吾在秦淮，見中山故第，有女絕世，名在南內選擇中。未入宮，而亂作，軍府以一鞭驅之去。吾儕淪落分也，又復誰怨乎？坐客皆爲出涕。柔柔莊且慧。道人畫蘭，好作風枝婀娜，一落筆盡十餘紙。柔柔侍承硯席間，如弟子然，終日未嘗少休。客或導之以言，弗應。與之酒，弗肯飲。踰兩年，渡浙江，歸於東中一諸侯。不得意。進柔柔奉之，乞身下髮。依良醫保御氏於吳中。（參梅村家藏藁伍拾「保御鄭〔欽諭〕三山墓表」及牧齋外集拾「內殿保御三山鄭君七十壽序」。）保御者，年七十餘，侯之宗人。築別宮，資給之良厚。侯死，柔柔生一子，而嫁。所嫁家遇禍，莫知所終。道人持課誦戒律甚嚴。生於保御中表也，得以方外禮見。道人用三年力，刺舌血爲保御書法華經。既成，自爲文序之。緇素咸捧手讚歎。凡十餘年，而卒。墓在惠山祗陀菴錦樹林之原，後有過者，爲詩弔之。

同書伍捌詩話云：

女道士卞玉京字雲裝，白門人也。善畫蘭，能書，好作小詩，嘗題扇送余兄志衍入蜀一絕云：「剪燭巴山別思遙。送君蘭楫渡江皐。願將一幅瀟湘種，寄與春風問薛濤。」後往南中七年，不得消息。忽過尙湖，寓一友家不出。余在牧齋宗伯座，談及故人。牧齋云，力能致之。卽呼輿往迎。續報至矣。已而登樓，託以妝點始見。久之，云疟疾驟發，請以異日訪余山莊。余詩云：「緣知薄倖逢應恨，恰便多情喚却羞。」（見梅村家藏藁陸「琴河感舊四首」并序。）此當日情景實語也。又過三月，爲辛卯初春，乃得扁舟見訪，共載橫塘，始將前四詩書以贈之，而牧齋讀余詩有感，亦成四律。（見有學集肆絳雲餘燼詩上「讀梅村宮詹豔詩有感書後四首。」）其序曰：「余觀楊孟載論李義山無題詩，以謂音調淸婉，雖極其濃麗，皆託於臣不忘君之意，因以深悟風人之指。若韓致光遭唐末造，流離閩越，縱浪香奩。蓋亦起興比物，申寫託寄，非猶夫小夫浪子，沈湎流連之云也。頃讀梅村豔體詩，聲律研秀，風懷惻愴，於歌禾賦麥之時，爲題柳看桃之作。彷徨吟賞，竊有義山致光之遺感焉。雨牕無俚，援筆屬和。秋蛩寒蟬，吟噪喁听，豈堪與間關上下之音，希風說響乎？河上之歌，聽者將同病相憐，抑或以同牀各夢，而輾爾一笑也。」詩絕佳，以其談故朝事，與玉京不甚切，故不錄。末簡又云：「小序引楊眉庵論義山臣不忘君語，使騷人詞客見之，不免有兔園學究之誚，然他日黃閣易名，都堂集議，有彈駁文正二字，出余此言爲證明，可以杜後生三尺之喙，亦省得梅老自下註脚。」其言如此。玉京明慧絕倫，書法逼眞黃庭，琴亦妙得指法。余有「聽女道士彈琴歌」（見梅村家藏藁叁幷參曹溶靜惕堂詩集肆貳「題女冠卞玉京募册」題下注云：「卞與婁東學士有舊。」之語。）及西江月醉春風塡詞。（見梅村家藏藁貳壹西江月四首之四「春思」及醉春風二首「春思」。）皆爲玉京作，未盡如牧齋所引楊孟載語也。此老殆借余解嘲。

據此當崇禎之季，雲裝年十八居虎丘時，與惠香往來錢柳間之情事頗合。後梅村於順治七年庚寅秋間，至常熟，牧齋欲負風流教主之職責，爲卞吳兩人重續舊好，如其前此爲董冒盡力者。玉京既至牧齋家，獨先見河東君，而終不與梅村覿面，足見其必入內宅熟商，並取決於河東君，然後出此。即此一端，則卞柳之爲密友，又可推知。其是惠香，更可爲旁證也。寅恪以爲或說似頗有理，但尙少確據，未敢斷定。茲以其有關當日名姝國士情誼之一種公式，幷與後論河東君入道事相涉，因附錄之，以供參攷。

又檢吾炙集「楚江杜紹凱蒼略」條，選些山詩「奉和牧齋先生贈舊校書」二首。今杜濬變雅堂文集附蒼略詩，未載此題，故錄之於下。

詩云：

朱樓十里起雙扉。物換星移似鶴歸。怪底新人都婉孌，老來能著水田衣。

北里閒提舊話長。句闌處處説焚香。於今瓦礫風榛地，祗斷横刀蕩子腸。

蒼略所和者，爲有學集詩註長干塔光集「秦淮水亭逢舊校書賦贈十二首」之第叁第肆兩首。（涵芬樓本題下有「女道士淨華」等字。）茲發見一問題，卽此舊校書女道士淨華，果爲何人是也。請全錄牧齋原詩，然後略論之。

牧齋詩云：

不裹宮粧不女冠。相逢只作道人看。水亭十月秦淮上，作意西風打面寒。

粧閣書樓失絳雲。香燈繡佛對斜曛。臨風一語憑相寄，紅豆花前每憶君。

旗亭宮柳鎖朱扉。官燭膏殘別我歸。今日逢君重記取，横波光在舊羅衣。

目笑參差眉語長。無風蘭澤自然香。分明十四年來夢，是夢如何不斷腸。

棋罷歌闌抱影眠。冰牀雪被黯相憐。（涵芬樓本「黯相憐」作「舊因緣」。）如今老去翻惆悵，重對殘釭憶昔年。（涵芬樓本「憶昔年」作「説往年」。）

瘦沈風狂不奈何。（涵芬樓本「不」作「可」。）情癡只較一身多。荒墳那有相思樹，半死枯松絆女蘿。

鎖袴弓鞋總罷休。燭灰蠶死恨悠悠。思量擁髻悲啼夜，若箇情人不轉頭。

金字經殘香母微。啄鈴紅觜語依稀。新裁道服蓮花樣，也似雕籠舊雪衣。

貝葉光明佛火青。貫花心口不曾停。儂家生小能持誦，鸚鵡親過般若經。（涵芬樓本「過」作「歌」。）

高上青天低下泉。鄰家女伴似秋千。金剛卷半千聲佛，（涵芬樓本「卷半」作「半卷」。）消得西堂一穗煙。

水沈煙寂妙香清。玉骨冰心水觀成。彈指五千經藏轉，青蓮花向舌根生。

投老心期結淨瓶。自消箋註講金經。諸天圍繞君應看，共向針鋒列座聽。

然則此舊校書女道士淨華，殊有爲卞玉京之可能。上引吳梅村「過錦樹林玉京道人墓」詩傳。若取與牧齋此題相參校，則第貳首言淨華曾至絳雲樓，并與河東君交好。第陸首與梅村所謂「渡浙江歸於東中一諸侯，不得意，进（其婢）柔柔奉之，乞身下髮，依良醫（鄭）保御氏於吳中。保御者，年七十餘，侯之宗人。築別宮，資給之良厚。侯死，柔柔生一子，而嫁。所嫁家遇禍，莫知所終。」有關。此首前二句謂世人爲淨華風狂，如梅村及己身者甚多。「荒墳」指東中諸侯。「半死枯松」指保御。「女蘿」指淨華也。假定所推測者不誤，則此淨華乃牧齋心中之惠香也。惠香公案殊難參決，今復附記於此，以資談助云爾。

至牧齋借吳詩解嘲，梅村已自言之，讀者亦可從錢吳兩人詩之異同得知，無煩贅論。他若受之論韓致光香奩詩之語，與事實不合，寅恪已於拙著唐代政治史述論稿中篇言及之矣。

又鄒翰飛弢三借廬隨筆壹貳「河東君」條（此條前已略引。）云：

往見書賈持河東君詩稿一冊，乃惠山韻香尼手錄本。字旣秀美，（寅恪案，韻香書畫可參有正書局影印中國名畫第壹伍集名閨寶繪內，徐湘瀟燦畫渡海觀音，韻香所題心經及同集韻香畫蘭竹石等。）詩亦淡雅。上名士題詠甚多。若（錢）竹汀（大昕，王）蘭泉（昶），見亭（麟慶）等，均爲製句。倉猝中不及購，爲有力者取去。僅記其「夜起」二句云：「初月不明庭戶暗，流雲重疊吐殘星。」

見亭麟慶凝香室鴻雪因緣圖記第壹集「午門釋褐」篇略云：

嘉慶己巳麟慶年十九歲，四月初八日會試揭曉，中式第二十七名貢士。翌辰詣午門謝恩。同榜二百四十一人，惟余最少。越日覆試二等，殿試三甲九十三名，賜同進士出身。五月初八日引見，奉旨以內閣中書用，釋褐登朝，自此始矣。

同集「瓜洲泊月」篇略云：

余受職後，卽赴內閣，分典籍廳行走。尋奉嚴慈手諭，已聘定瓜爾佳夫人。時外舅餘甫公（自注：「名慶康。滿洲侍衞，時官遊擊，後晉副將。」）宦遊寧波，不克送女，命卽乞假往娶，當於八月初十日具呈，董蔗林太傅（自注：「諱誥。浙江傳臚，卒謚文恭。」）笑而判以十五。曰，薇垣歸娶，風雅事也。標以佳節，正賀子人月雙圓耳。余揖謝，遂於十六日出都，隨潔士舅氏（寅恪案，「潔士」即惲秉怡。）於九月十一日行次瓜步，渡揚子江，適遇風暴，船顛簸巨浪中，幾覆者屢矣。不得已駛至郭璞墓泊焉。〔復〕駛至鮎魚套口，日落風定，秋月揚輝，兩岸帆檣，燈火歷歷如繪，而倒影涵虛，重規映朗，恍置身玉壺世界。隨趁月行至常州，送舅氏歸第。小住三日，偕子尚外兄（寅恪案，「子尚」即惲受章。）費東帆同年（自注：「名湘。武進舉人。」）錢園看菊。登舟後，適遇王竹嶼先生（自注：「名鳳生。江蘇諸生，時官通判，後晉鹽運使。」）聯舫南下，艤慧山，招同訪女道士韻香（自注：「姓王，名嶽蓮。」）於雙修庵。韻香姿僅中人，而腹有詩書，別具出塵之致，惟名心未退，詢知余十九登進士，意甚欣然。面寫墨蘭以贈，尋留饌。自言近在卞玉京（自注：「明末女冠。」）墓側種梅百本。涅槃後，將葬其旁。月上回舟，秋氣清澄，雖不如瓜洲之空曠，而月明林下，別饒風趣。

寅恪案，韻香本末亦見周氏書玖「空山聽雨圖」條。此條所言，中有甚大之舛誤，姑不置辨，藉省支蔓。韻香爲嘉慶時人，距明末清初，時代已遠，但以其與河東君詩句及惠山入道名姝卞玉京即惠香有關，因附錄翰飛見亭所記於論述玉京事之後，以供補輯河東君集者之采擇。

第二期

牧齋未見河東君之前，經過朱子暇汪然明姚叔祥及惠香諸人先後之介紹，機緣成熟，於是崇禎十三年庚辰十有一月杜蘭香萼綠華之河東君，遂翩然來降於張碩羊權之牧齋家矣。今讀東山詶和集，其驚才絕豔，匪獨前此類似之作品，如干令升曹輔佐陶通明及施肩吾諸人所結集者，不能企及，卽茫茫禹跡，後有千秋，亦未必能重覩者也。茲取東山詶和集與牧齋初學集及錢遵王此集詩箋註，並列朝詩集所選程孟陽沈景倩詩等參校。以遵王不注河東君之作，故本文主旨在專釋證河東君之詩。至牧齋之作，則非與解釋河東君之作品及其情事有特別關係者，多從刪略。其餘牧齋之詩通常典故，以遵王之註徵引頗備，故亦不贅述焉。

東山詶和集首載沈璜序及孫永祚東山詶和賦。沈璜本末見列朝詩集丁壹叁下小傳。同治修蘇州府志捌柒沈璜傳，卽取材於列朝詩集，無所增補。孫永祚本末見同治修蘇州府志壹佰及光緒修常昭合志稿叁拾本傳。沈序末題「崇禎十五年二月望日」。孫賦末題「歲在壬午孟陬之月」。似此集諸詩，有刻成於崇禎十五年二月之可能。但檢牧齋初學集貳拾東山詩集叁（原注：「起辛巳六月盡十五年壬午。」）載「仲春十日自和合歡詩四首」。此四首詩東山詶和集幷未收入。據沈氏序云：「壬午元夕，通訊虞山，詶和之詩，已成集矣。」可知此集諸詩在崇禎十五年元夕以前，實已編定。牧齋自和之合歡詩，既在崇禎十五年元夕以後，自無從收入此集。孫賦題作壬午孟陬之月，則其作成之時間，當與訓和諸詩編定之月日，相距不甚久。因孫氏爲常熟人，與牧齋同居一地，往來近便故也。

牧齋尺牘貳與孫子長第貳通云：

茸城詩和章盈帙，不必更煩仁兄。求作一小賦，冠於集端。以賦爲序，少變緣情之法，亦詞林一美談也。改詩乞即付下，但略更字面可耳。

寅恪案，牧齋此札不載年月，當是崇禎十五年正月所作。於此可見孫氏作賦時，訓和諸詩皆已編定矣。至「改詩」云云，不知所指之詩是否與訓和詩有關，詞語簡略，未敢斷定也。

又列朝詩集丁壹陸所選沈德符詩中有「錢受之學士新納河東君作志喜詩四律索和本韻」即和牧齋合歡詩者，亦未收入。當是沈詩寄與牧齋，時日過晚，已不及收入矣。所可注意者，「催妝詞」及「合歡詩」，不載河東君及程孟陽之和作。此俱不可以時日較晚，居處較遠之故，未能編入爲解說。豈河東君以關涉己身，殊難著筆。既不能與牧齋及諸詞人競勝，遂避而不作耶？若孟陽者，其平生關於牧齋重要之詩，幾無不有和章，獨於此二題闕而不賦，其故當由維生素丙之作用。關於此點，前於論河東君嘉定之游節中已言及之矣。

今觀沈序孫賦，古典今事，參錯並用，頗爲切當。讀者取此集中錢柳諸詩，以證其本事，則知兩文之經牧齋賞定，殊非偶然也。沈孫之文，今雖不暇詳釋。但沈序中「隃麋史筆，長傍娥眉。桴鼓軍容，尙賚纖手。」及孫賦中「掌記紓憂於行役，援桴賈壯於從軍。」諸句，則請略言之。「隃麋史筆，長伴娥眉。」可以不論。「掌記紓憂於行役」，則用唐詩紀事伍捌「韋蟾」條，亦可不多述。「桴鼓軍容，尙賚纖手」及「援桴賈壯於從軍」，則俱用梁紅玉事。推原沈孫二人所以同此取譬者，蓋兩氏下筆之時，皆在崇禎十五年正月以後，當已見及牧齋崇禎十四年「秋夕燕譽堂話舊事有感」七律，其結句云：「洞房淸夜秋燈裏，共簡莊周說劍篇。」及同年十一月牧齋與河東君偕遊鎭江，所作之「冬至後，京江舟中感懷。」詩（俱見初學集貳拾東山集。）此題共八首，其第柒首云：

> 柁樓尊酒指吳關。畫角聲飄江北還。月下旌旗看鐵甕，風前桴鼓憶金山。餘香墜粉英雄氣，剩水殘雲俛仰間。他日靈巖訪碑版，麒麟高冢共蹕扳。

寅恪案，宋韓世忠墓在蘇州靈巖山，（見錢遵王初學集詩箋註此詩條，同治修蘇州府志肆玖冢墓壹吳縣條及金石萃編壹伍拾韓蘄王碑文並跋語。）詩之結語指此。牧齋旣以梁紅玉比河東君，則璧甫子長用通知兵事，親執桴鼓之楊國夫人典故，（見初學集肆肆韓蘄王墓碑記。下文當更詳論。）亦非無所依據也。沈序孫賦俱是佳文，而孫賦尤妙。寅恪深賞其「芳心自許，密訊方成。猶有留連徙倚，偃蹇猶夷。乍離乍合，若信若疑。」等句，最能得當日河東君之情況。子長殆從洛神賦摹寫美人形態「神光離合，乍陰乍陽。」之語，而改爲摹寫美人心理「乍離乍合，若信若疑。」之辭。白香山「花非花」曲（見白氏文集壹貳。）云：

花非花，霧非霧。夜半來，天明去。來如春夢幾多時，去似朝雲無覓處。

非程孟陽賦「朝雲」詩八首，以摹寫河東君，除因當時河東君以「朝」爲名外，實亦取義於香山此詩。僅用巫山神女及東坡侍妾之名。松圓與河東君甚有關涉，固不待言。雪屋執贄牧齋之門，又家居常熟，自必有所耳聞目見，故能描繪入微，曲盡其妙。眞能傳神寫照，不致見笑於周昉，如前引牧齋「黄媛介詩序」中之所言者也。

綜合東山訓和集所收之詩，共計七十七題，九十七首，皆是經牧齋所欣賞而裁定者。牧齋平日最喜評詩論文，列朝詩集及吾炙集卽其例證。然此兩集俱選於憂患窮愁之中，非若東山訓和集爲半野翁快心得意之際，所編定者可比。蓋自天啓元年牧齋任浙江主考，衡文取士，鏤刻「浙江鄉試程錄」以來，（見初學集玖拾。）逾二十餘年，無此賞心悅目之事久矣。且此集有杜少陵「幾箇黄鸝鳴翠柳」之樂，而無錢千秋「一朝平步上青天」之懼。（見閣訟記略。）文采風流，傳播朝野。牧齋於此，豈不足以自豪哉！

茲於箋證東山訓和集中錢柳諸詩及略評其他和作之前，先取世傳河東君詩文有倩人代作之事及黄陶菴不肯和柳錢之詩兩問題，稍論述之於下。

關於第壹事，據王澐輞川詩鈔肆「虞山柳枝詞」第叁首云：

鄂君繡被狎同舟。並蔕芙蓉露未收。莫怪新詩刻燭敏，捉刀人已在牀頭。（原注：「吾郡有輕薄子錢岱勳，從姬爲狎客，若僕隸，名之曰偕。姬與客賦詩，思或不繼，輙從舟尾倩作，客不知也。歸虞山後，偕亦從焉。吾友宋轅文有破錢詞。」）

范鍇華笑廎雜筆壹顧苓河東君傳後附古梅華源木乂庵白牛道者題云：

柳氏幼隸樂籍，僑居我郡。與錢生青雨稱狎邪莫逆交。柳故有小才，其詩若書，皆錢所教也。已而歸虞山，錢生爲之介。

寅恪案，王氏所言之錢岱勳，當與白牛道者所言之錢青雨，同是一人。不過勝時稱其名，而道者舉其號耳。宋轅文之破錢詞，今未得見。故此人本末，無從攷知。寅恪前論河東君與李存我及陳臥子之交好，已言及河東君之書法詩詞皆受其影響。蓋河東君當日之與諸文士往還，不僅狹暱之私，亦得觀摩之效。杜少陵「戲爲六絶句」之六所謂「轉益多師」者，（見玉勾草堂本杜工部集壹貳。）殆即此義歟？錢氏子或曾爲河東君服役，亦未可知。但竟謂河東君之詩文，乃其所代作，似臥子牧齋亦皆不察其事，則殊不近情理。推求此類誣謗之所由，蓋當日社會，女子才學遠遜男子，忽睹河東君之拔萃出羣，遂疑其作品皆倩人代替也。何況河東君又有仇人怨家，如宋王之流，造作蜚語，以隱密難辨之事，爲中傷之計者乎？至若其詞旨之輕薄，伎倆之陰毒，深可鄙惡，更不必多論矣。

關於第貳事，據鈕琇觚賸壹吳觚上「陶庵剛正」條（參牧齋遺事「牧齋欲延師教令嗣孫愛」條及顧純恩寓噯雜詠詩注。）云：

黃陶菴先生少有盛名。館於同里侯氏，（寅恪案，「侯氏」指峒曾岐曾兄弟。）以道義相切劘。虞山錢宗伯有一子，名孫愛，甫成童。欲延師教之，而難其人。商之程孟陽，孟陽曰，我有故人子，嘉定黃蘊生，奇士也。與同里侯氏交三世矣。未可輕致。公雅與侯善，以情告侯，公可得也。宗伯乃具厚幣，遣門下客李生至嘉定延之。李先見侯，道宗伯旨。侯力爲勸駕。黃意不悅，强而後可。遂與李至宗伯家。宗伯待以殊禮。居浹月，孟陽出海棠小箋示黃。黃詢唱者爲誰？孟陽曰，宗伯如君柳夫人作也。子於帖括之暇，試點筆焉。陶菴變色曰，忝居師席，可與小君酬和乎？孟陽曰，此何傷？我亦偕諸君子和之矣。陶菴曰，先生耆年碩德，與主人爲老友，固可無嫌。諸君亦非下帷於此者。若淳耀，則斷乎不可。孟陽慚退。先是，曾館某撫軍幕府，（寅恪案，「某撫軍」當指張國維。）有邑令聞先生在署，槖數百金賂先生父，令致書，俾爲之左右。先生復父書曰，父生男之身，尤望生男之心。若行一不義，取一非有，男心先死矣。尚何以養父乎？其自命剛正如此。忠孝大節，豈臨時激於意氣者，所能爲乎？

嚴元照蕙櫋雜記云：

黃陶菴先生館於常熟錢氏。主人納柳如是爲適妻。時作催粧詩者甚衆，或勸先生作。先生曰，吾不能阻其事，於朋友之義虧矣。尚可從而附和乎？一日程孟陽攜柳夫人詩箋乞先生和，先生不可。孟陽强之再三，且曰，老夫已偕諸君和之矣，庸何傷？先生正色曰，先生耆年碩德，與主人爲老友，非淳耀之比。若淳耀，則斷斷不可。孟陽慚沮而罷。

朱鶴齡愚菴小集壹肆「題黄陶菴詩卷」云：

陶菴先生行誼節槩，卓絶千秋，四子經義，既爲有明三百年一人，其所作樂府，復旨遠辭高，義精響厲，眞儒者之詩也。當甲申北變，聞金陵嗣統，謁選者麕集都下，先生獨不往。吾友包子問之，先生曰，某公素善余，今方與當國者比。余入都，必當與往來，往來必爲彼牢籠矣。君子始進必以正，豈可爲區區一官捐名義以殉之耶？卒不往。

光緒修嘉定縣志叁貳軼事門「黄忠節〔淳耀〕未第時，館常熟錢謙益家。程孟陽出海棠小箋示之。」條云：

〔忠節〕偶作鄙夫章題文，時推絶唱，謙益獨不懌。及甲申夏，福王立，謙益晉秩尚書，忠節遺以婁堅手書歸去來辭，謙益默然。

寅恪案，陶菴雖館於牧齋家，以所擅長之八股文，課其子孫愛。然福王朝，不往南京與牧齋共馬阮合流，則人品剛正高潔，可以想見。其不阿附孟陽和錢柳詩之舉，乃自然之理，恐亦非牧齋前此所能料及。關於陶菴不肯和錢柳詩之問題，鈕嚴兩書所述，皆非無因。但俱有譌誤。兹先攷陶菴館於錢氏之時間及孟陽於錢柳遇見以後，留居牧齋家之年月。然後玉樵修能二人所言之得失，可以決定也。

今陶菴集附有陳樹悳宋道南所撰陶菴先生年譜，載陶庵自崇禎十二年至十四年館於牧齋家。其所記可信。據陶庵集壹陸「和陶詩」序云：「辛巳杪冬客海虞榮木樓。」及同書貳壹「弘光改元感事書懷寄錢宗伯五十韵」云：

昔歲登龍忝，郎君麗澤專。南垞鐙火屋，北浒宴遊船。奉手評豪素，開廚出簡編。文瀾增拂水，詩壘壓松圓。酒發公明氣，談鈎向秀玄。賞音存寂寞，延譽許騰騫。精舍留三載，陰符練幾篇。厭貧將嫁衞，躡蹻遂摩燕。

則自崇禎十四年辛巳杪冬，逆數至十二年己卯歲首，共歷三年，即所謂「精舍留三載」者是也。「南垞鐙火屋」者，陶菴授孫愛書時，居於常熟城內牧齋家之榮木樓，即相傳後來河東君自縊之處。陶菴集貳拾載「夏日錢牧齋先生攜同泛舟尚湖」詩。牧齋初學集壹柒移居詩集亦載「〔庚辰〕五月望夜汎西湖，歸山莊作。」詩。不知是否與「北浒宴遊船」之句有關，更俟詳攷。「厭貧將嫁衞，躡蹻遂摩燕。」者，陶庵於崇禎十四年辛巳歲杪，辭牧齋家館歸後，遂中十五年壬午應天鄉試，次年癸未即成進士也。初學集叁貳「黃蘊生經義序」云：

兒子孫愛白家塾省余山中。奉其文三十篇以請曰，幸一評定之。余曰，吾何以定而師之文乎哉？而師之學，韓子之學也。其文韓子之文也。

牧齋作此序文時，居於拂水山莊。「山中」即謂拂水山莊。「文瀾增拂水」之句，殆兼指此序而言。牧齋文中稱譽陶菴，比於退之。故此序辭旨，全取用昌黎文集也。陶菴人品學問，當時推服。牧齋聘之爲其子授書，自是得人。但牧齋友朋門生之中，人材甚盛。其所以特有取於陶庵者，蓋以藴生最善長於八股之文，延爲塾師，使教孫愛，於掇科干祿，自有關係。世人謂八股經義之文，實溯源於王介甫，而荆公之文，乃學昌黎者，近代文選學派，鄙斥唐宋八大家及桐城派之古文，譏詆昌黎爲八股之始祖，所言雖過當，亦頗有理。牧齋此序殊有八股氣味，或作序之時，披閲陶菴經義，不覺爲所漸染使然耶？

四庫全書總目壹玖拾「欽定四書文」條略云：

乾隆元年内閣學士方苞奉敕編明文，凡四集，每篇皆抉其精要，評隲於後。卷首恭載諭旨，次爲苞奏摺。又次爲凡例八則，亦苞所述，以發明持擇之旨。蓋經義始於宋，宋文鑑中所載張才叔自靖人自獻於先王一篇，即當時程試之作也。元延祐中兼以經義經疑試士。明洪武初定科舉法，亦兼用經疑，後乃專用經義，其大旨以闡發理道爲宗。厥後其法日密，其體日變，其弊亦遂日生。我國家景運聿新，乃反而歸於正軌。列聖相承，又皆諄諄以士習文風，勤頒誥誡。我皇上復申明清眞雅正之訓，是編所錄，一一仰禀聖裁，大抵皆詞達理醇，可以傳世行遠。承學之士，於前明諸集，可以考風格之得失。於國朝之文，可以定趨嚮之指歸。聖人之教思無窮，於是乎在，非徒示以弋取科名之具也。故時文選本汗牛充棟，今悉斥不錄，惟恭錄是編，以爲士林之標準。

欽定四書文卷首載乾隆元年六月十六日諭略云：

有明制義諸體皆備，如王〔鏊〕唐〔順之〕歸〔有光〕胡〔友信〕金〔聲〕陳〔際泰〕章〔世純〕黃〔淳耀〕諸大家，卓然可傳。今朕欲裒集有明及本朝諸大家制義，精選數百篇，彙爲一集，頒布天下。學士方苞於四書文義法，夙嘗究心，著司選文之事，務將入選之文，發揮題義淸切之處，逐一批抉，俾學者了然心目間，用爲模楷。

同書凡例云：

唐臣韓愈有言，文無難易，惟其是耳。李翺又云，創意造言，各不相師，而其歸則一，卽愈所謂是也。文之淸眞者，惟其理之是而已，卽翺所謂造言也。

紅樓夢第捌貳回云：

黛玉微微的一笑，因叫紫鵑：「把我的龍井茶給二爺沏一碗。二爺如今念書了，比不得頭裏。」紫鵑笑着答應，去拿茶葉，叫小丫頭子沏茶。寶玉接着說道：「還提什麼念書？我最厭這些道學話。最可笑的是八股文章。拿他誆功名，混飯吃也罷了，還要說代聖賢立言。好些的，不過拿些經書湊搭湊搭也罷了。更有一種可笑的，肚子裏原沒有什麼，東拉西扯，弄的牛鬼蛇神，還自以爲博奥。這那裡是闡發聖賢的道理。目下老爺口口聲聲叫我學這個，我又不敢違拗，你這會子還提念書呢！」黛玉道：「我們女孩兒家雖然不要這個，但小時跟着你們雨村先生念書，也曾看過。內中也有近情近理的，也有清微淡遠的。那時候雖不大懂，也覺得好，不可一概抹倒。況且你要取功名，這個也淸貴些。」寶玉聽到這裏，覺得不甚入耳，因想黛玉從來不是這樣人，怎麼也這樣勢慾薰心起來？又不敢在他跟前駁回，只在鼻子眼裏笑了一聲。

寅恪案，清高宗列陶菴之四書文爲明代八大家之一，望溪又舉退之習之爲言，尤與牧齋之語相符合。今檢方氏所選陶菴之文多至二十篇，足證上引朱長孺「陶菴先生四子經義，爲有明三百年一人。」之語，實非過情之譽。至林黛玉謂「內中也有近情近理的，也有清微淡遠的。」即四庫總目所謂「清眞雅正」及「詞達理醇」者，如陶菴等之經義，皆此類也。噫！道學先生竟能得林妹妹爲知己，可視樂善堂主人（清高宗御製樂善堂文集，初刻原有制義一卷，後來定本刪去。見四庫全書總目壹柒叁別集類「御製樂善堂定本」條。）及錢朱方三老之推挹爲不足道矣。一笑！又顧純恩寓㗊雜詠「父命千金猶不顧，未須惆悵柳蘼蕪。」詩註所言「〔河東君〕爲落花詩，諸名士悉和。程孟陽諷〔陶菴〕先生爲之。」之事，則今存河東君詩中，固無「落花」詩。初學集耦耕堂存稿詩等，自崇禎十二年春至十四年冬，卽陶菴館於牧齋家之時期，其所作諸詩，亦不見類似和落花詩之題目。懷祖之言，未識何據。檢顧云美河東君傳云：「宗伯賦前七夕詩，要諸詞人和之。」懷祖所記，或因是致誤。若謂孟陽諷陶菴所和者，卽指前七夕詩言。則孟陽己身尚不肯和牧齋此題，豈有轉諷他人和之之理？故修能所記，似較近於事實也。

由此言之，鈕嚴兩氏所記陶菴不肯和詩之事，揆之情理，當必可信。但玉樵謂蘊生偕牧齋門下客李生(寅恪案，此「李生」疑是李僧筏杭生或李緇仲宜之兄弟。據有學集貳叁「張子石六十壽序」云：「余取友于嘉定，先後輩流，約略有三。初爲舉子，與徐女廉鄭閑孟掉鞅于詞科，而長蘅同舉鄉榜，鏃礪文行，以古人相期許，此一輩也。因長蘅得交婁丈子柔，唐丈叔達，程兄孟陽。師資學問，儼然典型，而孟陽遂與余耦畊結隱，衰晚因依，此又一輩也。侯氏二瞻，黃子蘊生，張子子石暨長蘅家僧筏緇仲，皆以通家末契，事余於師友之間。」蓋李氏兄弟與侯黃二氏皆嘉定人，又皆通家世好。牧齋使李氏兄弟之一，聘蘊生教其子，極爲可能也。或又謂此「門下客李生」乃毛子晉之舅氏李孟芳。檢初學集壹伍丙舍詩集上載崇禎十二年己卯元旦後立春前所作「次韻答東鄰李孟芳」詩云：「度阡越陌最情親。乞米分甘念我貧。」又牧齋尺牘載與李孟芳書共十三通。可見錢李二人關係之密切。其第壹通即託以料理先塋之事者，則知牧齋固嘗以家事託李也。耦耕堂存稿詩下載「和李孟芳山中話舊」一題，列在「(戊寅)除夕拂水山莊和錢牧齋韻二首」及「(己卯)元旦和牧齋韻」之前。此詩有「十載相憐病與貧」及「殘臘簷梅初放蕚」之句。故據時地及人三者之關係言之，玉樵所謂「李生」，恐舍孟芳莫屬矣。但鄙意後一說較迂遠，仍以從前說爲是。)至錢氏家，居浹月，孟陽出受之如君柳夫人海棠小箋屬陶菴和之，則殊不知陶菴實以崇禎十二年春間至常熟就牧齋家塾之聘，而河東君於崇禎十三年冬始過半野堂。「居浹月」之誤，自不待言。又崇禎十四年六月牧齋與河東君結褵於松江舟中，在此時以前，松圓便以「如君」稱河東君，亦未免過早矣。至於修能所記陶菴不肯和牧齋催粧詩一事，自是實錄。蓋牧齋作催粧詩，在崇禎十四年辛巳夏間。此年秒冬陶菴始辭去牧齋家館。儻陶菴肯和催粧詩者，牧齋必收入於東山訓和集中矣。惟嚴氏述蘊生不肯和河東君詩事，若在崇禎十三年庚辰冬季松圓在牧齋家之短時間內，則殊可能。不過修能記此事於陶菴不肯和牧齋催粧詩之後，敍述次序，稍涉牽混，未免時限不明耳。至顧懷祖謂孟陽諷陶菴和河東君落花詩一事，則更失實，前已辨之矣。除東山訓和集中無陶菴和詩，可以證明鈕嚴之說外。茲尙有一強有力之證據，即初學集壹捌東山詩集壹載「冬至日感述示孫愛」五古一首是也。此詩旣與河東君無關，自不收入東山訓和集。但一檢其排列次序，則知有待發之覆。牧齋編列其詩什，本依作成時間之先後。此可據集中所載之詩，不分體，而依時之例推知者。今此五古在初學集中列於「寒夕文讌再疊前韻，是日我聞室落成。」七律之後，（寅恪案，東山訓和集此題下多「延河東君居之」並附注「涂月二日」等字。）「迎春日偕河東君泛舟東郊作」七律之前。（寅恪案，鄭氏近世中西史日表崇禎十三年庚辰正月十三日立春，十二月廿四日又立春。十四年辛巳無立春。當日曆官定曆，絕無一年重複兩立春及一年無立春之理。鄭氏此類之誤，可參前論河東君嘉定之游節。牧齋詩中所指之迎春日，乃指崇禎十三年十二月之節氣也。）揆之牧齋編次其詩之慣例，殊爲不合。蓋冬至爲十一月之節氣，反列於涂月二日之後故也。究其所以致此顛倒失常之由，豈因此五古一首，實非十一月冬至所作，而爲較遲之時間，或在十二月所補成，追加入集，遂未詳察其編列次序先後之不合耶？此五古中牧齋引述禮經史事，以自解其不親祭祀，而遺孫愛代之之理由。並列舉其平生師友如楊漣孫承宗王洽馮元颺元飆兄弟之流，以忠義孝友功名氣節著稱一時者，勗勉其子。義正辭嚴，卽謂之爲錢氏家訓，亦無不可。然若攷牧齋崇禎庚辰冬間，河東君來訪半野堂以後之心理情況，則知此五古不過牧齋之煙幕彈，欲藉之使孫愛轉示其塾師，庶幾可稍慰其拒絶松圓之意，幷聊用爲自解之工具耳。檢初學集捌壹「書西溪濟舟長老册子」略云：

庚辰之冬，余方咏唐風蟋蟀之章，修文讌之樂。絲肉交奮，履舄錯雜。嘉禾門人以某禪師開堂語錄緘寄，且爲乞敍。余不復省視，趣命童子於蠟炬燒却，颺其灰於溷廁，勿令汚吾詩酒場也。辛巳仲春聚沙居士書於蔣郎之舟次。

及錢曾有學集詩註壹肆東澗集下「病榻消寒雜咏四十六首」中「追憶庚辰冬半野堂文讌舊事」云：

老大聊爲秉燭遊。青春渾似在紅樓。買回世上千金笑，送盡生年百歲憂。（寅恪案，涵芬樓本有學集壹叁「生年」作「平生」。所附校勘記亦無校改。餘詳遵王註。）留客笙歌圍酒尾，看場神鬼坐人頭。蒲團歷歷前塵事，好夢何曾逐水流。

則知牧齋此時如醉如癡，一至於此。陶菴之不以爲然，自無足怪，而牧齋編入「冬至日感述示孫愛」五古於其詩集，次序失檢，又所必致也。何物不解事之嘉禾迂儒及鈍根禪衲，同作此敗人清興之舉動。其遭燒灰投厠之厄，亦有自取之道矣。今陶菴集貳貳有「無題」六言絕句六首，辭旨頗不易解。然必與當日陶菴所見之文士名媛有關。疑卽爲牧齋河東君松圓及錢岱勳或錢青雨而作，又有謂乃指河東君嘉定之游者，皆難決定。茲姑附錄於下，存此一重可疑公案，以待後來好事者之參究。寅恪未敢效箋釋玉谿生「無題」詩者之所爲也。陶菴詩云：

放誕風流卓女，細酸習氣唐寅。人間再見沽酒，市上爭傳賣身。

片雲曾迷楚國，一笑又傾吳宮。花底監奴得計，鸞篦畢竟輸儂。

人言北阮放達，客誚東方滑稽。情不情間我輩，笑其笑處天機。

子美詩中伎女，岑參句裏歌兒。彼似青蠅附驥，我如斗酒聽鸝。

千春不易醉飽，百歲貴行胸懷。羨馬爲憐神駿，燒桐亦辨奇材。

鯨鏗已肆篇什，鶩咳從教詆訶。百斛舟中穩坐，千尋浪裏無何。

茲依東山酬和集，並參攷有關諸本，擇錄柳錢及諸人詩於後，略加攷釋。多詳於河東君之作，牧齋次之。其他諸人則僅選其少數最有關者，聊備一例，蓋不欲喧賓奪主也。至於牧齋之詩，別有錢曾之箋注在，故今攷釋錢詩，亦止就遵王所不及者詳之耳。

東山酬和集壹河東柳是字如是（原注：「初名隱。」）「庚辰仲冬訪牧翁於半野堂，奉贈長句。」云：

聲名眞似漢扶風。妙理玄規更不同。一室茶香開澹黯，千行墨妙破冥濛。竺西瓶拂因緣在，江左風流物論雄。今日沾沾誠御李，東山蔥嶺莫辭從。（寅恪案，初學集壹捌此句下有注云：「集名東山，取此詩句也。」蓋後來刻初學集時加入者，所以著其名集之旨。初學集原迄於崇禎十六年癸未。但末附「甲申元日」一詩者，因詩中有「衰殘敢負蒼生望，自理東山舊管絃。」之句。牧齋用以結束「集名東山」之意，首尾正復相同也。）

牧翁「柳如是過訪山堂，枉詩見贈。語特莊雅，輒次來韻奉答。」云：

文君放誕想流風。臉際眉間訝許同。枉自夢刀思燕婉，還將摶土問鴻濛。（自注：「太白樂府詩云，女媧戲黃土，團作下愚人。散作六合間，濛濛若沙塵。」）雲花丈室何曾染，折柳章臺也自雄。但似王昌消息好，履箱擎了便相從。（自注：「河中之水歌云，平頭奴子擎履箱。」）

偈菴程嘉燧「半野堂喜值柳如是，用牧翁韻奉贈。」（寅恪案，耦耕堂存稿詩下此詩題作「十二月二日虞山舟次值河東君，用韻輒贈。」列朝詩集丁壹叁上此題上有「庚辰」二字。）云：

翩然水上見驚鴻。（程集「水」作「江」。）把燭聽詩訝許同。何意病夫焚筆後，郤憐才子掃眉中。菖蒲花發公卿夢，芍藥春懷士女風。此夕尊前相料理，故應惱徹白頭翁。

偈菴「次牧齋韻再贈」（寅恪案，程集此詩題作「次牧老韻，再贈河東君，用柳原韻。」列朝詩集「次」作「同」。）云：

居然林下有家風。誰謂千金一笑同。杯近仙源花瀲瀲，（自注：「半野堂近桃源磵，故云。」寅恪案，程集及列朝詩集自注皆作「舟泊近桃源嶺，用劉阮事。」）雲來神峽雨濛濛。（寅恪案，程集及列朝詩集「雲來神峽」俱作「神來巫峽」。）彈絲吹竹吟偏好，抉石錐沙畫更雄。（寅恪案，列朝詩集「畫」作「書」。句下有注云：「柳楷法瘦勁。」程集仍作「畫」字。但句下自注與列朝詩集同。）詩酒已無驅使分，熏爐茗盌得相從。

寅恪案，東山詶和集此四詩之題，與諸本微有不同。蓋由編次有先後及自身所寫，他人所選之故，殊不足異。惟孟陽此次爲河東君而作之第壹詩，即「翩然水上見驚鴻」一首，初學集未載。此題列朝詩集作「庚辰十二月二日虞山舟次值河東君，用韻輒贈。」東山詶和集作「半野堂喜值柳如是，用牧翁韻奉贈。」又孟陽爲河東君所作之「居然林下有家風」一首，東山詶和集列於「翩然水上見驚鴻」一首之後，而列朝詩集則在「感别半野堂」即「何處朱簾擁莫愁」一首之後。距爲河東君而作之第壹詩「翩然水上見驚鴻」一首，其間尚隔兩題。此首明是松圓後來所補作者。松圓自寫其詩，必依其作成時間之先後。東山詶和集則牧齋以同題同韻之故，改列編次，所以致有歧異也。據此推論，可知河東君於崇禎十三年庚辰十一月，即與汪然明尺牘第叁拾通所謂「黍谷之月」，乘舟至常熟。雖抵虞山後，即往訪半野堂。然仍留居舟次。依前引沈虬「河東君傳」所載，庚辰冬河東君始至虞山，牧齋即築我聞室，十日落成，留之度歲等語。沈氏乃親見河東君之人，其所述亦較確實。故我聞室「十日落成」之語，按諸當時情事，頗爲適合。蓋時日過速，建築恐難完成。時日過遲，牧齋又不能久待也。復檢孟陽自序其耦耕堂集云：

丁丑受之以誣奏逮繫，予待之湖上。戊寅秋放歸，廬居丙舍，館予于東偏之花信樓，復相從者二年。庚辰春主人移居入城，予將歸新安。仲冬過半野堂，方有文酒之燕，留連惜别，欣慨交集。且約偕遊黄山，而予適後期。辛巳春受之過松圓山居，題詩壁上，歸舟相值於桐江，篝燈永夕，泫然而别。

然則松圓崇禎庚辰冬季，循昔年在牧齋家度歲之慣例，至常熟縣城。及晤牧齋，始知河東君已先過訪，並見柳錢初次贈答之詩。當錢程會晤之時，恐卽我聞室將告成之際，牧齋强拉松圓於十二月二日同至虞山舟次，往迎河東君遷入新成之金屋。孟陽詩「翩然水上見驚鴻」之句，與程集及列朝詩集題作「虞山舟次值河東君」者，適相印合。至若東山訓和集此詩題作「半野堂喜值柳如是」者，乃牧齋所改。半野堂在縣城内陸地上，不可言「水上」，或「江上」。復就當日程錢二人之心理推之，則牧齋於「值」字上增一「喜」字。雖在牧齋爲喜，恐在松圓轉爲悲矣。一笑！

關於河東君初訪半野堂之記載，今世間流傳之文籍，多不可信。兹聊錄一則，略加辨正，其他則不暇及也。牧齋遺事（虞陽說苑本。）第肆則云：

聞虞山有錢學士謙益者，實爲當今李杜。欲一望見其丰采，乃駕扁舟來虞。爲士人裝，坐肩輿，造錢投謁。易楊以柳，易愛以是。刺入，錢辭以他往，蓋目之爲俗士也。柳於次日作詩遣伻投之，詩內微露色相。牧翁得其詩大驚，詰閽者曰，昨投刺者，士人乎？女子乎？閽者曰，士人也。牧翁愈疑，急登輿訪柳于舟中，則嫣然美姝也。因出其七言近體就正，錢心賞焉。視其書法，得虞褚兩家遺意，又心賞焉。相與絮語者終日，臨別，錢謂柳曰，此後以柳姓是名相往復，吾且字子以如是，爲今日證盟。柳諾。此爲錢柳作合之始。

寅恪案，河東君於未訪半野堂之前，已預有所接洽。前文已詳論之，茲不復贅。牧齋於崇禎十三年春間，作觀美人手跡詩。又於是年秋間作論近代詞人詩，有「近日錢塘誇柳隱」之句，其自注並引河東君湖上草之詩。今見汪然明所刻湖上草，乃河東君崇禎十二年己卯所作之詩。其作者之姓名，題爲「柳隱如是」。凡此諸端，皆時間證據明白確實，故牧齋遺事所述，改易姓名字號等事，其妄謬不待詳辨也。河東君初贈牧齋詩中既有「今日沾沾誠御李」之句，依文義推測，當是河東君持此詩，面投牧齋，或覿面後作此詩贈牧齋。實與牧齋遺事所言錢柳兩人初未會見，其後柳以詩遣伻投錢者不合。今世好談錢柳軼聞者，往往喜舉牧齋遺事此條，或與此條類似之說，資爲談助。儻見拙文，其亦可默爾而息乎？

河東君初次造訪，或納交於名流文士，往往賦詩投贈。如湖上草「贈汪然明」，「贈劉晉卿」及「贈陸處士」等詩，皆是例證。若就此三詩言之，雖亦頗工。然遣詞莊雅，用典適切，則遠不及半野堂初贈牧齋此詩。且其意境已駸駸進入北宋諸賢之範圍，固非同時復社幾社勝流所能望見，即牧齋松圓與之相角逐，而競短長，似仍有蘇子瞻所謂「汗流籍湜走且僵」之苦。（見東坡後集壹伍「潮州韓文公廟碑」。）何物不知名鄉曲傒子，所謂錢岱勳或錢青雨輩，竟能代作如是之篇什耶？王宋及白牛道者之誣妄，更不待多辨也。至於昔人七律詩中，用字不嫌重複。又河東君此章用韻，乃依明朝官韻洪武正韻者。凡此諸端，皆極淺易，本不須述及。因恐今世之人，或有囿於清代功令，習用平水韻之故，轉執此爲疑者，遂並附論之。似此三家村訓蒙之語言，誠知博雅通人，爲之齒冷。然亦不敢辭也。

河東君詩云：「聲名眞似漢扶風。妙理玄規更不同。」者，後漢書列傳伍拾上馬融傳云：

融才高博洽，爲世通儒。敎養諸生，常有千數。涿郡盧植，北海鄭玄，皆其徒也。善鼓琴，好吹笛。達生任性，不拘儒者之節，居宇器服，多存侈飾，常坐高坐，施絳紗帳，前授生徒，後列女樂。弟子以次相傳，鮮有入其室者。

牧齋平生固與季長約略相似。但有一特異之點，即自矜洞達禪理，博探佛藏，高出時流。雖其晚歲往往以「老皈空門」，藉以掩飾。然明亡以前，已與紫柏憨山諸名僧往還參究。故河東君標舉牧齋特異時流之點，殊暗合其深自誇詡之心理。文選肆壹李少卿答蘇武書云：「人之相知，貴相知心。」及同書肆叁嵇叔夜與山巨源絕交書云：「夫人之相知，貴識其天性，因而濟之。」河東君之於牧齋，誠可謂「相知心」者。又牧齋平日所爲，既似季長之「達生任性」，則河東君之造訪半野堂，亦可謂「識其天性，因而濟之。」者耶？至若「妙理玄規」之解釋，自是取之老子道德經上第壹章云：「玄之又玄，衆妙之門。」「妙理」則文選貳玖曹顏遠「思友人」詩云：「精義測神奥，清機發妙理。」漢魏百三名家集江醴陵〔淹〕集貳「清思」詩云：「草木還根蒂，精靈歸妙理。」「玄規」者，慧皎高僧傳肆義解門壹晉剡沃洲山支遁傳載遁所著座右銘云：「謹守明禁，雅玩玄規。」「一室茶烟開淡黯，千行墨妙破冥濛。」一聯，上句用杜牧「題禪院」詩「今日鬢絲禪榻畔，茶煙輕颺落花風。」（見全唐詩第捌函杜牧叁。并參孟棨本事詩高逸叁「杜〔舍人牧〕登科後」條。）下句用江文通「別賦」：「淵雲之墨妙，嚴樂之筆精。」（見文選壹陸。）至若蘇子瞻詩之所謂「墨妙」，（見東坡集叁「孫莘老求墨妙亭詩」。）非謂文章，乃指書法而言。蓋孫氏「罔羅遺逸，得前賦詠數百篇，爲興新集。其刻畫尚存，而僵仆斷缺於荒陂野草之間者，又皆集於此亭。」（見東坡集叁壹「墨妙亭記」。）牧齋以文章，而非以書法著稱。故河東君舉其所擅長者爲說，所以有「千行墨妙」之語。若指書法，則不可言「破冥濛」。世之譽人者，不道其長，轉翹其短，此天下笨伯之所爲，河東君必不如是也。又初學集壹佰陸至壹佰捌爲「讀杜小箋」，其首有題語略云：歸田多暇，時誦杜詩以銷永日。間有一得，輒舉示程孟陽。孟陽曰，杜千家注繆僞可恨。子何不是正之，以遺學者？予曰，注詩之難，陸放翁言之詳矣。放翁尚不敢注蘇，予敢注杜哉？相與歎息而止。今年夏德州盧戶部德水刻杜詩胥鈔，屬陳司業無盟寄予，俾爲其敍。予既不敢注杜矣。其又敢敍杜哉？予嘗妄謂自宋以來，學杜詩者，莫不善於黃魯直。評杜詩者，莫不善於劉辰翁。弘正之學杜者，生吞活剝，以尋撦爲家當，此魯直之隔日瘧也。其黠者又反脣於西江矣。

近日之評杜者，鉤深抉異，以鬼窟爲活計，此辰翁之牙後慧也。其橫者幷集矢於杜陵矣。苦㳄幽憂，寒窗抱影，紬繹腹笥，漫錄若干則，題曰讀杜詩寄盧小箋，明其因德水而興起也。曰小箋，不賢者識其小也。寄之以就正于盧，且道所以不敢當序之意。癸酉臘日虞鄉老民錢謙益上。

同書壹佰玖至壹佰拾讀杜二箋，其首有題語云：

讀杜小箋旣成，續有所得，取次書之，復得二卷。侯豫瞻自都門歸，攜杜詩胥鈔，已成帙矣。（寅恪案，侯忠節全集壹年譜上崇禎七年甲戌條略云：「五月入都門。補南京吏部文選司主事。八月南歸。閏八月至淮上。是年冬十一月之官南中。」可知牧齋得覩盧氏杜詩胥鈔刻本後，即刊其小箋及二箋。迫促如此，其與盧氏論杜旨趣之同異及其爭名好勝之心理，亦可想見矣。）無盟過吳門，則曰寄盧小箋尙未付郵筒也。德水於杜別具手眼。余言之戔戔者，未必有當於德水，宜無盟爲我藏拙也。子美和春陵行序曰，簡知我者，不必寄元。余竊取斯義，題之曰二箋，而刻之。甲戌九月謙益記。

寅恪案，牧齋讀杜詩寄盧小箋，成於崇禎六年之末。讀杜二箋則與寄盧小箋同刻於七年甲戌九月。河東君於七年及九年曾兩㳄遊嘉定，與程孟陽李茂初諸名士酬酢往還。談詩之際，在第壹㳄，孟陽當以牧齋讀杜小箋之未刻抄本相示。在第貳㳄更宜從孟陽處得見牧齋此箋五卷刻本。即使未見牧齋原書，此箋下卷論「寄韓諫議」詩及「秋興」八首之三等，皆引孟陽之說。程氏必以牧齋用其解杜之語，自鳴得意，故亦應以書中旨趣告之。然則河東君「千行墨妙」之語，卽指牧齋此書而言耶？（寅恪偶檢柴萼梵天廬叢錄壹陸「柳如是」二則之二載河東君手抄讀杜小箋事，可供談助，附記於此。）

「竺西瓶拂因緣在，江左風流物論雄。」一聯，上句之意，疑謂牧齋博通內典，具有宿世勝因，己身當如佛敎中捧瓶持拂供奉菩薩之侍女也。或謂漢魏百三名家集梁簡文帝集壹「與廣信侯重述內典書」云：

永謝瀉瓶，終慙染氎。是則慈雲旣擁，智海亦深。影末波餘，希時灑拂。

乃此句之出處。但斯說頗嫌迂遠，未必有當，姑備一解，更俟詳攷。下句則用南齊書貳叁王儉傳（參南史貳貳王曇首傳附儉傳。）云：

儉常謂人曰，江左風流宰相，唯有謝安。蓋自比也。

「今日沾沾誠御李，東山蔥嶺莫辭從。」者，後漢書列傳伍柒黨錮傳李膺傳略云：

荀爽嘗就謁膺，因爲其御。旣還，喜曰，今日乃得御李君矣。其見慕如此。是時朝廷日亂，綱紀穨阤。膺獨持風裁，以聲名自高。士有被其容接者，名爲登龍門。及陳蕃免太尉，朝野屬意於膺。

「東山」與「江左」相關，「蔥嶺」與「竺西」句相關。文思貫通，比譬適切。最可注意者，卽謝安石王仲寶固是風流宰相。李元禮更爲黨錮名士，而兼負宰相之望者。牧齋於天啓四年以魏忠賢黨指爲東林黨魁之故，因而削籍。又於崇禎二年以會推閣臣，獲罪罷歸。故與元禮尤復相類。凡河東君所舉諸賢，皆是牧齋胸中自比之人，眞可謂道出心坎內事者。牧齋安得不爲傾倒，如醉如癡乎？牧齋所以譽此詩「語特莊雅」之故，不僅由詩語無猥褻之詞，亦因牧齋廷試第三人及第，即世間豔稱之探花郎。若使他人贈詩以譽牧齋，自必闌涉此點。河東君此詩絕不道及其事，似毫無所知者。其不墮入流俗窠臼，實可謂「莊」，更可謂「雅」矣。夫河東君此詩既以謝安石比牧齋，復以「彈絲吹竹」（松圓和詩語。）之東山妓女自比。（見晉書柒玖謝安傳及同書捌拾王羲之傳。）然則牧齋此時在半野堂編詩，以東山名集。黃皆令後來居絳雲樓畫扇，其題語有「東山閣」之稱。俱實指今事，非虛用古典也。

牧齋次韻答河東君詩，亦極費經營之作，與原贈詩針鋒相對。第壹章已論之矣。至於詩中所用典故，除牧齋所自注外，遵王註本別無解釋。茲僅就其最精切者略言之，其他則不遑及也。「文君放誕想流風，臉際眉間訝許同。」者，初視之，以爲即出西京雜記貳所云：

> 文君姣好，眉色如望遠山，臉際常若芙蓉，肌膚柔滑如脂。十七而寡，爲人放誕風流。故悅長卿之才，而越禮焉。

之古典。然范鍇華笑廎雜筆壹顧苓「河東君傳」後附古梅華源木乂庵白牛道者跋云：

> 吾友滅堂爲余言，是身材不逾中人，而色甚豔。冬月御單袷衣，雙頰作朝霞色，即之體溫然。疑其善玄素也。虞山之惑溺且畏之，有以哉。

則牧齋此詩首二句，不獨用古，亦更寫今。其用事精切，實不可及。至此點與河東君之疾病有關，俟後論之。「枉自夢刀思燕婉，還將摶土問鴻濛。」者，上句用范攄雲谿友議下「豔陽詞」條。見下論美詩「三刀夢寐蘧」句，茲不詳釋。牧齋以薛濤比河東君，固甚適切。且范書所引微之寄薛濤詩有「錦江滑膩蛾眉秀，化作文君及薛濤。」之語，尤與首二句相關也。下句自注中所引太白詩，見全唐詩第叁函李白貳「上雲樂」。其所以備列太白詩原文，因與太平御覽柒捌皇王部「女媧氏」條所云：

風俗通曰，俗說天地開闢未有人民，女媧摶黃土作人，劇務力不暇供，乃引繩於泥中，舉以爲人，故富貴者黃土人也，貧賤凡庸者，絙人也。

及楊齊賢蕭士贇分類補註李太白詩等舊解不同之故。否則牧齋不必作此贅語，蓋豈有博雅如河東君者，而不知此句之出處耶？牧齋此聯之意，蓋謂世間欲得河東君者雖衆，無奈皆是下愚之人。如謝三賓，卽河東君與汪然明尺牘第肆通中所言「頋作交甫」之「某翁」等，皆不能當河東君之意，而暗以上智之人自許，實可中選也。「霑花丈室何曾染，折柳章臺也自雄。」者，乃指河東君與周文岸陳臥子之關係及在盛澤鎭佘山之生活。所用典故，出維摩詰經及許堯佐「柳氏傳」，皆世人習知者，不煩解釋。「但似王昌消息好，履箱擎了便相從。」者，乃答河東君贈詩結語之意。第壹章已詳言之，茲不贅論。但牧齋答詩自注中已引河中之水歌，（見玉臺新詠玖「歌詞二首」之二。）其爲「河東君」之號所從出，固不待言。又「河東」爲柳姓郡望，故牧齋作有美詩，復就此點排比鋪張，剌剌不休。（見東山詶和集壹「有美詩」，「河東論氏族」及「字脚元和樣」等句。）其實牧齋又暗用東坡「寄吳德仁兼簡陳季常」詩，「忽聞河東獅子吼」之句，（見東坡集壹伍。）以爲遊戲。至若少陵「可歎」詩之「河東女兒身姓柳」之句，「抉眼去夫」，情事不倫，則非所用無疑也。（見杜工部集柒。）顧云美河東君傳云：「〔河東君〕頗能制御宗伯，宗伯甚寵憚之。」所言雖是後來之事，然牧齋初見河東君時，當已明瞭其爲人性格。取此別號稱河東君，實不僅以「東家王」並以「龍丘居士」自居。其知人之明，自知之審，亦不可及矣。一笑！又牧齋不於此詩其他諸句，著明所用西京雜記雲谿友議維摩詰經柳氏傳之典故，轉獨於第肆及第柒捌等句，不憚煩勞，特安蛇足。豈以河東君或松圓未讀李翰林集及玉臺新詠耶？由是言之，牧齋之自注，必有深旨，非淺人粗讀所能盡解也。

孟陽二詩初學集只錄其次韻一首。牧齋所以刪去其和韻一首者，當以兩詩意旨本自相同，而所用辭句典故，如和韻詩之「此夕尊前相料理，故應惱徹白頭翁。」之句，與次韻詩「詩酒已無驅使分」之句，俱用杜工部集壹貳「江畔獨步尋花七絶句」第壹首「江上被花惱不徹」及第壹首「詩酒尙堪驅使在，未須料理白頭人。」又更相似也。（可參前論河東君嘉定之游節。）然今日攷證河東君訪半野堂之經過，和韻詩殊有價値，因依東山詶和集並錄之。列朝詩集所選孟陽此次韻詩第陸句「抉石錐沙書更雄」。東山詶和集及初學集改「書」字爲「畫」字，並刪去注語「柳楷法瘦勁」五字。細繹「抉石錐沙」之語，乃用徐季海王右軍書法之典故，非指繪畫而言。然則孟陽之詩，本作「書」字。牧齋所以改「書」爲「畫」

者，不獨因聲調更協，且可增加河東君能畫之一端，與第伍句「彈絲吹竹吟偏好」於通音樂外，復添善吟詠之一事，相對爲文，遂不得不刪去注語耳。前論河東君與汪然明尺牘第捌通約遊商山事，引孟陽詩「曾見書飛故國樓」之句，可知孟陽早已傾服河東君之書法。至於繪畫一端，則未見孟陽有推挹之語。或者藉改此一字之機緣，以完成松圓善頌善禱之美德歟？

至若鈔本耦耕堂存稿詩下，此詩有自注，但「書」字作「畫」字，與注語矛盾，明是抄者筆誤，自不待辨也。又吾人今日所見河東君之作品，或爲當時刻本，或爲傳寫之本，皆多譌舛。其故恐不盡由刻寫者之疏忽，疑亦因河東君作書，喜爲瘦長之體，易滋誤認。如今所見男洛神賦鈔本「水溎溎而高衍」句之「溎」卽「濼」。河東君作書所以如此者，殆由避免字體肥寬所致。程松圓稱河東君書法瘦勁，顧云美稱河東君結束俏利，可謂書如其人矣。孟陽此次韻詩「杯近仙源花瀲瀲」句下，東山訓和集及初學集自注，俱作「半野堂近桃源磵，故云。」程集及列朝詩集均作「舟泊近桃源嶺，用劉阮事。」兩書之注，當爲松圓原文。據此可以攷見河東君初到虞山時泊舟之處。牧齋改「桃源嶺」爲「桃源磵」，並刪去「用劉阮事」，以與半野堂相近爲說。其實光緒修常昭合志貳山形志略云：

虞山居邑境中央。西南卽拂水巖，上有拂水禪院，門外有石橋跨山澗。又前卽臨石壁，兩厓中豁，別有長壽橋架其上，從山下遠望，危闌橫臥者是也。每遇雨後，澗水流注橋下，懸爲瀑布，風自南來，則倒捲而上。虞山勝地記略謂如萬斛葢珠，淩風飄洒者，非虛語也。卽天已放晴，仍濛濛作細雨，鬱爲奇景，名曰拂水，蓋以此矣。又南抵桃源澗，澗上有桃源洞。澗於北山，夙稱勝地，雨後山泉匯注，飛湍下瀉，響逾琴筑，相傳昔年漫山皆種桃花，流水夾花片而下，尤爲奇觀，故名桃源澗焉。

又劉本沛虞書「桃源澗」條云：

桃源澗在陳莊靖公墓左。（寅恪案，「莊靖」爲陳瓚之謚。事蹟見明史貳貳貳本傳等。）

及同書「拂水巖」條云：

拂水巖在虞山南。崖石陡峻，水出其間，下奔如注，遇風拂勒，則水倒飛，噴沫四灑，不敢逼視，無風則懸崖瀑布若長虹然，一山之奇觀也。

然則桃源磵距半野堂亦不甚近。推牧齋所以改易此句者，殆與改易孟陽此詩題，同一用意，殊爲可笑。「雲來神峽雨濛濛」句，疑非松圓原作如此，乃牧齋後來所改。松圓原作應依程集及列朝詩集作「神來巫峽雨濛濛」。夫孟陽此句自是從宋玉高唐賦「旦爲朝雲，暮爲行雨。」之語而來。其「雨濛濛」三字，與拂水巖之「卽天已放晴，仍濛濛作細雨。」及「遇風拂勒，則水倒飛，噴沫四灑。」之實況符合，可謂巧妙。但何以舍去宋賦中之「雲」字不用，似非偶然。蓋「雲」字乃河東君之舊名，孟陽在此以前，爲河東君所作諸詩，如朝雲詩緪雲詩及與雲生雲娃有關等篇皆用「雲」字。此時賦詩則只標「柳如是」之新號，而不敢涉及「雲」字之昔稱。豈欲藉以洗滌舊痕，寬慰老友耶？牧齋改「神」作「雲」，則兼用宋賦之古典及河東君昔稱之今典，實較松圓原著更佳。「巫峽」之改「神峽」則疑牧齋既以「雲」字易「神」字，遂移改「巫峽」爲「神峽」，與上句「仙源」屬對，亦覺工穩。才思精妙，恐非牧齋不能辦此。「神峽」二字連文，寅恪弇陋，尙未知其出處，俟攷。又觀孟陽此兩詩之結語，頗覺可憐。蓋已明知己身非牧齋之敵手，自甘退讓，情見乎辭。其匆匆歸新安之意旨，當卽決定於賦此和韻詩之時。至若孟陽後來所作耦耕堂自序謂「庚辰春主人移居入城，予將歸新安。」則恐是諱改當日情況之虛語，並非實錄也。

東山訓和集壹牧翁「冬日同如是泛舟有贈」（寅恪案，鄭鶴聲中西史日表崇禎十三年庚辰十一月九日冬至，廿四日小寒。牧齋詩題所謂冬日，卽在是年十一月初九至廿四日之間也。）云：

冰心玉色正含愁。寒日多情照柂樓。萬里何當乘小艇，五湖已許辦扁舟。每臨青鏡憎紅粉，莫爲朱顏歎白頭。苦愛赤闌橋畔柳，探春仍放舊風流。

牧翁「次日疊前韻再贈」云：

新詩吟罷半凝愁。斜日當風似倚樓。爭得三年才一笑，可憐今日與同舟。輕車漫憶西陵路，斗酒休論溝水頭。還勝客兒乘素舸，迢迢明月詠緣流。

河東「次韻奉答」云：

誰家樂府唱無愁。望斷浮雲西北樓。漢珮敢同神女贈，越歌聊感鄂君舟。春前柳欲窺青眼，雪裏山應想白頭。莫爲盧家怨銀漢，年年河水向東流。

偈菴「次牧翁泛舟韻」云：

（此詩於前論河東君與汪然明尺牘第捌通節中已引。茲從略。）

寅恪案，松圓次韻詩前已論述。雖有資攷證，而辭旨平庸，固遠不及河東君之作，亦難與牧齋詩相比。此老之詩，本遜於牧齋，何況此際情緒甚惡，豈能有佳作耶？牧齋兩詩，其第壹首最先作。其第貳首乃因河東君次其第壹首詩韻，而後作者。故「新詩吟罷半凝愁」之「新詩」，卽指河東君次其第壹首韻之詩而言。第壹首後四句皆有本事，非止用典。「每臨青鏡憎紅粉」之句，與答河東君初贈詩「臉際眉間訝許同」之句同義，俱指河東君面貌之顏色而言。卽前引白牛道者所謂「雙頰作朝霞色」者是也。「臨青鏡」而「憎紅粉」，亦卽張承吉詩所謂「却嫌脂粉汚顏色」之意。（見全唐詩第捌函張祜貳「集靈臺」二首之二。）牧齋運用古典今事，可稱巧妙適切矣。又河東君戊寅草中載「西河柳花」七律一首。其第肆句云，「憑多紅粉不須誇」，此本河東君自比之辭，牧齋或早已得見此詩，遂因有「憎紅粉」之語耶？俟攷。第陸句「莫爲朱顏嘆白頭」，乃老翁少婦對比之意。此典後來衍變成爲故事，記載流傳，至今多引之以資談助。茲特爲攷其原始語句，亦略見史文蛻嬗之一例。至於牧齋遺事及觚賸等，皆以此故事與河東君詩「春前柳欲窺青眼，雪裏山應想白頭。」之句有關，而不知實直接出於牧齋此句，則由未嘗詳讀柳錢諸詩所致也。

吳中文獻小叢書顧公燮消夏閑記選存「柳如是」條云：

宗伯嘗戲謂柳君曰，我愛你烏個頭髮，白個肉。君曰，我愛你白個頭髮，烏個肉。當時傳以爲笑。

牧齋遺事「當丁亥（丑）之獄」條（寅恪案，「亥」當作「丑」。指崇禎十年牧齋爲張漢儒所訐，被逮至北京下獄事。此條注以爲順治四年丁亥事，則恐是此書作者或抄者之疏誤也。詳見下章論黃毓祺案節。）云：

當丁亥（丑）之獄，牧翁侘傺失志，遂絕意時事。既得章臺，欣然有終老溫柔鄉之願。然年已六十矣。黝顏鮐背，髮已皤然。柳則盛鬋堆鴉，凝脂竟體，燕爾之夕，錢戲柳曰，我甚愛卿髮黑而膚白也。柳亦戲錢曰，我甚愛君髮如妾之膚，膚如妾之髮也。因作詩有「春前柳欲窺青眼，雪裏山應想白頭。」之句。

鈕琇觚賸叁吳觚下「河東君」條云：

方宗伯初遇柳時，黝顏鮐背，髮已鬖鬖斑白，而柳則盛鬋堆鴉，凝脂竟體。燕婉之宵，錢曰，我甚愛卿如雲之黑，如玉之白也。柳曰，我亦甚愛君髮如妾之膚，膚如妾之髮也。因相與大笑。故當年酬贈，有「春前柳欲窺青眼，雪裏山應想白頭。」之句，競傳人口。

王應奎柳南隨筆貳云：

某宗伯既娶柳夫人。一日坐室中，目注如是。如是問曰，公胡我愛？曰，愛汝之黑者髮，而白者面耳。然則汝胡我愛？柳曰，卽愛公之白者髮，而黑者面也。侍婢皆爲匿笑。

綀眞吉日記云：

嘗聞有先朝鉅公惑一姬，致夙望頓減。姬問之曰，公胡我悅？曰，以其貌如玉，而髮可以鑑也。然則姬亦有所悅乎？曰，有之。卽悅公之髮如玉，而貌可以鑑耳。

寅恪案，今世流傳之載記，述此段錢柳戲語者，尚不止牧齋遺事，觚賸，柳南隨筆及綀眞吉日記諸書，茲不多引。然人抵類似，皆經文人改寫者也。寅恪所見，爲顧公燮書所載，乃保存當日錢柳兩人對話之原辭，極可珍貴。所以知者，因其爲吳語，且較簡單，甚合彼時情景之故。至若綀眞吉日記，藻飾最多，尤遠於眞實矣。此點可取世說新語與晉書對校，其演變之痕跡，明白可尋。斯固治史者所習知，不待贅論。錢柳此趣文，亦其例證歟？

抑更有可論者，江熙掃軌閒談云：

錢牧齋寵姬在柳如是前，有王氏者，桂村人，嬖倖略與柳等。會崇禎初，有旨以禮部左侍郎起用，牧齋殊自喜，因盛服以示王曰，我何似？王睨翁戲曰，似鍾馗耳。蓋以翁黑而髯故也。翁不悅。後適以枚卜罷，遂遣王歸母家，居一樓以終。今其樓尙存。

寅恪案，崇禎元年戊辰牧齋以禮部侍郎起用，時年四十七。江氏謂其膚黑，自必正確。但未言其肥瘦如何。後牧齋於順治十六年己亥年七十八，賦「後秋興」詩，其第肆首「祗應老似張丞相，捫摸殘骸笑瓠肥。」句下自注云：

余身素瘦削，今年腰圍忽肥，客有張丞相之謔。

故知牧齋在七十八歲以前，身素瘦削也。檢史記玖陸張丞相傳（參漢書肆貳張蒼傳。）略云：

張丞相蒼者，陽武人也。坐法當斬，解衣伏質，身長大肥白如瓠。時王陵見而怪其美士，乃言沛公，赦勿斬。

然則牧齋晚年腰圍忽肥，即使與西漢張丞相蒼無異，但其面膚之黑，當仍與北宋王丞相安石之「天生黑於予，澡豆其如予何。」無異也。（見沈括夢溪筆談玖人事壹及舊題彭乘撰墨客揮犀拾「王荊公病喘」條，幷參魏泰東軒筆錄壹貳「呂惠卿嘗語荊公曰，公面有䵟，用園荽洗之當去。」條。）夫膚黑之介甫，亦能位至丞相。桂村王氏女學不稽古，不知援引舒王故事，以逢迎牧齋之意，可知其人不及河東君遠矣。牧齋前棄王，而後寵柳，豈無故哉？豈無故哉？

又白氏文集叁柒「喜老自嘲」略云：

面黑頭雪白，自嫌還自憐。行開第八秩，可謂盡天年。（自注：「時俗謂七十已上爲開第八秩。」）

攷樂天年六十八病風，始放家妓。（見同書叁伍「病中詩十五首序」及其第壹貳首「別柳枝」，並同書柒壹「不能忘情吟」。又可參容齋五筆玖「不能忘情吟」條。）樂天元和十五年年四十九已白髮爛斑，

（見白氏文集壹壹「郡中春讌，因贈諸客。」詩，並可參容齋五筆捌「白蘇詩紀年歲」條。）其「面黑頭白」與牧齋崇禎十三年庚辰年五十九，共河東君互作戲謔之語時，形貌已約略類似。但樂天「喜老自嘲」詩，出自「同時六學士，五相一漁翁。」之才子，而非出自「櫻桃樊素口，楊柳小蠻腰。」之佳人，則大有差別矣。

牧齋詩結語云：「苦愛赤闌橋畔柳，探春仍放舊風流。」之句，固用温飛卿「宜春苑外最長條。閑裊春風伴舞腰。正是玉人腸斷處，一渠春水赤闌橋。」詩之典。（見全唐詩第玖函温庭筠玖「楊柳枝」八首之一。）但實亦指河東君金明池「詠寒柳」詞「春日釀成秋日雨。念疇昔風流，暗傷如許。」之語。若無此本事，僅用温詩，則辭意太泛。牧齋作詩，當不如此也。

河東君次韻答牧齋詩，其中含有「河東君」三字，第貳章已述及。又此首結語乃針對牧齋答其初贈詩「但似王昌消息好，履箱擎了便相從。」之句。第壹章亦已言之。其實乃表示心許之意。疑牧齋讀之，益有「樂莫樂兮新相知」之感也。「誰家樂府唱無愁」者，用北史捌齊本紀下幼主紀（參北齊書捌幼主紀。）所云：

〔後主〕益驕縱，盛爲無愁之曲。帝（指後主言。）自彈胡琵琶而唱之。侍和之者以百數。人間謂之無愁天子。

及李義山詩集中「無愁果有愁曲北齊歌」。（參馮浩玉谿生詩詳註壹此題下引隋書樂志。）「望斷浮雲西北樓」者，用文選貳玖古詩十九首「西北有高樓，上與浮雲齊。」句李善注：

此篇明高才之人，仕宦未達，知之者稀也。西北乾位，君之位也。

又六臣注：

翰曰，此詩喩君暗，而賢臣之言不用也。西北乾地，君位也。高樓言居高位也。浮雲齊言高也。

此兩句竟指當時之崇禎皇帝爲亡國之暗主，而牧齋爲高才之賢臣。顧云美謂河東君「饒膽略」，觀此益信。若此詩作於清高宗之世，其罪固不容於死。即在北宋神宗之時，亦難逭貶謫之譴。牧齋見此兩句，自必驚賞，而引爲知己。松圓見之亦應自悔其前此所作「人間歲月私蟠木，天上雷霆有爨桐。」之句，(見列朝詩集丁壹叁上程嘉燧詩「久留湖上，得牧齋歲暮見懷詩，次韻。」七律。并參前論緪雲詩節。)辭旨過於選耎，殊有愧於河東君之切直也。「漢珮敢同神女贈，越歌聊感鄂君舟。」者，用韓詩漢廣薛君章注及說苑壹壹善說篇之典。此兩事俱世所習知，但河東君取之聯用，以神女指己身，以鄂君指牧齋，一男一女，意旨通貫。又於水濱泛舟情事尤爲適合，其巧妙誠不可及也。「春前柳欲窺青眼，雪裏山應想白頭。」者，下句自是用劉夢得「雪裏高山頭白早」之語，(見全唐詩第陸函劉禹錫柒「蘇州白舍人寄新詩，有嘆早白無兒之句，因以贈之。」七律。)固不待贅論。至上句則辭語之有關者雖多，然竊疑乃用史邦卿梅溪詞東風第一枝「詠春雪」詞「青未了，柳回白眼。」之句。因「青」及「柳眼」兩者俱備，又「詠春雪」可與上句之「雪」字通貫。若此條件皆具之出處，除史詞外，尚未發現更妥適之典故。又王沂孫花外集南浦春水「柳外碧連天」詞，有「蛾眉乍窺清鏡」之語，或者河東君因牧齋贈詩「每臨青鏡憎紅粉」之句，遂亦取碧山樂府柳窺青鏡之意，以針對聚沙居士之詩語耶？寅恪嘗論河東君之作品，應推此詩及金明池「詠寒柳」詞爲明末最佳之詩詞。當日勝流均不敢與抗手，何物錢岱勳或錢青雨竟能爲之乎？造此誣謗者，其妄謬可不必辨。然今日尚有疑河東君之詩詞，非其本人所作者，淺識陋學，亦可憫矣。

牧齋次日疊前韻再贈河東君之詩，其第壹句「新詩吟罷半凝愁」之「新詩」，即指河東君「誰家樂府唱無愁」一首而言，前已論之矣。「斜日當風似倚樓」者，「倚樓」之出處，不勝枚舉。依前句「半凝愁」之語推之，恐與王少伯「閨怨」七絕一首有關。（見全唐詩第叁函王昌齡肆。）蓋龍標詩中有「不曾愁」，「凝妝上翠樓」及「楊柳色」等辭故也。但此皆古典，頗疑牧齋尚有今典。第叁章論陳臥子崇禎六年「補成夢中新柳詩」，乃爲河東君而作者。後來河東君之易姓爲「柳」，及所作金明池「詠寒柳」詞「念疇昔風流，暗傷如許。」之語，當亦與臥子此詩有關。臥子詩中「夕陽殘」及「風流人倚欄」之語，正合牧齋詩此句之旨。所謂「半凝愁」者，殆謂是耶？攷臥子此詩載入其所作之陳李唱和集。此集夏允彝序云：

癸酉倡和詩者，予同郡人李子陳子之所爲作也。係以年者，重時會也。

自崇禎六年癸酉至崇禎十三年庚辰冬，已歷七八年之久。臥子之詩，刊布流行，牧齋當已見及。或雖見及，而未曾留意。鄙見河東君爲人放誕風流，絕無諱飾。牧齋亦豁達大度，不計較小節。河東君與臥子之關係，必早有所知聞。臥子此詩，即由河東君持示牧齋，亦非不可能者也。「爭得三年才一笑，可憐今日與同舟。」者，上句用左傳昭公二十八年所云：

昔賈大夫惡，娶妻而美，三年不言不笑。御以如皋，射雉獲之，始笑而言。賈大夫曰，才之不可以已。我不能射，女遂不言不笑夫！

之典。牧齋自比賈大夫之醜惡而有才，以河東君爲貌美，且儗之爲妻。此詩作成，殆與「烏個頭髮，白個肉。」及「白個頭髮，烏個肉。」之戲言，時間相距甚近。若牧齋遺事及觚賸二書，均以屬之燕婉之夕，則恐過後矣。又「如皋」之「皋」，與鄭交甫遇神女於漢皋之「皋」同字也。下句即用說苑善說篇鄂君所聞越人歌「今日何日兮，得與王子同舟。」之典。由是言之，牧齋詩此二句與河東君詩「漢珮敢同神女贈，越歌聊感鄂君舟。」兩句，用典正同。針鋒相對，文情才思，自爲精巧。錢遵王不注一字，固以爲習用之典，無煩徵引。實不知此等妙處，更須標出，庶幾不負作者之苦心也。「輕車漫憶西陵路，斗酒休論溝水頭。」者，上句自指河東君在此數年遊西湖事，或更指其所作戊寅草湖上草及金明池詠寒柳詞等，亦即後來牧齋於順治七年庚寅所作「留題湖舫」詩「楊柳風流煙草在」者也。（見有學集叁夏五集並參前論河東君與汪然明尺牘第貳通節。）下句用卓文君白頭吟「今日斗酒會，明旦溝水頭。蹀躞御溝上，溝水東西流。」之典。（見樂府詩集肆壹。）指河東君與陳臥子之關係。牧齋意謂今既與臥子脫離，可不必再提往事也。「還勝客兒乘素舸，迢迢明月詠緣流。」者，用玉臺新詠拾謝靈運「東陽谿中贈答二首」：「可憐誰家婦，緣流洗素足。明月在雲間，迢迢不可得。」及「可憐誰家郎，緣流乘素舸。但問情若爲，月就雲中墮。」之典。與前「可憐今日與同舟」之句相應。蓋謝詩所詠，婦在谿邊洗足，郎在谿中乘舟。非如「今日與同舟」者可比。所以較勝於客兒。且康樂之作，本是一贈一答，尤符合錢柳賦詩酬和之情事也。

東山訓和集壹牧翁「寒夕文讌，再疊前韻。是日我聞室落成，延河東君居之。」（自注：「涂月二日。」寅恪案，初學集此題無「延河東君居之」六字及自注。又據鄭氏近世中西史日表，崇禎十三年庚辰十一月廿四日小寒，十二月九日大寒。故是年十二月二日謂之寒夕也。）云：

清樽細雨不知愁。鶴引遙空鳳下樓。紅燭恍如花月夜，綠窗還似木蘭舟。曲中楊柳齊舒眼，詩裏芙蓉亦並頭。（自注：「河東寒柳詞云，約箇梅魂，與伊深憐低語。」）今夕梅魂共誰語，任他疏影蘸寒流。（自注：「河東新賦並頭蓮詩。」）

偶菴「半野堂夜集惜別，仍次前韻。」（寅恪案，列朝詩集此題作「感別半野堂，疊前韻。」）云：

何處珠簾擁莫愁。笛牀歌席近書樓。金鑪銀燭平原酒，遠浦寒星剡曲舟。望裏青山仍北郭，行時溝水向東頭。老懷不爲生離苦，雙淚無端只自流。

徐錫胤爾從「半野堂讌集，次牧翁韻，奉贈我聞居士。」云：

舞燕驚鴻見欲愁。書籤筆格晚妝樓。開顏四座迴銀燭，咳吐千鍾倒玉舟。七字詩成才舉手，一聲曲誤又回頭。佳人那得兼才子，藝苑蓬山第一流。

寅恪案，牧齋於康熙二年癸卯歲暮作「病榻消寒雜詠」第叁肆首「追憶庚辰冬半野堂文讌舊事」一詩，卽記此夕之事者，前已迻錄。此崇禎十三年庚辰十二月初二日之夕，半野堂文讌，乃牧齋一生最得意，又最難忘之事。故雖在垂死病榻呻吟之中，猶能記憶，歷歷不爽，可傷也已。此夕之會，頗似戲劇之一幕。其扮演人今日可考知者，一爲河東君，二爲牧齋，三爲松圓，四爲徐爾從，五爲此夕望見坐於後來所建絳雲樓下紅袍烏帽三神之老嫗。（見錢遵王有學集詩註「病榻消寒雜詠」第叁肆首詩注。）此五人之心理，牧齋松圓爾從三人各見於其此夕所賦詩中。河東君此夕是否亦賦詩，今東山訓和集及初學集既未收載，不易考知。其理由或因此夕病酒所致。或別有感觸，與後來不和合歡詩及催妝詞之情事相類似，均俟後論之。此夕之會，雖未見河東君作品，然其心理可於此夕後所賦「春日我聞室作，呈牧翁。」一詩中推得。至於此夕曾見三神之老嫗，其心理當非如第壹章所引華笑廎雜筆中黃梨洲「火神」之解釋，應別有人事之原因也。請依次論之。

關於河東君者，當於下錄其所賦「春日我聞室作，呈牧翁。」一詩中論釋，茲暫不涉及。牧齋之詩第壹句指此夕文讌時之情景。第貳句用蕭史弄玉事。皆不煩詳論。「紅燭恍如花月夜，綠窗還似木蘭舟。」者，下句言河東君於崇禎十三年十二月二日由舟次遷入我聞室。以意揣之，我聞室之結構，必不甚寬敞，殆所謂屋小如舟者耶？上句指此夕情事。牧齋雖與韓敬爭狀元失敗，不得「金榜第一名」。但此夕實同於「洞房花燭夜」。作此觀念者，非獨牧齋如此，卽河東君本身亦莫不然。後來河東君於康熙三年甲辰六月二十八日垂絕時，作遺囑與其女云：「我來汝家二十五年，從不曾受人之氣。」（見河東君殉家難事實柳夫人遺囑。）自康熙三年逆數至崇禎十三年庚辰，適爲二十五年。若自崇禎十四年辛巳六月七日茸城舟中結褵時起，下數至康熙三年甲辰六月二十八日，則僅二十四年。可知河東君之意，實認此夕爲同牢合巹之期。然則牧齋此句殊有旨矣。「曲中楊柳齊舒眼，詩裏芙蓉亦並頭。」者，上句自用折楊柳歌曲之典。（見樂府詩集貳貳。）但亦指河東君金明池詠寒柳詞及「春前柳欲窺青眼」之句。意謂此夕可不必如前此之「窺眼」也。下句牧齋自注所指河東君新賦之並頭蓮詩，今未得見。攷陳忠裕全集壹玖湘眞閣稿「予讀書池上，屢有並蔕芙蓉，戲題一絕。」云：

宛轉橋頭並蔕花。秋波不到莫愁家。浣紗人去紅妝盡，惟有鴛鴦在若耶。

此詩前第貳題爲「寒食雨」，第叁題爲「上元」四首，第肆題爲「歲暮懷舒章」八首，其第捌首臥子自注云：「去歲冬盡，予在鄴城。」此「去歲冬盡」，乃指崇禎九年北行會試之役。故此題之「歲暮」，卽崇禎十年歲暮。由是言之，此戲題並蔕芙蓉一首之作成，實在崇禎十一年初秋，可以推定無疑也。檢臥子自撰年譜上崇禎十一年戊寅條云：「是夏讀書南園。」及李舒章會業序略云：「今春（寅恪案，此指崇禎八年春。）闇公臥子讀書南園。樂其修竹長林，荒池廢榭。」（見陳忠裕全集臥子自撰年譜崇禎八年條附錄所引。）又檢臥子年譜崇禎八年乙亥及九年丙子，俱有「春讀書南園」之記載。皆未明著其離去南園之季節。細繹臥子詩題，其「屢有」之「屢」，自是兼指在崇禎十一年夏秋以前數次而言。第叄章已詳論臥子與河東君於崇禎八年春間，同居徐氏南樓幷遊宴陸氏南園之事。河東君雖於是年首夏離去南樓南園之際，只可見荷葉，而不能見蓮花。但三年之後，臥子復於南園見此荒池中並蒂蓮，感物懷人，追憶前事，遂有是作，殊不足怪矣。然則河東君所賦並蒂芙蓉詩，當是和臥子之作者。今檢河東君遺存之作品，如戊寅草，其中未見此詩。攷此草所載河東君之詩，至崇禎十一年秋間爲止。故疑此詩乃河東君崇禎十一年秋間以後，十三年冬間以前所作。卽使此詩作於最早限度之崇禎十一年冬間，牧齋固亦得謂之爲「新」。前第叄章論宋讓木秋塘曲序中「坐有校書，新從故相家，流落人間。」所謂「新」字之界說，讀者可取參閱。蓋當時文人作品，相隔三年之久，本可用「新」字以概括之也。所可笑者，陳楊二人賦詩，各以並頭蓮自比。不意歷時未久，河東君之頭，猶是「烏個頭髮」，而牧齋之頭，則已「雪裏高山」。實與臥子「還家江總」之頭，區以別矣。牧齋頭顱如許，竟爾冒充，亦可憐哉！「今夕梅魂共誰語，任他疏影蘸寒流。」者，牧齋自注既引河東君金明池詠寒柳詞，是以「梅魂」自任，故疏影亦指己身，辭旨明顯，固不待論。惟「蘸」字之出處頗多，未知牧齋何所抉擇。鄙意恐是暗用西廂記「酬簡」之語。果爾，殊不免近褻。至若「寒流」辭，「流」乃與「寒柳」題中之「柳」音近而巧合，卽此一端，亦可窺見牧齋文心之妙矣。昔張敞云：「閨閤之內，夫婦之私，有過於畫眉者。」（見漢書柒陸張敞傳。）由是言之，自不必拘執迂腐之見，訶詆牧齋。但子高坐此「終不得大位」，（並見漢書張敞傳。）牧齋亦以夙有「浪子燕青」之目，常守閨閤之內，而卒不得一入內閣之中。吾人今日讀明清舊史，不禁爲之失笑也。

錢曾註牧齋有美詩，忽破例引河東君金明池詠寒柳詞，已覺可怪。又載何雲疏影詞一闋，如此支蔓，更爲可疑。推原其故，遵王所以違反其註詩之通則者，殆皆出於陸敕先之意，遵王不得已而從之，實非其本旨也。茲以士龍之詞與牧齋此詩有關，因附錄之，並略攷何氏事蹟，稍爲論證，以資談助。

錢曾初學集詩註壹捌有美詩「疏影新詞麗」句注云：

陸敕先曰，何士龍有調寄疎影「詠梅。上牧翁。」云：「香魂誰比。總有他清澈，沒他風味。無限玲瓏，天然葱倩，誰知仍是憔悴。便霜華幾日，連宵雨，又別有一般佳麗。除那人殊妙，將影兒現，把氣兒吹。須憶半溪朧月，漸恨入重簾，香清玉臂。冥濛空翠，如語烟霧裏，更有何人起。惜他止是人無寐。算今夕共誰相對。有調羹，居士風流，道書數卷而已。」

此詞實爲河東君而作，詩當指此也。

寅恪案，牧齋賦有美詩引士龍此詞，以贊揚河東君。於此可知錢何兩人關係之密切，并足見牧齋門下士中，士龍與孫子長（孫氏事蹟及與牧齋之關係，可參有學集壹玖孫子長詩序，同書貳叁孫子長徵君六十壽序及牧齋尺牘中與孫子長札第貳通并王漁洋思舊集叁「孫永祚」條等。）與顧云美等同屬左袒河東君一派，而與錢遵王輩居於反對地位者也。茲不暇攷士龍本末，唯就此點論證之。

牧齋所撰吾炙集「東海何雲士龍」條云：

士龍嶺表歸來，相見已隔生矣。婦（寅恪案，此「婦」字指河東君。）見余喜，賀曰，公門下今日纔得此一人。余曰，如得習鑿齒，才半人耳。婦問何故？余笑曰，彼半人卽我身是也。

初學集伍伍何仲容墓誌銘略云：

仲容諱德潤，爲嘗熟甲族。父諱鏄。〔仲容〕娶秦氏，生子五人，AI禹AI稷AI契AI皋雲。雲吾徒也。

同治修蘇州府志壹佰常熟縣何雲傳略云：

何雲字士龍。祖鏄字言山。（寅恪案，光緒修常昭合志稿叁叁何鏄傳云：「何鏄字子端。」與此異。下文又云：「子雲，字士龍。」略去德潤一代，與牧齋所作何仲容墓誌銘不合。殊誤。）雲能古文詞，尤熟唐史。凡唐人詩有關時事者，歷歷指出如目覩。錢謙益延致家塾。崇禎丁丑謙益被訐下獄，雲慷慨誓死，草索相從。後從瞿式耜至閩粵。流離十五年，復歸故園。

初學集壹壹桑林詩集序云：

丁丑春盡赴急徵。稼軒竝列刊章。士龍相從草索。渡淮而北，赤地千里。身雖罪人，不忘吁嗟閔雨之思，遂名其詩曰桑林集。

同書同卷「一歎示士龍」云：

一歎依然覓隕霜。烏頭馬角事茫茫。及門弟子同關索，薄海僧徒共炷香。百口累人藏複壁，千金爲客掩壺漿。昭陵許哭無多淚，（自注：「唐制有寃者，許哭昭陵。」）要倩馮班慟一場。（自注：「里中小馮生善哭。」寅恪案，小馮生之兄舒，亦與牧齋關係密切。可參虞山妖亂志。觀牧齋此詩，知馮氏兄弟及士龍，皆牧齋患難交也。又可參馮班鈍吟雜錄壹「家戒」上所云：「何雲有文，錢牧翁重之。」之語。）

同書壹貳霖雨詩集「送何士龍南歸兼簡盧紫房一百十韻」略云：

伊余退廢丄，杜門事耕桑。十年守環堵，一朝瑣銀鐺。丅威赫震電，門戶破蒼黃。詔紙疾若飛，官吏仆欲僵。有母殯四載，西風吹畫荒。有兒生九齡，讀書未盈箱。賓客鳥獸散，親族憂以痒。

或有彊近者，懼累遺禍殃。目笑復手笑，堅坐看戲場。或有猙獰者，黠鼠而貪狠。毀室謀取子，壞垣隳我宲。揶揄反皮面，謠諑騰誹謗。唯有負傭流，弛擔語蠱傷。唯有龐眉叟，戟手呼彼蒼。市人爲罷市，僧院各炷香。我心鄙兒女，刺刺問束裝。暮持襆被出，詰朝抵金閶。門生與朋舊，蠢涌來四方。執手語切切，流襟淚浪浪。惜我傔從弱，念我道路長。或云權倖門，刺客如飛蝗。穴頸不見血，探頭入奚囊。或云盤飧內，鴆堇寘稻粱。匕箸一不慎，墳裂屠肺腸。誰與警昏夜，誰與衞露霜。誰與扶跋疐，誰與分劻勷。何生奮袖起，雲也行所當。闔門置新婦，問寢辭高堂。典衣買書劍，首路何慨慷。何生夜草疏，奮欲排帝閶。黯淡蚊蟆紙，傾欹蚓成行。殘燈焰明滅，房心吐寒芒。祖宗牖惚恍，天心鑒明明。眉山摘牙牌，分宜放鈐岡。執彼三屍蟲，打殺銅駝傍。孤臣獲更生，朝市喜相慶。孟冬家書來，念母心不遑。有憂食三歎，矧乃惰與翔。星言卷衣被，別我歸故鄉。我欲縶子駒，顧視心倀倀。子行急師難，子歸慰母望。丹青或可渝，此義永不爽。

寅恪案，牧齋爲張漢儒所訐，被逮北行，下刑部獄，踰年始得釋歸。其本末備見史乘及他載記，以非本文範圍主旨所在，故不詳述。惟節錄牧齋自述之詩，亦足知當日被逮時之情況，並門生故舊關係之一斑也。所最可注意者，不在士龍之維護牧齋，而在河東君之賞譽士龍。吾炙集中錢柳問答之言，卽是其證。晉書捌貳習鑿齒傳（參高僧傳伍釋道安傳。）云：

後以脚疾，遂廢於里巷。及襄陽陷於苻堅，堅素聞其名，與道安俱輿而致焉。既見，與語，大悅之。賜遺甚厚。又以其蹇疾，與諸鎭書：「昔晉氏平吳，利在二陸。今破漢南，獲士裁一人有半耳。」俄以疾歸襄陽。尋而襄鄧反正，朝廷欲徵鑿齒，使典國史。會卒，不果。

然則牧齋之意，謂清兵取江南，己身降附，北遷授職，俄引疾歸籍，稍蒙禮遇。（淸史列傳柒玖貳臣傳錢謙益傳云：「〔順治三年〕六月以疾乞假。得旨，馳驛回籍。令巡撫按視其疾痊具奏。」）可比彦威在前秦陷沒襄陽後，爲苻堅所輿致。俄以疾返里，尋而襄鄧反正，晉廷欲使之典國史。蓋牧齋猶希望明室復興，己身可長史局也。寓意甚微妙。河東君平日於晉書殊爲精熟，觀其作品，例證頗多。此點牧齋固亦宿知，所以擧習氏爲說者，乃料定河東君必能達其微旨。儻是與常人而作此語，豈非對牛彈琴耶？

蕭伯玉士瑋題牧齋初學集，顧云美作河東君傳，俱以李易安趙德甫比錢柳。今讀吾炙集此條所記，益證蕭顧之言非虛譽矣。蘇州府志何雲傳云：「錢謙益延致家塾。」士龍何時在牧齋家授讀，未能考知。以意揣之，當在黃陶菴之前。牧齋送士龍南歸詩，自述其崇禎十年丁丑春被逮時事云：「有兒生九齡，讀書未盈箱。」蓋孫愛生於崇禎二年己巳九月。（見初學集玖崇禎詩集伍「反東坡洗兒詩己巳九月九日」詩。）至崇禎十年春間，適爲九歲。士龍之在錢氏家塾，或卽此時，亦未可知。虞山妖亂志中云：

有朱鑣者，老儒也。敎授於尚書家塾。

漢儒訏牧齋所言江南六大害中第陸欵「士習之害」，亦載朱鑣之名，與馮舒並列。竊疑朱氏之在牧齋家塾，或更先於士龍。豈孫愛之發蒙師耶？俟攷。

又有可注意者，卽牧齋門下士中，凡最與瞿稼軒有關者，俱爲同情河東君之人。第叁章論河東君傳作者顧苓本末時，已略述云美與稼軒之關係。今觀士龍之作疎影詞及吾炙集所載河東君之語，皆可證明此點。由此推之，稼軒在牧齋門下，亦與何顧兩氏同屬「柳派」，而與錢遵王之爲「陳派」，卽牧齋夫人陳氏之派者，迥不相同也。俟下文論絳雲樓事時再及之。玆不多贅。

松圓詩第叁句用史記柒玖范雎傳。第肆句用晉書捌拾王羲之傳附徽之傳及玖肆戴逵傳並世說新語任誕類「王子猷居山陰」條。第伍句用李太白「送友人」五律。（見全唐詩第叁函李白壹柒。）第陸句用樂府詩集肆壹卓文君白頭吟。皆習見之典，不待詳引。所可注意者，卽第柒第捌兩句，「老懷不爲生離苦，雙淚無端只自流。」之語。牛野堂此夕之讌，有兩作用。一爲送別將去之孟陽。一爲歡迎新到之河東君。牧齋此時與孟陽之關係，爲「悲莫悲兮生別離」。與河東君之關係，爲「樂莫樂兮新相知」。斯固孟陽所深切體會者，但明言不爲己身生離之苦，則老淚雙流，自必因他人新知之樂所致，可以決定無疑。又此詩第壹第貳兩句，乃問答之詞。第壹句「珠簾」，用李太白「怨詞」，「美人捲珠簾」之典。（見全唐詩第叁函李白貳肆。）蓋河東君夙有「美人」之稱也。（見第貳章所論。）「莫愁」用玉谿生「馬嵬」二首之二「不及盧家有莫愁」之典。（見李義山詩集上。）河東君與莫愁身分適合，固不待言。此句之意，謂河東君今屬於誰家乎？第貳句乃答辭，意謂河東君今在半野堂之我聞室，其地「彈絲吹竹」，接近藏書之樓，即以錢家爲盧家也。牧齋雖藏書甚富，但此時尚未建絳雲樓，故此樓自不能指絳雲樓。依江南氣候潮濕多雨之通例推之，書籍之藏儲，宜在樓閣。頗疑牧齋此時家中之榮木樓，不僅爲陶菴授讀孫愛之處，亦是牧齋藏書之所。若果推測不誤，則崇禎十三年庚辰十二月二日文酒之讌，笙歌笑語，通夕不休。陶菴或因此諠譁擾其眠睡，心情既煩惱厭惡，復拘守禮法，不便出樓參與盛會。其不願和詩，勢所必然也。苦哉！苦哉！故綜合第壹第貳兩句之旨意言之，實與第柒第捌兩句相關，蓋義山「不及盧家有莫愁」句，「有」字之義，當作「保有」及「享有」解。今此「莫愁」已是「年年河水向東流」，爲牧齋所有矣。安得不「雙淚無端只自流」乎？

復次，有學集叁夏五集「西湖雜感」二十首之八云：

西泠雲樹六橋東。月姊曾聞下碧空。楊柳長條人綽約，桃花得氣句玲瓏。（自注：「桃花得氣美人中，西泠佳句，爲孟陽所吟賞。」）筆牀研匣芳華裏，翠袖香車麗日中。今日一燈方丈室，（寅恪案，「一燈」二字，錢曾註本同。）散花長侍淨名翁。

寅恪案，此詩爲牧齋於順治七年庚寅在杭州追憶河東君西湖舊遊而作者。末句「一燈」二字，今據牧齋手寫稿本，知原作「一來」。（見有正書局影印江左三大家詩畫合璧。）「一燈」自極可通，改「一來」爲「一燈」，是否出於牧齋本身，抑或後人所爲，俱不得知。但「一來」實用佛典，此詩第柒第捌兩句皆用維摩詰經事。故「一來」二字，殊爲適合。河東君行踪飄忽，往往「一來」即去，而更「不還」。其於臥子孟陽皆莫不然。松圓之作「緪雲」詩，欲其「緪定不行」。牧齋此詩結語頗表得意，或者後來又覺詞過明顯，遂自改易耶？牧齋作此詩時，松圓卒已八年，「散花」之天女依舊「長侍淨名」，斯殆亦松圓地下所不及料者歟？

又前論有學集「吳巽之持孟陽畫扇索題」詩節，引耦耕堂存稿文下「題歸舟漫興冊」有「庚辰臘月望，海虞半野堂訂遊黃山。」之語，可知孟陽至早亦於崇禎十三年十二月十五日始離去牧齋家。夫半野堂迓別之宴，在十二月二日，距離孟陽行期，有十餘日之久，時間未免太長。然則此讌明是專爲歡迎河東君入居我聞室而設者，所謂迓別孟陽，不過「順水人情」耳。且此夕之讌，實同於合巹花燭之筵席，牧齋蓋藉以暗示孟陽，若謂自此夕以後，河東君專屬我有，松圓詩老亦可以行矣。孟陽自必心知其意，所以有「何處珠簾擁莫愁。笛牀歌席近書樓。」及「老懷不爲生離苦，老淚無端只自流。」等句也。傷哉！

徐爾從爲此夕酒座局外中立之人，其本末未能詳攷。茲僅就所見甚少之材料推論之，亦可知徐氏在牧齋門下，究屬何派，卽「柳派」，抑或「陳派」也。

初學集伍陸「陝西按察使徐公墓誌銘」（參光緒修常昭合志稿貳伍徐待聘傳。）略云：

公諱待聘，廷珍字也。晚年與余游最密。有子四人，錫祚錫胤錫雲錫全。錫祚錫胤皆與余交好。

馮默菴虞山妖亂志中述錢裔肅召歸其祖岱之出妾連璧事，有關涉爾從一節。其文略云：

又有徐錫胤者，素亦客於尙書門。恨錢斗獨擅裔肅，己不得交關。遂出揭攻裔肅。

有學集叁壹「族孫嗣美合葬墓誌銘」略云：

嗣美名裔肅。妻蔣氏。子四人，長召次名，次卽曾，次魯。

王應奎柳南隨筆貳云：

徐錫允字爾從。廉憲待聘之子。文虹其自號也。家畜優童，親自按樂句指授。演劇之妙，遂冠一邑。詩人程孟陽爲作徐君按曲歌，所謂「九齡十齡解音律。本事家門俱第一。」蓋紀實也。（寅恪案，此兩句見耦耕堂存稿詩中「贈徐君按曲圖歌」，又可參同書上「和牧齋觀劇」四首及同書中「戲和徐爾從遣散歌兒二首同牧齋次韻」幷初學集拾崇禎詩集陸「（崇禎五年）仲夏觀劇歡讌浹月，戲題長句，呈同席許宮允諸公。」及同書壹陸丙舍詩集「次韻徐二爾從散遣歌兒之作」二首。）時同邑瞿稼軒先生以給諫家居，爲園於東臯，水石臺榭之勝，亦擅絕一時。邑人有「徐家戲子，瞿家園。」之語，目爲虞山二絕云。

寅恪案，何士龍有疏影詞，當卽後來追和牧齋此夜之詩「今夕梅魂」句之意者。爾從此夕之讌，旣身在座中，復次牧翁韻贈河東君，則其立場觀點，與何顧相同，其屬於「柳派」，不待多論。又據默菴之言，知爾從曾揭攻錢裔肅。錢曾爲裔肅之子，則爾從爲嗣美遵王父子之仇人怨家，其與「陳派」之遵王相敵對，乃自然之理也。夫牧齋朋好甚多，何以此夕與讌作詩，除孟陽外，僅見爾從一人？頗疑當日事出倉卒，不易邀集多友。爾從與孟陽交誼甚篤摯，又精通音律。此夕文讌河東君應有彈絲吹竹，度曲按歌之舉。錢程特招之與會，亦情勢所當然也。至黃陶菴此時適館於牧齋家，轉不與是夕之讌及不見其有關之詩者，實由陶菴本人對於此事所持之見解所致。蓋崇禎十三年庚辰十二月二日陶菴正居牧齋常熟城內宅中之榮木樓，授孫愛讀。依昔日家塾慣例，年終固須放館歸家，但多在除夕以前不久之時，始能離館。嘉定常熟道途甚近，陶菴爲人嚴肅，恐不於臘月之初，卽已還家渡歲。然則陶菴此夕當仍在牧齋家。孟陽旣同寓一處，牧齋設讌聲稱爲孟陽餞別，程黃舊交，豈有不被邀請陪座之理。據今日所見資料，似陶菴並未與此離筵者，豈牧齋習知陶菴平日性格迥異於爾從，河東君之放誕風流，此夕之讌，更必有所表見。錢之不邀黃，非僅畏憚其方正，實亦便利主客兩方，不得已之決策。牧齋當日之苦心，亦可窺見矣。

爾從詩第壹句「舞燕驚鴻見欲愁」，謂河東君此夕放誕風流之活潑舉動，殊有逾越當日閨閣常軌者。第肆句「咳吐千鍾倒玉舟」謂河東君於此夕座上之豪飲。故此兩句，極有寫實價值。第柒第捌兩句「佳人那得兼才子，藝苑蓬山第一流。」河東君眞足當之無愧，未可目為尋常訓應諛讚之言。綜觀爾從之作，雖不甚工，然頗切合。牧齋之選錄此詩，或職是之故歟？

此夕見神見鬼之老嫗，乃黃陶菴以外，局外而又局外之人。以情理推測，必非奔走執役於此夕之讌會者。其人立於設筵之堂外，遙遙望見主翁賓客之形影，雖未必得聞河東君熏鑪之香氣，然老主人朱門酒肉之臭味，亦可令之作嘔也。據有學集肆陸「題李肇國史補」云：

絳雲一炬之後，老媼于頹垣之中，拾殘書數帖，此本亦其一也。

則此拾得絳雲樓半野堂焚毀後殘書之老嫗，疑卽與窺探半野堂文讌之老嫗同是一人。蓋此老婦所居之處，當在半野堂絳雲樓之近旁，故可被人利用偵察半野堂之情況。後來堂樓俱毀於火，遂亦時時週行巡視，撥寒灰，尋斷簡於其地歟？至此老嫗之立場觀點，則非可視為中立者，因此人既號為老嫗，當是牧齋夫人陳氏，或寵妾王氏之舊人，其在堂外窺看，殆由受命而來偵探，故其所言，必出於當日「陳派」之嗾使。寅恪所以有此推測者，因牧齋遺事趙水部雜志四則之四謂牧齋孫桂哥生之夕，夢見陳夫人所供養之赤脚尼解空至其家。（詳見第伍章所引。）據此可知陳夫人平日與妖尼來往，殊違背其姑顧氏之家教矣。（見初學集柒肆「請誥命事略」。）然則此嫗所謂紅袍烏帽之三神，殆指錢氏之祖先而言。初學集柒肆「亡兒壽耇壙志」略云：

其母微也，余妻與王氏更母之。丙寅之三月緹騎四出，警報日數至。家人環守號泣，兒忽告余曰，爹勿恐，爹勿恐。明年即朝皇帝矣。遂爲執笏叩頭呼萬歲狀。又曰，爹所朝非今皇帝，乃新皇帝也。新皇帝好，新皇帝大好。言之再四。余愕問何以知之？兒曰，影堂中諸公公冠服列坐樓下，敎我爲爹言如是。僮應索綯坐檻上，我叱起之。詢之僮應，果然。嗚呼，異哉！是年七八月稍解嚴。明年兒死。凡四月，而先帝登遐。新天子神聖，逆奄殛死，慨然下明詔，卹錄死廢諸臣。兒之云若執左劵，而兒不得見也。嗚呼！兒之言其有神者告之，如古所謂熒惑散爲童謠者耶？其眞吾祖吾父馮而儀之，而錫以兆語耶？兒能見亡人，又與嚳欬相接，豈其死徵耶？兒死於天啓丁卯五月十六日，其葬也，以新天子改元崇禎之三月清明日，在夏皐祖塋之旁，其父謙益爲書石，而納諸壙。

寅恪案，牧齋作志，本借小兒妄語，以抒其悲感。文情並茂，自是能手。今詳繹志文，牧齋實不免迷信之誚。此點可參初學集拾崇禎詩集陸「仙壇唱和詩十首」，同書肆叁「泐法師靈異記」，（寅恪案，此事亦涉及金聖嘆，頗饒興趣。可參王應奎柳南隨筆叁「金人瑞」條。）同書捌陸「石刻楞嚴經緣起」及有學集貳柒「河南府孟津縣關聖帝君廟靈感記」等。關於是時江南士大夫名流迷信之風氣，限於本文範圍，不欲多論。但當日錢氏一家見神見鬼之空氣，亦可推見也。

據明史陸柒輿服志文武官冠服條云：

一品至四品緋袍。

故著紅袍之三神，當指牧齋之曾祖，祖及父。但檢初學集柒肆譜牒壹，牧齋於崇禎元年九月爲祖父順時父世揚請誥命，撰二人事略，而不及其曾祖體仁。蓋是時牧齋任職二品之禮部侍郎，依例止可封贈二代也。（見明史柒貳職官志。）又檢初學集柒伍代其父所作「故叔父山東按察司副使春池府君行狀」（原注：「代先大夫。」）云：

府君之先曰我王父，贈奉政大夫刑部河南清吏司郎中府君諱體仁。

則知牧齋之曾祖體仁止贈五品官，（亦見明史柒貳職官志。）依例著藍袍而非緋袍。（亦見明史陸柒輿服志文武官冠服條。）是三神之中，應爲二紅袍一藍袍。老嫗所言，不合事實，頗有可疑。鄙意舊時出身履歷，例書曾祖，祖及父三代名字資格。今日世俗習慣猶以「祖宗三代」爲言。錢氏家中造謠之老嫗，不同於治史攷據之專家，牽混概括，目牧齋三代祖宗皆著紅袍，自是極可能之事。論者不必於此過泥，而以爲與明代之朝章國典不合。由是言之，錢氏祀奉祖宗之建築物內所懸之喜神，（見錢大昕竹汀先生日記鈔壹「讀宋伯仁梅花喜神譜」條及阮元四庫未收書目提要壹「梅花喜神譜」條。）亦俱紅袍烏帽衣冠之狀。此可與壽者「影堂中諸公公冠服列坐樓下，教我爲爹言如是。」之語，互相印證也。又劉本沛虞書云：

顧太僕書屋甚華美。內有三層樓一座，是太僕赴粤時所建，未經人住。居民每夜見有五神人，金幞紅袍，巍峨其上。犯者禍立至。丁卯予僦居五年，讀書其上，絕無影響。

寅恪案，劉氏書自識略謂：「弘光乙酉七月十三日清兵南下。茅檐悶坐，無以自遣，偶追聞見，漫筆之書。八月二十四日逋髯劉某識。」可知劉氏僦居顧太僕書屋之丁卯年，乃指天啓七年丁卯而言。下距崇禎十三年庚辰河東君過訪半野堂之歲，僅十三年。時代甚近，顧宅怪異之事復在虞山發生。然則劉氏所記與牧齋家老嫗所言，可謂時同地同。據此更可以推見明末常熟社會迷信狀況之一斑矣。當時牧齋家中「反柳派」欲利用牧齋前此迷信之心理散播謠言，假託祖宗顯靈，以警戒牧齋不可納此禍水，免致敗家。依情勢言，此主謀者，當卽牧齋夫人陳氏及寵妾王氏。此二人之地位，最與河東君不能相容，且又爲撫養壽者之人，更宜出此詭計。其所以不促使最近於崇禎十三年冬至祭祀祖宗之孫愛作第貳壽者，以見神見鬼之言，面告牧齋者，其故當因此時孫愛年已十二歲，非如壽者之幼稚，易於指揮，且其生母朱氏與王氏復有利害之衝突，不立於同一之戰線也。牧齋前此受壽者預言之影響，此時又聞老嫗之傳說，遂不加訶責禁止，然亦未能解其所言之用意，因姑妄聽之，存而不究。至其垂死之年，作詩追記半野堂文讌之事，有「看場神鬼坐人頭」之句，藉以詆詈其政敵。「神」指溫體仁周延儒等顯要。「鬼」指陳汝謙張漢儒諸浪人。此類神鬼皆常坐於人之頭上者也。假使牧齋心中聯係老嫗壽耈兩人所言，則必不用此類辭句。否則豈非呵罵自身之祖宗耶？牧齋一生思想靈活，此點爲「陳派」所深知。其促使老嫗傳播妄言，蓋預料牧齋必能追憶壽耈之語，認爲「諸公公」顯靈欲令立卽斥去「城南之柳」（此借用谷子敬呂洞賓三度城南柳雜劇之名，以劇中柳樹精爲楊氏子，而河東君初訪半野堂時，亦作男子裝故也。）實爲家門之福，但牧齋此時因沉溺於新相知之樂，如醉如癡，遂一反其平日心理常態，竟不能將此兩事，前後聯合爲一觀念，斯爲「陳派」失敗之主因也。黃梨洲乃同情於河東君者，由於未悉此中原委，轉謂是後來焚燒絳雲樓之火神。殊不知火神固可具紅袍烏帽之形狀，但何必現此三位一體之作用耶？錢黃二人通才博學，爲世宗仰，竟皆受紿於妬婦老嫗。迄今思之，甚爲可笑。然則當河東君初訪半野堂之時，牧齋家中黨派競爭激烈，鉤心鬭角，無所不用其極。內容實況，今雖不能詳知，卽據紅袍烏帽三神之傳說，亦可推見一斑。故不避煩瑣之嫌，特辨述之如此。

東山詶和集壹牧翁「迎春日偕河東君泛舟東郊作」（寅恪案，迎春日之問題，可參前論牧齋「冬至日感述示孫愛」詩節。）云：

罨畫山城畫舫開。春人春日探春來。簾前宿暈猶眠柳，鏡裏新妝欲笑梅。花信早隨簪髻發，歲華徐逐蕩舟回。綠尊紅燭殘年事，傳語東風莫漫催。

河東「次韻」云：

珠簾從此不須開。又是蘭閨夢景來。畫舫欲移先傍柳，遊衫纔拂已驚梅。東郊金彈行相逐，南陌瓊輈度幾回。最是新詩如玉琯，春風舞袖一時催。（寅恪案，此首初學集未載。）

河東「春日我聞室作，呈牧翁。」（寅恪案，鄭氏近世中西史日表，崇禎十三年庚辰正月十三日立春，十二月廿四日又立春。河東君詩題之「春日」，乃指自十二月立春至除夕間之節候也。）云：

裁紅暈碧淚漫漫。南國春來正薄寒。此去柳花如夢裏，向來煙月是愁端。畫堂消息何人曉，翠帳容顏獨自看。珍重君家蘭桂室，東風取次一憑闌。

牧翁「河東春日詩有夢裏愁端之句，憐其作憔悴之語，聊廣其意。」云：

芳顏淑景思漫漫。南國何人更倚闌。已借鉛華催曙色，更裁紅碧助春盤。早梅半面留殘臘，新柳全身耐曉寒。從此風光長九十，莫將花月等閒看。

寅恪案，錢柳二人同在一處時，詶和往復，一日之間，一人所作，往往不止一首。如上錄四詩，皆屬於迎春日者。但初學集未載河東君次韻牧齋此日同遊東郊之作。又東山詶和集壹牧齋「新正日偕河東君過拂水山莊，梅花半開，春條乍放，喜而有作。」後附河東君次韻詩，初學集亦未載。二人不在一處時，詩筒來往，互相詶和，亦有僅載一方之作品者，如東山詶和集貳牧齋「西溪永興寺看綠萼梅有懷」及「二月十二春分日橫山晚歸作」，初學集皆未載河東君和作。或疑初學集爲牧齋一人專集，與東山詶和集之爲諸人詶和詩之選集，兩者性質不同，主賓輕重互異，因有著錄多少之分別。是説雖亦近理，然鄙意恐不止此。蓋河東君爲人負氣好勝，其與當時名士拈題鬬韻，往往超越諸人之上。杜少陵「語不驚人死不休」，（見杜工部集壹壹「江上值水如海勢，聊短述。」七律。）正同此義。今觀初學集中所存與牧齋唱和之作，頗多別有意境，非復牧齋所能企及。至其未載者，則屬不能與牧齋競勝之作品。由是而言，初學集之未全載河東君諸詩，實出河東君本人有所去取之故。斯固負氣好勝，而又聰明絶世之人，如河東君者，所應有之舉措也。茲因比較東山詶和集與初學集兩本繁簡異同，略附鄙見如此，以俟通人之教正。

牧齋迎春日泛舟一首，既切合景物情事，更才藻豔發，洵爲佳作。河東君和章，雖亦不惡，然較牧翁原作，終有遜色。宜其刪去，不存於初學集，以免相形見絀也。牧齋詩第叁第肆句，實寫河東君前夕豪飲，次晨早妝之態。形容巧妙，如見其人。至若孟陽緪雲詩第肆首，亦描寫河東君早妝之作。雖與牧齋此兩句之意旨相同。但錢詩造語精鍊，非程詩所可及。不過松圓欲遠追周昉，畫出河東君此際情態，則其所畫，或更較牧齋之詩能傳神，亦未可知也。

河東君「春日我聞室作，呈牧翁。」一詩，前於第壹章第叁章及本章已多述及。今更申論之。其關涉古典者，不必徵釋，惟就今典言之。河東君此詩與臥子「夢中新柳」詩，同用一韻，殊非偶然。蓋因當日我聞室之新境，遂憶昔時鴛鴦樓之舊情，感懷身世，所以有「淚漫漫」之語。讀此詩者，能通此旨，則以下諸句皆可迎刃而解矣。「此去柳花如夢裏」指陳臥子滿庭芳詞「無過是，怨花傷柳，一樣怕黃昏。」之語而言，卽謂與軼符之關係。「向來烟月是愁端」指宋讓木秋塘曲「十二銀屏坐玉人，常將煙月號平津。」之句而言，卽謂與周文岸之關係。「向來」既如是，「此去」從可知。所言之事，所懷之感，乃牧齋所深知者，故云：「河東春日詩有夢裏愁端之句，憐其作憔悴之語。」遂不得不和韻賦詩，「聊廣其意」。否則此二句自表面觀之，亦未見其語之甚憔悴而可憐也。「畫堂消息何人曉」，指牧齋初次答其過訪半野堂詩「但似王昌消息好」之句及永遇樂詞「白玉堂前，鴛鴦六六，誰與王昌說。」之語。然其下接以「翠帳容顏獨自看」之句，卽借用玉谿生「代〔盧家堂內〕應」詩「誰與王昌報消息，盡知三十六鴛鴦。」之意。據朱鶴齡李義山詩集箋註上引道源注，謂三十六鴛鴦，純舉雌言之。（寅恪案，馮孟亭不以此說爲然。見玉谿生詩詳註叁。）牧齋詩詞之意，亦同此解。河東君當亦不異。然則此一聯，兩句連讀，意謂己身之苦情，牧齋未必能盡悉，而懷疑其是否果爲眞知己也。「珍重君家蘭桂室」感牧齋相待之厚意，而抱未必能久居之感，若作如是解，則「君家」二字之用意所在，始有著落。「東風取次一憑闌」，卽用臥子夢中所作「大抵風流人倚欄」之句，並念臥子醒後補成「太覺多情身不定」之句，而自傷臥子當時所言，豈竟爲今日身世之預讖耶？夫河東君此詩雖止五十六字，其詞藻之佳，結構之密，讀者所盡見，不待贅論。至情感之豐富，思想之微婉，則不獨爲東山詶和集中之上乘，卽明末文士之詩，亦罕有其比。故特標出之，未知當世評泊韻語之耑家，究以鄙說爲何如也。

抑更有可論者，河東君此詩題，既特標「我聞室」三字，殊有深意。夫河東君脫離周文岸家後，至賦此詩之時，流轉吳越，將及十年。其間與諸文士相往還，其寓居之所，今可攷知者，在松江，則爲徐武靜之生生菴中南樓，或李舒章之横雲山別墅。在嘉定，則爲張魯生之薖園，或李長蘅家之檀園。在杭州，則爲汪然明之横山書屋，或謝象三之燕子莊。在嘉興，則爲吳來之之勺園。在蘇州，或曾與卞玉京同寓臨頓里之拙政園。凡此諸處，皆屬別墅性質。蓋就河東君當時之社會身分及諸名士家庭情況兩方面言之，自應暫寓於別墅，使能避免嫌疑，便利行動。但崇禎庚辰冬日至虞山訪牧齋，不寓拂水山莊，而逕由舟次直遷牧齋城内家中新建之我聞室，一破其前此與諸文士往來之慣例。由是推之，其具有決心歸牧齋無疑。遺囑中「我來汝家二十五年」之語，可以證知。然牧齋家中既有陳夫人及諸妾，又有其他如錢遵王輩，皆爲己身之反對派，儻牧齋意志動搖，則既遷入我聞室，已成騎虎之勢。若終又舍牧齋他去，豈不貽笑諸女伴，而快宋轅文謝象三報復之心理耶？故「珍重君家蘭桂室」之句與「裁紅暈碧淚漫漫」之句互相關涉，誠韓退之所謂「刳肝以爲紙，瀝血以書詞。」者。吾人今日猶不忍卒讀也。

牧齋既深知河東君「夢裏」「愁端」兩句所指之事實及心理，因和韻以寬慰之。牧齋此詩寬慰之詞旨，實在其後四句。「早梅半面留殘臘，新柳全身耐曉寒。」「新柳」乃指臥子「補成夢中新柳詩」之「新柳」，自不待言。「全身耐曉寒」，必非泛語。第叁章論臥子蝶戀花「春曉」詞「故脫餘綿，忍耐寒時節。」句，已略及河東君個人耐寒之特性。顧苓「河東君傳」云：「爲人短小，結束俏利。」白牛道者題此傳云：「冬月御單袷衣，雙頰作朝霞色，卽之，體溫然。疑其善玄素也。」皆與耐寒之特性有關。蓋河東君爲人短小，若衣著太多，則嫌臃腫，不得成俏利之狀。既衣著單薄，則體熱自易放散，遂使旁人有「卽之溫然」之異感。此耐寒習慣，亦非堅忍性特強之人不易辦。或者河東君當時已如中國舊日之乞丐，歐洲維也納之婦女，略服砒劑，既可禦寒，復可令面頰紅潤。斯乃極謬妄之假說，姑記於此，以俟當世醫藥考古學人之善美容術者教正。茲有一事可論者，吾國舊時婦女化妝美容之術，似分外用內服兩種。屬於外用者，如脂粉及香熏之類，不必多舉，屬於內服者，如河東君有服砒之可能及薛寶釵服冷香丸，（見石頭記第柒及第捌兩回。）卽是其例。前引臥子爲河東君而作之「長相思」詩云：「別時餘香在君袖。香若有情尙依舊。但令君心識故人，綺窗何必長相守。」然則河東君之「故人知君，君不知故人。」之語，甚爲巧妙，足見臥子文才之一斑。（寅恪案，此句用後漢書列傳肆肆楊震傳，香乃熱香，薛寶釵之香乃冷香，冷香猶令寶玉移情，熱香更使臥子消魂矣。

又溫睿臨南疆逸史下逸士門張白牛傳略云：

張白牛失其名，字存壬，錢塘諸生。鼎革後，棄諸生服，避居留下，賣卜自給，足迹不入城。破屋二間，敗几缺足，穴壁倚之以讀書。貌蒼古，亂髯，聲如洪鐘。日吟詩，經史之外，釋道三藏皆誦。冬衣一敝苧衫，服砒霜。問之，則聊以禦寒。

寅恪案，白牛道者，或卽是張白牛，尚俟詳攷。但張氏冬日服砒霜以禦寒，似可證知明季吳越間頗流行服砒禦寒之術。且張氏之號，與題河東君傳之白牛道者，實相符合，甚可注意也。牧齋「新柳全身耐曉寒」句之意，尙不止摹寫河東君身體耐寒之狀，實亦兼稱譽其遭遇困難，堅忍不撓之精神。蓋具有兩重旨意也。臥子補成夢中新柳詩載於陳李唱和集，爲崇禎六年癸酉早春所作。此詩後一題爲「梅花」七律二首，當亦是爲河東君而作。又陳忠裕全集壹伍屬玉堂集載臥子於崇禎七年甲戌歲暮所作「早梅」一首云：

垂垂不動早春間。盡日青冥發滿山。昨歲相思題朔漠，（自注：「去年在幽州也。」）此時留恨在江關。千戈繞地多愁眼，草木當風且破顏。念爾凌寒難獨立，莫辭冰雪更追攀。

寅恪案，臥子自注云，「去年在幽州也。」蓋臥子崇禎六年癸酉歲暮在北京，候次年會試。此時頗多綺句，皆懷念河東君之作，第叁章已論及之。此詩之前爲「臘日暖甚，過舒章園亭，觀諸豔作，幷談游冶。」二首。此詩後爲「乙亥元日」。然則臥子「早梅」一律，當作於崇禎七年十二月立春之後，除夕之前。正與牧齋崇禎十三年庚辰冬作此詩之時節相應合。臥子詩云：「念爾凌寒難獨立，莫辭冰雪更追攀。」牧齋早梅之句及耐寒之語，疑俱與之有關。臥子陳李唱和集及屬玉堂集久已刊布，諒牧齋當日必早見及。故用其「新柳」「早梅」兩詩，以爲今典。不僅寫景寫物，亦兼言情言事。此非高才，不能爲之。卽有高才，而不知實事者，復不能爲之也。幸得高才，知實事而能賦詠之矣，然數百年之後，大九州之間，眞能通解其旨意者，更復有幾人哉？更復有幾人哉？「從此風光長九十，莫將花月等閒看。」謂立春至立夏共九十日，皆爲陽春，不可等閒放過。湯玉茗云：「如花美眷，似水流年。」牧齋於此非獨取以慰人，並用以自警矣。

抑更有可論者，崇禎十三年庚辰之冬，河東君年二十三，牧齋年五十九，臥子年三十三。依當日社會一般觀念，河東君或尚可稱盛年，然已稍有美人遲暮之感。臥子正在壯歲，牧齋則垂垂老矣。庚辰後五年爲順治二年乙酉，明南都傾覆，河東君年二十八，牧齋年六十四。河東君雖願與牧齋同死，而牧齋謝不能。庚辰後六年爲順治三年丙戌，臥子殉國死，年三十九。河東君年二十九。庚辰後八年爲順治五年戊子，牧齋年六十七，河東君年三十一。牧齋以黃毓祺案當死，而河東君救之，使不死。庚辰後二十四年爲康熙三年甲辰，牧齋年八十三，河東君年四十七，兩人先後同死。由是言之，河東君適牧齋，可死於河東君年二十九，或三十一之時。然俱未得死，河東君若適臥子，則年二十九時，當與臥子俱死，或亦如救牧齋之例，能使臥子不死。但此爲不可知者也。嗚呼！因緣之離合，年命之修短，錯綜變化，匪可前料。屬得屬失，甚不易言。河東君之才學智俠既已卓越於當時，自可流傳於後世，至於修短離合，其得失之間，蓋亦末而無足論矣。因恐世俗斤斤於此，故取三人之關於此點者，綜合排比之，以供參究。寅恪昔撰王觀堂先生挽詩云：「但就賢愚判死生，未應修短論優劣。」意旨可與論河東君事相證發也。

東山訓和集壹牧翁「除夕山莊探梅，口占報河東君。」云：

數日西山踏早梅。東風昨夜斬新開。停車未許傾杯酒，走馬先須報鏡臺。冷蕊正宜簾閣笑，繁花還仗剪刀催。衫襠攜得寒香在，飄瞥從君嗅一回。

牧翁「庚辰除夜偕河東君守歲我聞室中」云：

除夜無如此夜良。合尊促席餞流光。深深簾幙殘年火，小小房櫳滿院香。雪色霏微侵白髮，燭花依約戀紅妝。知君守歲多佳思，欲進椒花頌幾行。

河東「除夕次韻」云：

合尊餞歲羨辰良。綺席羅帷罨曙光。小院圍鑪如白晝，兩人隱几自焚香。縈窗急雪催殘漏，照室華燈促豔妝。明日珠簾侵曉卷，鴛鴦羅列已成行。

牧翁「辛巳元日雪後與河東君訂春游之約」（寅恪案，初學集此題止作「辛巳元日」。）云：

新年轉自惜年芳。茗椀薰鑪殢曲房。雪裏白頭看鬌髮，風前翠袖見容光。官梅一樹催人老，宮柳三眠引我狂。西磧藍輿南浦櫂，春來只爲兩人忙。

河東「元日次韻」云：

蘼蕪新葉報芬芳。彩鳳和鸞戲紫房。已覺綺窗迴淑氣，還憑青鏡綰流光。參差旅鬌從花妬，錯莫春風爲柳狂。料理香車幷畫檝，翻鶯度燕信他忙。

牧翁「新正二日偕河東君過拂水山莊，梅花半開，春條乍放，喜而有作。」云：

東風吹水碧於苔。柳靨梅魂取次迴。爲有香車今日到，儘教玉笛一時催。萬條綽約和腰瘦，數朶芳華約鬢來。最是春人愛春節，詠花攀樹故徘徊。

河東「次韻」（寅恪案，初學集未載此首。）云：

山莊水色變輕苔。並騎親看萬樹迴。容鬢差池梅欲笑，韶光約略柳先催。絲長偏待春風惜，香暗眞疑夜月來。又是度江花寂寂，酒旗歌板首頻回。

寅恪案，初學集壹貳「山莊八景詩」八首之七「梅圃谿堂」序云：「秋水閣之後，老梅數十株，古幹虯樛，香雪浮動。今築堂以臨之。」又有學集肆柒「書梅花百詠後」云：「墓田丙舍，老梅數十株。」可見拂水山莊梅花之盛。牧齋於崇禎十三年除夕特先往拂水山莊探梅，其實乃爲二日後，卽崇禎十四年正月初二日偕河東君同游之準備工作。自是屬於接待新人之範圍，但亦疑有與舊人如寵妾王氏之流有關之陳設等類，不欲使河東君見之「不順眼」，早爲除去。或更有他故，爲河東君所不願者，非預先措置不可，如拂水山莊本爲錢氏丙舍，新正之月，豈有至先塋所在，而不拜謁之理。牧齋之拜謁先塋，若河東君置身其間，頗爲尷尬。不拜則爲失禮，同拜則有已適錢氏之嫌。故牧齋所以先二日獨至拂水之主要目的，必爲己身可先拜墓，則偕河東君再往時，可以不拜，以免其進退維谷之困難。（可參有學集詩註玖紅豆集「（順治十五年戊戌）孟冬十六日偕河東君夫人自芙蓉莊泛舟拂水，瞻拜先塋，將有事修葺，感歎有贈，效坡公上巳之作，詞無倫次。」七古。）蓋河東君當時與牧齋之關係究將如何，其心中猶豫未決。玩味所賦「春日我聞室作」一詩中，「珍重君家蘭桂室」之句，則此際尚不欲竟作錢家之莫愁，亦可推知，否則區區探知梅花消息，遣一僮應如索綯者，即可勝任，不必躬親察勘也。又牧齋辛巳元日詩題，初學集刪去「與河東君訂春遊之約」九字，則與「新正二日偕河東君過拂水山莊」，即前一日所「訂春遊之約」，失去聯係。推測牧齋所以刪去訂約之語，未必以題語冗長之故，頗疑河東君初不欲往，後經牧齋從臾，勉強成行，若著「春游之約」一語，則過於明顯。似此心理之分析，或不免墮入論詩家野狐禪之譏。推測不當，亦可借此使今之讀詩者，一探曹洞中之理窟，未可謂爲失計也。然昔人詩題之煩簡，殊有用意。縱令牧齋拂水山莊探梅詩「停車未許傾杯酒，走馬先須報鏡臺。」下句自是此行之主旨。上句謂到山莊不敢多留，即歸報訊，所以表示其催勸河東君往遊之意，殊可憐，又可笑也。「衫襠攜得寒香在，飄瞥從君嗅一回。」亦寫當時之實況。蓋牧齋此行必摘梅以示河東君，藉是力勸其一往也。此首未載河東君和作，當非原有和章，而後刪去者。豈因無詶答之必要，遂置之未和耶？

牧齋「庚辰除夜偕河東君守歲我聞室中」一詩，首句「除夜無如此夜良」，初讀之，似覺不過尋常泛語。詳玫之，則知爲實事眞情。牧齋與松圓晚年往還尤密，在賦此詩前數年除夕，皆與孟陽守歲唱和。如「己卯除夕偕孟陽守歲」（見初學集壹伍丙舍詩集上。）「戊寅除夕偕孟陽守歲」（見初學集壹肆試拈詩集。)等及列朝詩集丁壹叁上所選孟陽詩「己卯除夕和牧齋韻」，「戊寅除夜拂水山莊和牧齋韻二首」等，可爲例證。至丁丑除夕牧齋在北京刑部獄中，其「歲暮懷孟陽」詩之後一題，爲「除夜示楊郎之易」詩，則是遙隔千里，共同守歲之作。列朝詩集所選孟陽詩中，其「昭慶慈受僧舍，得牧齋歲暮見懷詩次韻」一首，雖作成之時日較後，亦是等於與牧齋丁丑除夕唱和也。然則前此數年之除夜，牧齋相與共同守歲者，亦是「白個頭髮，烏個肉。」之老翁。今此除夜，則一變爲與「烏個頭髮，白個肉。」之少婦共同守歲。牧齋取以相比，宜有「除夜無如此夜良」之語矣。「小小房櫳滿院香」句，可與「寒夕文讌」詩，「綠窗還似木蘭舟」句參較。我聞室非寬敞之建築物，益可證明也。

河東君次韻牧齋庚辰除夜守歲詩，辭旨俱佳。「明日珠簾侵曉卷，鴛鴦羅列已成行。」之句，乃暗指牧齋答河東君半野堂初贈詩「但似王昌消息好，屐箱擎了便相從。」之語。其用「已」字，殊非偶然。較之牧齋原詩「知君守歲多佳思，欲進椒花頌幾行。」不過以節物典故，依例頌揚作結者，實有上下牀之別。錢柳兩詩幷列，牧齋於此應有愧色矣。

牧齋辛巳元日詩第貳句「茗椀薰鑪殢曲房」，乃因孟陽次韻河東君半野堂詩「詩酒已無驅使分，熏爐茗盌得相從。」之語而發。「曲房」指我聞室言。孟陽自謂其於河東君，詩酒固已無分，鑪盌尚可相從。豈意窮冬冒寒別去錢柳，獨歸新安。除夕臥病，相與守歲者，惟一空門之熠師，寒灰暗影，兩禿相對。詩酒鑪盌，俱成落空。眞可憫，復可嗤也已。據列朝詩集丁壹叁所選孟陽「題畫雪景，送熠師歸黃山喝石居。」詩，題下自注云：「去年除夕師以余疾出山。茲感舊作歌。」此題前第叁題爲「和牧翁宿方給諫舊館，有懷孟陽。」第肆題爲「辛巳三月廿四日（與老錢）同宿新店，次韻。」俱爲崇禎十四年辛巳作品，自無疑義。若題畫雪景詩及其前第壹第貳兩題，並屬辛巳年之作品，則題雪景詩題下自注中之「去年除夕」，乃指崇禎十三年庚辰除夕，亦可以推定也。噫！當牧齋守歲之際，即松圓臥病之時。我聞室中綠窗紅燭，薰鑪茗盌，賦詩賭酒，可謂極天上人間之樂事。牧齋襲用孟陽「薰鑪茗盌」之語以自鳴得意。不知長翰山中，松圓閣內之老友，（初學集壹玖東山詩集貳「訪孟陽長翰山居，題壁代簡。」云：「長翰山中書數卷，松圓閣外樹千章。」）何以堪此耶？其不因病而死，殊爲幸事。牧齋選取孟陽此詩，見其題下自注之語，或亦不能無動於中歟？

河東君元日次韻詩「參差旅鬢從花妬，錯莫春風爲柳狂。」一聯，下句乃答牧齋原作「宮柳三眠引我狂」之語。「春風」乃指牧齋。此時牧齋眞爲河東君發狂矣。上句之「旅鬢」乃指己身而言。其用「旅」字，除有古典外，恐尚含來此作客，不久即去之意。「花」指牧齋家中寵妾王氏之流而言。牧齋辛巳元日詩，其題中明言與河東君訂定往遊拂水山莊之約，河東君詩「料理香車并畫檝，翻鶯度燕信他忙。」乃謂因錢柳之偕遊拂水山莊，舟輿之忙碌預備。錢氏家中議論紛紜也。前謂拂水山莊爲錢氏之丙舍，牧齋與河東君此行殊有婦人廟見之禮，或朱可久詩「洞房昨夜停紅燭，待曉堂前拜舅姑。」（見全唐詩第捌函朱慶餘貳「近試上張籍水部」。）之嫌疑。河東君詩意謂己身此來作客，不久即歸去，雖牧齋之顚狂，王氏之妬嫉，亦任之而已。

牧齋「新正二日偕河東君過拂水山莊」詩結語「最是春人愛春節，詠花攀樹故徘徊。」乃特爲寫出河東君之作此游，出於自願之意，藉以掩蓋其極力勸促，勉強成行之痕跡也。河東君次韻牧齋偕遊拂水山莊詩「又是度江花寂寂，酒旗歌板首頻回。」上句度江寂寂之花，自是指己身而言。以河東君之風流高格調，固足當度江名士之目而無愧也。下句回首酒旗歌板，則微露東坡詩「舞衫歌扇舊因緣」（見東坡後集肆「朝雲詩」。）之意矣。詞旨俱不惡。初學集未載河東君此詩者，當因旣題曰次韻，而末句「回」字，與原作之「徊」字不同。祇可謂之和韻，不得題作次韻，豈以名實不符之故，遂删去未載耶？

東山訓和集壹牧齋「上元夜同河東君泊舟虎丘西溪，小飲沈璧甫齋中。」云：

西丘小築省喧闐。微雪疏簾鑪火前。玉女共依方丈室，金牀仍見雨花天。寒輕人面如春淺，曲轉簫聲並月圓。明日吳城傳好事，千門誰不避芳妍。

河東「次韻」云：

紘管聲停笑語闐。清尊促坐小闌前。（寅恪案，初學集「坐」作「席」。）已疑月避張燈夜，更似花輸舞雪天。玉蕋禁春如我瘦，銀缸當夕爲君圓。新詩穠豔催桃李，行雨流風莫妬妍。

牧齋「次韻示河東君」云：

三市從他車馬闐。焚枯笑語紙窗前。晚妝素袖張燈候，薄病輕寒禁酒天。梅蕋放春何處好，燭花如月向人圓。新詩恰似初楊柳，邀勒東風與鬬妍。

沈璜璧甫「辛巳元夕牧翁偕我聞居士載酒攜燈，過我荒齋。牧翁席上詩成，依韻奉和。」（寅恪案，神州國光社影印長洲蔣杲賜書樓所藏柳如是山水冊。其末幀題云：「□□詞長先生爲余作西泠採菊長卷。予臨古八幀以報之。我聞居士柳如是。」杲事蹟見同治修蘇州府志捌捌。若此冊果爲眞蹟者，疑是河東君於崇禎十一年秋間游西湖時所作。可參前論戊寅草「秋盡晚眺」第壹首「爲有秋容在畫角」句。今所見崇禎十一年陳臥子所刻戊寅草，崇禎十二年汪然明所刻湖上草及十四年所刻尺牘，皆題「柳隱如是」。河東君既以「如是」爲字，自可取佛典「如是我聞」之成語，以「我聞居士」爲別號也。）云：

乍停歌舞息喧闐。移泊橋西蓬戶前。弱柳弄風殘雪地，老梅破蕚早春天。酒邊花倚燈爭豔，簾外雲開月正圓。夜半詩成多藻思，幽庭芳草倍鮮妍。

蘇先子後和詩云：

春城簫鼓競闐闐。別樣風光短燭前。殘雪樓臺行樂地，薄寒衣袂放燈天。銀花火樹如人豔，璧月珠星此夜圓。一曲霓裳君莫羨，新詩誰並玉臺妍。

寅恪案，河東君於崇禎十三年十一月乘舟至常熟訪牧齋於半野堂。十二月二日遷入牧齋家中之我闢室。除夕相與守歲。次年正月二日與牧齋同游拂水山莊。元夕偕牧齋乘舟載酒擕燈至蘇州，過沈璧甫齋中讌集賦詩。然則河東君自到常熟至過蘇州，其間大約將及兩月。自崇禎十四年正月二日至上元，其間將及半月。在此將及半月之時間，錢柳兩人俱未見唱和之作。與前一時間，即自初訪半野堂至同游拂水山莊之時間，吟詠往復，載於集中可以考見者，其情況大不相同，是何故耶？河東君清羸多病，前論其與汪然明尺牘，已略及此點。觀尺牘第壹壹，壹叁，壹肆，壹捌，貳伍，貳捌，貳玖等通，皆可爲例證。此七通尺牘之時間，乃自崇禎十二年秋至十三年秋者。其距離十四年元夕，不過數月至一年餘耳。河東君於十三年庚辰仲冬至常熟，其病當或尚未全愈，殆有不得已勉強而爲此行之苦衷。經過月餘之訓應勞瘁，兼以豪飲之故，極有舊病復發之可能。但此猶僅就其身體方面而言，至若其精神方面，更有遲疑不決，思想鬭爭之痛苦。前論其不願往拂水山莊春遊事，可以窺見。由此言之，東山訓和集及初學集中，崇禎十四年正月二日錢柳偕遊拂水後，歷時頗久，直至元夕，始有同過蘇州之詩者，其故當由於河東君自偕遊錢氏丙舍所在地之後，感觸甚深，因而發病所致歟？又據牧齋元夕次韻詩「薄病輕寒禁酒天」及有美詩「薄病如中酒」等句推之，則知河東君之離常熟，亦是扶病而行者。今日思之，抑可傷矣。清代曹雪芹糅合王實甫「多愁多病身」及「傾國傾城貌」，形容張崔兩方之辭，成爲一理想中之林黛玉。殊不知雍乾百年之前，吳越一隅之地，實有將此理想而具體化之河東君。眞如湯玉茗所寫柳春卿夢中之美人，杜麗娘夢中之書生。後來果成爲南安道院之小姐，廣州學宮之秀才。居然中國老聃所謂「虚者實之」者，可與希臘栢拉圖意識形態之學說，互相證發，豈不異哉！

虎丘沈璧甫齋中賦詩諸人，除錢柳外，沈璜本末前已略述。列朝詩集丁壹叁下沈山人璜小傳略謂其「與王德操林若撫先後稱詩。居虎丘之西。」幷載其「移家虎丘」七絶二首，但未選錄辛巳元夕次韻牧齋七律，殆以此詩無關沈氏生平出處，故爾未選。其實沈詩「弱柳弄風殘雪地，老梅破萼早春天。」一聯，上句指河東君，下句指牧齋，景物人事融會兼寫，亦可稱佳妙也。

沈氏齋中賦詩之人，蘇先子後本末未能詳攷。據劉本沛虞書云：

蘇先字子後。善畫美人，且善詩。

及郟掄逵虞山畫志貳（參光緒修常昭合志稿貳叁蘇先傳及魚翼海虞畫苑「蘇先」條。）云：

蘇先字子後，號墨莊。少時作新柳詩，錢宗伯愛之。工畫仕女，爲時推重。子後爲程孟陽寫仙游圖，題云：「撇開塵俗上青霄。絳績仙人拍手招。踏破洞天三十六，月明鶴背一枝簫。」才横氣豪，卽詩可見。

寅恪案，墨莊此時何以適在璧甫齋中，未知其故。蘇氏少時，旣以「新柳」詩見賞於牧齋，當爲受之鄉里後輩。其所賦新柳詩，今未得見。以情事言，此時河東君亦是「新柳」。子後旣工畫仕女，若爲璧甫齋中此夕文讌寫照，則於河東君過訪半野堂圖之外，天壤間別傳一重公案，豈非佳話耶？墨莊此詩「殘雪樓臺行樂地，薄寒衣袂放燈天。」一聯頗可誦。牧齋稱賞其新柳詩，自不偶然也。又單學傅海虞詩話壹亦載子後本末，幷選其詩。茲附錄有關拂水山莊梅花詩一首，以供參證。「庭中手植梅，著花甚繁，作短歌。」云：

去年梅開花尙少。今年花開多益好。花開歲歲春長在，種花之人花下老。君不見拂水山莊三十樹。照野拂衣如白霧。又不見臥雪亭前雪一叢。千花萬朵搖春風。花正開時主人出。地北天南看不及。幽禽空對語關關，夜雨徒沾香褭褭。見花忽憶倚花立。索笑不休相對泣。百歲看花能幾回，人生何苦長汲汲。

牧齋「上元夜飲璧甫齋中」詩，殊不及河東君次韻之作。惟「寒輕人面如春淺，曲轉簫聲並月圓。」一聯頗佳。其次韻示河東君一首，則勝其前作。蓋不甘退避，竭盡平生技倆，與「新柳」一較高下。其結語「新詩恰似初楊柳，邀勒東風與鬬妍。」卽是挑戰應戰之意。「晚妝素袖張燈候，薄病輕寒禁酒天。」一聯，寫河東君此夕情態，曲盡其妙。蘇子後雖善丹青，令其此夕作畫，恐亦未必如牧齋詩句之眞能傳神如是也。

河東君次韻牧齋詩，全首辭旨皆佳。「玉蕊禁春如我瘦，銀缸當夕爲君圓。」一聯尤妙。河東君此聯下句乃答牧齋「曲轉簫聲並月圓」句，指己身唱曲而言，故應以「爲君圓」之語。牧齋「燭花如月向人圓」之句，又答河東君「爲君圓」之意，乃指兩人而言。鈎心鬬角，各顯所長。但河東君之作，終勝於牧齋。讀者苟取兩人之詩幷觀，則知鄙說非重女輕男，阿私所好也。河東君此聯上句「玉蘂禁春如我瘦」，亦非泛語。初學集肆伍「玉蘂軒記」云：

河東君評花，最愛山礬。以爲梅花苦寒，蘭花傷豔。山礬淸而不寒，香而不豔，有淑姬靜女之風。蠟梅茉莉皆不中作侍婢。予深賞其言。今年得兩株於廢圃老牆之下，刜奧草，除瓦礫，披而出之，皆百歲物也。老幹擢拏，樛枝扶疎，如衣從風，如袖拂地，又如梏拲乍脫，相扶而立，相視而笑。君顧而樂之，爲屋三楹，啓北牖以承之，而請名於予。予名之曰玉蘂，而爲記曰，瑒花之更名山礬，始於黃魯直。以瑒花爲唐昌之玉蘂者，段謙叔曾端伯洪景盧也。其辨證而以爲非者，周子充也。夫瑒花之卽玉蘂耶？非耶？誠無可援據。以唐人之詩觀之，則劉夢得之雪縈瓊絲，王仲初之瓏鬆玉刻，非此花誠不足以當之。有其實而欲奪其名乎？物珍於希，忽於近。在江南，則爲山礬，爲米囊，野人牧豎夷爲樵蘇。在長安，則爲玉縈，神女爲之下九天，停飆輪，攀折而後去，固其所也。以爲玉縈不生凡地，惟唐昌及集賢翰林有之，則陋。又以爲玉縈之種，江南惟招隱有之。然則子充非重玉縈也，重李文饒之玉縈耳。玉樹青葱，長卿之賦也。瓊樹碧月，江總之辭也。子充又何以云乎？抑將訪其種於宮中，窮其根於天上乎？吾故斷取玉縈，以牓斯軒。春時花放，攀枝弄雪，游詠其中，當互爲詩以記之。訂山礬之名爲玉縈，而無復比瑒更礬之譏也，則自予與君始。崇禎十五年十二月二十九日牧翁記。

寅恪案，牧齋此記乃借駁周必大玉蘂辨證，以爲河東君出自寒微之辨護。並以針對當日錢氏家中正統派，卽陳夫人錢遵王一派之議論而發者。至於其所言之當否，則今日可不必拘於北歐植物學者之系統範圍，斤斤於名實同異之攷辨，轉自爲地下之牧齋所笑也。牧齋作記之時，卽崇禎壬午除夕。（是年十二月小盡。）初學集貳拾東山詩集叁「壬午除夕」詩云：「閒房病婦能憂國，却對辛盤歎羽書。」可知牧齋作記之時，河東君猶在病中，更宜作此等語，藉爲精神上之安慰。此記之作，在河東君賦「辛巳元夕」詩後將及兩年。然其花事之品題，乃關係平生雅好者，當早與牧齋言及之，而牧齋亦能熟記之。故此聯下句之以「玉蘂」自比，實非泛語。憶在光緒時，文道羲廷式丈曾賦浣溪沙詞（見雲起軒詞。）云：「少可英雄偏說劍，自矜顏色故評花。」正可移其語以目三百年前之河東君也。

又馮已蒼舒虞山妖亂志中云：

〔錢牧齋瞿稼軒二公因張漢儒告訐，將被逮北行。〕有素與交者曰馮舒，亦抵郡（指蘇州。）送之。因請讀所謂款單者。錢謂曰，吾且與子言兩事。一云，我占翁源德花園一所，價值千金。一云，我受翁源德二千金，翻殺姊案，反坐顧象泰。子以爲何如？蓋所謂花園者，僅錢宅後廢地，廣袤不數丈，久置瓦礫者。當倪元珙翻獄時，錢大不平，旣而祁院（指祁彪佳。）更坐源德，錢與有力焉。推此二端，餘皆可知也。

談遷棗林雜俎和集叢贅「錢謙益」條云：

〔曹化淳〕盡發烏程怒牧齋事，而下漢儒履謙并武舉王番立枷死。番屋本陶氏，復歸錢氏，納價又折之，恨極，訴京師。

寅恪案，牧齋玉蕊軒記之廢圃，或即已蒼虞山妖亂志之「花園」。若所揣測者不誤，則玉蕊軒記中「如楷拳乍脫，相扶而立，相視而笑。君顧而樂之。」等語，實暗示得此花之地，曾與張漢儒告訐案有連。牧齋作文善於聯係，觀此記時地花人四者，互相牽涉，尤可證其才思之精妙。又談孺木所記，亦涉及牧齋兼併豪奪鄰近屋地之事，且在張漢儒告訐案之範圍。但此案發生在河東君過訪半野堂以前，故本文不須多論，惟錄馮談兩書所記，而特闡明玉蕊與河東君之關係，藉見李太白所謂「名花傾國兩相歡」之一例云爾。

又初學集肆伍「留仙館記」略云：

得周氏之廢圃於北郭，古木蘩石，鬱倉薈蔚。其西偏有陋室焉，爲之易腐柱傾，加以塗墍，樹綠沈几，山翠濕牖，煙霞澄鮮，雲物靚深，過者咸歎賞以爲靈區別館也。樹之眉曰留仙之館。客視而歎曰，虞山故仙山也。子將隱矣，有意於登眞度世，名其館爲留仙，不亦可乎？予曰，不然。予之名館者，慈谿馮氏爾賡號留仙者也。予取友於天下多矣。晚而得留仙昆弟。留仙之於我，古所謂王貢嵇呂，無以尚也。予既老於一丘，而留仙爲天子之勞臣，枝柱於津門渝水之間，逖而思，思而不得見，眉之館焉，所以識也。客曰，是矣，則胡不書其姓，繫其官，而以別號名館，使人疑於望仙迎仙之屬歟？予笑曰，子必以洪厓赤松，飡六氣而飲沆瀣者，而後爲仙歟？吾之所謂仙者，有異焉。以眞誥考之，忠臣孝子歷數百年猶在金房玉室之間，迄於今不死也。以留仙之館，比於望仙迎仙，何不可哉？客曰，善哉！請書之以爲記，俟其他日功成身退，爲五湖三峯之游宴，坐於斯館，相與縱飲舒嘯，而以斯文示之。崇禎壬午小歲日記。

寅恪案，此記末署「崇禎壬午小歲日」卽十二月九日，與玉粲軒記同爲一月內之作品。玉粲軒所在，或非翁氏花園，而與留仙館同在周氏廢圃之內。果爾，則兩建築物相距至近。玉粲之名旣因河東君而得，留仙之名亦應由與河東君有關之人而來。今時地兩者，旣互有勾牽，轉謂留仙館之得名，緣於遠在津門，手握兵符之馮元颺，甚不近情理。鄙意留仙館之得名，實由與河東君有關之女性。「留仙」之典，本於伶玄趙飛燕外傳。「仙」之定義，乃指妖豔之女性。說詳拙著元白詩箋證稿第肆章所附之讀鶯鶯傳。攷崇禎十五年春河東君臥病蘇州，惠香伴送之返常熟牧齋家。牧齋苦留惠香不得。此事見本章前後所論述。據是言之，留仙館之得名，實由惠香，而非爾賡。蓋牧齋平日爲文，於時地人三者之密切聯係，尤所注意。其託稱指爾賡者，不過未便顯言，故作狡獪耳。然則馮氏竟成李樹代桃僵，豈不冤哉！牧齋當時爲文，必料爾賡不以遊戲之舉爲嫌，故敢出此。兩人交誼篤摯，於斯益信。噫！牧齋此年春間賦詩苦留惠香，歲暮又作記命此館名，竟欲以兩金屋分貯兩阿嬌，深情奢望，誠可憐可笑矣。

東山訓和集壹河東「鴛湖舟中送牧翁之新安」（寅恪案，此首東山訓和集列於有美詩之前。初學集則附於有美詩之後。）云：

夢裏招招畫舫催。鴛湖鴛翼若爲開。此時對月虚琴水，何處看雲過釣臺。惜别已同鶯久駐，銜書應有燕重來。（寅恪案，初學集「書」作「知」，較佳。蓋避免開元天寶遺事下「傳書鷰」條，任宗郭紹蘭之嫌也。）祗憐不得因風去，飄拂征衫比落梅。

寅恪案，袁瑛我聞室賸稿此題「牧翁」作「聚沙老人」，應是河東君此詩最初原題如是，後來牧齋編東山訓和集及初學集時，始改爲「牧翁」。牧齋此别號當起於天啓七年八月倡議醵資續成蕭應宫所建塔之際。初學集捌壹「募建表勝寶恩聚奎寶塔疏」末題「聚沙居士」，蓋取義於法華經「方便品」：「乃至童子戲，聚沙爲佛塔。」之典。又牧翁作此疏時，亦必獺祭及於徐孝穆文集伍「東陽雙林寺傅大士碑」所云：

常以聚沙畫地，皆因圖果。芥子菴羅，無疑褊陋，乃起九層磚墖。

之語。初學集捌壹復載「書西溪濟舟長老册子」一文，末題「辛巳仲春聚沙居士書於蔣郜之舟次。」其年月地域與河東君賦此詩之時間空間密相銜接。河東君此詩題所以改「聚沙居士」爲「聚沙老人」者，初視之，不過言牧齋六十之年，正可尊稱爲「老人」。若詳繹之，則知「聚沙」本童子之戲，牧齋當崇禎庚辰辛巳冬春之間，共河東君聚會之時，其顛狂游戲，與兒童幾無少異。殆左氏春秋所謂「猶有童心」者。河東君特取此童老相反之兩義，合爲一辭，可稱雅謔。然則河東君之放誕風流，淹通典籍，於此更得一例證矣。至若牧齋所以倡議續建此塔之意，疏文所言，皆爲表面語。實則心賞翁靜和之才藝，而深悲其遭遇，欲藉此爲建一紀念碑耳。關於牧齋與翁孺安事，非此文所能旁及，倡議成塔始末，可參馮舒虞山妖亂志上，兹亦不詳及。河東君與牧齋同舟過蘇州至嘉興，然後分袂。牧齋往杭州，轉遊黄山。河東君則自鴛湖返櫂松江。顧苓河東君傳云：「既度歲，與爲西湖之遊。」殊不知錢柳在常熟時，雖曾有偕游西湖之約，觀河東君與汪然明尺牘第叁拾通云：

弟方躭遊蠟屐，或至閣梅梁雪，彥會可懷。不爾，則春懷伊邇，薄遊在斯，當偕某翁，便過通德，一景道風也。

可以證知。然此同遊之約，迄未實踐。云美誤以錢柳二人偕至西湖，其實二人僅同舟至鴛湖，即離去也。牧齋「有美詩」乃河東君别去後，答其送遊新安之作。故結語云：「迎汝雙安槳，愁予獨扣舷。從今吳榜夢，昔昔在君邊。」初學集附河東君送行詩，第伍句「惜別已同鶯久駐」，謂自崇禎十三年十一月間初訪半野堂，至十四年正月末別牧齋於鴛湖，已歷三月之時間，不可言非久。第陸句「銜知應有燕重來」，謂感激牧齋之知遇，自當重來相會。綜合此聯，其所以寬慰牧齋之意，可謂周密深摯，善於措辭者矣。第柒第捌兩句云：「祇憐不得因風去，飄拂征衫比落梅。」「飄拂」二字適爲形容己身行踪之妙語。用「落梅」二字，則亦於無意間，不覺流露其身世飄零之感矣。

牧齋「有美詩一百韻」，不獨爲東山訓和集中壓卷之作，卽初學有學兩集中，亦罕見此希有之鉅製。可知其爲牧齋平生慘淡經營，稱心快意之作品。後來朱竹垞「風懷詩」固所不逮，求之明代以前此類之詩，論其排比鋪張，波瀾壯闊，而又能體物寫情，曲盡微妙者，恐舍元微之「夢遊春」，白樂天「和夢遊春」兩詩外，復難得此絕妙好詞也。此詩取材博奥，非儉腹小生，翻檢類書，尋求故實者，所能盡解，自不待言。所最難通者，卽此詩作者本人及爲此詩而作之人，兩方複雜針對之心理，并崇禎十三年仲冬至次年孟春三數月間，兩人行事曲折之經過，推尋冥想於三百年史籍殘毀之後，謂可悉得其眞相，不少差誤，則燭武壯不如人，師丹老而健忘，誠哉！僕病未能也。

牧齋不僅賦此詩以贈河東君，當亦爲河東君解釋其詩中微旨所在。河東君自能心賞意會，不忘於懷。觀初學集貳拾「〔崇禎十四年辛未〕中秋日攜内出游，次冬日泛舟韻二首」之後，附河東君依韻和作二首之二「夫君本自期安槳，賤妾寧辭學泛舟。」一聯，其上句自注：「有美詩云，迎汝雙安槳。」卽是其例證。

前論錢遵王注牧齋詩，獨於「有美詩」違反其原來之通則，疑其本出於陸敕先之手，故有美詩諸注，乃是陸氏之原本，而遵王或略有增補者，但詳繹此詩全篇之注，至篇末重要之處，反獨較少。豈敕先亦未注完此詩，遵王取以入其書中，遂致一篇之注，前後詳略有異耶？夫牧齋本人之外，最能通此詩之意者，爲河東君。然皆不可向其求解矣。敕先乃同情於河東君者，東山詶和集貳載其和牧齋迎河東君四詩。第叁首一章，可以爲證。其結語云：「桃李從今莫敎發，杏媒新有柳如花。」乃用李義山詩集上「柳下暗記」五絶「更將黄映白，擬作杏花媒。」句意。語頗新穎，特附錄於此。可惜陸氏當崇禎十三四年時，與牧齋關係之親密，似尚不及何士龍。故注釋有美詩，亦未必能盡通其意，周知其事。至若遵王，則本與河東君立於反對之地位者，無論牧齋之用事有所未詳，不能引證，用意則縱有所知，亦以懷有偏見，不肯爲之闡明也。今日釋證有美詩，除遵王舊注已及而不誤者，不復多贅外，其有譌舛，或義有未盡，則就管窺所得，略爲補出。所注意之處，則在錢柳二人當日之行踪所至及用意所在。搜取材料，反復推尋，鈎沈索隱，發見眞相。然究竟能否達到釋證此詩目的十分之一二，則殊不敢自信，深願當世博識通人，有以垂敎之也。

牧齋以「有美」二字，爲此詩題之意，乃取詩經鄭風「野有蔓草」篇，「有美一人」，「邂逅相遇，適我願兮。」及「與子皆臧」之義，兼暗寓河東君之名字。第貳章已論及之，茲不復贅。稍成問題者，卽此詩題有「晦日鴛湖舟中作」之語，蓋錢柳二人於崇禎十四年元夕同舟至蘇州，縱行程難免濡滯，亦不至需半月之時間，始達鴛湖。欲推其所以如此之故，自難得知，然此行牧齋本是取道西湖，往遊黄山。河東君則原擬逕返松江佘山故居養痾。兩人自可同過蘇州後，分袂獨往。今不如此，乃過虎丘後，同至鴛湖，始各買棹別行。其眷戀不舍，惜別多情之意，可以推見。於是河東君「送牧翁之新安」詩，

「惜別已同鶯久駐」之句，遂更得一旁證新解矣。茲因解釋便利之故，略據此詩辭意，分析段節，依次論之於下。

東山訓和集壹牧翁「有美一百韻，晦日鴛湖舟中作。」云：

有美生南國，芳名異代傳。（初學集作「清芬翰墨傳」。）河東論氏族，天上問星躔。漢殿三眠貴，吳宮萬縷連。星榆長歷落，月桂並蹁躚。鬱鬱崑山畔，青青谷水瞑。託根來淨域，移植自芳年。

寅恪案，昔年論元微之與雙文及韋成之婚姻問題，引昌黎集貳肆「監察御史元君妻京兆韋氏夫人墓誌銘」云：「詩歌碩人。爰敍宗親。女子之事，有以榮身。」遂推論吾國舊日社會婚姻，與門第之關係。茲不詳及。（見拙著元白詩箋證稿第肆章附「讀鶯鶯傳」。）夫河東君以曠代難逢之奇女子，得適牧齋，受其寵遇，同於嫡配。然卒爲錢氏宗人如遵王之流，逼迫自殺。其主因實由出身寒賤一端，有以致之。今存河東君傳中，其作成時間之較早者有二篇，即沈虬及顧苓兩氏之文。沈傳載河東君本姓楊，爲禾中人。顧傳則僅云：「河東君柳氏也。」幷不述其籍貫。蓋云美深會其師之微意，於河東君之眞實姓氏及原來籍貫有所隱諱，不欲明白言之也。牧齋此詩故作狡獪，竟認河東君爲眞姓柳者，排比鋪張，詳徵柳家故實，乃所謂姑妄言之者。若讀者不姑妄聽之，則眞天下之笨伯，必爲牧齋河東君及顧云美等通人所竊笑矣。河東君本嘉興人，牧齋詩中僅舉崑山谷水，屬於松江地域者而言，自是不欲顯著其本來籍貫之義。故云美作傳，解悟此意，亦只從適雲間孝廉爲妾說起，而不述及以前事蹟。

今檢汪然明所刻柳如是尺牘，署其作者爲「雲間柳隱如是」。又陳臥子所刻戊寅草，其作者雖署爲「柳隱如是」，而不著其籍貫。但其中「白燕庵作」七律，題下注云：「乃我郡袁海叟之故址。墓在其側。」及「五日雨中」七律「下杜昔爲走馬地，阿童今作鬥雞游。」句下自注云：「時我郡龍舟久不作矣。」幷戊寅草陳臥子序云：

迨至我地，人不踰數家，而作者或取要眇。柳子遂一起青瑣之中，不謀而與我輩之詩竟深有合者，是豈非難哉？是豈非難哉？（寅恪案，臥子謂河東君出於青瑣之中。檢世說新語惑溺篇「韓壽美姿容」條：「（賈）充每聚會，賈女於青瑣中看見壽，悅之。」晉書肆拾賈充傳附謐傳亦同。臥子殆諱河東君出於青樓，遂取此事，改「樓」爲「瑣」耶？又王狀元集註分類東坡詩肆婦女類「趙成伯家有麗人，僕忝鄉人，不肯開樽，徒吟春雪美句，次韻一笑。」云：「知道文君隔青瑣，梁王賦客肯言才。」臥子平生鄙薄宋詩，未必肯用蘇句，但檢陳忠裕全集壹叁平露堂集「秋居雜詩」十首之七「遨遊犬子倦，賓從客兒嬌。」句下自注云：「舒章招予遊橫雲，予病不往。」似以司馬長卿自命，而以卓文君目河東君，則與東坡之詩實相符會。今日讀之，不覺令人失笑也。）

然則河東君本人固自命爲松江人，而臥子亦以松江人目之也。第叁章論河東君與宋轅文之關係時，涉及松江知府方岳貢欲驅逐河東君事。鄙意以爲驅逐流妓出境，乃昔日地方名宦所常行者。豈河東君因卧子之助力，遂得冒託松江籍貫，免被驅逐。自是之後，竟可以松江人自居耶？若果如此，牧齋之詩亦可謂眞中有假，假中有眞矣。（寅恪昔歲旅居昆明，偶因購得常熟白泖港舊日錢氏山莊之紅豆一粒，遂發願釋證錢柳因緣詩。前於第壹章已述之。所可怪者，購得此豆之同時，有客持其新得湘鄉襲侯曾劼剛紀澤手札一紙相示，其書乃致當日某知縣者。內容略謂，頃有名流數人來言，縣中有驅逐流妓之令，欲託代爲緩頰云云。札尾不署姓名，但鈐有兩章，一爲「曾印紀澤」，一爲「劼剛」。今屬筆至此，忽憶及之，以情事頗相類似，故附記於此，以博讀者一笑。）「有美生南國」之「南國」，固用文選貳玖曹子建雜詩六首之四「南國有佳人」句。李善注云：「楚辭〔橘頌〕受命不遷，生南國兮。南國謂江南也。」自與河東君生吳越之地，意義相合。但牧齋恐更有取於才調集叁韋莊「憶昔」詩「南國佳人號莫愁。」之句，蓋亦與河東君答牧翁「冬日泛舟」贈詩「莫爲盧家怨銀漢，年年河水向東流。」之語意符會也。至「南國」之語，復與王摩詰「紅豆生南國」詩有關。（見全唐詩第貳函王維肆「紅豆」五絕。）牧齋後來與河東君同居芙蓉莊即碧梧紅豆莊。今賦有美詩以「有美生南國」之語爲篇首起句，竟成他日之預讖矣！

「有美詩」又云：

生小爲嬌女，容華及麗娟。詩哦應口答，書讀等身便。緗帙攻文選，綈囊貫史編。摛詞徵綺合，記事見珠聯。八代觀升降，三唐辨泝沿。盡窺羽陵蠹，旁及諸皐偃。花草矜芟擷，蟲魚喜註箋。部居分甲乙，讎政雜丹鉛。餘曲迴風後，新妝落月前。蘭膏燈燭繼，翠羽筆牀懸。博士慙廚簏，兒童愧刻鐫。瑤光朝孕碧，玉氣夜生玄。隴水應連類，唐山可及肩。織縑詩自好，擣素賦尤賢。錦上文回復，盤中字蜿蜒。清文嘗滿篋，（初學集「文」作「詞」。寅恪案，徐孝穆玉臺新詠自序云：「清文滿篋，非惟芍藥之花。新製連篇，寧止蒲萄之樹。」牧齋自用此典。其後來所以改「文」作「詞」者，殆爲避免此聯之前「錦上文回復」句中「文」字重複之故耶？）新製每連篇。芍藥翻風豔，芙蓉出水鮮。頌椒良不忝，詠樹亦何㥶。

寅恪案，河東君所以不同於尋常閨閤略通文史者之特點，實在善記憶多誦讀。就吾人今日從其作品中可以斷定者，至少於文選及後漢書晉書等皆頗能運用。故牧齋「緗帙攻文選，綈囊貫史編。」一聯，乃實錄，非虛誤。至「博士慚廚簏」者，南齊書叁玖陸澄傳（參南史肆捌陸澄傳。）略云：

陸澄字彥淵，吳郡吳人也。起家太學博士。〔建元〕四年復爲祕書監，領國子博士。永明元年轉度支尚書，尋領國子博士。〔王〕儉自以博聞多識，讀書過澄。集學士何憲等盛自商略。澄待儉語畢，然後談所遺漏數百千條，皆儉所未覩。儉乃歎服。儉在尚書省，出巾箱几案，雜服飾，令學士隸事，事多者與之。人人各得一兩物。澄後來，更出諸人所不知事，復各數條，幷奪物將去。當世稱爲碩學。王儉戲之曰，陸公書廚也。

「兒童愧刻鐫」者，楊子法言「吾子篇」云：

或問吾子少而好賦？曰，然。童子彫蟲篆刻。俄而曰，壯夫不爲也。

斯爲遵王註本所未及，故略爲補出之。又「書讀等身便」句，自是用宋史貳陸伍賈黃中傳，不待備錄。觀前引錢肇鼇質直談耳所載河東君「年稚明慧，主人常抱置膝上，（寅恪案，「主人」指周道登。）教以文藝。」之語，則知讀書等身之典，尤爲適切，非泛用也。

「花草矜芟擷，蟲魚喜註箋。」一聯，下句當是取昌黎集陸「讀皇甫湜公安園池詩，書其後。」五古，「爾雅注蟲魚」之語，與上句爲對文，未必別有實指。上句「花草」一辭，殆聯綴花間集草堂詩餘兩書之名，以目詩餘，如陳耀文花草粹編之例，謂河東君精於詞曲。「纖縑詩自好，擣素賦尤賢。」一聯，上句自指玉臺新詠壹古詩八首之一「上山採蘼蕪」篇，不過謂河東君能詩之意，非於「故人」「新人」之義有所軒輊，不可誤會。若下句則指班婕妤「擣素賦」。班賦見古文苑叁，藝文類聚捌伍及歷代賦彙玖捌等。綜合兩聯言之，即稱譽河東君擅長於詩賦詞曲也。

抑更有可言者，「容華及麗娟」句，遵王註本已引漢武帝別國洞冥記肆「帝所幸宮人名麗娟」條之古典爲釋，固甚正確。但頗疑牧齋於此句尚有今典。前第貳章推測河東君原來之名，或是「雲娟」二字。

當日名媛往往喜用「雲」字爲稱。蓋自附於蘇東坡之朝雲。如徐佛稱「雲翾」，楊慧林稱「雲友」，皆其例證。且河東君與徐氏關係尤爲密切，其取「雲」字爲行第之稱，亦於事理適合。況河東君夙有「美人」之稱，則與「麗」字之義，又相符也。然歟？否歟？姑識此疑，以俟更攷。或謂「容華及麗娟」之「容華」，亦與「麗娟」同爲專名。唐詩紀事捌「楊氏女」條云：

盈川〔炯〕姪女曰容華，有「新妝」詩。

此詩收入全唐詩第壹壹函，字句間有不同。頗疑此詩「妝似臨池出，人疑向月來。自憐終不見，欲去復裴回。」之語，「向月」即牧齋詩「向月衣方空」句所從出，「新妝詩」作者，既是楊姓。「自憐終不見」之「憐」字，又與河東君「影憐」之名，取義於玉谿生詩「碧城」三首之二「對影聞聲已可憐」句者相同，然則牧齋實以「容華及麗娟」之句，暗寓河東君之姓名也。斯說殊巧，未知確否？俟攷。

「有美詩」又云：

文賦傳鄉國，詞章述祖先。採蘋新藻麗，種柳舊風煙。字脚元和樣，文心樂曲駢。千番雲母紙，小幅浣花牋。吟詠朱樓遍，封題赤牘遄。

寅恪案，牧齋既故作狡獪，認河東君眞爲柳姓，遂列舉柳家故實以誇譽之。「採蘋新藻麗，種柳舊風煙。」一聯，上句用樂府詩集貳陸柳惲「江南曲」云：「汀洲採白蘋。日落江南春。洞庭有歸客，瀟湘逢故人。」及全唐詩第陸函柳宗元叁「酬曹侍御過象縣見寄」詩云：「春風無限瀟湘意，欲採蘋花不自由。」下句用全唐詩第陸函柳宗元叁「種柳戲題」詩云：「柳州柳刺史，種柳柳江邊。談笑爲故事，推移成昔年。」綜合言之，卽謂河東君今日之新篇，源出於舊日之家學。讀之令人失笑。文章遊戲，固無不可也。「字脚元和樣，文心樂曲駢。」一聯，上句用全唐詩第陸函劉禹錫壹貳「酬柳柳州家雞之贈」詩云：「柳家新樣元和脚，且盡薑芽斂手徒。」據前引列朝詩集丁壹叁上程松圓「再贈河東君」詩「抉石錐沙書更雄」句，原注云：「柳楷法瘦勁。」則牧齋此句亦有今典。下句或是用柳三變詩餘號「樂章集」之意，謂河東君之詞，亦承家學，然此釋未敢自信也。「吟詠朱樓遍，封題赤牘端。」一聯，上句自是寫實，不待釋證。下句指河東君尺牘言。據前引其致汪然明尺牘第叁壹通云：「應答小言，已分嗤棄，何悟見賞通人，使之成帙。」非先生意深，應不及此。特有遠投，更須數本，得飛槳見貽爲感。」則此句亦紀實也。凡此柳家故實，除「字脚元和樣」一句，遵王註本皆無所徵釋。豈眞不知所從出，抑故意不引及耶？

「有美詩」又云：

流風殊放誕，被敎異嬋娟。度曲窮分刌，當歌妙折旋。吹簫嬴女得，協律李家專。畫奪丹青妙，琴知斷續絃。纖腰宜鞦韆，弱骨稱鞦韆。天爲投壺笑，人從爭博癲。修眉紆遠翠，薄鬢妥鳴蟬。向月衣方空，當風帶旋穿。行塵嘗寂寂，屐齒自姍姍。舞袖嫌纓拂，弓鞋笑足纏。盈盈還妬影，的的會移妍。

寅恪案，「流風殊放誕，被敎異嬋娟。」一聯，謂河東君所受之敎育及其行動，頗有異於士大夫家閨秀者，故以下諸句列舉其技巧能事也。西京雜記貳略云：「〔卓〕文君眉色如望遠山。爲人放誕風流。」此卽「流風殊放誕」及「修眉紓遠翠」等句之出處。亦卽牧齋答河東君半野堂初贈詩所謂「文君放誕想流風。臉際眉間訝許同。」者也。「畫奪丹青妙」句，錢註已徵古典，不待復贅。玆但擇引今典中時代較早及附錄河東君題詩者數事，以證明之。

汪砢玉珊瑚網名畫題跋壹捌黃媛介畫跋語（參四庫全書總目提要貳貳子部藝術類貳。）略云：

松陵盛澤有楊影憐，能詩善畫。余見其所作山水竹石，淡墨淋漓，不減元吉子固。書法亦佳。今歸錢牧齋學士矣。癸未夏四月廿五日妃上老鰥識。（寅恪案，湯漱玉德媛輯玉臺畫史肆引此條，改「牧齋」爲「蓉江」，蓋避清代禁忌也。）

湯漱玉德媛輯玉臺畫史肆引此條，後附借閒漫士之言曰：

柳所畫「月隄煙柳」，爲紅豆山莊八景之一。舊藏孫古雲均所。郭頻伽麐有詩。

寅恪案，「月隄煙柳」乃拂水山莊八景中第陸景。紅豆山莊卽碧梧紅豆莊，亦卽芙蓉莊。其地在常熟小東門外三十里之白茆，與拂水山莊絕無關涉，湯書蓋誤。（可參王應奎柳南隨筆伍芙蓉莊條及金鶴沖錢牧齋先生年譜「丙申年移居白茆」條。）今檢初學集壹貳霖雨集中載有山莊八景詩，乃牧齋崇禎十年丁丑被逮在北京時，遙憶故山之作，距河東君之訪半野堂尚早三年。然「月隄煙柳」一題，居然似爲河東君來歸之預兆而賦者。其詩亦風致豔發，豈河東君見而愛之，遂特擇此景作畫耶？茲錄此題詩幷序於下，以資談助。

「月堤煙柳」序云：

墓之前有隄回抱，折如肉環，彎如弓月。士女絡繹嬉游，如燈枝之走馬。花柳蒙茸蔽虧，如張帷幕。人呼爲小蘇堤。

詩云：

月堤人竝大堤游。墜粉飄香不斷頭。最是桃花能爛熳，可憐楊柳正風流。歌鶯隊隊勾何滿，舞鴈雙雙趁莫愁。簾閣瑣窗應倦倚，紅闌橋外月如鉤。

寅恪案，此詩「桃花」「楊柳」一聯，河東君之繪出，實同於爲己身寫照，所謂詩中有畫，而畫中有人矣。

郟掄逵虞山畫志肆「柳隱」條云：

昔游揚州，見白描花草小冊，惟梅竹上有題。詠竹云，不肯開花不趁妍。蕭蕭影落硯池邊。一枝片葉休輕看，曾住名山傲七賢。詠梅云，色也淒涼影也孤。墨痕淺暈一枝枯。千秋知己何人在，還賺師雄入夢無。落筆超脫奇警，錢宗伯固應退避。（寅恪案，此兩詩之眞僞，尙待攷實。）

又「天爲投壺笑」者，舊題東方朔神異經「東荒經」略云：

東荒山有大石室，東王公居焉。恆與一玉女投壺，每投千二百矯。（「矯」一作「梟」。）矯出而脫誤不接者，天爲之笑。

「向月衣方空，當風帶旋穿。」一聯，攷上句之出典乃後漢書叁章帝紀建初二年夏四月癸巳「詔齊相省冰紈，方空縠，吹綸絮。」條，章懷注云：

釋名曰：縠紗也。方空者，紗薄如空也。或曰，空，孔也。即今之方目紗也。

據牧齋詩意，當不采或說，以「方空」爲實物，而取「如空」之義，與下句「旋穿」爲對文，皆虛辭也。「弓鞋笑足纏」句，前已詳論，今不復贅。但牧齋賦詩形容河東君之美，必不可缺少此句，否則將如蒲留仙所謂「蓮船盈尺」，豈不令當日讀者認作大慈大悲救苦救難之觀世音菩薩繪相耶？

「有美詩」又云：

妙麗傾城國，塵埃落市廛。眞堪陳甲帳，還儗畫甘泉。楊柳嗟扳折，蘼蕪惜棄捐。西家殊婉約，北里正諠闐。豪貴爭除道，兒童學墜鞭。迎車千錦帳，輸面一金錢。（初學集此句下自注：「勾踐獻西施於吳王夫差，幸之。每入市，人願見者，先輸金錢一文。見孫奭孟子疏。」寅恪案，東山詶和集無牧齋此注。推其所以後來加入之故，當是有人問及此句出處，遂補注之耳。王應奎柳南隨筆伍「顧仲恭大韶深於經學」條云：「吾聞吳祭酒梅村嘗問宗伯曰，有何異書可讀？曰，十三經註疏耳。」可供參證。）百兩門闌咽，三刀夢寐殫。蘇堤渾倒踏，黟水欲平塡。皎潔火中玉，芬芳泥裏蓮。

閉門如入道，沈醉欲逃禪。未許千金買，何當一笑嫣。釘心從作惡，唾面可除痟。蜂蝶行隨遶，金珠却載還。勒名雕琬琰，換骨飲珉璠。枉自求蒲葦，徒勞卜筳篿。

寅恪案，前論河東君尺牘第伍通，已述及此詩「蘇隄渾倒踏，黟水欲平塡。」一聯，茲不更釋。牧齋於此節敍河東君之被離棄及其淪落北里兩端。「蘼蕪惜棄捐」一句，或疑可兼指與周念西及陳臥子兩人之關係而言。鄙意恐不如是，蓋牧齋此詩止從河東君移居松江以後說起，而不追泝其在徐佛及周道登家事。又全節唯用「蘼蕪」一句，將離棄之事，輕輕帶過，不多作語，皆是牧齋故意隱諱之筆也。春秋之義爲尊者諱，爲賢者諱，爲親者諱。河東君之於牧齋，固可謂「親」，亦可謂「賢」，但不可謂「尊」。聚沙老人賦有美詩，或者易「尊」爲「美」歟？「百兩門闌咽，三刀夢寐瓊。」一聯，錢註俱無釋。意者，上句出詩經召南「鵲巢」篇。下句用雲谿友議下「艷陽詞」條及晉書肆貳王濬傳。人所習知，故可從略。但「三刀」一語，近時始得確詁，茲不避繁瑣之譏，迻錄元詩王傳於下，稍加詮釋，自知必爲通人所笑也。

雲谿友議下「艷陽詞」條略云：

安人元相國（稹）聞西蜀樂籍有薛濤者，能篇詠，饒詞辯。以詩寄曰，錦江滑膩蛾眉秀，化出文君及薛濤。言語巧偷鸚鵡舌，文章分得鳳凰毛。紛紛詞客皆停筆，箇箇君侯欲夢刀。別後相思隔烟水，菖蒲花發五雲高。

晉書肆貳王濬傳云：

濬夜夢三刀於臥屋梁上，須臾又益一刀。濬驚覺，意甚惡之。主簿李毅再拜賀曰，三刀爲州字。又益一者，明府其臨益州乎？及賊張弘殺益州刺史皇甫晏，果遷濬爲益州刺史。

寅恪案，徵之詩「箇箇君侯欲夢刀」句，其意謂人皆欲至西蜀一見洪度，如王士治之得爲益州刺史，此固易解。遵王之不加註釋，當亦由是。然寅恪少讀晉書，於「三刀」之義頗不能通。後見唐人寫本，往往書「州」字作「刕」形，殆由「州」「刀」二字，古代音義俱近之故。（「州」即「島」也。）唐人書「州」作「刕」，必承襲六朝之舊，用此意以釋王濬之夢，李毅之言，少時讀史之疑滯，於是始豁然通解矣。「未許千金買，何當一笑嫣。」一聯，出鮑明遠「白紵歌」六首之六「千金顧笑買芳年」（見樂府詩集伍伍。）及李太白「白紵辭」三首之二「美人一笑千黃金」等，（見全唐詩第叁函李白叁。）河東君夙有「美人」之號，古典今典，同時並用，殊爲巧切。更可取牧齋作此詩後二十二年，即康熙二年癸卯所賦「追憶庚辰冬半野堂文讌舊事」詩「買回世上千金笑，送盡平生百歲憂。」（見有學集壹叁「病榻消寒雜詠」。錢曾註本「平生」作「生年」。是。）兩句參較，則知此老於垂死之時，猶以能戰勝宋陳李謝諸人，奪得河東君自豪也。「勒名雕琬琰，換骨飲琨瑤。」一聯，錢遵王註雖引舊籍，然牧翁必尚有所實指。頗疑「勒名雕琬琰」之句，即前第叁章論河東君與李存我之關係節，引王勝時柳枝詞「雙囊捧出問郎來」之語，與此相涉。蓋存我既以玉篆雕「問郎」贈別河東君，似亦可別鐫「影娘」或「雲娘」之河東君名字自隨，藉作互換信物。若果如是，則與琬琰二名分別雕鐫於若華二玉之故典，更爲適切矣。至「換骨飲珉瑤」一句，錢註析「換骨」與「飲珉瑤」爲兩典而合用之，固自可通。但牧齋詩意，當不僅限於古典。河東君雖以善飲著稱，此句疑更有實指。今未能詳知，姑識於此，以俟續攷。

「有美詩」又云：

軒車聞至止，雜珮意茫然。錯莫翻如許，追陪果有焉。初疑度河駕，復似泛湖船。榜枻歌心說，中流笑語嫣。江淵風颯沓，雒浦水潺湲。疏影新詞麗，忘憂別館偏。華筵開玳瑁，綺席豔神僊。銀燭光三五，金尊價十千。蠟花催兔育，鼉鼓促烏遷。法曲煩聲奏，哀箏促柱宣。步搖窺宋玉，條脫贈羊權。點筆餘香粉，翻書雜翠鈿。綠窗和月掩，紅燭帶花搴。菡萏歡初合，皐蘇痗已蠲。

寅恪案，此節歷敍河東君初訪半野堂，泛舟湖上，入居我聞室及寒夕文讌等事。「軒車聞至止，雜珮意茫然。」一聯，合用毛詩鄭風「女曰雞鳴」篇「雜佩以贈之」幷韓詩周南「漢廣」篇「漢有游女」，薛君章句及列仙傳上江妃二女傳，解佩贈鄭交甫事。謂河東君初贈詩，亦即河東君「次韻牧翁冬日泛舟詩」所謂，「漢珮敢同神女贈」。「意茫然」者，謂受寵若驚，不知所措。此語固是當日實情也。「錯莫翻如許，追陪果有焉。」一聯，恰能寫出河東君初至半野堂時，牧齋喜出望外，忙亂逢迎之景象。至於「追陪」則不僅限「吳郡陸機爲地主」之牧齋，如松圓詩老，亦有「熏鑪茗盌得相從」之語，（見前引偈菴次韻牧翁答河東君初贈詩。）然則河東君翩然至止，驅使此兩老翁追陪奔走，亦太可憐矣。「初疑度河駕，復似泛湖船。榜栧歌心說，中流笑語嫣。江淵風颯沓，雒浦水潺湲。」六句，指東山詶和集壹「冬日同如是泛舟有贈」及「迎春日偕河東君泛舟東郊作」，先後兩次泛舟賦詩之事。前已論釋，玆不多及。

自「疎影新詞麗」至「臯蘇痗已蠲」，共九聯，敍述崇禎十三年十二月二日我聞室落成，迎河東君入居幷是夕爲松圓餞別，即半野堂文讌事。此際乃牧齋平生最快心得意至死不忘之時也。「疎影新詞麗」句，前論牧齋寒夕文讌詩，已詳釋之矣。「忘憂別館偏」遵王注引西京雜記肆「梁孝王遊於忘憂之館，集諸遊士，各使爲賦，枚乘爲柳賦。」之典，甚是。牧齋目我聞室爲忘憂館，河東君之寓姓，又與枚乘所賦之柳相同，可謂適切。「綠窗和月掩，紅燭帶花搴。」即前錄寒夕文讌詩：「紅燭恍如花月夜，綠窗還似木蘭舟。」一聯之義。皆描寫當時我聞室之情況者。「華筵開玳瑁，倚席豔神僊。」及「法曲煩聲奏，哀箏促柱宣。」兩聯，實出於杜工部集壹伍「秋日夔府詠懷一百韻」之「哀箏傷老大，華屋豔神仙。南內開元曲，常時弟子傳。法歌聲變轉，滿座涕潺湲。」等句，蓋牧齋平生自許學杜，其作百韻五言排律，必取杜公此詩以爲模楷，且供撏撦之資，何況復同用一韻，同爲百韻耶？黃宗羲南雷文定後集壹「姜山啓彭山詩稿序」（可參同書前集陸「韋庵魯先生墓誌銘」論當日古文，亦謂牧齋「所得在排比鋪章，而不能入情。」等語。）云：

虞山求少陵於排比之際，皆其形似，可謂之不善學唐者矣。

夫棃洲與牧齋交誼篤摯，固無疑義。唯於錢氏之詩文往往多不滿之語。其持論之是非，及其所以致此之故，茲暫不辨逑，俟後言之。但世之學唐詩者，若能熟誦子美並樂天微之之詩，融會諸家，心知其意，則當不蹈襲元遺山論詩之偏見，如太冲之所言者也。「金尊價十千」句，遵王引史記伍捌梁孝王世家，「孝王有罍樽直千金」以釋之，固可通。但鄙意李太白「行路難」三首之一（見全唐詩第叁函李白壹。）云：「金樽清酒斗十千。」乃以「十千」爲酒價，較史記梁孝王世家之以千金爲罍樽價者，更爲切合。然則牧齋當用謫仙詩也。「步搖闚宋玉，條脫贈羊權。」一聯，下句出於眞誥，自不待論。上句則文選壹玖宋玉「登徒子好色賦」，雖有「闚臣」之語 然不見「步搖」之辭。豈牧齋取步搖與條脫爲對文耶？又據唐詩紀事伍肆「溫庭筠」條（參全唐詩話肆。）云：

宣宗嘗賦詩，上句有金步搖，未能對。遣求進士對之。庭筠乃以玉條脫續也。宣宗賞焉。

或者牧齋卽取義於此事，用以屬對耶？俟攷。「點筆餘香粉，翻書雜翠鈿。」一聯，初視之，皆通常形容之辭，但下句「翻書雜翠鈿」一語，乃河東君平日習慣。觀前引初學集貳拾東山集叁河東君依韻和牧齋「中秋日出游」詩二首之一「風床書亂覓搔頭」句，則知亦是寫實也。「菡萏歡初合，臯蘇痗已蠲。」一聯，上句指前引「寒夕文讌，是日我聞室落成，迎河東君居之。」詩，「詩裏芙蓉亦並頭」句下牧齋自注:「河東君新賦並頭蓮詩。」之本事也。下句「皐蘇痗已蠲」錢註已引玉臺新詠徐陵自序之文,「庶得代彼皐蘇,微蠲愁疾。」甚是。不過「愁」字乃平聲,故牧齋易以詩經衛風「伯兮」篇「願言思伯,使我心痗。」之「痗」字,以協聲律耳。此點自不待多論。

抑更有可言者,牧齋作有美詩,其取材於徐序者甚多,除去其典故關涉宮闈者之大多數外,(牧齋唯采用漢武帝李夫人等少數故事。又徐序「爭博齊姬,心賞窮於六箸。」之語,注家引晉書叁壹胡貴嬪傳爲釋,似確。蓋胡貴嬪雖非齊人,孝穆或借用枚乘七發「齊姬奉後」之「齊姬」以爲泛稱。若果如是,則牧齋亦采此宮闈之典矣。俟攷。)其他幾無不采用。玆不須盡數舉出,唯擇錄其較可注意之辭句,以爲例證。讀者若對勘錢詩徐序,則自能詳知,而信鄙說之不謬也。如錢之「生小爲嬌女」,卽徐之「生小學歌」。錢之「餘曲迴風後,新妝落月前。」卽徐之「青牛帳裏,餘曲未終。朱鳥窗前,新妝已竟。」錢之「蘭膏燈燭繼,翠羽筆床懸。」卽徐之「燃脂暝寫」(寅恪案,此乃牧齋借男作女。)及「翡翠筆牀,無時離手。」錢之「清文嘗滿篋,(「文」字後改作「詞」字。)新製每連篇。芍藥翻風豔,芙蓉出水鮮。」卽徐之「清文滿篋,非惟芍藥之花。新製連篇,甯止蒲萄之樹。」錢之「文賦傳鄉國」,卽徐之「妙解文章,尤工詩賦。」錢之「千番雲母紙,小幅浣花箋。」卽徐之「五色花箋,河北膠東之紙。」(寅恪案,此乃牧齋舉後概前。)錢之「流風殊放誕,被教異嬋娟。度曲窮分刌,當歌妙折旋。吹簫嬴女得,協律李家專。」卽徐之「婉約風流,異西施之被教。弟兄協律,生小學歌。」及「得吹簫於秦女」幷「奏新聲於度曲」。錢之「天爲投壺笑，人從爭博顛。」卽徐之「雖復投壺玉女，爲歡盡於百驍。爭博齊姬，心賞窮於六箸。」錢之「薄鬟妥鳴蟬」卽徐之「妝鳴蟬之薄鬢」。錢之「妙麗傾城國，塵埃落市廛。眞堪陳甲帳，還擬晝甘泉。」卽徐之「得横陳於甲帳」，「雖非圖畫，入甘泉而不分。」及「眞可謂傾國傾城。」錢之「東家殊婉約」，卽徐之「婉約風流」。據宋釋惠洪冷齋夜話壹云：

山谷云，詩意無窮，而人之才有限。以有限之才，追無窮之意，雖淵明少陵不得工也。然不易其意，而造其語，謂之換骨法。窺入其意，而形容之，謂之奪胎法。

然則牧齋之賦有美詩，實取杜子美之詩爲模楷，用徐孝穆之文供材料。融會貫通，靈活運用，殆兼采涪翁所謂「換骨」「奪胎」兩法者。寅恪昔年箋證白樂天新樂府，詳論「七德舞」篇與貞觀政要之關係。今箋釋牧齋此詩，復舉杜詩徐文爲說，猶同前意。蓋欲通解古人之詩什，而不作模糊影響之辭者，必非如是不可也。

「有美詩」又云：

凝明嗔亦好，溶漾坐堪憐。薄病如中酒，輕寒未折綿。清愁長約略，微笑與遷延。

寅恪案，此六句乃牧齋描寫當年與河東君蜜月同居時之生活。語言妙絕天下，世人深賞之，殊非無故也。（見陳維崧撰冒襃注婦人集「人目河東君風流放誕，是永豐坊底物。」條幷參徐釚編本事詩柒「錢謙益」條「茸城詩」題下注。又徐氏附按語云：「河東君名柳是，字如是，又號河東君。松江人。工詩善畫，輕財好俠，有烈丈夫風。」寅恪案，電發此數語殊可爲河東君適當之評價。至目河東君爲松江人，亦是河東君自稱松江籍之一旁證也。）「凝明嗔亦好，溶漾坐堪憐。」一聯，實與玉臺新詠伍沈約「六憶詩」及戊寅草中河東君擬作之第壹第貳兩組「六憶詩」有關。上句「凝明嗔亦好」即用休文「憶坐時」詩「嗔時更可憐」之句。下句乃出河東君擬休文作第壹組「六憶詩」中第貳首「憶坐時，溶漾自然生。」之句。故此一聯，皆形容坐時之姿態。吾人今日雖亦誦讀玉臺新詠，然儻使不得見河東君戊寅草，則不能盡知牧齋此聯之出處及造語之佳妙矣。「薄病如中酒，輕寒未折綿。」一聯。上句前於上元夜錢柳二人同過虎丘賦詩節已詳論之。下句亦於第叁章論陳臥子蝶戀花「春曉」詞詳言之，故皆不須復贅。「清愁長約略，微笑與遷延。」一聯，摹繪河東君多愁少樂之情態，前錄河東君「春日我聞室作，呈牧翁。」及牧齋「河東君春日詩有夢裏愁端之句，憐其作憔悴之語，聊廣其意。」兩詩，可以窺見。綜合此四句及「妙麗傾城國」句觀之，則牧齋亦是從王實甫「多愁多病身，傾國傾城貌」之語，（見西廂記「鬧齋」雁兒落。）奪胎換骨而來者耶？凡此諸句，頗易通解，唯「凝明嗔亦好，溶漾坐堪憐。」一聯，頗費考量，姑以意揣之，殆謂河東君嗔怒時，目睛定注，如雪之凝明。靜坐時，眼波動蕩，如水之溶漾。「有美詩」實動靜咸宜，無不美好之意歟？此解當否，殊不敢自信矣。

「有美詩」又云：

茗火閒房活，鑪香小院全。日高慵未起，月出皎難眠。授色偏含睇，藏鬮互握拳。屏圍燈焰直，坐促笑聲圓。朔氣除簾箔，流光度氄氈。相將行樂地，共趁討春天。

寅恪案，此節牧齋敍其崇禎十三年歲暮至十四年歲初，與河東君在我聞室中，除舊歲，迎新年之一段生活。「茗火閒房活，鑪香小院全。」一聯，可與前錄牧齋「庚辰除夜守歲」詩「深深簾幙殘年火，小小房櫳滿院香。」及河東君「除夕次韻」詩「小院圍鑪如白晝，兩人隱几自焚香。」相參證。上句「茗火閒房活」之「茗火活」乃用東坡後集柒「汲江煎茶」詩「活水還須活火烹」之句，卽出趙璘因話錄貳商部「李司徒汧公鎭宣武」條所載李約「茶須緩火炙，活火煎。」之語也。（可參辛文房唐才子傳陸李約傳。）下句「鑪香小院全」卽錢柳兩人守歲詩所詠者，可知皆是當時實況也。「授色偏含睇，藏鬮互握拳。」上句用漢書伍柒上司馬相如傳「上林賦」：「色授魂予。」（參文選捌。）下句其最初典故無待詳引，但牧齋實亦兼用李義山詩集下「擬意」詩「漢后共藏鬮」之句。檢國光社影印東澗寫校李商隱詩集下此詩「鬮」字無別作。涵芬樓影印明嘉靖本亦同。朱鶴齡李義山詩集箋註本下，此字作「鬮」，下注：「一作鉤。」全唐詩第捌函李商隱叁與朱本同。馮浩玉谿生詩詳註叁作「鉤」，下注：「一作鬮。」然則牧齋認爲當作「鬮」字，故賦有美詩，亦用「鬮」字也。「屏圍燈焰直，坐促笑聲圓。朔氣除簾箔，流光度氄氈。」兩聯，亦皆寫庚辰除夕守歲事。如取前錄錢柳二人除夕詩中錢之「合尊促席餞流光」，「深深簾幙殘年火」及柳之「照室華燈促豔妝」，「明日珠簾侵曉卷」等句觀之，卽可證也。「相將行樂地，共趁討春天。」一聯乃指辛巳元日事。觀前錄牧齋詩題云：「辛巳元日雪後與河東君訂春遊之約」及錢柳兩詩可知也。

「有美詩」又云：

未索梅花笑，徒聞火樹燃。牛塘春漠漠，西寺草芊芊。南浦魂何黯，東山約已堅。自應隨李白，敢擬伴伶玄。密意容挑卓，微詞託感甄。楊枝今婉孌，桃葉昔因緣。

寅恪案，此六聯乃敍本欲與河東君同作杭州之遊而未實現，遂先過蘇州，同至嘉興，然後河東君別去也。「未索梅花笑，徒聞火樹燃。」上句卽河東君與汪然明尺牘第叁拾通所云：「弟方耽遊蠟屐，或至閣梅梁雪，彥會可懷。」蓋河東君作此書時，爲崇禎十三年歲杪正在牧齋家中。錢柳二人原有同遊西湖觀梅之約也。下句指上元夜與河東君同舟泊虎丘西溪，小飲沈璜齋中事。觀「徒聞」二字，則河東君不踐觀梅西湖之約，僅作虎丘觀燈之遊，牧齋惆悵失望之情，溢於言表矣。「火樹」之典，遵王注引西京雜記壹「積草池中有珊瑚樹」條，固是，而尙未盡。必合全唐詩第貳函蘇味道「正月十五夜」詩「火樹銀花合」之句釋之，其意方備。但多數類書如佩文韻府陸陸七遇韻，引此詩，作者爲沈佺期，未知孰是，俟攷。「牛塘春漠漠，西寺草芊芊。」一聯，乃敍泊舟虎丘西溪經過停留之地。上句「牛塘」可參同治修蘇州府志捌水門「牛塘橋」，同書叁伍古蹟門「牛塘寺」及同書肆貳寺觀門肆「牛塘壽聖教寺」等記載。下句「西寺」，據同治修蘇州府志柒山門「虎邱山」條所云：

吳地志：山本晉司徒王珣與弟司空珉之別墅，山下因有短簿祠，捨爲東西二寺，後合爲一佛殿。

可證知也。「南浦魂何黯，東山約已堅。」一聯，謂河東君將離之時，訂後來重會之約也。「自應隨李白，敢擬伴伶玄。」一聯，上句乃牧齋借用太白「贈汪倫」：（見全唐詩第叁函李白壹壹。）「李白乘舟將欲行。忽聞岸上踏歌聲。桃花潭水深千尺，不及汪倫送我情。」詩，以比河東君送己身往游新安，同舟至嘉興。更惜其未肯竟隨之同行也。下句自用「飛燕外傳」自序，不待徵引。但牧齋實亦兼用東坡後集肆「朝雲詩」：「不似楊枝別樂天。恰如通德伴伶玄。」之語。蓋下文有「楊枝今婉孌」之句，而「伴」字又從蘇詩來也。李璧王荆公詩註貳柒「張侍郎示東府新居詩，因而和酬」二首之一「功謝蕭規慙漢第，恩從隗始詫燕臺。」句，引西清詩話略云：

荆公笑曰，子善問也。韓退之鬬雞聯句「感恩從隗始」。若無據，豈當對「功」字也。（前第壹章已詳引。）

前釋「火樹」注，以爲遵王註雖引西京雜記，而意義未盡，故必合蘇味道詩以補足之。玆釋「伶玄」句，亦必取東坡詩參證，始能圓滿。何況牧齋詩中「伴」字從東坡朝雲詩來，恰如半山詩中「恩」字從昌黎鬬雞聯句來耶？凡攷釋文句，雖須引最初材料，然亦有非取第貳第叁手材料合證不可者。觀此例可知。前第壹章論錢柳詩中相互之關係，已詳言之。讀者可并取參會之也。

抑更有可論者，前言牧齋之賦有美詩，多取材於玉臺新詠。其主因爲孝穆之書，乃關於六朝以前女性文學之要籍，此理甚明，不待多述。又以河東君之社會身份，不得不取與其相類之材料以補足之，斯亦情事所必然者。就此詩使用之故實言之，玉臺新詠之外，出於宋代某氏侍兒小名錄補遺者，頗復不少。如「容華及麗娟」，「吹簫嬴女得」，「舞袖嫌纓拂」，「敢儗伴伶玄」等句，皆是其例。至於作者思想詞句之構成，與材料先後次序之關係，可參拙著元白詩箋證稿新樂府章七德舞篇所論，茲不詳及。

「有美詩」又云：

灞岸偏縈別，章臺易惹顚。娉婷臨廣陌，婀娜點晴川。眉憮誰堪畫，腰纖孰與擕。藏鴉休菴藹，拂馬莫纏綿。絮怕粘泥重，花憂放雪蔫。芳塵和藥減，春病共愁煎。目逆歸巢燕，心傷叫樹鵑。惜衣鶯睍睆，護粉蝶翩翾。

寅恪案，此八聯乃敍河東君思歸惜別多愁多病之情況。所用辭語典故，大部分皆與柳有關，而尤與李義山詠柳之詩有關也。茲不必逐句分證，唯舉出李詩語句，讀者自能得之。據此可知牧齋賦有美詩，除玉臺新詠，杜工部詩外，玉谿生一集亦爲其取材最重要之來源也。如「灞岸已攀行客手」（李義山詩集下「柳」。）「章臺從掩映」（同集上「贈柳」。）「更作章臺走馬聲」（同集上「柳」。）「娉婷小苑中。婀娜曲池東。」（同集上「垂柳」。）「眉細從他斂，腰輕莫自斜。」（同集上「詠柳」。）「莫損愁眉與細腰。」（同集上「離亭賦得折楊柳」二首之一。）「長時須拂馬，密處少藏鴉。」（同集上「詠柳」。）「忍放花如雪」（同集上「贈柳」。）「不爲清陰減路塵」（同集中「關門柳」。）「絮飛藏皓蝶，帶弱露黃鸝。」（同集上「柳」。）凡此諸例，皆足爲證，可不一一標出矣。又「腰纖孰與擩」之「擩」字，即同於「撋」字。考工記鮑人「進而握之，欲其柔而滑也。」注云：「謂親手煩撋之。」毛詩周南「葛覃」篇「薄汙我私」箋云：「煩撋之用功深。」釋文云：「撋，諸詮之音而專反。」阮孝緒字略云：「煩撋猶捼莏也。」董解元西廂記諸宮調中呂調千秋節云：「百般撋就十分閃。」然則牧齋蓋糅合聖文俗曲，而成此語者。黃宗羲思舊錄「錢謙益」條（梨洲遺著彙刊本。）云：「用六經之語，而不能窮經。」太沖所指摘東澗文章之病，其是非茲姑不論。但有美詩此句，則用詩禮之語，而窮極于西廂。其亦可以杜塞梨洲之口耶？一笑！

「有美詩」又云：

攜手期弦望，沈吟念陌阡。暫游非契闊，小別正流連。即席留詩苦，當杯出涕泫。茸城車轣轆，鴛浦櫂𩅰緣。去水迴香篆，歸帆激矢弦。寄憂分悄悄，贈淚裏漣漣。迎汝雙安槳，愁予獨扣舷。從今吳榜夢，昔昔在君邊。

寅恪案，此節牧齋敍河東君送其至鴛湖，返棹歸松江，臨別時贈詩送遊黃山。俟河東君行後，乃賦千言長句，以答河東君之厚意，并致其相思之情感，及重會之希望也。此節典故皆所習見，不待徵釋。唯「吳榜」一辭，自出楚辭九章「涉江」：「齊吳榜以擊汰」之語。但牧齋實亦兼取王逸注「自傷去朝堂之上，而入湖澤之中也。」之意。用此作結，其微旨可以窺見。前引黃梨洲「姜山啓彭山詩稿序」謂「虞山求少陵於排比之際，皆其形似，可謂不善學唐。」（參南雷文案柒「前翰林院庶吉士韋菴魯先生墓誌銘」。）讀者若觀此綺懷之千言排律，篇終辭意如此，可謂深得浣花律髓者，然則太沖之言，殊非公允之論矣。

牧齋自崇禎十四年正月晦日，即正月廿九日鴛湖舟中賦有美詩後至杭州留滯約二十餘日之久，始往遊齊雲山，遊程約達一月之時間，最後訪程孟陽於長翰山居不遇，乃取道富春，於三月廿四日過嚴子陵釣臺。直至六月七日，始有「迎河東君於雲間，喜而有述。」之詩。據此牧齋離隔河東君約經四月之久，始復會合也。此前一半之時間牧齋所賦諸詩皆載於初學集及東山訓和集。但此後一半之時間，則所作之詩未見著錄。以常理論之，按諸牧齋平日情事，如此寂寂，殊爲不合。就前一期中牧齋所甚有關係之人，及在杭州時之地主汪然明言之，牧齋詩中絕不見汪氏踪跡。攷春星堂詩集肆閩遊詩紀第壹題爲「暮春辭家閩遊，途中寄示兒輩貞士繼昌。」然則然明之離杭赴閩訪林天素，在崇禎十四年三月。此年二三月間，牧齋實在杭州，且寓居汪氏別墅。牧齋此時所作詩中，未見汪氏踪跡者，或因然明此際適不在杭州，或因汪氏雖亦能篇什，但非牧齋唱訓之詩友，汪氏雖在杭州有所賦詠，牧齋亦不採錄及之。故此前一時期中無汪氏踪跡，尚可理解。至若後一時期既達兩月之久，而牧齋不著一詩，當必有故，今日未易推知。檢陳忠裕全集壹肆三子詩稿有「孟夏一日禾城遇錢宗伯，夜談時事。」五言律二首。按臥子自撰年譜上崇禎十四年辛巳條云：

> 是歲浙西大旱，漕事迫。嘉之崇德，湖之德清素頑梗，屬午饑，益不辦。大中丞奉旨譴責。令予專督崇德，而自督德清。予疏剔月餘，遂與他邑相後先矣。

然則牧齋於辛巳三月廿四日過釣臺經杭州，於四月朔日即在嘉興遇見臥子。自三月廿四日至四月初一日，其間時日甚短，故知牧齋此次由黃山返家，行色匆匆，與前之往遊新安，從容留滯者，絕不相同。蓋牧齋因河東君之不願同遊，獨自歸松江，恐有變化，於是籌畫經營不遺餘力，終於經兩月之時間，遂大功告成矣。臥子此時不知是否得知河東君過訪半野堂之消息。但牧齋於此際遇見臥子，其心中感想若何，雖未能悉。然錢陳皆一時能詩之人，臥子既有篇什，牧齋不容缺而不報。今初學集中此時之詩，獨不見臥子踪跡者，當是牧齋不欲臥子之名著錄於此際，轉致有所不便耶？臥子此題二首之一有句云，「山川留謝傅」，殊不知河東君訪半野堂初贈詩有「東山葱嶺莫辭從」句。陳柳兩詩語意，不謀而合，可笑也。

又檢陳忠裕全集壹捌湘眞閣稿「贈錢牧齋少宗伯」五言排律云：

> 明主終收璧，宵人失要津。南冠榮袞繡，北郭偃松筠。艱險思良佐，孤危得大臣。東山雲壑裏，

早晚下蒲輪。

此詩作成之時日未能確定。但既有「南冠」「北郭」一聯，則至早不能在牧齋因張漢儒誣訐被逮至北京入獄經年，得釋歸里以前，即崇禎十一年冬季以前。據臥子自撰年譜上崇禎十二年己卯條云：「季秋禫除。」十三年庚辰條略云：「三月北發。六月就選人，得紹興司李。七月南還。八月奉太安人攜家渡錢塘。」則此詩有作於崇禎十二年，或十三年之可能。更攷初學集壹柒移居詩集崇禎十三年庚辰八月所作永遇樂詞「十六夜見月」云：「天公試手，浴堂金殿，瞥見清明時節。」句下自注云：「時中朝新有大奸距脱之信。」據明史壹壹拾宰輔年表崇禎十三年六月薛國觀致仕。國觀乃溫體仁黨，夙與東林爲敵，（參明史貳伍叁薛國觀傳并詳牧齋永遇樂詞錢曾註。）牧齋所謂大奸，當指韓城而言。臥子詩「宵人失要津」，或即兼指溫薛輩。蓋溫薛皆去，牧齋可以起用矣。又牧齋永遇樂詞尚有「十七夜」一首云：「生公石上，周遭雲樹，遮掩一分殘闕。」似牧齋此時亦游寓蘇州。但初學集肆叁保硯齋記略云：

保硯齋者，弋子莊樂奉其先人文甫所藏唐式端研，以詒其子棠，而以名其齋也。弋子攜其子過余山中，薰沐肅拜而請爲之記。崇禎庚辰中秋記。

則崇禎十三年中秋日牧齋猶在常熟。是否十七日即至蘇州，尚難確知。假定其實至蘇州者，臥子贈詩自應同在吳苑矣。更檢杜于皇濬變雅堂詩集壹載「奉贈錢牧齋先生」五古一首，不知何時所作。

唯詩中有句云：

何期虎丘月，一沃龍門雨。

此首前一題「半塘」云：

虎丘連半塘。五里共風光。此時素秋節，遠勝三春陽。西風埽不盡，滿路桂花香。

故知茶村於中秋前後在虎丘遇見牧齋，或即是崇禎十三年秋季與臥子賦贈牧齋詩同時同地。蓋杜氏與幾社名士本具氣類之雅，（見變雅堂集伍「送朱畬三之任松江序」及杜登春「社事本末」。）殊有同時同地賦詩以贈黨社魁首之可能也。俟攷。總而言之，錢陳兩人交誼如此篤摯，當日牧齋應有詩書以答臥子厚意。後來刻初學集刪去不錄，亦與刪去訓答臥子禾城贈詩同一事例，似因避去柳陳關係之嫌所致。此點若非出自牧齋，則必由於瞿稼軒之主張。瞿氏於此未免拘泥春秋「爲尊者諱，爲親者諱。」之旨。（見春秋公羊傳閔公元年。）遂爲師母諱耶？

復檢杜登春社事本末略云：

是時烏程（指溫體仁。）去位，楊（嗣昌），薛（國觀）相繼秉國鈞。西銘（指張溥。）中夜不安，唯恐朝端尚以黨魁目之也。計非起復宜興，（指周延儒。）終是孤立之局。乃與錢蒙叟（謙益），項水心（煜），徐勿齋（汧），馬素修（世奇）諸先生謀於虎邱石佛寺。遣幹僕王成貽七札入選君吳來之先生昌時邸中。時吳手操朝柄，呼吸通帝座，而輦轂番子密布，內外線索難通，王成以七札熟讀，一字一割，雜敗絮中，至吳帳中，爲蓑衣裱法，得達羣要。此辛巳二月間事。於是宜興以四月起，（寅恪案，明史壹壹拾宰輔年表崇禎十四年辛巳欄載：「延儒二月召，九月入。」同書叁佰捌姦臣傳周延儒傳云：「〔崇禎〕十四年二月詔起延儒。九月至京，復爲首輔。」杜氏「四月」之語，誤。）而西銘卽以四月暴病云殂。

寅恪案，牧齋與張項徐馬謀於虎丘石佛寺，杜氏雖未確言何時，以當日情勢推之，或卽在崇禎十三年中秋前後，亦卽臥子茶村賦詩贈牧齋之時也。俟考。

至於錢陳兩人論詩之宗旨，雖非所欲詳論，然亦可略引牧齋之言，以見一斑。

有學集肆柒「題徐季白卷後」略云：

余之評詩，與當世牴牾者，莫甚于二李及弇州。二李且置勿論，弇州則吾先世之契家也。余髮覆額時，讀前後四部稿皆能成誦，闇記其行墨。今所謂晚年定論者，皆舉揚其集中追悔少作與其欲改正卮言，勿悞後人之語，以戒當世之耳論目食，刻舟膠柱者。初非敢鑿空杜譔，欺誣先哲也。雲間之才子如臥子舒章，余故愛其才情，美其聲律，惟其淵源流別，各有從來，余亦嘗面規之，而二子亦不以爲耳瑱。采詩之役，未及甲申以後，豈有意刊落料揀哉？如雲間之詩，自國初海叟諸公以迄陳李，可謂盛矣。

據此可知牧齋雖與臥子舒章論詩宗旨不同，然亦能賞其才藻，不甚訶詆。臥子舒章二人亦甚推重牧齋。觀臥子此次在嘉興贈牧齋之詩，及陳忠裕全集壹捌湘眞閣集「贈錢牧齋少宗伯」五言排律。又臥子安雅堂稿壹捌壬午冬「上少宗伯牧齋先生書」幷臥子自撰年譜上崇禎十年丁丑條述牧齋稼軒由蘇被逮至京事。其略云：

予與錢〔謙益〕瞿〔式耜〕素稱知己。錢瞿〔被逮〕至西郊，朝士未有與通者。予欲往見，僕夫曰，較事者耳目多，請微服往。予曰，親者無失其爲親，無傷也。冠蓋策馬而去，周旋竟日乃還。其後獄益急，予頗爲奔奏，聞於時貴。

等可爲例證。至於舒章，則有一事關涉錢柳，疑問殊多，頗堪玩味。舒章蓼齋集叁伍「與臥子書」第貳通略云：

昔諸葛元遜述陸伯元語，以爲方今人物彫盡，宜相輔車，共爲珍惜。不欲使將進之徒，意不歡笑。弟反復此言，未嘗不歎其至也。但以邇來君子之失，每不尙同，自託山藪，良非易事。故弟欲少加澄論，使不至於披猖。是以對某某而思公叔之義，見某某而懷仲舉之節。談議之間，微有感慨，非好爲不全之意，見峯岠於同人也。某某才意本是通穎，而嫋情嫫母，遂致紛紛。謗議之來，不在於虞山，而在於武水。弟欲大明其不然，而諸君亦無深求者，更無所用解嘲之語耳。春令之作，始於轅文。此是少年之事，而弟忽與之連類，猶之壯夫作優俳耳。

寅恪案，前第叁章論春令問題中已略引及舒章此書。據臥子年譜推測舒章作此書時當在崇禎十年臥子將由京南旋之際。書中所謂「虞山」乃指牧齋，自不待言。「武水」疑指海鹽姚叔祥士粦。可參初學集壹柒移居詩集「姚叔祥過明發堂共論近代詞人，戲作絶句十六首」。據舒章之語，則對於牧齋殊無惡意，可以推見。所可注意者，舒章所謂「才意通穎」之某某，究屬誰指？其所「嫋情」之「嫫母」又是何人？據李書此節下文卽接以春令問題，似此兩事實有關聯，卽與河東君有關也。前第叁章引錢肇鼇質直談耳謂河東君「在雲間，則宋轅文李存我陳臥子三先生交最密。」錢氏之語必有根據，但關於李待問一節，材料甚爲缺乏，或者此函中「才意通穎」之「某某」，卽指「問郎」而言耶？以舒章作書之年月推之，謂所指乃存我在此時間與河東君之關係，似亦頗有可能。若所推測者不謬，則舒章以「嫫母」目河東君，未免唐突西子，而與牧齋有美詩「輸面一金錢」之句，用西施之典故，以譽河東君之美者，實相違反矣。一笑！

牧齋此次之遊西湖及黃山，不獨與河東君本有觀梅湖上之約，疑亦與程松圓有類似預期之事。據前引河東君與汪然明尺牘第叁拾通云：

弟方䟐遊蠟屐，或至閣梅粱雪，彥會可懷。不爾，則春懷伊邇，薄遊在斯，當偕某翁便過通德，一景道風也。

考此札之作，當在崇禎十三年庚辰冬季。此時松圓亦同在牧齋家中。頗疑牧齋因松圓此際正心情痛苦，進退維谷，將離虞山歸新安之時。特作此往遊西湖及黃山之預約，以免獨與新相知偕行，而不與耦耕舊侶同遊之嫌，所以聊慰平生老友之微意，未必遲至崇禎十四年辛巳春間，始遣人持書遠至新安，作此預約也。但檢初學集肆陸「遊黃山記序」略云：

辛巳春余與程孟陽訂黃山之游，約以梅花時，相尋于武林之西溪。踰月而不至。余遂有事于白嶽，黃山之興少闌矣。壬午孟陬虞山老民錢謙益序。

及有學集壹捌「耦耕堂詩序」略云：

崇禎癸未十二月吾友孟陽卒于新安之長翰山。又十二年，歲在甲午，余所輯列朝詩集始出。〔初〕辛巳春，約游黃山，首塗差池，歸舟值孟陽於桐江。篝燈夜談，質明分手，遂泫然爲長別矣。

黃山記作於崇禎十五年正月，耦耕堂序作年雖不詳，亦在孟陽既卒十二年以後，皆牧齋事後追憶之筆。兩序文意，若作預約孟陽於辛巳春爲黃山之遊，而非於辛巳春始作此約，則與當日事理相合。然繹兩序文之辭語，似於辛巳春始作此約者，恐是牧齋事後追憶，因致筆誤耳。或者牧齋當崇禎十三四年冬春之間，新知初遇，舊友將離，情感衝突，心理失常之際，作游黃山記時，正值河東君患病甚劇。作耦耕堂詩序時，撫今追昔，不勝感慨。此等時間，精神恍惚，記憶差錯，遂有如是之記載耶？至若游黃山記之一云：「二月初五日發商山，初七日抵湯院。」證以初學集壹玖「東山詩集貳」下注：「起辛巳三月，盡一月。」之語，則此記「二月」之「二」字，乃是「三」字之譌，固不待辨也。

復次，孟陽與牧齋之關係，其詳可於兩人之集中見之，兹不備論。但其同時人如前第叄章引朱鶴齡愚庵小集「與吳梅村書」，載宋犢文深鄙松圓，稱爲牧齋之「書傭」。後來文士如朱竹垞論松圓詩，亦深致不滿。兹略錄朱氏之言，以見三百年來評論松圓詩者之一例。

明詩綜陸伍所選程嘉燧詩，附詩話云：

孟陽格調卑卑，才庸氣弱。近體多於古風，七律多於五律。如此伎倆，令三家邨夫子誦百翻兔園冊，即優爲之，奚必讀書破萬卷乎？牧齋尙書深懲何李王李流派，乃於明三百年中特尊之爲詩老。六朝人語云：「欲持荷作柱，荷弱不勝梁。欲持荷作鏡，荷暗本無光。」得無類是與？姑就其集中稍成章者，錄得八首。

夫松圓之詩固非高品，自不待言。但其別裁明代之僞體，實爲有功。古今文學領域至廣，創作家與批評家各有所長，不必合一。松圓可視爲文學批評家，不必爲文學創作者。竹垞所言，固非平情通識之論也。

松圓與牧齋兩人平生論詩之旨極相契合一點，兹姑不論。唯就崇禎十三四年冬春之間，兩人之交誼言之，則殊覺可笑可憐。松圓本欲循例往牧齋家度歲，忽遇見河東君亦在虞山，遂狼狽歸里。牧齋又約其於西湖賞梅。松圓因恐河東君亦隨往，故意負約不至杭州，俟牧齋獨遊新安，訪孟陽於長翰山居。孟陽又復避去，蓋未知河東君是否同來之故。及牧齋留題於山居別去之後，松圓返家，始悉河東君未隨來遊，於是追及牧齋於桐江，留此最後之一別。噫！年逾七十垂死之老翁，跋涉奔馳，藏頭露尾，有如幼稚之兒童爲捉迷藏之戲者，豈不可笑可憐哉？牧齋固深知孟陽之苦趣，於孟陽卒後，其詩文中涉及孟陽者，則往往追惜於桐江之死別，情感溢於言表。由今觀之，牧齋內心之痛苦，抑又可推見矣。

牧齋此次，即崇禎十四年二月之大部分時間，滯留杭州。其踪跡皆於初學集壹捌東山詩集壹，寓杭州諸詩中，推尋得之。檢此集此卷所載諸詩，自「有美詩」後至「餘杭道中望天目山」，只就牧齋本人所作，而河東君和章不計外，共得九題。取東山訓和集貳所載牧齋之詩參較，則初學集所載多東山訓和集五題。蓋此五題之所詠，皆與河東君無關故也。但此五題雖與河東君無關，然皆牧齋崇禎十四年二月留滯杭州所作。在此時間，牧齋既因河東君之未肯同來，程松圓復不願踐約，失望之餘，無可奈何之際，只得聊與當時當地諸人，作不甚快心滿意之酬酢。實與此時此地所賦有關河東君諸詩，出於眞摯情感者，區以別矣。此類酬應之作，原與本文主旨無涉，自可不論。唯其中亦略有間接關係，故僅就其題中之地或人稍述之，以備讀者作比較推尋之資料云爾。

初學集壹捌東山詩集壹「棲水訪卓去病」云：

（詩略。）

寅恪案，有學集叁貳「卓去病先生墓誌銘」略云：

去病姓卓氏，名爾康。杭之塘西里人。

又光緒修唐棲志貳山水門「官塘運河」條云：

下塘在縣之東北，洩上塘之水，受錢湖之流，歷五林唐棲，會於崇德，北達漕河，故曰新開運河。

據此知牧齋於崇禎十四年正月晦日，即廿九日，在鴛湖舟中賦有美詩後，當不易原來與河東君同乘之舟，直達杭州。初次所訪之友人，即「杭之塘西里人」卓去病。後此九年，即順治七年，牧齋訪馬進寶於婺州，途經杭州，東歸常熟，有學集叁庚寅夏五集「西湖雜感」序云：「是月晦日記於塘栖道中。」亦由此水道者。蓋吳越往來所必經也。

「夜集胡休復庶嘗故第」云：

惟餘寡婦持門戶，更倩窮交作主賓。

寅恪案，此兩句下，牧齋自注云：「休復無子，去病代爲主人。」又初學集捌壹載「爲卓去病募飯疏」一文，列於「書西溪濟舟長老冊子」及「追薦亡友綏安謝耳伯疏」後。故知此三文當爲崇禎十四年二月留滯杭州同時所作也。休復名允嘉，仁和人。事蹟見光緒修杭州府志壹肆肆文苑傳壹。

「西溪鄭庵爲濟舟長老題壁」云：

頻炷香燈頻掃地，不拈佛法不談詩。落梅風裏經聲遠，修竹陰中梵響遲。

寅恪案，初學集捌壹「書西溪濟舟長老冊子」略云：

獻歲挐舟游武林，泊蔣邨，策杖看梅，徧歷西溪法華，憩鄭家庵。濟舟長老具湯餅相勞。觀其舉止樸拙，語言篤摯，宛然雲棲老人家風也。口占一詩贈之，有「頻炷香燈頻掃地，不拈佛法不談詩。」之句，不獨傾倒於師，實爲眼底禪和子痛下一鉗鎚耳。師以此地爲雲棲下院，經營數載，未潰於成，乞余一言爲唱導。辛巳仲春聚沙居士書於蔣邨之舟次。

光緒修杭州府志叁伍寺觀貳「古法華寺」條云：

在西溪之東，法華山下。明隆萬間，雲棲袾宏以雲間鄭昭服所捨園宅爲常住，址在龍歸徑北，約八畝有奇。初號雲棲別室，俗名鄭菴。崇禎（六年）癸酉秋郡守龐承寵給額稱古法華寺。

此條下附吳應賓（吳氏事蹟見明詩綜伍伍及明詩紀事庚壹伍等。）「古法華寺記」云：

古杭法華山有雲棲別院者，乃雲間青蓮居士鄭昭服所施建也。居士歸依蓮大師，法名廣瞻，雅發大願，將昔所置樓房宅舍山場園林若干，施與彌天之釋，爲布地之金。大師命僧濟舟等居焉。青蓮棄世，其子文學食貧，而此永爲法華道場。衆請郡守龐公承寵捐金給額，改爲古法華寺，濟舟乞余言以紀其事。

前論牧齋崇禎庚辰冬至日示孫愛詩，已引此「書濟舟冊子」之文上一節，痛斥嘉禾門人所寄乞敍之某禪師開堂語錄，茲不重錄。濟舟雖爲能守「雲棲老人家風」之弟子，且能求當世文人爲之賦詩作記，似亦一風雅道人，但據牧齋此文下一節所描繪，則殊非具有學識，貫通梵典之高僧。今忽爲之賦詩，並作文唱導募化，未免前後自相衝突，遂故爲抑揚之辭，藉資掩飾，用心亦良苦矣。噫！牧齋當此時此地，河東君未同來，程松圓不踐約，孤遊無俚，難以消遣之中，不得已而與此老邁專事念佛之僧徒往來酬酢。其羈旅寂寞之情況，今日猶能想見。所詠之詩，亦不過藉以解嘲之語言，其非此卷諸詩中之上品，無足怪也。

「西溪湖水看梅，贈吳仁和。」云：

（詩略。）

寅恪案，吳仁和者，當時仁和縣知縣吳坦公培昌也。光緒修杭州府志壹佰貳職官肆仁和縣知縣云：

吳培昌。華亭人。進士。（崇禎）十一年任。

胡士瑾。貴池人。進士。（崇禎）十五年任。

又陳忠裕全集壹陸湘眞閣集「寄仁和令吳坦公」七律，題下附考證可互參。臥子寄坦公詩，有句云：

常嚴劍佩迎朝貴，更飭廚傳給隱淪。

可謂適切坦公當日忙於送往迎來之情況。若牧齋者，以達官而兼名士，正處於朝貴隱淪之間，宜乎有劍佩之迎，廚傳之給也。

「橫山題江道闇蝶庵」云：

疏丘架壑置柴關。冢筆巢書斷往還。盡攬煙巒歸几上，不教雲物到人間。蕭疎屋宇松頭石，峭蒨風期竹外山。莫篛蝶庵成蝶夢，似君龍臥未應閒。

寅恪案，江道闇本末未詳，俟更考。但檢馬元調橫山遊記（下引各節可參光緒修杭州府志叁拾古蹟貳「橫山草堂」條及所附江元祚「橫山草堂記」。）卷首崇禎十年夏五月自序略云：

武林余所舊遊，未聞有橫山焉者。今年春偶來湖上，一日夢文陸子歷敍此中讀書談道之士，爲余所未見者六七人。余因請六七人室盧安在？夢文謂諸子近耳，獨江道闇邦玉在黃山深處。然言黃山，不言橫山。（寅恪案，江元祚文云：「黃山舊名橫山，土音呼橫爲黃，遂相傳爲黃山。」等語，可供參證。）

同書「樓西小瀑」條云：

返乎竹浪〔居〕，而道闇適自城中歸蝶菴。亟來晤。相見恨晚。抗言往昔，談諧間發，極爾清歡，夜分乃歇。

同書「白龍潭」條云：

〔四月〕廿八日早起卽問白龍潭，邦玉謂草深竹密，宜俟露晞。乃先走蝶菴，訪道闇。蝶菴者，道闇藏修精舍，徑在綠香亭外。沿溪得小山口，綠陰沉沉，編荆卽是。秀竹千竿，掩映山閣。歷磴連呼，衡門始豁。升堂坐定，寂如夜中，仰看屋梁，大字凡四，「讀書談道」。心胸若披，樂哉斯人，飲水當飽。

同書卷末載崇禎十年丁丑小寒日勾甬萬泰跋略云：

自邦玉氏誅茅結廬，一時名流多樂與之游，而人始知有橫山。會同人江子道闇挈妻子讀書其中，因得偕陸子文虎〔彪〕策杖從之。

可知江道闇爲杭州名士無疑，而馬氏遊記關於蝶菴之敍述，尤可與錢詩相印證也。至馬萬二氏所言之邦玉，或即作「橫山草堂記」之江元祚。但牧齋此次遊橫山之詩什，不及邦玉之名與其園林之勝，殊不可解。今亦未悉其本末，並與道闇之關係，當再詳檢。

光緒修杭州府志叁叁名勝門「西溪探梅」條云：

由松木場入古蕩溪，溪流淺狹，不容巨舟。自古蕩而西至于留下，並稱西溪。曲水周環，羣山四繞。名園古剎，前後踵接，又多蘆汀沙溆，重重隔斷，略彴通行，有輿馬不能至者。其地宜稻宜蔬宜竹，而獨盛于梅花。蓋居民以爲業，種梅處不事雜植，且勤加修護，本極大而有致。又多臨水，早春時沿溪泛舟而入，彌漫如香雪海。

沈德潛等輯西湖志纂壹叁「西溪勝蹟」云：

西溪溪流深曲，受餘杭南湖之浸，橫山環之，凡三十六里。

牧齋留滯杭州時間幾達一月之久，其踪跡似未越出西溪橫山之區域。號爲賞花，實則懷人。於無可奈何之際，當亦尋訪名勝，愁對隱淪。凡此諸人諸地，並不能驚破其羅浮酣夢也。

錢氏此次之游杭州，共得詩九首。直接及間接有關於梅花者，凡六首。其中二首，一爲當地寺僧，一爲當地官吏而作，可不計外，餘四首實皆爲河東君而賦也。觀梅之舉，本約河東君同行，河東君既不偕游，於是牧齋獨對梅花，遠懷美人，即景生情，故此四首詠梅之作，悉是河東君之寫眞矣。東山訓和集貳牧翁「西溪永興寺看綠蕚梅有懷」（寅恪案，初學集壹捌此題下多「梅二株蟉虬可愛，是馮祭酒手植。」十三字。）云：

略彴緣溪一徑斜。寒梅偏占老僧家。共憐祭酒風流在，未惜看花道路賒。繞樹繁英團小閣，迴舟玉雪漾晴沙。道人未醒羅浮夢，正憶新粧蕚綠華。

河東「次韻永興看梅見懷之作」云：

鄉愁春思兩欹斜。那得看梅不憶家。折贈可憐疏影好，低迴應惜薄寒賒。穿簾小朵亭亭雪，漾月流光細細沙。欲向此中爲閣道，與君坐臥領芳華。

寅恪案，西湖志纂壹叁西溪勝蹟門「永興寺」條引西湖梵隱志（參光緒修杭州府志叁伍寺觀貳「永興寺」條。）云：

明萬曆初馮夢禎太史延僧眞麟新之。手植綠蕚梅二本，題其堂曰二雪。

然則杭州之梅花，以西溪永興寺馮具區所植之綠蕚梅爲最有名。牧齋此次游杭州看梅，歷時頗久，而多在西溪者，即由於此。何況汪然明別墅亦在此間。賞今日梅花之盛放，憶昔時美人之舊游，對景生情，更足增其詩興也。 夫古來賦詠梅花之篇什甚多，其以梅花比美人者，亦復不少。牧齋博學能詩，凡所吟咏，用事皆適切不泛，辭意往往雙關。讀者若不察及此端，則於欣賞其詩幽美之處，尙有所不足也。 上錄七律所用故實，初視之亦頗平常，不過龍城錄趙師雄羅浮夢事并蘇子瞻和楊公濟梅花詩（見東坡集壹捌「次韻楊公濟奉議梅花十首」及「再和楊公濟梅花十絕」。）及高季迪「梅花詩」（見高啓青丘集壹伍「梅花」七律九首之一。）等出處耳。但細繹之，則龍城錄中云：

趙師雄於松林間，見一女人，淡粧素服。（寅恪案，今所見龍城錄，諸本皆作「女人」，惟佩文齋增補陰氏韻府羣玉拾灰韻，「梅」下引龍城錄「女人」作「美人」。疑陰氏所見本作「美人」也。）

及高詩「月明林下美人來」之句，皆以昔時「美人」兩字之古典，確指今日河東君之專名。其精當不移有如此者。又前論牧齋「冬日同如是泛舟」詩「莫爲朱顏嘆白頭」句，引顧公燮消夏閑記等書，足徵河東君皮膚之白。永興寺馮開之所植之雙梅，乃綠萼梅，故署其堂曰二雪。凡梅之白花者，其萼色綠。范成大范村梅譜「綠萼梅」條（見涵芬樓本說郛柒拾並參博古齋影印百川學海本。）云：

綠萼梅。凡梅花跗蒂皆絳紫色，惟此純綠。枝梗亦青，特爲淸高。好事者比之九疑仙人萼綠華。京師艮嶽有萼綠華堂，其下專植此本。人間亦不多有，爲時所貴重。

故牧齋取此眼前相對之白梅，以比遠隔他鄉美人之顏色，已甚適切。復借永興寺之綠萼梅，以譬眞誥中神女之萼綠華，（見眞誥壹運象篇第壹萼綠華詩。）卽河東君，尤爲詞旨關聯，今古貫通。牧齋此詩「道人未醒羅浮夢，正憶新粧蕚綠華。」兩句，可謂言語妙絕天下矣。抑更有可論者，「新粧」二字亦有深意，李太白詩（見全唐詩第叄函李白肆「清平調詞」三首之二。）云：

借問漢宮誰得似，可憐飛燕倚新粧。

據顧云美河東君傳云：

君爲人短小，結束俏麗。

則河東君可比趙飛燕，而與肥碩之楊玉環迥異。寅恪初讀牧齋此詩，未解「新粧」二字之用意，一夕默誦太白詩，始恍然大悟，故標出之，以告讀者。

河東君和作初學集不載。或是以所作未能競勝牧齋原詩之故。其詩結語云：「欲向此中爲閣道，與君坐臥領芳華。」當出王摩詰詩「閣道迴看上苑花」之句。（見全唐詩第貳函王維肆「奉和聖製從蓬萊向興慶閣道中留春雨中春望之作應制」七律。）蓋牧齋原作與右丞之作同韻，豈河東君因和牧齋之故，憶及王詩，遂有「閣道」之語耶？

東山詶和集貳收翁「二月九日再過永興看梅，梅花爛發，髣髴有懷。適仲芳以畫冊索題，遂作短歌，書於紙尾。」（寅恪案，初學集壹捌東山詩集壹「仲芳」上有「吾家」二字。）云：

西溪梅花千萬樹。低亞凝香塞行路。永興兩樹最綽約，素豔孤榮自相顧。飄黃拂綠傍香樓。春寒日暮含清愁。依然翠袖修林裏，遙憶美人溪水頭。徙倚沈吟正愁絕。見君畫冊思飄瞥。

開懷落落生雲山，觸眼紛紛綴香雪。羨君畫高神亦閒。趣在蒼茫近遠間。仲圭殘墨潑武水，子久粉本留虞山。我將梅花比君畫。月地雲階吐光怪。乞君揮灑墨汁餘，向我蕭閒草堂掛。草堂深柳淨無塵。淡墨疏窗會賞眞。還將玉雪横斜意，舉似淩風卻月人。

寅恪案，仲芳者，錢棻之字。光緒修嘉善縣志貳貳（參光緒修嘉興府志伍伍錢棻傳。）略云：

錢棻字仲芳。崇禎十五年經魁。構園曰蕭林，種梅百本。晚歲鍵戶謝客，著書大滌山，賦詩作畫。年七十八卒。

牧齋此詩以花比人，辭語精妙，自不待言。而「遙憶美人溪水頭」，乃一篇之主旨也。至其結語云：「乞君揮灑墨汁餘，向我蕭閒草堂掛。草堂深柳淨無塵。淡墨疏窗會賞眞。還將玉雪横斜意，舉似淩風卻月人。」其欲貯河東君於金屋之意，情見乎辭矣。牧齋此詩後，未載河東君和章。蓋河東君此時已不作長句古詩。其所以如此之故，今未敢妄測。然必不可以朱竹垞之論程松圓者論河東君，則可斷言也。（見明詩綜陸伍程嘉燧條。）

更有可論者，光緒修常昭合志稿肆肆藝文「閨秀遺箸」云：

河東君詩文集十二卷。梅花集句三卷。柳隱。錢受之副室。

河東君文集十二卷未見，不知內容如何。但據從胡文楷君處鈔得之三卷本梅花集句題云：

我聞室梅花集句。河東柳是如是氏集。

今檢列朝詩集閏伍集句詩類載童琥小傳云：

琥字廷瑞，蘭谿人。有艸窗梅花集句三卷，凡三百有十首。

牧齋選廷瑞梅花集句詩共六首。取三卷之鈔本校之，則牧齋所選者，悉在其中，惟有數字不同耳。由此言之，可證所謂河東君集本，實廷瑞所集。至何以誤爲出自河東君，則殊難攷知。但檢初學集壹叁試拈詩集有「戲書梅花集句詩」七絶一首。題下自注云：

本朝沈行童琥集，各三百餘首。

牧齋此詩作於崇禎十一年，可證牧齋在河東君未訪半野堂前，家中早已藏有廷瑞集句。河東君既歸牧齋之後，曾手鈔其本，或題署書名，或加鈐圖記。後人不察，遂誤認爲河東君所集耶？方志紀載錯誤，因恐輾轉傳譌，特附訂正之於此。

東山訓和集貳牧翁「橫山汪氏書樓」云：

（詩見前論河東君尺牘第壹通所引。今不重錄。）

寅恪案，前論河東君尺牘第壹通，謂河東君於崇禎十二年遊杭時，曾借居汪氏別墅，卽此詩之「橫山汪氏書樓」也。牧齋此次遊杭州，本約河東君同行，疑其且欲同寓汪氏別墅。不意河東君未能同遊，故牧齋於此深有感觸。其用「琴臺」之典，以司馬相如自比，並以卓文君比河東君，實取杜工部集壹壹「琴臺」五律所云：

茂陵多病後，尙愛卓文君。酒肆人間世，琴臺日暮雲。野花留寶靨，蔓草見羅裙。歸鳳求皇意，
寥寥不復聞。

之意。又以「雲」爲河東君之名，幷用子美詩「片雲何意傍琴臺」之句。（見杜工部集壹壹「野老」七律。）糅合江文通雜體詩「休上人」詩「日暮碧雲合，佳人殊未來。」辭意，（見文選叁壹。）構成此詩七八兩句，甚爲精巧。錢遵王止注「碧雲」之出處，殊不賅備。蓋未能瞭解牧齋文思之微妙。牧齋前於崇禎十三年冬答河東君過訪半野堂初贈詩有「文君放誕想流風」之句，亦卽賦此詩時之意也。東山訓和集貳牧翁「二月十二春分日橫山晚歸作」（寅恪案，鄭氏近世中西史日表，崇禎十四年辛巳二月十日春分。與牧齋詩題不合。）云：

杏園村店酒旗新。度竹穿林踏好春。南浦舟中曾計日，西溪樓下又經旬。殘梅糝雪飄香粉，新柳含風瀁麴塵。最是花朝幷春半，與君遙夜共芳辰。

河東「次韻」云：

年光詩思競鮮新。忽漫留華逗晚春。止爲花開停十日，已憐腰綬足三旬。枝枝媚柳含香粉，面面夭桃拂軟塵。回首東皇飛轡促，安歌吾欲撰良辰。

寅恪案，此題除前於河東君尺牘第壹通所論者外，尙有可言者，卽錢詩「南浦舟中曾記日，西溪樓下又經旬。」與柳詩「止爲花開停十日，已憐腰綬足三旬。」兩聯互相印證是也。牧齋送河東君由虞山返

茸城，於崇禎十四年元夕抵虎丘。河東君又送牧齋自蘇州至鴛湖，然後別去，獨返松江。計其由虞山出發之時，至是年花朝，蓋已一月矣。受之此次游杭州，賞梅花，當卽寄寓汪然明横山別墅。自抵杭州至賦此詩時，已閱旬日。江文通「別賦」云：「送君南浦，傷如之何！」（見文選壹陸幷此句李善注引楚辭九歌「河伯」曰：「子交手兮東行，送美人兮南浦。」寅恪案，王逸楚辭注云：「子謂河伯也。言屈原與河伯別。子宜東行，還於九河之居，我亦欲歸也。」又文選「別賦」五臣注張銑曰：「送君送夫也。南浦，送別之處。」皆可與錢柳詩互證通用。）故錢詩此聯上句，卽柳詩此聯下句。又「腰緩」之句，自是出文選貳玖古詩十九首之一「相去日已遠，衣帶日已緩。」（幷可參李善注引古樂府歌曰：「離家日趨遠，衣帶日趨緩。」）不過古詩乃女思男之辭，河東君借用其語句，以指牧齋，非古詩作者本旨也。若就宋人詩餘言之，牧齋當如柳耆卿之「衣帶漸寬終不悔。爲伊消得人憔悴。」（見樂章集蝶戀花。）而河東君當如史邦卿之「諱道相思，偷理綃裙，自驚腰衩。」（見梅溪詞三姝媚。）始爲合理。否則，牧齋豈不成爲單相思？一笑！其後來刻初學集，刪去河東君和作，殆由柳詩微有語病之故耶？至柳詩七八兩句，出楚辭九歌東皇太一「吉日兮辰良。穆將愉兮上皇。」及「疏緩節兮安歌。」自是人所習知，不待多論。

又初學集肆陸「遊黃山記」序云：

辛巳春余與孟陽訂黃山之游，約以梅花時，相尋于武林之西溪，踰月不至。余遂有事于白嶽，黃山之與少闌矣。徐維翰書來勸駕，讀之兩腋欲舉，遂挾吳去塵以行。吳長孺爲戒車馬，庀糗脯，子含去非羣從相向慫恿，而皆不能從也。

寅恪案，牧齋此次本擬偕河東君同行，又期程松圓於杭州，與美人詩老共作湖山之游，洵可稱賞心樂事。豈意河東君中途返回松江，而松圓又遲行後期，於是不得已挾吳去塵爲伴，以游黃山。去塵者，列朝詩集丁壹伍吳布衣拭小傳（參明詩綜柒壹吳拭小傳及光緒修常昭合志稿肆拾游寓吳拭傳。又春星堂集壹不繫園集亦載吳氏詩。）略云：

拭字去塵，居新安之上山。宗族多富人，去塵獨好讀書鼓琴，遊名山水。倣易水法製墨，遇通人文士，倒囊相贈，富家翁厚價購之，輒大笑曰，勿以孔方兄辱吾客卿也。（寅恪檢徐康前塵夢影錄上「虞山錢牧齋有蒙叟墨」條載牧齋門生歙人吳聞禮聞詩兄弟，爲牧齋製「爲天下式」及「秋水閣」墨事。可供參攷。）坐此益大困。耳聾頭眩，爲悍婦所逐，落魄遊吳門。遇亂，死虞山舟中。毛子晉爲收葬之。

然則牧齋此行雖無羅浮之新豔，猶有隃麋之古香。陶詩云，「慰情聊勝無」，牧齋於此亦可憐矣。牧齋所選去塵詩，不及竹垞所選者之佳。吳氏既能詩，又生長黃山，此次伴牧齋同遊，當有篇什，何以牧齋遊黃山諸詩，既不附錄吳作，詩題中亦未道及其名字，頗覺可怪。豈此時牧齋心中，專注河東君一人，其餘皆不顧及，亦如其「書西溪濟舟長老冊子」所言者耶？（見初學集捌壹。）竹垞所選去塵詩中有「無題和斗生」二首，詩頗佳，其中所言，未敢妄測，但兩首起句皆有「雲」字，頗可玩味，特附錄之，以俟好事者之參究。詩云：

海外雲生碧浪陰。赬鱗蒼鴈總浮沉。寥寥天漢雙星小，寂寂黎花一院深。貞玉有光還易見，明珠無定杳難尋。輕鸞欲繡愁無力，除是靈芸七孔鍼。

巫山遠在暮雲中。愁隔春燈一點紅。莫道金刀難翦水，須知紈扇也驚風。化爲蝴蜨飛纔竝，除是鴛鴦睡不同。最是游絲無賴甚，又牽春去過牆東。

東山訓和集貳收翁「陌上花樂府，東坡記吳越王妃事也。臨安道中感而和之。和其詞而反其意，以有寄焉。」云：

陌上花開正掩扉。茸城草綠雉媒肥。狂夫不合堂堂去，小婦翻歌緩緩歸。

陌上花開燕子飛。柳條初撲麴塵衣。請看石鏡明明在，忍撇妝臺緩緩歸。

陌上花開音信稀。暗將紅淚裹春衣。花開容易紛紛落，春暖休教緩緩歸。

河東「奉和陌上花三首」云：

陌上花開照板扉。鴛湖水漲綠波肥。班騅雪後遲遲去，油壁風前緩緩歸。

陌上花開一片飛。還留片片點郎衣。雲山好處亭亭去，風月佳時緩緩歸。

陌上花開花信稀。楝花風暖颺羅衣。殘花和夢垂垂謝，弱柳如人緩緩歸。

寅恪案，前論牧齋所作「吳巽之持孟陽畫扇索題」詩節，曾引耦耕堂存稿文下「題歸舟漫興冊」云：

庚辰臘月望，海虞半野堂訂遊黃山。正月〔十〕六日牧翁已泊舟半塘矣。又停舟西溪，相遲半月，乃先發。余三月一日始入舟，望日至湖上，將陸行從，而忽傳歸耗，遂溯江逆之，猶冀一遇也。

牧齋之由杭州出發，往游黃山，雖難確定爲何日，但綜合孟陽「又停舟西溪，相遲半月。」之語及牧齋「二月十二春分日橫山晚歸作」七律後，卽接以和東坡「陌上花」之題兩點推之，則知牧齋由杭州啓程，必在二月下半月。其餘杭道中和陌上花詩，亦當在此時所作也。孟陽於崇禎十四年庚辰十二月望日定游黃山之約後，匆匆歸新安。據河東君與汪然明尺牘第叁拾通「閣梅梁雪」之語，知牧齋之遊杭州，實欲乘遊黃山之便，中途在杭州看梅。此事松圓別虞山時必已早悉，何以遲至三月一日梅花謝後，始入舟往杭。然則松圓遲遲其行，撲空赴約，如捉迷藏，其故意避免與河東君相見，絕無疑義。意者，孟陽於二月半後始探知河東君僅送牧齋至鴛湖，卽返松江，遂敢於三月一日入舟至杭州會晤牧齋，其後期之原因，實在於此，殊可笑矣。又牧齋此詩序中所謂「和其詞而反其意」者，東坡集伍「陌上花三首」序云：

父老云，吳越王妃每歲春必歸臨安。王以書遺妃曰，陌上花開，可緩緩歸矣。

蓋吳越王妃每歲必歸其臨安之家，故王有「陌上花開，可緩緩歸。」之語。今牧齋以守其家法之故，正値花開之時，令河東君歸其茸城之家，然深致悔恨，遂有「狂夫不合堂堂去，小婦翻歌緩緩歸。」，「請看石鏡明明在，忍撇妝臺緩緩歸。」及「花開容易紛紛落，春暖休教緩緩歸。」等句。藉以寄其欲河東君來與同遊之思，卽所謂「用其詞，而反其意。」者。河東君和詩「陌上花開一片飛，還留片片點郞衣。」卽其駕湖舟中「送牧翁之新安」詩所謂「祇憐不得因風去，飄拂征衫比落梅。」之意也。後來河東君於順治七年庚寅和牧齋「人日示內」詩，（見有學集貳秋槐支集。）其第貳首結語云：

香燈繡閣春常好，不唱卿家緩緩吟。

猶涉及牧齋臨安道中此詩。當庚寅人日河東君賦詩之時，牧齋既得免於黃毓祺案之牽累，所生女嬰復在身側，頗有承平家庭樂趣，所以舉出陌上花之典，藉慰牧齋，且用王安豐婦之語，以「卿家」爲言。（見世說新語惑溺類「王安豐婦常卿安豐」條。）三百年前閨中戲謔之情況，尙歷歷如覩。牧齋於順治十三年丙申賦「茸城惜別」詩，（見有學集柒高會堂詩集。）敍述其與河東君之因緣，其中亦云：

陌上催歸曲，雲間贈婦篇。（寅恪案，「雲間贈婦篇」指文選貳肆陸士衡「爲顧彥先贈婦二首」及貳伍陸士龍「爲顧彥先贈婦二首」幷玉臺新詠叁陸機「爲顧彥先贈婦二首」及陸雲「爲顧彥先贈婦往返四首」而言。機雲兄弟皆雲間人，且其詩皆夫婦贈答之作，與東山詶和集之爲錢柳贈答之作者，甚相類似，於此可證牧齋用典之精切也。）

據此可見錢柳二人終始不忘此「陌上花」之曲有若是者也。東山詶和集貳牧翁「響雪閣」詩，前論河東君尺牘第捌通時，已引其全文，并詳釋之，今不更詮述。至此詩後未載河東君和作者，恐是河東君本不喜遊山，昔年作商山之遊，實非得已，故亦不欲於茲有所賦詠也。

東山詶和集貳牧翁「禊後五日浴黃山下湯池，留題四絕句，遙寄河東君。」云：

香溪禊後試溫湯。寒食東風谷水陽。卻憶春衫新浴後，竊黃淺絳道家裝。

山比驪山湯比香。承恩並浴少鴛鴦。阿瞞果是風流主，妃子應居第一湯。（寅恪案，初學集壹玖東山詩集貳此句下自注云：「南部新書。御湯西北角則妃子湯，餘湯邐迤相屬而下。」）

沐浴頻看稱意身。刈蘭贈藥想芳春。憑將一掬香泉水，噀向茸城洗玉人。（寅恪案，初學集「噀」作「噴」。）齊心同體正相因。祓濯何曾是兩人。料得盈盈羅襪步，也應抖擻拂香塵。

河東「奉和黃山湯池留題遙寄之作」云：

素女千年供奉湯。拍浮渾似踏春陽。可憐蘭澤都無分，宋玉何繇賦薄裝。

浴罷湯泉粉汗香。還看被底浴鴛鴦。黟山可似驪山好，白玉蓮花解捧湯。

睡眼朦朧試浴身。芳華竟體欲生春。憐君遙噀香溪水，蘭氣梅魂暗着人。

旌心白水是前因。覷浴何曾許別人。煎得蘭湯三百斛，與君攜手祓征塵。

寅恪案，牧齋此題及河東君和章，乃關於錢柳因緣之重要作品。蓋河東君不肯與牧齋同遊杭州及黃山，獨自逕歸松江。牧齋心中當亦知其猶豫顧慮之情。故鴛湖別後，屢寄詩篇。不僅致己身懷念之思，實兼藉以探河東君之意也。河東君和詩第肆首有「旌心白水是前因。覰浴何曾許別人。」之句，乃對牧齋表示決心之語。想牧齋接誦此詩，必大感動。閱二十年，至順治十六年己亥，牧齋因鄭延平失敗，欲隨之人海，賦詩留別河東君，有「白水旌心視此陂」之句，（見投筆集「後秋興之三」及有學集拾紅豆二集「後秋興八首」。）其不忘情於河東君此詩者如此。若僅以用左傳之典，步杜詩之韻目之者，猶未達一間。苟明乎此義，則東山訓和集此題之後，卽接以「六月七日迎河東君於雲間」之詩，便不覺其突兀無因矣。

牧齋詩第壹首「却憶春衫新浴後，竊黃淺絳道家裝。」錢遵王註此詩，引薛能「蜀黃葵」詩「記得玉人春病後，道家裝束厭禳時。」（寅恪案，才調集壹「後」作「校」。全唐詩第玖函薛能肆此詩題「蜀黃葵」作「黃蜀葵」。詩中「春」作「初」，「後」作「起」，一作「較」。）雖能知其出處，似尚未發明牧齋文心之妙。蓋河東君肌膚潔白，本合於蜀先主甘后「玉人」之條件。前論錢柳「冬日泛舟」詩，引顧公燮消夏閑記等書，已詳言之。卽牧齋此題第叁首「嘆向茸城洗玉人」句，亦是實指，並非泛用典故。又河東君於崇禎十四年辛巳春初患病，牧齋賦此詩，在是年三月初八日。薛詩「春病後」或「春病校」之語，尤為適切河東君此時情況也。河東君和詩「可憐蘭澤都無分，宋玉何繇賦薄裝。」兩句，自用文選壹玖宋玉「神女賦」中「俛薄裝，沐蘭澤。」之語，實寓詩衞風「伯兮」篇「自伯之東。首如飛蓬。豈無膏沐，誰適為容。」之意。情思纏綿，想牧齋讀此，必為之魂銷心醉也。

此題第貳首錢柳二人之作，皆用華清池故事。全唐詩第玖函鄭嵎「津陽門」詩「暖山度臘東風微。宮娃賜浴長湯池。刻成玉蓮噴香液，漱迴煙浪深逶迤。」注云：

宮內除供奉兩湯池，內外更有湯十六所。長湯每賜諸嬪御，其修廣與諸湯不侔。甃以文瑤寶石，中間有玉蓮捧湯泉，噴以成池。

全唐文陸壹貳陳鴻「華清湯池記」云：

玄宗幸華清宮。新廣湯池，制作宏麗。安祿山於范陽以白玉石爲魚龍鳧雁，仍以石梁及石蓮花以獻。雕鐫巧妙，殆非人工。上大悅，命陳於湯中，仍以石梁亙湯上，而蓮花纔出水際。

據此河東君「白玉蓮花解捧湯」之「白玉」，實兼取陳氏記中之語。其所用典故，蓋有軼出牧齋詩句之外者矣。

此題第叁首牧齋詩下半兩句，若依初學集作「噴」，則與鄭嵎詩注相合。雖較「噀」字爲妥。但「噀」字出於葛洪神仙傳伍「欒巴傳」中「賜百官酒，又不飲，而向西南噀之。」及同書玖「成仙公傳」中「先生忽以杯酒向東南噀之。」等，實與「遙」字有關。（檢太平廣記叁拾神仙門叁拾「張果」條云：「果常乘一白驢，日行數萬里。休則重疊之。其厚如紙，置於巾箱中，乘則以水噀之，還成驢矣。」雖非遙噀，然亦屬神仙道術，故附記於此，以供參證。）黃山下之湯池與松江之橫雲山離隔甚遠，遙噀香泉，正是神通道術，儻改爲「噴」字，似不甚適切。至河東君詩「憐君遙噀香溪水」，自是兼采神仙傳並劉孝標「送橘啟」（見馮應榴蘇文忠公詩合註貳貳「食甘」詩注所引。）而不局於「津陽門」詩注也。抑更有可論者，東坡集壹叁「食甘」詩「清泉蔌蔌先流齒，香霧霏霏欲噀人。」河東君詩「憐君遙噀香溪水」句，其下即接以「梅魂」之語，當與東坡詩有關。蓋東坡此詩前一題「（元豐）六年正月二十日復出東門，仍用前韻。」其結語云：「長與東風約今日，暗香先返玉梅魂。」前論河東君金明池「詠寒柳」詞及牧齋「我聞室落成」詩，已詳及之，茲不更贅。所可注意者，牧齋以「梅魂」自比，故河東君和牧齋詩，亦以「梅魂」目之，其心許之意，尤爲明顯。又據此可推知河東君當是時必常披覽蘇集，於東坡之詩，有所取材，實已突破何李派之範圍矣。

此題第肆首牧齋詩「羅襪」「香塵」之語，出於曹子建洛神賦「凌波微步，羅襪生塵。」（見文選壹玖。）自不待言。所可笑者，前引汪然明「無題」云：「老奴愧我非溫嶠，美女疑君是洛神。」汪氏作詩時在崇禎十一年秋，雖與牧齋同以「洛神」目河東君，然不敢自命爲溫太眞。閱三年，至崇禎十四年春，牧齋作此詩，亦以洛神目河東君，竟敢以老奴自許，而下其玉鏡臺矣。河東君和詩「與君攜手祓征塵」之句，不獨與「祓濯」香湯有關，且「攜手」之語正是暗指前引牧齋初學集壹柒永遇樂「十六夜有感，再次前韻。」詞「何日裏，竝肩攜手，雙雙拜月。」之結語而言。於是錢柳兩人文字相思之公案，得此遂告一結束矣。初學集壹玖東山詩集貳「三月廿四日過釣臺有感」（自注：「是日聞陽羨再召。」）云：

嚴瀨瞳瞳旭日餘。桐江瀧盡掛帆初。老夫自有漁灣在，不用先生買菜書。

寅恪案，牧齋於崇禎十四年辛巳三月初八日浴湯池，寄詩河東君後，閱三月至六月七日，遂有茸城舟中合歡詩之作。此三月中實爲平生最快心滿意之時。忽聞周玉繩再入相之命，胸中不覺發生一希望與失望交戰之情感。詩題所謂「有感」，殆即此種感觸也。第叁章論楊陳兩人「五日」詩，引及牧齋「病榻消寒雜詠」中關涉周氏之詩，以見其垂死之時，猶追恨不已之事例。斯乃由失望所致，與賦此詩時之情感，尚有所不同。但牧齋此際姑醒黄扉之殘夢，專采紅豆之相思，亦情事所不得不然者矣。此詩末句即用皇甫謐高士傳下嚴光傳下「買菜乎？求益也。」之語，意謂不欲藉周氏之力以求起用。然此不過牧齋欺人之辭耳。詳見後論黄梨洲南雷文定後集貳「顧玉書墓誌銘」，兹暫不述。若初學集捌拾有「復陽羨相公書」及「寄長安諸公書」。（此題下自注：「癸未四月。」）其寄長安諸公書中云：「令得管領山林，優遊齒髮。」並同書貳拾下東山詩集肆「〔癸未〕元日雜題長句八首」其六云：「廟廊題目片言中，准擬山林著此翁。」句下自注云：「陽羨公語所知曰，虞山正堪領袖山林。」等，僅可視作失望之後，怨懟矯飾之言，不得認爲棄仇復好，甘心恬退之意。至初學集貳拾下東山詩集肆最後一題「甲申元日」詩中「倖子魂銷槃水前」及「衰殘敢負蒼生望，自理東山舊管絃。」等句，則更是快意恩仇之語，「東山管絃」一辭，亦涉及河東君，并以結束「東山」名集之意也。又有學集壹秋槐詩集載「金壇逢水榭故妓，感歎而作。凡四絶句。」其第叁首云：「身輕渾欲出鵝籠」。此題下即接以「鵝籠曲四首，示水榭舊賓客。」此兩題共八絶句，皆爲詆笑玉繩之作。其時君亡國破，猶不忘區區之舊隙。怨毒之於人，有若是者，誠可畏哉！錢周兩人之是非本末，於此姑不置論，唯略舉牧齋平生胸中恩怨及苦樂，形諸文字，間接關涉兒女私情者如此，聊見明末士大夫風習之一斑也。

牧齋於崇禎十四年三月初八日浴黃山下湯池，寄詩河東君，得其心許之和章。但詩筒往返，頗需時日。牧齋是否由黃山還家，中途經過杭州時，得誦河東君所和之詩，以無確證，不必多論。若一檢有美詩如「東山約已堅」之語，則知河東君固與牧齋已有宿約，惟尚未決定何時履行耳。牧齋本欲及早完成此事，過釣臺時，復得玉繩再召入相之訊，更宜如前所言，火急遄返虞山，籌備合巹之大禮矣。據陳氏二十史朔閏表崇禎十四年三月小盡，幷三子合稿伍臥子所作「孟夏一日遇錢牧齋宗伯于禾城」五律二首（陳忠裕全集壹肆三子詩稿此詩題多「夜談時事」四字。）則知牧齋自釣臺至禾城，至多不過歷時五日，以當時水道交通言之，其歸程之迅速，與平日遊賞湖山，隨處停留者，大不相同。牧齋返虞山家中，當在四月上旬。計至六月七日，約爲二月之時間。此二月之時間，當卽顧云美河東君傳所云，「宗伯使客搆之乃出」者。推測河東君所以顧慮遲疑之故，當爲嫡庶之分。此問題一在社會禮節，若稍通融，可逃糾察。一在國家法律，不容含混，致違制度。其實兩者之間，互有關係。檢明史貳陸伍倪元璐傳云：

〔崇禎〕八年遷國子祭酒。元璐雅負時望，位漸通顯，帝意嚮之，深爲〔溫〕體仁所忌。一日帝手書其名下閣，令以履歷進，體仁益恐。會誠意伯劉孔昭謀掌戎政，體仁餌孔昭，使攻元璐，言其妻陳尚存，而妾王冒繼配復封，敗禮亂法。詔下吏部核奏。其同里尚書姜逢元，侍郎王業浩，劉宗周及其從兄御史元珙，咸言陳氏以過被出，繼娶王，非妾。體仁意沮。會部議行撫按勘奏，即擬旨云：「登科錄二氏並列，罪跡顯然，何待行勘。」遂落職閒住。（寅恪案，黃宗羲思舊錄「倪元璐」條云：「〔先生〕又請毀〔三朝〕要典，以爲魏氏之私書。孫之獬抱要典而哭于朝，不能奪也。未幾而許重熙之五陵注略出，其中有礙于誠意伯劉孔昭之祖父。時先生爲司成，孔昭囑毀其板，先生不聽。孔昭遂以出婦詰先生去位。」可供參改。）

談遷棗林雜俎仁集逸典「阮大鋮」條云：

〔福王朝，大鋮〕日同〔馬〕士英及撫寧侯誠意伯狎飲。後常熟錢侍郎謙益附焉。錢寵姬柳如是，故倡也。大鋮請見，遺玉帶曰：「爲若覓恩封。」（寅恪案，計六奇明季北略貳肆「五朝大事總論」中謂阮贈柳者爲珠冠，而非玉帶。所贈之物雖異，而覓封之旨則同也。詳見第伍章所引。）自是諸公互見其室，恬不爲恥。

同書同集「王氏奪封」條云：

尚書上虞倪元璐玉汝少娶餘姚陳氏，失懽。既登第，嬖妾王氏纂封命。同邑丁庶子進，以故隙嗾誠意伯劉孔昭訐其事，可坐總京營也。倪適除祭酒，奏辨，陳氏失母意，遣歸外氏，命娶王，宜封。而陳所生女字王司馬業浩子貽栻，司馬揭引海瑞前妻許氏潘氏弗封，封繼妻王氏爲例。幸上不問。倪自免歸。陳氏實同母夫人居，非遣歸者。甲申末，陳氏訴於朝。時孔昭在事，奪王氏，改封。白璧微瑕，君子惜之。

倪會鼎撰倪文正公年譜叁「崇禎九年夏四月勳臣劉孔昭疏訐府君，罷歸。」條略云：

烏程銜府君侵議，每思所以中之。顧言路無可喻意。會誠意伯劉孔昭覬戎政，遂以啗之。出袖中彈文，使越職訐奏府君冒封誥。下吏部議覆。於是同里朝士尚書姜公逢元，侍郎王公業浩，劉公宗周等，及從父御史公（指倪元珙。）揭辨分合之故。府君亦上章自理。烏程意沮。及吏部覆，行撫按覆奏。烏程慮勘報之得實也，即擬旨，登科錄二氏並載，朦溷顯然，何待行勘。於是部議冠帶閒住。烏程票革職。上從部議，而封典如故。（寅恪案，倪會鼎所編其父年譜，辭語含混，自是爲其父諱。若會鼎爲王氏所生，則兼爲其母諱也。年譜中「封典如故」一語，甚可注意。蓋鴻寶雖因此案冠帶閒住，而王氏封典如故，及劉孔昭南都當權時，王氏之封誥始被奪，而改封陳氏。會鼎不著其事，可謂得春秋之旨矣。）

夫玉汝與牧齋俱爲烏程所深惡，幸温氏早死於崇禎十一戊寅年，已不及聞知牧齋與河東君結褵之事，否則當嗾使劉孔昭或張漢儒之流，告訐牧齋，科以「敗禮亂法」之罪。且崇禎十四年六月牧齋嫡妻陳夫人尚安居牧齋家中，未嘗被出，（可參葛萬里錢牧齋先生年譜順治十五年戊戌條「夫人陳氏卒。」之記載。）則與談氏所言玉汝嫡妻陳氏之情事略同，而非如玉汝己身及其鄉里親朋所稱陳王關係之比。儻牧齋果以「敗理亂法」被處分，則其罪應加倪氏一等。錢柳結褵之時，牧齋固以玉汝爲前車之鑑，不敢觸犯國家法制，然亦因其崇禎二年己巳閣訟終結，坐杖論贖，黜職歸里，卽嫡妻陳夫人之封誥，當被追奪。（可參初學集伍崇禎詩集壹「喜復官誥，贈內。戲效樂天作。」「聞新命未下，再贈。」兩題及同書柒肆「請誥命事略」妻陳氏條。）本不能效法倪氏，爲河東君請封。唯有在社會禮節方面，鋪張揚厲，聊慰河東君之奢望而已。（寅恪案，談遷棗林雜俎和集叢贅「都諫娶娼」條云：「雲間許都諫譽卿娶王脩微。常熟錢侍郎謙益娶柳如是。並落籍章臺，禮同正嫡。先進家範，未之或聞。」可供參證。）後來錢柳共赴南京翊戴弘光。雖時移事變，似有爲河東君請封之可能，但是時劉孔昭炙手可熱，竟能推翻倪王之舊案，錢柳自必有所警惕，遂不得不待「還期共覆金山譜，桴鼓親提慰我思。」（見投筆集上「後秋興之三」第肆首。）之實現也。又圓海代河東君「覓恩封」之言，若眞成事實者，想此小朝廷之大司馬，或以錢謙益妻柳氏能如韓世忠妻梁氏之知兵爲說耶？一笑！復觀投筆集上後秋興之三「八月初十日小舟夜渡，惜別而作。」之五，有「衣朱曳綺留都女，羞殺當年翟茀班。」之句，（寅恪案，一隅草堂鈔本有學集拾「朱」作「珠」，恐非。）則牧齋詩旨，以爲河東君當時雖未受封誥，實遠勝於其他在南都之諸命婦。其所以溫慰河東君之微意，抑又可推見矣。

又板橋雜記中麗品門云：

龔（芝麓鼎孳）竟以顧（眉生媚）爲亞妻。元配童氏明兩封孺人。龔入仕本朝，歷官大宗伯。童夫人高尚居合肥，不肯隨宦京師。且曰，我經兩受明封，以後本朝恩典，讓顧太太可也。顧遂專寵受封。嗚呼！童夫人賢節過鬚眉男子多矣。

談遷北游錄紀聞上「馮銓」條云：

癸巳涿州次妾□氏沒，銘旌題誥封一品夫人。喪歸，大內遺賻。時元配尚在，豈受封先朝，竟以次妾膺新典乎？

據此更可證建州入關之初，漢族降臣，自可以妾爲妻，不若其在明代受法律之制裁。但牧齋仕淸時，亦未嘗爲河東君請封。此蓋出於河東君之意與龔芝麓夫人童氏同一心理。澹心之書，其範圍限於金陵樂籍，固不能述及河東君。（余氏書附錄羣芳萎道旁者三則，其中二則，雖俱不屬金陵範圍，但河東君本末，其性質與此迥異。）否則亦應於此點與童夫人並舉，稱揚其賢節也。至馮振鷺人品卑下，尤不及芝麓。其所爲更無論矣。

關於社會禮節問題，茲擇錄舊籍記載此事者兩條於下。

蘼蕪紀聞上引沈虬「河東君傳」云：

辛巳六月虞山於茸城舟中與如是結褵。學士冠帶皤髮，合巹花燭，儀禮備具。賦催妝詩，前後八首。雲間搢紳譁然攻討，以爲褻朝廷之名器，傷士大夫之體統，幾不免老拳，滿船載瓦礫而歸，虞山怡然自得也。稱爲繼室，號河東君。

虞陽說苑本牧齋遺事云：

> 辛巳初夏牧齋以柳才色無雙，小星不足以相辱，乃行結褵禮於芙蓉舫中。簫鼓遏雲，蘭麝襲岸。齊牢合巹，九十其儀。於是琴川紳士沸焉騰議。至有輕薄子擲磚彩鷁，投礫香車者。牧翁吮毫濡墨，笑對鏡臺，賦催妝詩自若。稱之曰河東君，家人稱之曰柳夫人。

寅恪案，沈氏乃親見河東君之人，其言「雲間搢紳，譁然攻討。」與牧齋遺事所言「琴川紳士沸焉騰議」者，「雲間」「琴川」地名各異。夫錢柳本在茸城結褵，似以沈氏所言爲合。其實錢柳同舟由松江抵常熟，則牧齋遺事所言，亦自可通。總之，揮拳投礫，或言之過甚。至牧齋以匹嫡之禮待河東君，殊違反當時社會風習，招來多數士大夫之不滿，乃必致之情勢。此點牧齋豈有不知之理，但舍是不能求得河東君之同意。在他人如宋轅文陳臥子輩，早已不敢冒天下之大不韙而爲之，今牧齋則悍然不顧，作此破例之事。蓋其平日之心理及行動，本有異於宋陳之徒。當日閹黨倣水滸所撰之東林點將錄指爲「天巧星浪子」者，（參見澄海高氏玉笥山樓藏稿本。）固由於此。名流推爲「廣大風流敎主」者，亦由於此。故河東君與宋陳之關係，所以大異於其與牧齋之關係，實在嫡庶分別之問題。觀茸城結褵之記載，可以推知矣。

牧齋自述此事之詩，前論宋讓木「秋塘曲」及錢柳「陌上花」詩時，各引其兩句。又論宋轅文上牧齋書時，已攷定牧齋在松江所作高會堂諸詩之年月。此詩卽高會堂諸詩之一也。此自述詩爲千字五言排律。歷敍家國今昔之變遷，排比鋪張，哀感頑豔，乃牧齋集中佳作之一。其中使用元代故實，以比儗建州。吾人今日觀之，雖不足爲異。但就當時一般文士學問程度言之，則牧齋之淹通博雅，蓋有雲間幾社諸子所不能企及者矣。茲唯錄此詩中關於茸城結褵一節，其他部分俟後錄而論之。

有學集柒高會堂詩集「茸城惜别，思昔悼今，呈雲間諸游好，兼訂霞老看梅之約。共一千字。」云：

十六年來事，茸城舊話傳。千金徵窈窕，百兩豔神仙。谷水爲珠浦，崑山是玉田。仙桃方照灼，人柳正蹁躚。月姊行媒妁，天孫下聘錢。珠衣身綽約，鈿盒語纏綿。命許迦陵共，星占柳宿專。香分忉利市，花合夜摩天。陌上催歸曲，雲間贈婦篇。銀河青瑣外，朱鳥綠窗前。秀水香車度，横塘錦纜牽。

東山訓和集以訪半野堂初贈詩起，以迎河東君於雲間詩，即「合歡詩」及「催妝詞」止。首尾始終，悲歡離合，悉備於兩卷之中，誠三百年間文字因緣之一奇作。牧齋詩最後兩題關於古典者，遵王之注略具，故不多贅。茲僅就關於今典者，即在此兩題以前，錢柳諸詩辭旨有牽涉者，稍引述之，如第壹章之所論列者也。

東山訓和集貳牧翁「六月七日迎河東君於雲間，喜而有述四首。」（初學集貳拾東山詩集叁此題作「合歡詩四首，六月七日茸城舟中作。」）其一云：

鴛湖畫舸思悠悠。谷水香車浣别愁。舊事碑應銜闕口，新歡鏡欲上刀頭。此時七夕移弦望，他日雙星笑女牛。榜枻歌闌仍秉燭，始知今夜是同舟。

寅恪案，此詩七八兩句，可與前引牧齋「冬日同如是泛舟有贈」詩「五湖已許辦扁舟」及「次日疊前韻再贈」詩「可憐今日與同舟」等句參證。東坡詩云：「他年欲識吳姬面，秉燭三更對此花。」（見東坡集壹捌「再和楊公濟梅花十絕」。）牧齋此夕正是「對花」之時。而「他日雙星笑女牛」，則反用玉谿詩「當時七夕笑牽牛」（見李義山詩集上「馬嵬」二首之一。）之指天寶十載七月七日爲過去時間者，以指崇禎十四年七月七日爲未來時間也。

其二云：

五茸媒雉卽鴛鴦。樺燭金鑪一水香。自有青天如碧海，更敎銀漢作紅牆。當風弱柳臨妝鏡，罨水新荷照畫堂。從此雙棲惟海燕，再無消息報王昌。

寅恪案，三四兩句遵王已引其古典。至其今典，則第叁句可與牧齋永遇樂「十六夜有感，再次前韻。」詞「常娥孤另」，而第肆句可與此詞「銀漢紅牆」及河東君次韻答牧翁冬日泛舟詩「莫爲盧家怨銀漢」等參證。第伍句可與牧齋冬日泛舟詩「每臨青鏡憎紅粉」及河東答詩「春前柳欲窺青眼」等參證。第柒句可與牧齋永遇樂詞「單棲海燕」，而第捌句可與此詞「誰與王昌說」及牧齋答河東君初贈詩「但似王昌消息好」，幷河東君春日我聞室作「畫堂消息何人曉」等相參證也。

其三云：

忘憂別館是儂家。烏榜牙檣路不賒。柳色濃於九華殿，鶯聲嬌傍七香車。朱顏的的明朝日，錦障重重暗晚霞。十丈芙蓉俱並蒂，爲君開作合昏花。

寅恪案，第柒句可與牧齋寒夕文讌詩「詩裏芙蓉亦並頭」及句下自注「河東君新賦並頭蓮詩。」之語參證。前論文讌詩，已詳攷之，不必多贅。但有可笑者，韓退之詩「太華山頭玉井蓮。開花十丈藕如船。」（見全唐詩第伍函韓愈叁「古意」。）牧齋「十丈」之出處，應與昌黎詩有關。蒲松齡爲清初人，當亦薰習於錢柳時代之風尙。其所作聊齋誌異，深鄙婦人之大足，往往用「蓮船盈尺」之辭以形容之。河東君平生最自負其纖足，前已述及。牧齋此句無乃唐突「輸面一金錢」之西施耶？一笑！

其四云：

朱鳥光連河漢深。鵲橋先爲架秋陰。銀缸照壁還雙影，絳蠟交花總一心。地久天長頻致語，鸞歌鳳舞並知音。人間若問章臺事，鈿合分明抵萬金。

寅恪案，第叁句可與河東君上元夜次韻牧翁詩「銀缸當夕爲君圓」參證。第肆句可與牧齋庚辰除夜守歲詩「燭花依約戀紅妝」及上元夜示河東君詩「燭花如月向人圓」等參證。第陸句可與牧齋寒夕文讌詩「鶴引遙空鳳下樓」參證。又有可注意者，據程偈菴再贈河東君詩「彈絲吹竹吟偏好」及牧齋後來崇禎十五年壬午仲春十日自和合歡詩（見初學集貳拾東山詩集叁。）第肆首「流水解翻筵上曲」，「歌罷穿花度好音」，幷顧云美河東君傳云：「越舞吳歌，族舉遞奏。香籢玉臺，更迭唱和。」可證河東君能詩詞外，復擅歌舞。故牧齋此茸城合歡詩第肆首第陸句「鸞歌鳳舞並知音」之句，實兼歌舞詩詞兩事言之。合此雙絶，其在當時，應推獨步也。

東山訓和集貳牧翁「催妝詞四首」云：

養鶴坡前烏鵲過。雲間天上不爭多。較他織女還僥倖，（初學集貳拾上東山詩集叁「僥」作「徯」。）月筴生時早渡河。

鵲駕鸞車報早秋。盈盈一水有誰留。妝成莫待雙蛾畫，新月新眉總似鉤。

鶉火舒光照畫屏。銀河倒轉渡青冥。從今不用看牛女，朱鳥窗前候柳星。

寶架牙籤壓畫輪。筆牀硯匣動隨身。玉臺自有催妝句，花燭筵前與細論。

寅恪案，此題第壹首第貳句牧齋易「人間天上」爲「雲間天上」者，以鶴坡在華亭之故，遵王注中已引其出處矣。第肆首第貳句可與牧齋有美詩「翠羽筆牀懸」參證。

總而言之，「合歡」「催妝」兩題既與前此諸詩有密切關係，則其所用材料，重復因襲，自難避免，故不必更多援引。讀者取錢柳在此時期以前作品參繹之，當於文心辭旨貫通印證之妙，有所悟發也。

顧云美「河東君傳」云：「宗伯賦前七夕詩，屬諸詞人和之。」今所見東山訓和集載錄和前七夕詩，即合歡詩者，凡十五人，共詩二十五首。和催妝詞者，凡三人，共詩十首。前論列朝詩集所選沈德符詩中，亦有和合歡詩之什，未附於諸人和詩之內，當是後來補作，未及刊入者。其他十八人之和詩，或尚不止三十五首之數，疑牧齋編刊東山詶和集時，有所評定去取也。玆以原書俱在，不煩詳論。唯擇錄和作中詩句之饒有興趣者，略言之。至林雲鳳之詩及其事蹟，前已詳及，故不再贅。

和前七夕詩，卽合歡詩，第壹首中，徐波詩「早梅時節釀酸愁」之句頗妙。滂喜齋叢書收入徐元歎先生殘稾一種，未見徐氏和牧齋此題諸詩。不知是否爲葉苕生廷琯所刪去，抑或葉氏所見元歎詩殘稾中本無此題諸詩也。「酸愁」之「酸」字，元歎之意何指，未敢妄測。若非指錢柳，則在女性方面，當指牧齋嫡妻陳夫人及其他姬侍。在男性方面，則松圓詩老最爲適合，至陳臥子謝象三輩，恐非所指也。

和前七夕詩第貳首中徐波詩云：

雙棲休比畫鴛鴦。眞有隨身藻荇香。移植柔條承宴寢，捧持飛絮入宮牆。抱衾無復輪當夕，舞袖虛敎列滿堂。從此凡間歸路杳，行雲不再到金昌。

寅恪案，元歎此詩並非佳作，但詩所言頗可玩味。第叁章論臥子「吳閶口號」十首時，謂河東君實先居蘇州，後徙松江。今觀徐氏「行雲不再到金昌」句，似可證實此點。蓋元歎本蘇州人，年輩亦較早。當河東君居蘇州時，徐氏直接見之，或間接聞之，大有可能也。

和前七夕詩第叁首中，元歎詩七八兩句云：「坐擁羣眞嘗說法，楊枝在手代拈花。」意謂釋迦牟尼雖嘗廣集徒衆，演說妙法，但終拈花微笑，傳心於迦葉一人。此用禪宗典故爲譬喻，以牧齋比能仁，以河東君比歆光，以錢氏諸門人，即「羣眞」，比佛諸弟子。蓋牧齋當時號召其門生和合歡詩及催妝詞，元歎因作此語以爲戲耳。陸貽典和詩云：「桃李從今不敎發，杏媒新有柳如花。」「杏媒」用玉谿生「柳下暗記」詩語。（見李義山詩集上。）其意亦與元歎同也。馮班詩下半云：「行雲入暮方爲雨，皎日凌晨莫上霞。若把千年當一夜，碧桃明早合開花。」辭旨殊不莊雅，未免唐突師母矣。

和前七夕詩第肆首中，顧凝遠詩云：「一笑故應無處買，等閒評泊說千金。」語意亦頗平常，並非佳作。但取第叁章引質直談耳所記蠢人徐某以三十金求見河東君事，與青霞此詩並觀，殊令人發笑。何雲詩「結念芙蕖緣並蔕」句，非泛用典故，乃實指河東君所賦並蔕芙蓉詩而言，前已詳論之矣。馮班詩「紅蕖直下方連藕，絳蠟纔燒便見心。」一聯甚工切，其語意雖涉諧謔，但錢柳皆具雅量，讀之亦當不以爲忤也。

和催妝詞諸詩皆不及和前七夕詩諸篇。蓋題目範圍較狹，遣辭用意亦較不易，即牧齋自作此題之詩，亦不及其合歡詩也。茲唯錄許經詩「更將補衮彌天線，問取針神薛夜來。」兩句於此，不僅以其語意與謝安石東山絲竹之典有關，亦因其甚切「閨閣心懸海宇棋」（見投筆集上「後秋興之三」及有學集紅豆詩貳集。）之河東君爲人。牧齋之「補衮彌天」向河東君請敎，自所當然也。

綜觀和詩諸人，其年輩較長者，在當時大都近於山林隱逸，或名位不甚顯著之流。其他大多數悉是牧齋之門生或晚輩。至若和合歡詩第貳首之陳在茲玉齊，據柳南隨筆壹「陳在之學詩于馮定遠」條，則其人乃馮班之門人，即牧齋之小門生也。由此言之，牧齋當日以匹嫡之禮與河東君結褵，爲當時搢紳輿論所不容。牧齋門人中最顯著者，莫若瞿稼軒式耜。瞿氏與牧齋爲患難之交，又爲同情河東君之人。今不見其和詩，當由有所避忌之故。但如程松圓，則以嫌疑慚悔，不願和詩，前已詳論，茲不再及。唯有一事最可注意者，即合歡詩及催妝詞兩題，皆無河東君和章是也。此點不獨今日及當時讀東山詶和集者，同懷此疑問，恐在牧齋亦出其意料之外。觀其催妝詞第肆首云：「玉臺自有催妝句，花燭筵前與細論。」可見牧齋亦以爲河東君必有和章也。今河東君竟無一詩相和者，其故究應如何解釋耶？或謂前已言及河東君平生賦詩，持杜工部「語不驚人死不休」之準繩，苟不能競勝於人，則不輕作。觀戊寅草早歲諸詩，多涉生硬晦澀，蓋欲藉此自標新異，而不覺陷入神釋堂詩話所指之疵病也。但崇禎八年秋晚脱離幾社根據地之松江，九年重遊非何李派勢力範圍之嘉定，與程孟陽李茂初輩往返更密，或復得見牧齋讀杜詩寄盧小箋及二箋，詩學漸進，始知不能仍挾前此故技，以壓服一般文士。故十二年湖上草以後所賦篇什，作風亦變。何況今所與爲對手之兩題原作者，即「千行墨妙破冥濛」之牧齋乎？其所以不和者，蓋藉以藏拙也。鄙意此說亦有部分理由，然尚未能完全窺見河東君當時之心境。河東君之決定舍去臥子，更與牧齋結褵，其間思想情感痛苦嬗蜕之痕跡，表現於篇什者，前已言之，茲可不論。所可論者，即不和合歡詩催妝詞之問題。蓋若作歡娛之語，則有負於故友。若發悲苦之音，又無禮於新知。以前後一人之身，而和此啼笑兩難之什，吮毫濡墨，實有不知從何說起之感。如僅以不和爲藏拙，則於其用心之苦，處境之艱，似猶有未能盡悉者矣。由此言之，河東君之不和兩題，其故儻在斯歟？儻在斯歟？

第三期

自崇禎十四年辛巳夏河東君與牧齋結褵於茸城起，至崇禎十六年癸未冬絳雲樓落成時止，將近三年。此期間之歲月，雖不可謂之甚短，但其間僅有兩大事可紀。一爲河東君之患病。一爲絳雲樓之建造。河東君之患病約歷二年，則又佔此期之時間五分之四也。兹請依次言之，并附述錢柳兩人談兵論政之志事。

錢柳結褵後三年間，雖曾一度出遊，然爲時不久。其餘皆屬在虞山家居之歲月也。牧齋於有學集柒高會堂詩集「茸城惜別」詩中嘗自述之。前論錢柳結褵事，已引此詩一節，兹更續引其所述關於此三年者於下。其詩云：

畫樓丹嶂埒，書閣絳雲編。小院優曇秘，閒庭玉蘂鮮。新粧花四照，昔夢柳三眠。筍迸茶山屋，魚跳蟹舍椽。餘霞三泖塔，落日九峰烟。

寅恪案，牧齋所述乃總論此三年者。今更就其作品及其他材料中，有關此時期之事蹟論述之，略見當時柳錢兩人婚後生活之一斑云爾。

初學集貳拾上東山詩集叁「燕譽堂秋夕」云：

雨過軒窗浴罷時。水天閒話少人知。憑闌密意星娥曉，出幌新粧月姊窺。鬭草空堦蛩自語，採花團扇蝶相隨。夜來一曲君應記，颯颯秋風起桂枝。（自注：「非君起夜來。柳惲詩也。」）

寅恪案，初學集此題之前，催妝詞之後，僅有一詩。其題爲「田國戚奉詔進香岱嶽，渡南海謁普陀還朝，索詩爲贈。」世俗相傳觀音誕辰爲六月。田國戚之渡南海謁普陀，當在此際。其還朝向牧齋索詩，亦應在七月。牧齋詩題所謂「秋夕」之「秋」，卽指初秋而言。牧齋此詩當與李義山詩集中「楚宮」二首（第壹首爲七絕，第貳首爲七律。）有關。（才調集陸選第貳首七律，題作「水天閒話舊事」。）蓋「水天閒話少人知」及「出幌新粧月姊窺」等辭，固出玉谿詩第貳首，而義山第壹首「朝雲暮雨長相接，猶自君王恨見稀。」兩句之意，實爲牧齋詩旨所在。雖賦詩時間距茸城結褵之日，似逾一月。然詩中無牢騷感慨之語，故可視爲蜜月中快心得意之作。至牧齋此詩七八兩句及其自注，則第叁章論河東君夢江南詞第叁首「端有夜來風」句，已詳言之，自可不贅。但河東君之詞，乃爲臥子而作者，在牧齋方面言之，河東君此時甚不應記及文暢詩也。一笑！

初學集貳拾上東山詩集叁「秋夕燕譽堂話舊事有感」云：

東虜游魂三十年。老夫雙鬢更皤然。追思貰酒論兵日，恰是涼風細雨前。埋沒英雄芳草地，耗磨歲序夕陽天。洞房清夜秋燈裏，共簡莊周說劒篇。

寅恪案，此詩於第壹章拙詩序中，已引其一部分，幷略加攷證。牧齋此詩首二句「東虜遊魂三十年。老夫雙鬢更皤然。」之語，據瞿九思萬曆武功錄壹壹「奴兒哈赤列傳」略云：

奴兒哈赤故王台部也。（參同書同卷王台列傳。）後叛走建州，帶甲數千人，雄東邊，遂爲都指揮。始王台時，畏德，不敢與西北諸酋合。久之，卜寨那林起，常窺隙，略我人畜。給諫張希皐上書，以爲奴兒哈赤旁近北虜恍忽大，聲勢相倚。恐卜寨那林孛羅一旦不可知，（參同書同卷卜寨那林孛羅列傳。）東連西結，悉甲而至邊，何以爲備。是歲萬曆（十六年）戊子也。

則自萬曆十六年戊子至天啓元年辛酉，牧齋作浙江鄉試程錄中序文及策文第伍問時，爲三十三年。若不如此解釋，則燕譽堂話舊事詩，賦於崇禎十四年辛巳秋，上距萬曆十六年戊子，爲五十三年，與情事不合矣。檢此詩後即爲「中秋日攜內出游」之題，故知其作成，約在中元以後，中秋以前，「恰是涼風細雨」時候也。牧齋爭宰相不得，獲罪罷歸。其政敵多以天啓元年浙江鄉試之錢千秋關節一案爲藉口。此案非本文範圍，不須攷述。但就牧齋詩旨論之，雖以國事爲言，實則詩中所謂「莊周說劍篇」，即指其天啓元年浙江鄉試程錄中談兵諸篇。當牧齋天啓元年秋主試浙江，作此談兵諸篇時，其涼風細雨之景物，亦與崇禎十四年秋夕在燕譽堂共河東君話及舊事，幷簡舊文時相似也。牧齋於此年三月聞陽羨再召之訊，已知不易再起東山。疇昔之雄心壯志，無復表現之機會，唯有獨對閨閣中之梁紅玉，發抒其感憤之意耳。然則此詩雖以「東虜游魂」爲言，實是悲歎個人身世之作也。

又有學集肆捌「題晝所中山中詠古詩」云：

近以學者摛詞掞藻，春華滿眼。所中獨好談握奇八陳兵農有用之學。山中詠古，上下千載得二十四人，可以觀其志矣。余少壯而好論兵，抵掌白山黑水間。老歸空門，都如幻夢。然每笑洪覺範論禪，輒唱言杜牧論兵，如珠走盤。知此老胸中，尙有事在。所中才志鬱盤，方當不介而馳，三周華不注，何怪其言之娓娓也。昔人有言，治世讀中庸，亂世讀陰符。又云，治世讀陰符，亂世讀中庸。此兩言者，東西易向，顧所中爲筮而決之。

寅恪案，牧齋此文作於南都傾覆後，仍從事於復楚報韓活動之時。但文中「余少壯而好論兵，抵掌白山黑水間。」之語，則指天啓元年浙江鄉試程錄中談兵諸篇而言，故迻錄於此，以供讀此詩者之參證。

初學集貳拾上東山詩集叁「中秋日攜內出游，次冬日泛舟韻二首」云：

綠浪紅闌不帶愁。參差高柳蔽城樓。鶯花無恙三春侶，蝦菜居然萬里舟。炤水蜻蜓依髻影，窺簾蛺蝶上釵頭。相看可似嫦娥好，白月分明浸碧流。

輕橈蕩漾緩清愁。恰似明粧上翠樓。桂子香飄垂柳岸，菱荷風度採蓮舟。招邀璧月成三影，搦當金尊坐兩頭。便合與君長泛宅，洞房蘭室在中流。

河東君依韻奉和二首云：

秋水春衫憺暮愁。船窗笑語近紅樓。多情落日依蘭櫂，無藉輕雲傍綵舟。月幌歌闌尋麈尾，風床書亂覓搔頭。五湖煙水長如此，願逐鴟夷汎急流。
素瑟清尊迥不愁。柂樓雲物似粧樓。夫君本自期安槳，（自注：「有美詩云，迎汝雙安槳。」）賤妾寧辭學泛舟。燭下烏龍看拂枕，風前鸚鵡喚梳頭。可憐明月將三五，度曲吹簫向碧流。

寅恪案，錢柳唱和所以次此「冬日泛舟」舊韻者，不僅人同地同，而兩方此時心情愉暢，亦與崇禎十三年冬日正復相同也。河東君自茸城與牧齋結褵後，其所賦詩篇，今得見者，以此二律爲首次。如第壹首「月幌歌闌尋麈尾，風床書亂覓搔頭。」及第貳首「燭下烏龍看拂枕，風前鸚鵡喚梳頭。」等，皆其婚後閨中生活之寫實。第壹首一聯神釋堂詩話深賞其佳妙，前已引及。第貳首一聯，則可與才調集伍元稹「夢遊春」詩「鸚鵡飢亂鳴，嬌娃睡猶怒。」之句相參證。（可參拙著元白詩箋證稿第叁章論此詩條。）至第貳首第貳聯及自注，似足表現河東君之雅量，幾與今日王寶川戲劇大登殿中代戰公主相等，殊有異於其平日所爲，頗覺奇特。或者此不過偶然一時心情愉暢之所致，未必爲陳夫人地，而以桃葉桃根自居也。

又張山來潮所輯虞初新志伍有徐仲光芳「柳夫人小傳」無甚史料價值，但其中述錢柳婚後互相唱和一節，則頗能寫出當時實況，故附錄於此。其文云：

柳既歸宗伯，相得歡甚。題花詠柳，殆無虛日。每宗伯句就，遣鬟矜示柳。擊鉢之頃，蠻箋已至，風追電躡，未嘗肯地步讓。或柳句先就，亦走鬟報賜。宗伯畢力盡氣，經營慘淡，思壓其上。比出相視，亦正得匹敵也。宗伯氣骨蒼峻，虬松百尺，柳未能到。柳幽豔秀發，如芙蓉秋水，自然娟娟，宗伯公時亦遜之。於時旗鼓各建，閨閣之間，隱若敵國云。

河東君自賦中秋日詩後，其事蹟在崇禎十四年冬季之可攷者，爲偕牧齋出遊京口一事。前論牧齋爲漢書事與李孟芳書時，已略及此問題，茲更詳攷之於下。

初學集貳拾上東山詩集叁「小至日京口舟中」云：

病色依然鏡裏霜。眉間旋喜發新黃。偶逢客酒澆長至，且撥寒鑪泥孟光。撫髻一燈還共炤，飛蓬兩鬢爲誰傷。陽春欲復愁將盡，弱線分明驗短長。

附河東君和詩云：

首比飛蓬鬢有霜。香奩累月廢丹黃。却憐鏡裏叢殘影，還對尊前燈燭光。錯引舊愁停語笑，探支新喜壓悲傷。微生恰似添絲線，邀勒君恩並許長。

寅恪案，牧齋詩結語云：「陽春欲復愁將盡，弱線分明驗短長。」蓋所以溫慰河東君之愁病，情辭甚真摯。河東君報以「微生恰似添絲線，邀勒君恩並許長。」之句，幷非詶答之例語，而是由衷之實言。攷河東君本是體弱多病之人。檢陳忠裕全集壹伍陳李唱和集載有臥子於崇禎六年癸酉秋季所賦二律。其題序云：

秋夕沈雨，偕燕又讓木集楊姬館中。是夜姬自言愁病殊甚。

及耦耕堂存稿詩中載有孟陽於崇禎九年丙子夏季所賦「六月鴛湖飲朱子暇夜歸，與雲娃惜別。」七律。其第肆第伍二句云：

愁似橫波遠不知。病起尚憐妝黛淺。

並觀河東君與汪然明尺牘第壹壹通云：

二扇草上，病中不工，書不述懷，臨風悵結。

第壹叁通云：

齊雲勝遊，兼之逸侶，崎嶇之思，形之有日。奈近羸薪憂，褰涉爲憚。

第壹肆通云：

昨以小疢，有虛雅尋。

第壹捌通云：

不意元旦嘔血，遂爾岑岑至今，寒熱日數十次。醫者亦云，較舊沈重。恐瀕死者無幾，只增傷悼耳。

第貳伍通云：

伏枕荒謬，殊無詮次。

第貳柒通云：

餘扼腕之事，病極不能多述也。

第貳捌通云：

不意甫入山後，纏綿夙疾，委頓至今。近聞先生已歸，幸即垂示。山中最爲麗矚，除藥鐺禪榻之外，即松風桂渚。若覩良規，便爲情景俱勝。讀孔璋之檄，未可知也。伏枕草草，不悉。

第貳玖通云：

弟抱疴禾城，已纏月紀。及歸山閣，幾至彌留。

又據前引牧齋次韻崇禎十四年辛巳上元夜小飲沈璧甫齋中示河東君詩云，「薄病輕寒禁酒天」及有美詩云，「薄病如中酒」。可以證知河東君於崇禎六年及九年曾患病，至於十二，十三，十四等年之內，幾無時不病，眞可謂合「傾國傾城」與「多愁多病」爲一人。儻非得適牧齋，則終將不救矣。初學集貳拾上東山詩集叄「冬至後京江舟中感懷八首」其一云：

懵騰心口自相攻。失笑禁啼夢囈中。白首老人徒種菜，紅顏小婦尙飄蓬。牀頭歲敍占枯樹，鏡裏天涯問朔風。睡起船窗頻徙倚，強瞪雙眼數來鴻。

寅恪案，此詩第壹聯爲主旨所在。上句用三國志蜀志貳先主傳裴注引胡沖吳歷「吾豈種菜者乎」之語。蓋牧齋此時頗欲安內攘外，以知兵自許。河東君亦同有志於是。然皆無用武之地也。

其二云：

世事那堪祝網羅。流年無復感蹉跎。緇書懶看窮愁志，度曲誰傳暇豫歌。背索偶逢聊復爾，侏儒相笑不爭多。晤言好繼東門什，深柳書堂在磵阿。

寅恪案，此詩第柒句出詩陳風「東門之池，可以漚菅，彼美淑姬，可與晤言。」第捌句用劉眘虛「深柳讀書堂」之語。（見全唐詩第肆函劉眘虛「闕題」五律。）此兩句皆指河東君而言。「柳」爲河東君之寓姓，頗切。然毛詩「東門之池」小序云：「刺時也。疾其君之淫昏，而思賢女以配君子也。」若以此解，則河東君爲賢女，崇禎帝爲昏君。不僅抑揚過甚，且小序所謂「君子」乃目國君。牧齋用典絕不至儗人不於其人。其不取毛序迂遠之說，自無疑義也。

其三云：

蹙蹙羣烏啄野田。遼遼一鴈唳江天。風光頗稱將殘歲，身世還如未泊船。懶養丹砂回鬢髮，閒憑青鏡記流年。百金那得封侯藥，悔讀蒙莊說劍篇。

寅恪案，此詩「悔讀蒙莊說劍篇」與前引「燕譽堂秋夕話舊」詩之「共檢莊周說劍篇」有關。前詩自指牧齋「天啓元年浙江鄉試程錄」而言。此詩雖非即指此錄，但其中有談兵之部分，故可借爲比儗。頗疑錢柳此次出遊京口，實與天啓元年浙江鄉試程錄有關也。餘見後論。

其四云：

屈指先朝侍從臣。西淸東觀似前身。何當試手三千牘，已作平頭六十人。櫪下可能求駿骨，爨餘誰與惜勞薪。閑披仙籍翻成笑，碧落猶誇侍帝晨。

寅恪案，此詩第柒句之「仙籍」，依通常用典之例及此詩全部辭旨推之，應指登科記或縉紳錄類似之書而言。但牧齋在京口舟中恐無因得見此種書錄。鄙意錢柳之遊京口，其動機實由共檢天啓元年浙江鄉試程錄之談兵部分，有所感諱，遂取此錄自隨，同就天水南渡韓梁用兵遺蹟，與平日所言兵事之文相證發。今觀初學集玖拾所載此錄序文，即有牧齋所任翰林院編修之官銜。其全書之首，當更有此類職名。此詩「屈指先朝侍從臣。西淸東觀似前身。」兩句之意，當亦指此。初學集首載程松圓序云：「辛酉先生浙闈反命，相會于京師。時方在史局，分撰神廟實錄，兼典制誥。」可取與相證也。

其五云：

人情物論總相關。何似西陵松柏間。敢倚前期論白首，斷將末契結朱顏。緣情詞賦推團扇，慢世風懷託遠山。戀別燭花渾未灺，宵來紅淚正斕斑。

寅恪案，此詩專述河東君崇禎十三年庚辰冬過訪牧齋於虞山半野堂，及次年辛巳春別去，獨返雲間，一段因緣。前引牧齋病榻消寒雜詠中「追憶庚辰半野堂文讌舊事」詩，與此詩之旨略同。「慢世風懷託遠山」句，其出處遵王註已言之，即牧齋答河東君初贈詩「文君放誕想流風。臉際眉間訝許同。」之意。至「人情物論總相關。何似西陵松柏間。」句，則指河東君初贈詩，「江左風流物論雄」之語而言。

蓋牧齋素以謝安自比，崇禎元年會推閣臣，不僅未能如願，轉因此獲罪罷歸，實爲其平生最大恨事。河東君初贈詩道破此點，焉得不「斷將末契結朱顔」乎？

其六云：

項城師潰哭無衣。聞道松山尚被圍。原野蕭條郵騎少，廟堂鎮靜羽書稀。擁兵大將朱提在，免胄文臣白骨歸。却喜京江波浪偃，蒜山北畔看斜暉。

寅恪案，「項城師潰哭無衣」句，第壹章論錢遵王注牧齋詩時，已言及之。據浙江通志壹肆拾選舉志舉人表天啓元年辛酉科所取諸人姓名及初學集貳拾下東山詩集肆「三良詩」，知汪氏爲牧齋門人，故聞其死難，尤悼惜之也。「聞道松山尚被圍」事，則遵王以避清室忌諱之故，未著一字。檢明史貳肆莊烈帝紀略云：「崇禎十四年七月壬寅洪承疇援錦州，駐師松山。十五年二月戊午大清兵克松山。洪承疇降。」牧齋賦此詩在十四年十一月，正是松山被圍時也。

其七云：

柁樓尊酒指吳關。畫角聲飄江北還。月下旌旗看鐵甕，風前桴鼓憶金山。餘香墜粉英雄氣，剩水殘雲俛仰間。（寅恪案，初學集肆肆「韓蘄王墓碑記」引此句，「殘雲」作「殘山」，似較佳。）他日靈巖訪碑版，麒麟高冢共躋扳。

寅恪案，此詩乃錢柳此次出遊京口之主旨。前論第肆首謂兩人既以韓梁自比，欲就南宋古戰場，實地調查，以爲他日時局變化之預備。後此將二十年牧齋賦「後秋興之三」云：「還期共覆金山譜，桴鼓親提慰我思。」（見投筆集上及有學集拾紅豆貳集。）猶念念不忘此遊也。此詩結語云：「他日靈巖訪碑版，麒麟高冢共躋扳。」意謂當訪弔梁韓之墓。觀京江感懷詩後第貳題爲「半塘雪中戲成，次東坡韻。」半塘在蘇州，見前論有美詩「半塘春漠漠」句所述。由鎮江返常熟當經蘇州，韓梁墓在靈巖，錢柳雖過蘇，而未至其地者，必因河東君素憚登陟。前論「與汪然明」尺牘第壹叁通及戊寅草「初秋」八首之三「人似許玄登望怯」句，已詳言之。河東君平日既是如此，況今在病中耶？至初學集肆肆「韓蘄王墓碑記」云：

辛巳長至日余與河東君泊舟京江，指顧金焦二山，想見兀朮窮蹙打話，蘄王夫人佩金鳳瓶傳酒縱飲，桴鼓之聲，殷殷江流，潰沸中遂賦詩云，餘香墜粉英雄氣，剩水殘山俛仰間。相與感槩歎息久之。甲申二月觀梅鄧尉，還過靈巖山下，埽積葉，剔蒼蘚，肅拜酹酒而去。因摭採楊國遺事，記其本末如此。

則崇禎十七年甲申二月牧齋實曾遊靈巖。不知此次河東君亦與同行否？攷是時河東君久病已全愈，躋扳高冢，當不甚困難。錢柳兩人同遊，殊可能也。

又上海文物保管委員會藏「顧云美自書詩稿」有「道中寄錢牧齋先生」七律云：

賭棊墅外雲方紫，煨芋爐邊火正紅。身是長城能障北，時遭飛語久居東。千秋著述歐陽子，一字權衡富鄭公。莫說當年南渡事，夫人親自鼓軍中。

寅恪案，此詩前一題爲「寒食過莒州」，後第壹題爲「聞警南還，沂水道中即事。」第貳題爲「廣陵別萬次謙」，題下自注云：「傳聞翠華將南。」第肆首爲「送幼洪赴召」，（寅恪案，牧齋外集拾「吳君二洪五十序」云：「吳門吳給諫幼洪」，則是云美同里。故顧詩之幼洪，當卽錢序之吳幼洪也。）詩中有「六月驅車指帝京」及「鍾山紫氣尋常事，會有英賢佐聖明。」幷自注云：「幼洪師馬素脩先生，死北都之難。」等語。故據詩題排列先後及詩中所言時事推之，知寄牧齋詩爲崇禎十七年甲申春間所作。此詩堆砌宰相之典故，以比擬牧齋，殊覺無謂，但認牧齋可爲宰相一點，則非僅弟子箇人之私言，實是社會當時之輿論。觀前引陳臥子「上牧齋先生書」卽可證知，無取廣徵也。兹更有應注意者，卽此詩結語，亦言及韓梁金山故事。頗疑云美非獨先已得見牧齋「京口舟中感懷」詩，且聞知其師與師母平日慷慨談兵之志略。就詩而言，云美此篇幷非佳作，但以旨意論之，則可稱張老之善頌善禱。云美藉此得以彌補東山訓和集未收其和章之缺憾歟？

其八云：

陽氣看從至下迴。錯憂蚊響又成雷。烏鳶攫肉眞堪笑，魑魅爭光亦可哀。雲物暖應生黍律，風心老不動葭灰。香車玉笛經年約，爲報西山早放梅。

寅恪案，此詩七八兩句云：「香車玉笛經年約，爲報西山早放梅。」牧齋所以作此結語者，因崇禎十四年十一月賦此詩時，河東君正在病中，雖將赴蘇州養疴，自不能往遊靈巖，甚願次年春季可乘親自至蘇州迎其返常熟之便，共觀梅鄧尉。「早放」之語，亦寓希望河東君患病早愈之願，與第伍章論高會堂集，約許譽卿彩生至拂水山莊詩中「西山」之意不同。並暗用東坡詩「長與東風約今日，暗香先返玉梅魂。」之典。蘇詩與河東君金明池「詠寒柳」詞有關，牧齋用以牽涉河東君，而自居爲「梅魂」也。詳見論河東君「寒柳」詞及論牧齋我聞室落成詩等節，茲不多及。

又初學集貳拾下東山詩集叁「（崇禎十六年癸未）元日雜題長句」八首之七結語云：「鄧尉梅花侵夜發，香車明日向西山。」是時河東君病漸痊，但尚未全愈，牧齋賦此二句，亦不過聊寄同遊之希望，非河東君眞能往遊也。

抑更有可論者，舊題婁東梅村野史鹿樵紀聞上「馬阮始末」略云：

阮大鋮字圓海，桐城人。（寅恪案，大鋮字集之，圓海乃其號。懷寧人，非桐城籍。但小腆紀傳陸貳姦臣傳阮大鋮傳云：「天啓元年擢戶科給事中，遷吏科，以憂歸，居桐城。御史左光斗讜直有聲，大鋮以同里故，倚以自重。」蓋因其居處，認爲著籍桐城也。列朝詩集丁壹叁「阮邵武自華」小傳云：「懷寧人。」附其孫阮尚書大鋮傳云：「字集之。」牧齋與阮氏關係密切，故所記皆正確。假定鹿樵紀聞此節眞出梅村之手者，然吳阮關係疏遠，梅村所記，亦不及牧齋之翔實也。）

天啓初，由行人擢給事中。尋召爲太常少卿。居數月，復乞歸。崇禎元年起陞光祿寺。〔魏〕大中子學濂上疏稱大鋮實殺其父。始坐陰行贊導，削奪配贖。欽定逆案，列名其中。大鋮聲氣既廣，雖罷廢，門庭勢燄，依然爊灼。久之，流寇偪皖，避居白門。時馬士英亦在白門。大鋮素好延攬，及見四方多事，益談兵招納游俠，冀以邊才起用。

又明史叁佰捌馬士英傳附阮大鋮傳云：

崇禎元年〔大鋮〕起光祿卿。御史毛羽健劾其黨邪，罷去。明年定逆案，請贖徒爲民，終莊烈帝世，廢斥十七年。鬱鬱不得志。流寇逼皖，大鋮避居南京，頗招納遊俠，爲談兵說劍，覬以邊才召。

蓋明之季年內憂外患，岌岌不可終日。當時中朝急求安攘之人才，是以士大夫之獲罪罷廢者，欲乘機起復，往往「招納遊俠，談兵說劍。」斯乃事勢所使然，殊不足異。牧齋此際固與圓海爲不同之黨派，但其欲利用機會，以圖進取，則無不同。河東君與牧齋之關係，所以能如此者，不僅由於「彈絲吹竹吟偏好」之故，實因復能「共檢莊周說劍篇」所致。前者當日名媛如徐阿佛王纖郎輩，亦頗擅長。至後者則恐舍河東君外，不易別求他人。然則牧齋心中認其與河東君之因緣，兼有謝太傅東山絲竹及韓蘄王金山桴鼓之兩美者，實非無故也。兹先略論述牧齋談兵說劍以求進用之心理並舉動。後復就牧齋作品中，關涉河東君雖在病中，猶不忘天下安危之辭句，以證釋之。今日讀者或可藉以窺見錢柳婚後二三年間生活之一方面歟？

陳臥子先生安雅堂稿壹肆「上少宗伯牧齋先生」（原注：「壬午冬。」）略云：

方今泰道始亣，見龍貞翰，自當亟賚肅乂，寅亮天業。既已東郊反風，岳牧交薦，而上需密雲之畜，下有盤桓之心。使天下傾耳側足以望太平者，目望羊而心朝飢，誰之故也。屬聞□躪漁陽，爲謀叵測。徵兵海內，驛騷萬里，此志士奮袂戮力共奬之日，而賢士大夫尙從容矩步，心懷好爵。何異鄉飲焚屋之下，爭餠摧輪之側？旁人爲之戰栗矣。閣下雄才峻望，薄海具瞻，嘆深微管，舍我其誰？天下通人處子，懷奇抱道之士，下至一才一藝之流，風馳雲會，莫不望閣下之出處，以爲濯鱗振翼。天子一旦命閣下處端揆，秉大政，恐非一手足之烈也。閣下延攬幽遐，秉心無競，求人才於閣下之門，如探玉於山，搜珠於澤，不患其寡也。特難於當時所急耳。當時所急，莫甚於將帥之才。子龍聞君之有相，猶天之有北斗也。故爲相者，宜有溫良藹吉之士以揚治化，又宜有果敢雄武之才，以備不虞。閣下開東閣而待賢人，則子龍雖不肖，或可附於溫良藹吉之列，以備九九之數。至於果敢雄武之流，世不可謂無其人，不知閣下之所知者幾輩也？

寅恪案，臥子與牧齋在文場情場，雖皆立於敵對地位，然觀此書，其推重牧齋一至於此，取較宋轅文之貽書辱罵，器局狹隘者，殊有霄壤之別。或可與李問郎之雅量，參預牧齋南都綺席者，約略相似也。（見第叁章引王澐虞山竹枝詞「雙鬟捧出問郎來」句幷注。）又觀臥子此書，得以推知當日士大夫一般輿論，多期望牧齋之復起任宰相。及爲相後，更有最急之新猷。此點爲當日之公言，而非臥子一人之私議也。書中既作「□躙漁陽，爲謀叵測。」之語，則臥子之意，亦以爲牧齋實有攘外之才，苟具此才，卽可起用。此阮圓海所以「覬以邊才召」也。故牧齋崇禎十四年，十五年，十六年諸詩文關涉論邊事及求將帥兩點者，頗爲不少。今特標出之於下，以資參證。

初學集貳拾上東山詩集叁「寄榆林杜韜武總戎」云：

莫厭將壇求解脫，清涼居士卽瞿曇。

寅恪案，清涼居士卽韓世忠。錢遵王註已引其出處。杜韜武者，杜文煥之字。事蹟見明史貳叁玖杜桐傳附文煥傳，並可參有學集壹陸「杜弢武全集序」，同書貳貳「杜大將軍七十壽序」及吳偉業梅村家藏稿叁「送杜公弢武歸浦口」詩等。牧齋此詩列於「小至日京口舟中」及「冬至後京江舟中感懷」兩題之間。此際牧齋與河東君同訪韓梁古戰場，其用「清涼居士」之典，自無足異。所可注意者，牧齋甚思以文字與當時有將帥才及實握兵符者相聯絡。初尙限於武人之能文者，如杜氏，卽是一例。後遂推及持有實權之軍人，如鄭芝龍之流，而不問是否能欣賞其詩文矣。

初學集貳拾上東山詩集叁「題將相談兵圖，爲范司馬蔡將軍作。」云：

畫師畫師汝何頗。再貞一人胡不可。猿公石公非所希，天津老人或是我。

寅恪案，范司馬卽范景文。明史貳陸伍范景文傳略云：

〔崇禎〕十年冬〔寅恪案，坊印本及百衲本「十」均作「七」。王頌蔚明史考證攟逸亦未論及。玆據同書貳陸肆呂維祺傳及談遷國榷叁部院表下南京兵部尚書欄「丁丑吳橋范景文」條等改正。〕起南京右都御史，未幾就拜兵部尚書，參贊機務。十一年冬京師戒嚴，遣兵入衛。楊嗣昌奪情輔政，廷臣力爭，多被降謫。景文倡同列合詞論救。帝不悅。詰首謀，則自引罪。且以衆論僉同爲言。帝益怒，削籍爲民。十五年秋用薦召拜刑部尚書。未上，改工部。

牧齋「題將相談兵圖」詩後一題爲「效歐陽詹翫月詩」首句云，「崇禎壬午八月望」。可知題將相談兵圖一詩乃夢章罷南京兵部尚書以後，起爲北京刑部尚書，改工部，不久以前所作，故仍稱其爲司馬也。「蔡將軍」牧齋未著其名。檢范文忠公文集伍載「與蔡」一書，亦未著其名。但書中有「今登鎭特借秉麾，海上共干城矣。」之語，知其人爲登州總兵，豈卽此蔡將軍耶？俟攷。「天津老人」之出典，錢遵王註已引其出處，牧齋表面上雖故作謙遜之辭，以裴度目范，而以「天津老人」自命，實則暗寓己身能爲晉公。可謂高自標置矣。晉公「中書卽事」詩云：「灰心緣忍事，霜鬢爲論兵。」（見唐詩紀事叁叁裴度條及全唐詩第伍函裴度。）牧齋此際雖欲建樹平定淮蔡之功業，然有志不成，空與「白首老翁徒種菜」之歎，頗可憐也。又錢曾註本有學集捌長干塯光集「雞人」七律（涵芬樓影印有學集本此詩自注有所删改，故用遵王註本。）云：

雞人唱曉未曾停。倉卒衣冠散聚螢。執熱漢臣方借箸，畏炎□騎已揚舲。（自注：「己酉五月一日召對。講官奏曰，馬畏熱，必不渡江。余面叱之而退。」）刺閨痛惜飛章罷，（自注：「余力請援揚，上深然之。已而抗疏請自出督兵，蒙溫旨慰留而罷。」）講殿空煩側坐聽。腸斷覆杯池畔水，年年流恨繞新亭。

寅恪案，牧齋於啓禎之世，以將帥之才自命，當時亦頗以此推之。弘光固是孱主，但其不允牧齋督兵援揚，猶可稱有知人之明。假若果如所請者，則河東君自當作葛嫩，而牧齋未必能爲孫三也。一笑！

至於夢章之以此圖徵題，足知其好談兵，喜標榜。檢吳偉業綏寇紀略伍「黑水擒」條云：

〔范〕景文下士喜奇計，坐客多譚兵，顧臨事無所用。

亦可窺見明末士大夫一般風氣。阮圓海錢牧齋范夢章三人者，其人品本末雖各異，獨平日喜談兵，而臨事無所用，則同爲一丘之貉耳。

初學集貳拾上東山詩集叁「寄劉大將軍」七律略云：

泰山石礪千行劍，清濟流環萬壘營。篋中亦有陰符在，悔挾陳編作老生。

寅恪案，劉大將軍當爲劉澤清，因明史貳柒叁高傑傳附劉澤清傳略云：

劉澤清曹縣人。崇禎十三年八月降右都督，鎮守山東，防海。澤清以生長山東，久鎮東省非宜，請辭任。澤清頗涉文藝，好吟詠。嘗召客飲酒唱和。

與牧齋詩中「泰山」「清濟」一聯，俱是山東地望者相合。又檢初學集叁壹「劉大將軍詩集序」略云：

曹南劉大將軍喜爲歌詩。幕中之士傳寫其詩，鏤版以行於世，而請余序之。崇禎壬午七月序。

此序所言之籍貫及稱謂皆與詩合。更以明史澤清本傳「澤清頗涉文藝，好吟詠，嘗召客飲酒唱和。」等語證之，則此劉大將軍應是劉澤清無疑。「寄劉大將軍」詩前一題爲「效歐陽詹翫月」詩。觀詩後所附跋語，知爲崇禎十五年壬午八月十五至十七日間之作。後一題爲「駕鵝行」，乃聞此年九月下旬潛山戰勝所賦。故牧齋作劉氏詩序，尚在寄劉氏詩之前。時間距離頗短，頻爲詩文，諛辭虛語，盈牋疊紙，何其不憚煩如此？詩末結語，牧齋欲以知兵起用之旨，溢於言表。其籠絡武人之苦心，尤可窺見矣。

初學集貳拾上東山詩集叁「駕鵝行。聞潛山戰勝而作。」云：

督師堂堂馬伏波。（自注：「督師貴陽馬公。」）花馬劉親斫陣多。（自注：「劉帥廷佐。」）三年笛裏無梅落，萬國霜前有鴈過。捷書到門才一瞥。老夫喜失兩足蹩。驚呼病婦笑欲噎。鑪頭松醪酒新爇。

同書貳拾下東山詩集「中秋日得鳳督馬公書來報勦寇師期，喜而有作。」云：

鶡冠將軍來打門，尺書遠自中都至。書來尅日報師期。正是高秋誓旅時。先驅虎旅清江漢，（自注：「左帥還兵扼九江。」）厚集元戎出壽蘄。（自注：「馬公督花馬諸軍自壽州出蘄黃。」）伏波威靈天所付，花馬軍聲鬼神怖。郢中石馬頻流汗，漢上浮橋敢偷渡。（自注：「獻賊作浮橋渡漢江。聞大兵至，一夜撤去。」）

同書捌拾「答鳳督馬瑤草書」略云：

頃者虎旅先驅，元戎後繼，賊遂撤浮橋，斂餘衆，待王師之至，爲鼠伏兔脱之計，則固已氣盡魄奪矣。吾謂今日之計，當委秦蜀之兵以制闖，使不得南，而我專力於獻。九江之師扼於前，蘄黄之師擣於後。勿急近功，勿貪小勝。賊之使自救，擾之使自潰。此萬全之策，必勝之道也。腐儒衰晚，不能荷戈執殳，効帳下一卒之用。憂時念亂，輪囷結轖，耿耿然挂一馬瑤草于胸臆中，垂二十年矣。今幸而弋獲之，雖欲不傾倒輸寫，其可得乎？秋風蕭條，行間勞苦，惟爲社稷努力强飯自愛。

寅恪案，上列兩詩一書，其作成時間，大約「駕鵝行」賦於崇禎十四年冬季，因明史貳肆莊烈帝本紀云：

〔崇禎十五年〕九月辛卯鳳陽總兵黄得功劉良佐大敗張獻忠於潛山。

據鄭氏近世中西史日表，「辛卯」爲廿四日。牧齋居家得聞知此事，必在十月後矣。「中秋日得鳳督馬公書」一詩，乃崇禎十六年癸未中秋所作。此據詩題可以決定者。至「答馬瑤草書」雖未著年月，然詳繹書中辭旨，大抵與「中秋日得馬公書」詩，殊相類似。書中復有「傾倒輸寫」之語，所謂

「輸寫」，當卽指所賦之詩而言。書末「秋風蕭條」一語，亦與詩題之節候相應。今綜合詩及書兩者參互證之，疑是同時所作。蓋詩則專爲「傾倒輸寫」，書則兼爲金正希誤殺黔兵解説，（事見明史壹柒柒金聲傳。黔兵紀律之惡劣可參計六奇明季南略柒「馬士英奔浙」條。）因此等解説之辭，不可雜入詩中也。檢葉廷琯選錄徐元歎先生殘稾所附馬士英序，末署「天啓元年辛酉五月端陽前三日。」據此牧齋卽使不在北京，或他處遇見瑤草，至少亦可從素所交好之徐氏作品中，得見馬氏此序。馬文頗佳，牧齋必能欣賞。故書中「掛一馬瑤草于胸臆中，垂二十年矣。」之語，非盡虛誕也。「駕鵝行」中，「花馬劉親斫陣多」之「花馬劉」依牧齋自注，乃指劉廷佐言。但計六奇明季南略叁「劉良佐」條略云：

> 劉良佐字明輔，大同左衞人。崇禎十四年曾破賊袁時中數萬衆，歷官至總戎，素乘花馬，故世號花馬劉云。

是「花馬劉」之爲劉良佐，絕無可疑。牧齋何以稱之爲「劉廷佐」，豈由偶爾筆誤，抑或劉氏之名前後改易，俟攷。夫牧齋此時欲以知兵起用，聯絡持有兵權之主帥如馬瑤草者，固不足怪。但其特致殷勤於瑤草部將之劉明輔，則恐別有用心。檢上引計氏書「劉良佐」條後有附注云：

> 先君子云，昔劉良佐未顯時，居督撫朱大典部下，忽爲所知，加以殊恩。屢以軍功薦拔，遂至總戎，亦一遇也。

是劉良佐與朱大典有關。明史貳柒陸朱大典傳略云：

崇禎五年四月李九成孔有德圍萊州。山東巡撫徐從治中礮死，擢大典右僉都御史代之。詔駐青州，調度兵食。七月登萊巡撫謝璉復陷於賊，總督劉宇烈被逮，乃罷總督及登萊巡撫，不設專任。大典督主客兵數萬及關外勁旅四千八百餘人合勦之，賊大敗，圍始解。賊竄歸登州。〔副將靳〕國臣等築長圍守之，攻圍既久，賊糧絶，恃水城可走，不降。六年二月中旬有德先遁，官軍遂入〔登州〕大城，攻水城未下，遊擊劉良佐獻轟城策。城崩，官軍入，賊盡平。八年二月賊陷鳳陽，詔大典總督漕運，兼巡撫廬鳳淮揚四郡，移鎭鳳陽。〔十四年〕六月命大典總督江北及河南湖廣軍務，仍鎭鳳陽，專辦流賊。賊帥袁時中衆數萬，橫潁亳間。大典率總兵劉良佐等擊破之。

南沙三餘氏南明野史上云：

廣昌伯劉良佐字明宇。故東撫朱大典之舊將，後督淮揚，再隸麾下，從護祖陵。禦革左眼，再收永城。號花馬劉者也。

據此劉良佐實爲朱大典在山東平定登萊一役，卓著戰功之驍將。後來大典移駐鳳陽，良佐之兵乃其主力。牧齋歌頌瑤草戰功，專及明輔，事理所當然。鄙意尚有可注意者，卽明史朱大典傳中「罷總督及登萊巡撫，不設專任。」一事。蓋此點極與牧齋有關。前引牧齋「送程九屛領兵入衞二首。時有郎官欲上書請余開府東海，任搗勦之事，故次首及之。」一題，及詩中「東征倘用樓船策」句，及「元日雜題長句」八首之四，詩中自注云：「沈中翰上疏請余開府登萊，以肆水師。」幷有學集叁貳「卓去病先生墓誌銘」載，崇禎末，中書沈廷揚特疏請牧齋開府東海，任援勦事。明史捌陸河渠志海運門及同書貳柒柒沈廷揚傳所載季明本末較詳，而沈氏受命駐登州，領寧遠餉務一點，尤與其請任牧齋爲登萊巡撫事有關。

又鮚埼亭集外編肆「明沈公神道碑銘」述五梅海運之功甚詳，而不及其請任牧齋爲登萊巡撫事。幷其上書時任中書之職名亦不書，蓋欲避免沈氏與牧齋之關係。但文中云：

大兵之下松山也，繞出洪承疇軍後，圍之急，十三鎭援兵俱不得前，城中餉絶，道已斷。思陵召公議之，公請行。自天津口出，經山海關左，達鴨綠江，半月抵松山，軍中皆呼萬歲。公還，松山竟以援絶而破。時論以爲初被圍時，若分十三鎭之半，從公循海而東，前後夾援，或有濟，而惜乎莫有見及之者。

據此可見季明海運之策，與請任牧齋巡撫登萊兩事，實有相互關係。謝山雖惡牧齋，欲諱其事，亦有不可得者。（嘉定縣志壹玖文學門沈宏之傳云：「族弟崇明廷揚入中書，建海運策，疏出宏之手。丙戌廷揚死節，宏之殯之虎邱，志而銘之。」可供參攷。）初學集貳拾上東山詩集叁「（崇禎十四年）冬至後京江舟中感懷」八首之六「聞道松山尙被圍」句，可證牧齋賦此詩前後，甚欲一試其平生談兵說劍之抱負，覬覦登萊巡撫之專任。故於登州一役立有戰功之劉良佐，尤所屬望。不知明輔亦如鶴洲之能以武人而能詩，可欣賞此江左才人之篇什，更通解其欲任登萊巡撫之微旨歟？至「駕鵝行」中「驚呼病婦笑欲噎」之句，牧齋於此忽涉及河東君，亦非無因，殆由瑤草早已得聞錢柳因緣之佳話。東山詶和集刊成於崇禎十五年春間，集中所收諸詞人和章，爲徐元歎詩最多。（幷可參初學集叁貳「徐元歎詩序」。）以平日徐馬文字關係推之，瑤草當已先得見東山詶和集也。牧齋特作此句，所以表示河東君實非尋常女子，乃一「閨閣心懸海宇棋」之人，可與楊國夫人等視齊觀，幷暗寓以韓蘄王自待之意。未識瑤草讀之以爲何如耶？

抑更有可論者，綏寇紀略伍云：

淮撫朱大典以護陵故，多宿兵，亦屢有挫衂。獨其將劉良佐驍果善戰。

可知當日江淮區域鳳陽主帥擁兵最多。其部將如「花馬劉」輩，復以善戰著稱。吳氏之書雖指朱延之而言，但瑤草乃後來繼任朱氏之人。部下驍將，多仍其舊。南明野史所言，卽其明證。故牧齋之作，殊非偶然。至北京陷落，弘光南都之局，悉爲馬氏操持，蓋由其掌握兵權所致。牧齋亦終以與馬阮鉤聯，毀其晚節，固非一朝一夕之故，觀此二詩一書，卽可證知矣。

初學集貳拾下東山詩集肆「閩人陳遯鴻節過訪。別去二十年矣。」七律略云：

亂後情懷聽夜雨，別來踪跡看殘棋。憑君卷却梁溪集，共對簷花盡一巵。（自注：「鴻節以李忠定公梁溪集相贈。」）

又「留鴻節」七律略云：

突兀相看執手時。依然舊雨憶前期。客中何物留君住，憑仗江梅玉雪枝。

同書同卷「鄭大將軍生日」七律云：

戟門瑞靄接青冥。海氣營雲擁將星。荷鼓光芒朝北斗，握奇壁壘鎮南溟。扶桑曉日懸弧矢，析木長風送柝鈴。蕩寇滅奴須及早，佇看銅柱勒新銘。

同書叁貳「陳鴻節詩集敍」（寅恪案，同治修福建通志貳壹叁文苑傳有陳遁傳。但其文全采自初學集，別無他材料也。）略云：

陳遯字鴻節，閩之侯官人也。貸富人金爲遠游。抵陪京。過桃葉渡，遇曲中諸姬，揄長袂，倪薄裝，酒闌促坐，目眙手握，以爲果媚己也。命酒極宴，流連宿昔，橐中裝盡矣。還寄食於僧院。故人黎博士贈百金，遣游錫山。途中遇何人，夜發篋盜其金亡去，益大困。卧病於江上李生家。亡友何季穆賞其詩，載歸虞山。（寅恪案，「李生」卽李奕茂，字爾承。事蹟可參牧齋外集貳伍「書李爾承詩後」。何允泓字季穆。常熟人。事蹟可參初學集叁歸田詩集上「哭何季穆」詩及同書伍伍「何季穆墓誌銘」並吳偉業梅村家藏藁貳柒「何季穆文集序」等。）偕過余山中，賦詩飲酒相樂也。自後不復相聞，亦未知其存否。今年忽訪余於虎丘，握手道故，喜劇而涕。問其年，長余二歲耳。出其詩，則卷帙日益富。曹能始爲采入十二代詩選中矣。鴻節將行，余爲略次其生平與出游之槩，以敍其詩，且以爲別。屬其歸也，以質諸能始。癸未中春十四日敍。

同書捌柒「請調用閩帥議」略云：

爲今之計，拯溺救焚，權宜急切，惟有調用閩帥一著。愚以謂當世諸公，宜亟以江南急危情形，飛章入告，伏乞皇上立敕鄭帥，移鎮東南，專理禦寇事宜。其將領士卒，一應安家衣甲器械船隻行糧月糧，一炤鄭帥弟鴻逵赴登事例。新登撫赴登也，屬鄭帥造船於瓜洲。鄭慨然曰，此王事也，萬里不敢辭，況京江咫尺乎？已而語其弟鴻逵，奴警更急，我當親督師渡江。其慷慨赴義，急病讓（攘）夷如此。東南之要害不止一隅，既奉命移鎮，則東南皆信地也。皖急可借以援皖，鳳急可借以援鳳。淮急可借以援淮。譬之弈棋，下一子於邊角，而全局皆可以炤應，則下子之勝著也。天下事已如弈棋之殘局矣。誠有意收拾，則滿盤全局著子之當下者尚多，而恐當局者措手之未易也。姑先以救急一著言之。衰晚罪廢，不當出位哆口輕談天下事。警急旁午，吳中一日數驚。頃見南省臺傳議曰，上護陵寢，下顧身家。聽斯言也，如寱睡中聞人聒耳大呼，不覺流汗驚寤，推襆被而起，庸敢進一得之愚，以備左右之采擇。癸未三月朔日。

寅恪案，此鄭大將軍卽鄭成功之父鄭芝龍。觀議中「鄭帥弟鴻逵」及「語其弟鴻逵」等句，是其確證。

牧齋平生酬應之作甚多，未必悉數編入集中。以此等文字多不足道故也。至於壽芝龍一詩，所以特編入集中，疑別有理由，蓋欲藉是表見其知兵謀國之志事耳。「請調用閩帥議」末署「癸未三月朔日」。「鄭大將軍生日」前一題爲「馮二丈猶龍（寅恪案，馮夢龍字猶龍，蘇州府長洲縣人。）七十壽詩」其結語云：「鶯花春日爲君長。」馮氏壽詩前即有關陳氏二律。其「留鴻節」詩有「江梅玉雪」，表面敍述景物之語，幷取牧齋所作陳氏詩集序，末署「癸未中春十四日」一端，綜合推證，可知上列三詩一文，皆崇禎十六年癸未二三月間在蘇州所作。時日銜接，地點相同，互有關係者也。「請調用閩帥議」以弈棋爲譬云：「今天下事已如弈棋之殘局矣。」可與「鴻節過訪」詩「別來踪跡看殘棋」之句互證。陳遯既是閩人，突兀過訪，牧齋爲之賦兩詩幷爲之作詩集序，時間復與作壽鄭芝龍詩及請調用閩帥議相接近，當不偶然。牧齋此年仲春忽至虎丘，恐非僅因觀梅之雅興，疑其別有所爲。今以資料缺乏，甚難考知。或者一由於欲藉鴻節爲媒介以籠絡鄭芝龍兄弟。二由於往晤李邦華於廣陵，共謀王室。若此揣測不誤，則牧齋虎丘之遊寓，乃其取道蘇州渡江至揚州之中途小住也。第貳事俟後論之，茲暫不多及。

又檢黃漳浦（道周）集，其中亦有關涉此時李邦華諸人欲藉鄭芝龍兵力以安內攘外之文字，詳見後引，茲亦暫不論之。

復次，金氏錢牧齋年譜崇禎十一年戊寅條，據日本宮崎來城鄭成功年譜載：「鄭森執贄先生之門，先生字之曰大木。時年十五。」殊爲疏舛。鄙意許浩基鄭延平年譜「崇禎十七年甲申公廿一歲。五月福王立于南京。芝龍遣兵入衞。」條云：

臺灣鄭氏始末：福王立于南京，以明年爲弘光元年。封芝龍南安伯，鎮福建。鴻逵靖虜伯，充總兵官，守鎮江。芝豹彩並充水師副將。芝龍遣兵衞南京。

又「事錢謙益爲師」條云：

東南紀事：福王時入國子監，師禮錢謙益。行朝錄：聞錢謙益之名，執贄爲弟子。謙益字之曰大木。（寅恪案，賜姓本末云：「初名森。弘光時入南京太學，聞錢謙益名，執贄爲弟子。謙益字之曰大木。」亦同。）

較合於事實。蓋弘光立於南都，鄭氏遣兵入衞。此時成功執贄於牧齋之門，極爲可能。行朝錄爲黃宗羲所著，梨洲與牧齋關係密切，其言自是可信。至成功見牧齋時，年已二十一，尚未有字，殊不近情理。豈成功原有他字，而牧齋別易以「大木」之新字。或「大木」本爲成功之字，傳者誤以爲牧齋所取，如河東君之字「如是」，實在遇見牧齋之前，牧齋遺事亦以「如是」之字，乃牧齋所取者，同一謬誤耶？俟攷。總而言之，牧齋在明北都傾覆以前，與芝龍實有聯繫。至於鄭成功，其發生關係，則在南都弘光繼立之後。南都既陷，牧齋與河東君志圖光復，與海外往來之踪跡，頗可推尋，俟第伍章述之，玆不論及。

牧齋於崇禎季年，聯絡當時握有兵權者之事實，略如上述。其急求起用，與知交往還，并恐政敵周延儒妨阻，表面僞作謙遜之辭，以退爲進，蹟象之見於詩文者，殊爲不少。但本文專論述錢柳關係，此點非主旨所在，不宜多述。噫！當牧齋世路紛擾經營之日，卽河東君病榻呻吟痛苦之時，雖兩人之心境不必盡同，而錦瑟年華，則同一虚度。今日追思，殊令人惋惜。然此三數年間，乃錢柳新婚後生活之一片段，故亦不可不稍涉及之也。

初學集貳拾下東山詩集叁「元日雜題長句八首」其一略云：

北闕千官咸拜手，東除上宰獨颺言。（自注：「上待元輔以師臣之禮。」）朝罷開顏定相賀，年年虜退有殊恩。

寅恪案，牧齋賦長句八首，此首乃開宗明義第壹章，辭旨專詆陽羨。故知此首乃此題八首全部主旨所在也。檢明史叁佰捌姦臣傳周延儒傳云：

帝尊禮延儒特重。嘗於歲首日，東向揖之曰，朕以天下聽先生。因徧及諸閣臣。

可與此詩印證。又檢同書同傳云：

〔崇禎〕十六年四月大淸兵略山東，還至近畿。帝憂甚。大學士吳甡方奉命辦流寇。延儒不得已自請視師。帝大喜。降手敕，奬以召虎裴度。賜章服白金文綺上駟。給金帛賞軍。延儒駐通州，不敢戰。惟與幕下客飮酒娛樂，而日騰章奏捷。帝輒賜璽書褒勵。偵大淸兵去，乃言敵退，請下兵部議將吏功罪。旣歸朝，繳敕諭，帝卽令藏貯，以識勳勞。論功加太師，廕子中書舍人。賜銀幣蟒服。延儒辭太師，許之。

亦可與此詩相印證。但玉繩因清兵之退而特受寵賜，其事實在崇禎十六年四月丁卯，卽廿八日，清兵引退之後。（參明史貳肆莊烈帝本紀。）牧齋當不能預知。豈牧齋後聞玉繩事敗，補作此首？抑或原有此首，特改用「年年」二字以後概前耶？俟攷。

其三略云：

空傳陶侃登壇約，誰奉田疇間道書。（自注：「淮撫史公唱義勤王，馳書相約。」）投筆儒生騰羽檄，（自注：「無錫顧杲秀才傳號忠檄。」）輟耕野老奮耰鋤。

寅恪案，明史貳肆莊烈帝本紀略云：

崇禎十五年十一月壬申（初六日）大清兵分道入塞，京師戒嚴。詔舉堪督師大將者。戊寅（十二日）徵諸鎮入援。十七年二月丁亥（廿八日）詔天下勤王。三月甲午（初六日）徵諸鎮兵入援。乙巳（十七日）賊犯京師，京營兵潰。丙午（十八日）日晡，外城陷。是夕皇后周氏崩。丁未（十九日）昧爽，內城陷，帝崩於萬壽山。

同書貳柒肆史可法傳略云：

〔崇禎〕十二年夏丁外艱去。服闋，起戶部右侍郎兼右僉都御史，代朱大典總督漕運，巡撫鳳陽淮安揚州。拜南京兵部尚書，參贊機務。十七年四月朔聞賊犯闕，誓師勤王。渡江抵浦口，聞北都已陷。（寅恪案，小腆紀傳拾史可法傳略云：「（崇禎）十六年迺拜南京兵部尚書，參贊機務。十七年夏四月朔聞賊犯闕，乃與戶部尚書高弘圖等誓告天地，馳檄勤王。渡江抵浦口，聞北京已陷。」可幷參閱。）

史忠正公（可法）集貳「與雲間諸紳書」略云：

天禍家國，逆闖橫行。用厪聖憂，垂二十載。近者鴟張北向，犯闕無疑。法也聞之，五內震裂。夫西平許國，卽懷內刃之思。太眞忘軀，遂灑登舟之涕。法雖迂疏淺陋，未敢遠附古人，而國難方殷，何敢或後。頃者誓師秣馬，而坐乏軍需。點金無術，徬徨中夜，泣下沾衣。伏見諸台臺勵捐糜之素志，負報國之孤忠。毀家佐（紓？）難，亦大義所不辭。儻邀慷慨之懷，爰下芻茭之賜，則社稷幸甚！天下幸甚！

侯忠節公（峒曾）集捌「與同邑士大夫書」（自注：「崇禎甲申。」）云：

徐大司寇（石麒）傳史大司馬（可法）公啓，遍達吳郡。郡中及虞山諸老皆傳訖矣。今以屬某，某不敢隱，亦不敢遲。蓋誼同元首，勢迫然眉，當效子文之毀家，寧惟卜式之輸牛。某不揣瘝負，敢竭區區。凡我同仇，各隨願力，乞塡註樞啓左方，以便報覆。

同書同卷「答史大司馬書」（自注：「崇禎甲申。」）略云：

地坼天崩，骨驚腸裂。端午聞變，慟哭辭家，孤舟半程，四鼓被刼。乃餘生逢難之日，正義檄下頒之辰。伏枕誦之，長號欲絕。一息尚存，矢奉明命，激發義勇，泣勸委輸，共紓率土之忱，以雪戴天之憤。前者從徐大司寇拜明公勤王之書，輒悉索敝賦以行，遂入盜手。然猶將毀家紓難，以爲衆先。（寅恪案，此書可參舊鈔牧齋遺事後所載錢謙益答龔雲起書幷龔氏上牧齋原書。）

同書叁侯元瀞撰其父年譜下崇禎十七年甲申條略云：

三月中江南始聞李賊犯闕。未幾，北來消息甚惡。府君終不忍信。至端午日聞變旣眞，乃始發聲長慟，卽夕辭家將赴南都，共圖宗社大計。先是史忠淸公（寅恪案，小腆紀傳拾史可法傳云：「隆武時，贈可法太師，謚忠靖。我朝賜專謚曰忠正。」侯譜稱可法謚爲「忠淸」，疑是「忠靖」之誤也。）爲南大司馬，草勤王檄，遺尺一於府君，約以助義。府君出其書檄徧告鄉里，且爲約辭，讀者感動。

蓋道鄰在牧齋賦此詩以前，早有勤王之預備及舉動。後因奉旨中道折回。觀史氏遺集中崇禎十二年丁外艱以前，淮撫任內諸家書，可以證知，茲不備引。頗疑崇禎十五年十一月清兵入塞，徵諸鎭入援，道鄰唱義勤王，馳書約南中士大夫，牧齋遂於次年元旦感賦此詩。所以知者，十六年七月道鄰始爲南京兵部尚書，（見國榷卷首之三部院表上南京兵部尚書欄。）故牧齋稱之爲淮撫，而不稱之爲大司馬也。至史氏與雲間諸紳書，不知何年所作。或卽是侯氏「與同邑士大夫書」所言之「公啓」，亦未可知。總之必作於未確悉北京陷落以前。侯氏與同邑士大夫書，亦當作於未確悉北京陷落之時，荅史大司馬書則在確悉北京陷落以後所作耳。此皆詳玩書中辭旨推得之結論。明史史可法本傳所言道鄰之勤王，乃其最後一次，與牧齋此詩無涉。恐讀者淆混，因稍多引資料辨之如此。

又今檢道鄰遺文，不見約牧齋勤王之書，或因傳寫散佚，或因被忌刪去，殊難決言。但寅恪則疑史氏未必有專函約牧齋。牧齋自注中史公之書，恐不過與侯氏書中所言之「公啓」性質相類。此類公啓牧齋當亦分得一紙，遂侈言專爲彼而發，以自高其身價。若所推測不誤，則牧齋此時欲乘機以知兵起用之心事，情見乎詞，亦大可笑矣。

顧杲者，黄梨洲思舊錄「顧杲」條云：

> 顧杲字子方。涇陽先生之孫。南都防亂揭，子方爲首。阮大鋮得志，以徐署丞疏，逮子方及余。時鄒虎臣爲掌院，與子方有姻連，故遲其駕帖。福王出走，遂已。後死難。

查繼佐國壽錄貳「諸生顧杲傳」云：

> 顧杲字子方，南直無錫諸生也。工書法，多爲詩古文，與吳門楊廷樞同社。逆監魏忠賢時，周順昌坐罪見收，杲爲檄攻魏，致激衆，五人死義闔門。崇禎中，又爲號忠揭，指國事逗留。觸時忌不悔。

明詩綜柒陸「顧杲」條，附靜志居詩話云：

> 崇禎戊寅南國諸生百四十人，具防亂公揭，請逐閹黨阮大鋮，子方實居其首。有云：「杲等讀聖人之書，明討賊之義。事出公論，言與憤俱，但知爲國除姦，不惜以身賈禍。」大鋮飲恨刺骨，而東林復社之讎，在必報矣。

寅恪案，子方乃東林黨魁顧憲成之孫，其作攻魏檄，防亂揭及號忠檄等，尤足見其爲人之激烈好名，斯固明季書生本色，不足異也。

又冒襄輯同人集肆載范景文「與冒辟疆書」三通。其第壹通略云：

> 不佞待罪留都，膺茲重寄，適當南北交訌，彈心竭慮，無能特效一籌，惟是側席求賢，日冀匡時抱略之君子共爲商榷，以濟時艱。昨承枉重(踵？)，正爲止生倡義勤王，與漁仲卽商遺(遣？)發。明晨報謁，以訂久要，惟門下傾吐抱膝之籌，俾不佞藉力高賢，救茲孔棘，眞海內之光也。

寅恪案，質公之書當作於崇禎十年至十二年四月范氏任南京兵部尚書時，(見國榷卷首之三部院表上南京兵部尚書欄。)或卽辟疆於崇禎十二年初夏至金陵應鄉試之際耶？(見影梅庵憶語「己卯夏，應試白門。」之語。)「漁仲」卽劉履丁之字，俟後論之。「止生」卽茅元儀之字。初學集壹柒移居詩集「茅止生挽詞」十首之五云：

> 一番下吏一勤王。抵死終然足不僵。落得奴酋也乾笑，中華有此白癡郎。

質公書中所言，可與牧齋挽茅氏詩相證。此詩作於崇禎十三年庚辰，雖在道鄰馳書約牧齋勤王之前，然亦可知江左南都諸書生名士如茅元儀顧杲輩，皆先後有「勤王」之議也。故特附記於此，以見當時風氣之一斑耳。

其四云：

東略舟師島嶼紆。中朝可許握兵符。樓船搗穴眞奇事，擊楫中流亦壯夫。弓渡綠江驅濊貊，鞭投黑水駕天吳。劇憐韋相無才思，省壁愁看厓海圖。（自注：「沈中翰上疏請余開府登萊，以肆水師。疏甫入而奴至，事亦中格。」）

寅恪案，沈廷揚上疏請任牧齋爲登萊巡撫，以水師攻淸事，前已詳引，茲不復述。至此詩結語所用韋執誼事，已見錢遵王注中，亦可不贅。但有可笑者，牧齋遺事略云：

乙酉五月之變，柳夫人勸牧翁曰，是宜取義全大節，以副盛名。牧翁有難色。後牧齋偕柳游拂水山莊，見石澗流泉澄潔可愛。牧齋欲濯足其中，而不勝前卻。柳笑曰，此溝渠水，豈秦淮河耶？牧翁有恧容。

此條所記明南都傾覆，牧齋不從河東君之勸，以死殉國，俟後詳言之，茲暫不論。惟牧齋怯於濯足拂水流泉，爲河東君所笑一節，若非世人僞造以嘲牧齋者，則錢公與韋相同是一丘之貉，又何必斤斤較量才思之有無哉？夫河東君憚於登山，前已詳述，而牧齋怯於涉水，更復如此。眞可謂難夫難婦矣。一笑！

其五略云：

老熊當道踞津門。一旅師如萬騎屯。矢貫貏貐成死狗，檻收牛鹿比孤豚。（自注：「吳中流聞大馮君鎮天津，殪貪子，禽一牛鹿。喜而志之。」）

寅恪案，有學集貳捌「明都察院右僉都御史，巡撫天津，慈谿馮公墓誌銘。」略云：

公名元颺，字爾賡。以兵部尚書元飈爲其弟。海內稱兩馮君。初涖津門，厲兵振旅，犄角諸鎮，斬馘獻兵過當。上大喜，賜金幣，蔭一子錦衣。

南雷文定前集伍「巡撫天津右僉都御史留仙馮公神道碑銘。」（原注：「甲午。」）略云：

陞天津兵備道，未幾巡撫天津，兼理糧餉，都察院右僉都御史。（崇禎）十五年冬大兵復大入。公與諸鎮犄角之。已又合宣大總督孫晉，督師范志元，山東巡撫王永吉之師，從密雲趨牆于嶺，邀其惰歸。論功賜銀幣，廕一子錦衣衛。公諱元颺，字言仲，別號留仙。（可參初學集伍「留仙館記」。）

明史貳伍柒馮元飈傳附元颺傳云：

（崇禎）十四年遷天津兵備副使。十月擢右僉都御史，代李繼貞巡撫天津，兼督遼餉。明年敍軍功，廕一子錦衣衛。

寅恪案，牧齋此詩及自注所述崇禎十五年冬爾賡任津撫時，殪禽淸貪一事，可與上引材料印證。但錢文「斬馘獻兵過當」之「獻」字，涵芬樓影印有學集所附校勘記未有校改。此時天津幷無張獻忠之兵，「獻」字自不可通。疑是牧齋本作「虜兵」，後來避諱，以字形相近，遂改「虜」爲「獻」耳。至黃文之作「論功」及明史之作「敍軍功」，皆含混言之，亦所以避清諱也。

其六略云：

廟廊題目片言中。准擬山林著此翁。（自注：「陽羨公語所知曰，虞山正堪領袖山林耳。」）千樹梅花書萬卷，君看松下有清風。

寅恪案，前論「過弔臺有感」七絕已及此詩。斯蓋牧齋怨懟玉繩之不援引己身入相，遂作此矯飾恬退之語耳。檢牧齋尺牘上「答周彝仲」書（寅恪案，周彝仲事蹟未詳。徐闇公釣璜堂集壹貳有「挽周彝仲」七律，其首句云：「昔到苕溪訪翠微。」然則彝仲與湖州有關也。又談孺木遷棗林雜俎和集叢贅「虞山後輩」條云：「常熟楊子常彝初以太倉張采張溥謁錢牧齋，時同社薄其文。已采登第，溥又出宜興周相國，牧齋反因之通相國。」又顧公燮消夏閑記選存「文社之厄」條關於應社節，杜登春社事本末「婁東又有楊（彝）顧（麟士）之學」節，同治修蘇州府志壹佰常熟縣楊彝傳及陳田明詩紀事辛籤貳貳「楊彝」條等，皆可供參攷，而顧書尤爲簡要。茲以子常亦是虞山藉以通宜興之人，故附記於此。）云：

兵垣回，得手敎，知元老記存之深，知己推挽之切，而聖意堅不可回，至於三四駁阻。其難其愼，則不肖生平本末與晚節末路，終不可坟拭錄用，主上固已知之深，見之確，而持之不遺餘力矣。聖意卽天意也，天可違乎？萬一知己不諒天心，朝夕力請之元老，元老過聽，而力請于聖上，以聖上之聰明天縱，始而厭，久而疑，以區區一人之進退，而開明良枘鑿之端，則我之營進者，終成畫餅，而所損於世道者，不可言矣。又或主上虛己之過，強而從元老之言，以衰殘病廢之身，附贅班行，點綴冷局。面目可憎，語言無味。此時引身求去，進不能有補於時艱，退不能自全其晚節。人何以處我，而我何以自處，不當深長計之乎？爲不肖今日之計，斷斷乎當一意求退，不當復爲仕進之局。爲知己之深者，代爲不肖之計，惟有仰體聖心，俯察微尙，從長商榷，俾得優游田里，管領山林，則餘生沒齒，受惠無窮矣。

寅恪案，此札可與初學集捌拾崇禎十六年癸未四月「復陽羨相公書」及「寄長安諸公書」參證。此兩書俟後論「謝輦下知己及二三及門」詩時，更述之，茲暫不多引。此札辭旨雖與兩書類似，但是否同一時間所作，尙有問題。「復陽羨相公書」中「恭聞督師北伐，汛掃胡塵。」等語，卽指明史貳肆莊烈帝紀「〔崇禎十六年〕四月丁卯周延儒自請督師，許之。」之事。（寅恪案，「丁卯」卽初四日。可參明史叁佰捌奸臣傳周延儒傳。）「寄長安諸公書」題下自注「癸未四月」，故此兩書當是牧齋於崇禎十六年四月在揚州會晤李邦華時，交其轉致者。至此札未載年月，不能確定爲何時所作。但據「寄長安諸公書」中「頃者，一二門牆舊士，爲元老之葭莩桃李者，相率貽書，連章累牘，盛道其殷勤推挽，鄭重汲引，而天聽彌高，轉圜有待。」等語，豈卽指周彝仲寄牧齋之札而言耶？儻此假設不誤，則此答周彝仲之札，尙在兩書之前所作也。俟攷。細繹此札，其最可注意者爲「又或主上虛己之過，強而從元老之言，以衰殘病廢之身，附贅班行，點綴冷局。」等語。蓋牧齋當時甚願玉繩援己入相，而玉繩竟不爲之盡力。繼聞崇禎帝之踰分奬飾，極有入相之可能。今忽得此札，傳玉繩之言，謂雖曾盡心殫力，而思陵之意終不可回。牧齋據此乃知玉繩深忌己身之入相，僅欲處以幫閒冷局，聊藉是勉應君上之旁求，並少順羣臣之推薦。遂不覺發怒，與玉繩絕交，而認之爲死敵也。其經過之原委，請略述之。

南雷文定後集貳「顧玉書墓誌銘」略云：

乙丑（康熙廿四年）余汎吳舫，遂主周氏。（寅恪案，「周氏」指周順昌子茂蘭。）於其座上見顧宗俊者，爲玉書之子，流落可念，且以其父墓誌銘爲請。玉書名麟生，世爲常熟人。父大章陝西副使，謚裕愍。宜興者，裕愍之門人。其再相也，玉章入其幕中。起廢蠲逋淸獄薄賦四事，玉書頗與聞之。虞山故與宜興涿鹿善，宜興心欲起涿鹿，（指馮銓。）而衆論不同，姑徐之以觀其變。虞山遂致書宜興云，閣下含弘光大，致精識微。具司馬公之誠一，寇萊公之剛斷，而濟之以王文正之安和，韓魏公之宏博。目今起廢爲朝正第一。至如涿鹿，餘不具論，當年守涿之功，屹然爲畿內保障。豈可一旦抹摋，尙浮沈啓事乎？往見子丑之際，持局者過於矜愎，流爲欹側，一往不返，激成橫流。此正今日之前車也。玉書見而訝其翻逆案也，年少氣盛，不顧利害，以其書洩之於外，舉朝大譁。虞山聞而恨之，後十年玉書有家難，虞山不能忘情，幾置之死，因徙居吳門。家世膏粱，驟承貧薄，玉書不以芥意。壻趙延史周旦齡〔等〕，皆諸生。旦齡卽周忠介公之孫也。

寅恪案，玉書所見牧齋致玉繩書，當是牧齋於崇禎十四年九月玉繩再相至北京以後，及得周彝仲書以前所作。其欲玉繩薦起馮振鷺，乃陰爲己身再起之預備。蓋牧齋與振鷺在當時雖爲對立之黨派，然若思陵能統一幷用，則馮氏得起，己身亦可同進矣。茲姑不論其此時之用心如何，但其以易經坤彖「含弘光大」之義爲說，實亦牧齋於明末南都時所持之政見也。頗疑朱由崧之「一年天子小朝廷」（見有學集捌長干塔光詩集「一年」七律。）其以「弘光」爲年號者，固出於此，而擬此「弘光」之號，卽采自牧齋之意。殆欲以含弘光大，統一並用，標榜當時政策之故歟？關於牧齋致玉繩此書，尚有可注意者二事。一爲牧齋稱譽玉繩，連舉北宋宰相司馬光寇準王旦韓琦四人以相比儗，足見牧齋用典適切，非儉腹者可及。然亦由其熟玩東都事略之故。牧齋於王偁之書，曾有一段因緣，觀初學集捌伍「書東都事略後」及有學集肆陸「跋東都事略」幷同書叁壹「族孫嗣美合葬墓誌銘」等可知也。二爲前論「有美詩」謂黃梨洲雖與牧齋交誼篤摯，然時有譏刺之語，殊不可解。意者太沖於閹黨有殺父之仇，其見解絕異於牧齋之「含弘光大」。牧齋歿後廿一年，梨洲游蘇州，目覩舊朝黨家之淪落，乃知實由受之追恨玉書洩其密書所致，因遂於疇昔夙好之人，不惜爲不滿之辭耶？

至玉繩之再相，頗由東林推動之故。此事今不能詳述，亦不必詳述。但舊籍中有關於周延儒再相，侯恂與有力焉一節，茲錄於下。其正確之性質，尚待攷實。唯以其與後論侯恂方域父子及左良玉事牽涉，故並附及之，以備參究。

文秉烈皇小識柒崇禎十年辛巳條云：

召予告大學士周延儒于家。先是閣臣雖內外兼用，鮮有當聖意者。衆推宜興頗有機巧，或能仰副，而聖意亦及之。于是庶吉士張溥，禮部員外郎吳昌時爲之經營，涿州馮銓，河南侯恂，桐城阮大鋮（寅恪案，「桐城」當作「懷寧」。此誤。）等分任一股，每股銀萬金，共費六萬兩，始得再召。

寅恪案，張天如吳來之爲策劃玉繩再相之主要人物，各出一股，不待多論。馮振鷺侯若谷阮集之三人各分任一股，合張吳二股計之，共爲五股。六股之數尚少一股，文氏獨缺分任此股之主名，當有所諱。牧齋於此頗有嫌疑。然今攷牧齋此時正爲河東君之事，籌措經營，精疲力竭，若黃屏金屋同時並舉，揆之虞山平日經濟狀況，恐未必有此能力也。俟攷。

又梨洲所言顧氏家難事，今難攷知。但牧齋尺牘中「與王兆吉」札五首之一，（可參同書同卷「與〔錢〕湘靈」札中「仲恭非死於其弟，乃死於其兄。」等語。）有涉及此事之語，或與太沖所言有關。其文云：

仲恭家事，自分寒灰枯木，不爲此輩所齒錄，不敢漫置一喙。年丈偉望碩德，鄉評倚重，忍不出片言，斷其曲直乎？景之丈爲顧氏懿親，得其立議，卽玉書亦必信服，他可知也。爲亡友又復饒舌，當不惜知己一笑耳。

寅恪案，王兆吉者，常熟王嘉定長子夢鼎之字，而夢鼒之兄也。王氏父子兄弟事蹟見初學集伍柒「王府君墓誌銘」及光緒修常昭合志稿貳伍王夢鼒傳等。景之者，常熟趙士春字。士春爲明末常熟著稱之人，事蹟見明史貳貳玖趙用賢傳附士春傳及常昭合志稿貳伍趙士春傳等。仲恭者，常熟顧大韶之字卽玉書之叔也。

初學集柒貳「顧仲恭傳」云：

顧大韶字仲恭，嘗熟人也。父雲程，神廟時爲南京太嘗寺卿。仲恭與其兄大章字伯欽，孿生子也，連袂出游，人不能辨其少長，有張伯皆仲皆之目。伯欽舉進士，奉使休沐，顏面膚腴，衣冠騎從甚都。仲恭老於書生，頭蓬不櫛，衣垢不澣，口不擇言，交不擇人，潦倒折拉，悠悠忽忽，每引鏡自詫曰，顧仲恭乃如許！

頗疑梨洲所云「家難」，卽牧齋所謂「家事」。豈大章一房與大韶一房親族競爭之事，亦如後來牧齋死後所謂「錢氏家難」者耶？詳繹牧齋札語，其意實祖大韶一房。所云「自分寒灰枯木，不爲此輩所齒錄。」可見牧齋憤怒之甚。「此輩」當指與大韶一房爲敵之親支，卽玉書一房。「爲亡友又復饒舌」之「亡友」，卽指仲恭而言。蓋玉書一房，不聽從牧齋之意，牧齋遂欲借王趙兩人之力以壓迫之也。牧齋與仲恭交誼本極篤摯，觀其崇禎十七年甲申以前所作之仲恭傳，於伯欽仲恭兄弟之間，似已有所軒輊。玉書之怨牧齋，恐非一朝一夕之故，其由來久矣。又牧齋札中稱景之爲顧氏「懿親」，趙士春與顧麟生兩人親戚之關係，今不易知。梨洲所撰「顧玉書墓誌銘」，載其諸壻中有「趙延史」之名。牧齋於崇禎十四年辛巳十二月作景之妻黄氏墓誌銘，載黄氏所生二男中有「延先」之名。（見初學集伍玖「翰林院編修趙君室黄孺人墓誌銘」。）延史延先名不盡同，未必是一人。然俱以「延」字命名，豈兄弟行輩耶？更俟詳攷。

玉繩既不能如牧齋之所求，牧齋忽得聞徐石麒傳述思陵奬飾之語，取而與周彝仲書中所言者相參較，亦明瞭陽羨之用心。於是失望怨懟之辭，形諸詩文者，連篇累牘，刺刺不休矣。初學集貳拾下東山詩集肆「嘉禾司寇再承召對，下詢幽仄，恭傳天語，流聞吳中。恭賦今體十四韻，以識榮感。」（寅恪案，「嘉禾司寇」指徐石麒。見明史貳柒伍本傳。傳載石麒字寶摩，嘉興人。光緒修嘉興府志伍「徐石麒傳」同。錢肅潤南忠紀「太宰徐公」條云：「徐石麒號虞求。」明季南略玖「徐石麒主盟」條云：「字寶摩，號虞求。浙江嘉善人。」光緒重刻乾隆修浙江通志壹陸叁「徐石麒傳」云：「號虞求，嘉興人。」又陳忠裕全集貳玖「虞求徐公行狀」云：「公性純孝，以父心虞公不及祿養，因自號虞求，以志永思。」尤可資攷證。）云：

夕烽纏斗極，昃食動嚴宸。帝賚旁求急，天章召對勤。睿容紆便殿，清問及遺民。當宁吁嗟數，班行省記眞。虛名勞物色，樸學媿天人。（自注：「上曰，錢某博通今古，學冠天人。」咨嗟詢問者再。」）四達聰明主，三緘密勿臣。東除宜拱默，北嚮共逡巡。日月誠難蔽，雲雷本自屯。孤生心自幸，幽仄意空頻。漫欲占連茹，何關歎積薪。丹心懸魏闕，白首謝平津。感遇無終古，酬恩有百身。堯年多甲子，禹甸少風塵。歌罷臨青鏡，蕭然整角巾。

寅恪案，此詩列於「癸未四月吉水公總憲詣闕」詩之後。又據明史壹壹貳七卿年表貳崇禎十六年癸未刑部尚書欄載：「石麒正月削職。」初視之，似牧齋得聞虞求召對之語，在崇禎十六年正月或四月以後。細繹之，此詩「夕烽纏斗極，昃食動嚴宸。帝賚旁求急，天章召對勤。」即指上引明史貳肆莊烈帝本紀崇禎十五年十一月壬申（初六日）清兵分道入塞，京師戒嚴，詔舉堪督師大將之事。此時距十六年癸未元日，幾達兩月之久。想當日徐氏召對之後，即秘密速報牧齋。觀初學集貳拾上東山詩集叁「壬午除夕」七律略云：

蓬蓽依然又歲除。如聞幽仄問樵漁。耗磨時序心仍在，管領山林計未疎。

可爲牧齋在崇禎十五年歲除之際，已得虞求密報，即玉繩排阻信息之確證。故牧齋得以據之洞燭玉繩之奸詐。由是可以推知其答周彝仲札亦在得聞徐氏密報之後矣。其所以列此詩於十六年四月之後者，恐因不便洩露徐氏早有密報之事。是年四月錢徐兩人或又會於揚州，流傳轉述，事後賦詩，庶可避免嫌疑。且藉以見徐氏所爲，有合於孔光不言溫室樹之義歟？

此題後第叁題復爲「輓西蜀尹西有長庚」二首。其第壹首「萬言書上黄扉寢」句下自注云：「西有爲余上書蜀相，不蒙省答。」「蜀相」當指王應熊而言。明史貳伍叁王應熊傳略云：

王應熊字非熊。巴縣人。〔崇禎〕六年特旨擢禮部尚書兼東閣大學士。八年乞休去。延儒再相，患言者攻己，獨念應熊剛很，可藉以制之，力言於帝。十五年冬遣行人召應熊。明年六月，應熊未至，延儒已罷歸。延儒被逮，不即赴，俟應熊至，始尾之行。一日帝顧中官曰，延儒何久不至？對曰，需王應熊先入耳。帝益疑之。九月應熊至，宿朝房。請入對，不許。請歸田，許之。乃慙沮而返。

寅恪案，非熊本玉繩黨，即使再任，當亦未能起用牧齋。可知牧齋在當時實負宰相之望，爲朝野所推，故延儒尤忌之也。因并附記之，以供參攷。

抑更有可論者，初學集柒玖卷末附瞿稼軒跋語云：

先生平生持論，一味主於和平，絶無欹帆側柁之意。特忌者不知，必欲以伐異黨同之見，盡力排擠，使之沈埋挫抑，槁項山林而後快。假使先生得乘時遘會，吐氣伸眉，以虚公坦蕩之懷，履平康正直之道，與天下掃荆棘，而還太和。雍熙之績，豈不立奏。而無如天心未欲治平，人事轉相撓阻。歲月云邁，白首空山，徒令其垂老門生，閉户誦讀，共抱園桃之歎。此式耜於編纂之餘，而竊不勝世道之感也。因并述之，以綴於後。崇禎癸未八月門人瞿式耜謹跋。

寅恪案，初學集爲稼軒承牧齋之命編纂校刻者。今初學集目錄之後，載稼軒後序，末署「崇禎癸未九月朔日。」此外別有跋語，卽上所節錄者也。此跋語附於柒玖卷之末。下一卷首載「上陽羨相公書」及「寄長安諸公書」。據是可以推知牧齋當時實有意特列兩書於次卷之首，所以見其在崇禎朝出處本末，與陽羨始合終離之關鍵。瞿氏跋語所言，牧齋平生持論「無欲帆側柁之意」，卽「含弘光大」之義。忌者必欲使之「槁項山林」，卽「領袖山林」之旨。故稼軒之跋，與牧齋之詩，可以互相證發也。此「癸未元日雜題長句」第陸首第柒句「千樹梅花書萬卷」，亦是牧齋自道其當時之實況。賦此詩時，絳雲樓雖未落成，但牧齋之家所藏書籍，早已甚富。茲不須廣引，卽取前論東都事略時，言及之「錢嗣美墓誌銘」中「余家居訪求遺書，殘編落簡，捐衣食無所恤。」之語，可證知也。至「千樹梅花」乃指拂水山莊之梅而言。前論東山訓和集壹「新正二日偕河東君過拂水山莊，梅花半開，春條乍放，喜而有作。」詩時，已詳言之，茲可不贅。唯牧齋舉此以謝絕玉繩，亦更有其故。初學集壹伍丙舍詩集上「陽羨相公枉駕山居，卽事賦呈四首。」其一云：

閣老行春至，山翁上冢回。衮衣爭聚看，棋局漫相陪。樂飲傾村釀，和羹折野梅。緣堤桃李樹，一一爲公開。

其二云：

黑頭方壯盛，綠野正優游。月滿孫弘閣，風輕傅說舟。鴟夷看後乘，戎馬問前籌。側席煩明主，東山自可求。

其三云：

堤柳眠風翠，樓花笑日紅。穠華欺冷節，妖豔仗天工。舟楫浮春水，車茵愛晚風。蹔時憂國淚，莫灑畫橋東。

其四云：

若問東山事，將無畏簡書。白衣悲命駕，紅袖泣登車。甲第功誰奏，歌鐘賞尙虛。安危有公在，一笑偃蓬廬。

寅恪案，此題前第壹題爲「清明河陽山上冢」，第貳題爲「寒食偕孟陽璧甫山行，飯破山寺。」此題第叁首復有「穠華欺冷節」之句，可知崇禎十二年己卯清明寒食後不久之時，玉繩曾到拂水山莊，訪問牧齋也。玉繩既親見拂水山莊園林之勝境，則其「虞山正堪領袖山林」之語，尤爲適切。才調集伍元微之「劉阮妻」二首之二云：「千樹桃花萬年藥，不知何事憶人間。」然則牧齋此時已擁有蕚綠華之河東君，又何必不忘情於人間買菜求益之書哉！第陸首「君看松下有清風」句，卽王摩詰「訓張少府詩」(見王右丞集柒。)云：

晚年惟好靜，萬事不關心。自顧無長策，空知反舊林。松風吹解帶，山月照彈琴。君問窮通理，漁歌入浦深。

蓋右丞此詩，正可道出牧齋答復玉繩所欲言也。

其七略云：

潘岳已從槐柳列，石生寧在馬蹄間。鄧尉梅花侵夜發，香車明日向西山。

寅恪案，「潘岳已從槐柳列」句，牧齋實兼采晉書伍伍潘岳傳，安仁諂附賈謐事，與李百藥書貳貳盧文偉傳所載，兩者合用，構成此句。且因「石生寧在馬蹄間」句，同是晉人故實，（除錢遵王注所引者外，并可參世說新語政事類「山公以器重朝望」條，劉注引虞預晉書。）遂聯想及之耳。遵王註引北齊書盧文偉傳云：

盧詢祖好臧否人物。嘗語人曰，我昨東方未明，過和氏門外，已見二陸兩源森然與槐柳齊列。

蓋謂彥師仁惠與文宗那延也。

以釋之，自是不誤。惟北齊書本作「兩源」，而此注作「兩潘」，殊爲可笑。恐是由於偶爾筆誤，抑或版本目錄專家疏於乙部校讎之學所致耶？俟攷。「鄧尉梅花侵夜發，香車明日向西山。」一聯，前於論「京口舟中感懷」詩時已及之。鄧尉山在蘇州府治之西南，故稱之爲「西山」。但此不過希望河東君病愈出遊之意。其實此時河東君正在病中，非眞能往游蘇州也。又此詩七八兩句之意，實暗用晉書柒玖謝安傳中「安雖放情丘壑，然每游賞，必以妓女從。」及「征西大將軍桓溫請爲司馬。將發新亭，朝士咸送。中丞高崧戲之曰，卿屢違朝旨，高臥東山。諸人每相與言，安石不出，將如蒼生何？」等語。牧齋詩之「西山」，卽謝安傳之「東山」也。但牧齋賦此詩時，正怨望朝旨之不至，則與謝安石大相達異耳。一笑！

復次，董小宛與冒辟疆之因緣，爲世人所習知樂道者，但與本文無涉，自不應旁及。唯其中有關崇禎十五年冬河東君偕牧齋至蘇州一事，則不可不略辨之。以明瞭河東君當日患病之情狀也。冒襄輯同人集叁載張明弼所撰「冒姬董小宛傳」云：

〔虞山錢牧齋先生〕維時不惟一代龍門，實風流敎主也。素期許辟疆甚遠，而又愛姬之俊識。聞之，特至半塘，令柳姬與姬爲伴，親爲規畫，債家意滿。時又有大帥以千金爲姬與辟疆壽，而劉大行復佐之。公三日遂得了一切，集遠近與姬餞別于虎疁。買舟，以手書幷盈尺之劵，送姬至如皋。又移書與門生張祠部爲之落籍。

冒辟疆影梅庵憶語略云：

亡妾董氏，原名白，字小宛，復字靑蓮。籍秦淮，徙吳門。〔崇禎十五年壬午〕陽月過潤州，時閩中劉大行自都門來，與陳大將軍及同盟劉刺史飮舟中，適奴子自姬處來，云姬歸不脫去時衣，此時尙方空在體，謂余不速往圖之，彼甘凍死。劉大行指余曰，辟疆夙稱風義，固如是負一女子耶？余云，黃衫押衙，非君平仙客所能自爲。刺史舉杯奮袂曰，若以千金恣我出入，卽於今日往。陳大將軍立貸數百金，大行以蔓數觔助之。〔寅恪案，同人集肆所錄陳梁則梁與冒辟疆書，其中一札有「纔漁仲來，刻下試精神，作收棄兒文，𠋣試漁仲之參。」等語，可與此參證。）詎謂刺史至吳門，不善調停，衆譁決裂，逸去吳江。余復還里，不及訊。姬孤身維谷，難以收拾。虞山宗伯聞之，親至半塘，納姬舟中。上至薦紳，下及市井，纖悉大小，三日爲之區畫立盡，索劵盈尺。樓船張宴，與姬餞於虎疁，旋買舟送至吾皋。至月之望，薄暮侍家君飲于拙存堂，忽傳姬抵河干。接宗伯書，娓娓灑灑，始悉其狀。且卽馳書貴門生張祠部立爲落籍。吳門後有細瑣，則周儀部終之，（寅恪案，同人集陸影梅菴悼亡題詠周吳昉士章「悼董宛君」七律八首之三末句云：「早知愁思應難掃，悔卻當年月下媒。」頗疑周儀部卽指此人。俟攷。）而南中則李總憲舊爲禮垣者與力焉。越十月，願始畢。然往返葛藤，則萬斛心血所灌注而成也。

周亮工輯尺牘新鈔伍錢謙益「與冒辟疆書」云：

雙成得脫塵網，仍是青鳥窗前物也。漁仲放手作古押衙，僕何敢貪天功。他時湯餅筵前，幸不以生客見拒，何如？嘉貺種種，敢不拜命。花露海錯，錯列優曇閣中。焚香酌酒，亦歲晚一段清福也。

綜合上列材料觀之，牧齋實於崇禎十五年冬季往游蘇州。但河東君幷未偕往。據前引「壬午除夕」詩，其結語云：「閒房病婦能憂國，却對辛盤嘆羽書。」之語，則是年冬季河東君尙在常熟家居病中，可以推知。且辟疆亦未言河東君偕往，尤足爲牧齋獨至半塘之旁證。亮工殆以河東君與小宛既爲同類，而柳錢並是風流好事之人，遂加以想像，造作兩人同至半塘，以完成董冒因緣之佳話耶？餘詳後論河東君適牧齋後患病條。至牧齋此次之至蘇州，當別有原因，非專爲雙成脫籍事也。前引莊烈帝本紀「〔崇禎十五年十一月〕壬申清兵入塞，京師戒嚴。詔舉堪督師大將者。戊寅徵諸鎮入援。」之事。牧齋此時於諸鎮勤王入衞者，頗致殷勤，如前論其與史道鄰之關係，卽是一例。檢初學集「壬午除夕」前一題爲「送程九屏領兵入衞二首。時有郎官欲上書請余開府東海，任擣勦之事，故次首及之。」詩，前已論及。茲更推繹此題二首排列之先後，疑其爲崇禎十五年冬季在蘇州所作。蓋程氏乃響應詔書北上勤王入衞者，牧齋特爲賦詩送行，恐亦欲其爲己身盡力之故。然則牧齋是年冬季之至蘇州，其主旨實在求以知兵起用。奔走經營，乃至如此。「一代龍門，風流敎主，」固非虛譽。但若察其內容，轉覺可笑可憐矣。

復次，董冒因緣關涉之人頗多，茲僅就前已述及之劉漁仲言之，其人與黃石齋最爲密切。其事蹟茲不必詳述，姑擇錄所見有關材料於下。

屈大均皇明四朝成仁錄柒嘉興起義諸臣傳劉履丁傳云：

劉履丁字漁仲，漳州人。大學士黃道周高弟。聰明絕人，字畫篆刻皆極其妙。博物好古，詩深□，自成一家。崇禎間以貢爲鬱林州知州。見天下方亂，致書友人曰：「孔賊犯天津，一月而弑兩藩。吾輩不知死所矣。」因研究諸家兵法。至是與徐石麒等起義。敵至，爲讎所刺，並殺其子以降。(寅恪案，談遷棗林雜俎仁集「屠象美」條謂：「閩人劉履丁以善陳洪範，通北兵。懼泄，夜走胥山沈氏墓，追獲之。」與屈氏所言迥異。特記於此，以俟攷定。)

初學集伍叁「漳浦劉府君合葬墓誌銘」略云：

漳浦劉履丁以諸生應辟召，擢鬱林州知州。將歸葬其父母，而謁銘于舊史氏，曰，履丁之先世，自光固徙莆田。元末有尉漳浦者，而家焉。先母黃氏，其父郡守公，理學鉅儒，與從伯父國徵介徵同鄉舉。丁聞之石齋黃夫子，惟夫子之言，質而不華，可以信于後，願有述也。余曰，子之夫子吾執友也。古之爲文者，必有所徵。余之知履丁，以其師。知履丁之父母，以其子。可謂有徵矣。

寅恪案，光緒修漳州府志壹捌選舉叁薦辟門云：

劉履丁崇禎十一年辟鬱林知州。

程松圓耦耕堂存稿詩下載「口占送劉漁仲之鬱林任」七絕云：

蒹葭楊柳送雙旌。五嶺宜人獨桂城。今日逢迎滿天地，不須君到自題名。

此詩爲松圓於崇禎十一年在杭州所作，可與上引諸材料互證。餘詳後論黃石齋「與鄭芝龍」第貳書。其他如牧齋石齋著述并冒辟疆同人集所錄范質公陳則梁張公亮諸人書札中，皆有關涉劉氏之文字，今不備及。但有一事略可注意者，卽漁仲與人參之關係。蓋吾國古代本草中之人參，當爲今之黨參，卽前述王介甫不肯服用之紫團參。後起外來之東北參甚爲世所珍重，遂專攘昔時人參之舊稱，而以上黨郡之名屬之土貨。

又談孺木棗林雜俎中榮植類「人參」條（可參阮葵生茶餘客話貳拾「人蓡」條幷梁章鉅浪跡叢談捌「人參」「高麗參」及「參價」條等。）云：

遼陽東二百餘里，山深林密，不見天日，產人參，採者以夏五月入，裹三日糧，搜之最難，或徑迷斃人。萬曆中遼東李都督如松嘗餽某侍郎一本，重十六斤，形似小兒。海鹽姚叔祥記。

同書和集叢贅類「荐侑」條云：

崇禎末士大夫苞苴輒千百金，苦於賫重，專用黃金美珠人參異幣，時都門嚴邏，而徑竇愈廣。

劉輿父五石瓠「相公開三市」條云：

董心葵賣金賣珠賣人參於京師，各張一鋪，人人知之。周宜興安得不敗。

同書「人參榼」條云：

周宜興之再出也，從淮舟行，槩不與人宴會，送席者亦卻弗受。有一州郡官以人參爲肴，設於小榼，賂左右，俾呈相公一見之，宜興偶收參而麾其榼。于是沿途弁紳，密偵其例，遂有以參二斤爲一器者，自是舟中之參積若山阜矣。

可知人參在明季非僅限於藥物之性質，亦可視爲貨幣之代用品矣。漁仲於明季由北京至南方，挾此後起外來之奇貨以當多金，豈爲行俠救貧耶？抑或求利自濟耶？寅恪非中醫，且無王夫人「賣油的娘子水梳頭」之感嘆，（見紅樓夢第柒柒回。）故於人參之功效，不敢妄置一辭。但就此區區藥物，其名實之移轉，價格之升降言，亦可以通知古今世變矣。至若有學集壹叁東澗詩集下「病榻消寒雜詠」四十六首中有「（康熙二年癸卯十一月）小盡日靈嵒長老送參」詩，（寅恪案，「靈嵒長老」指熊開元。見小腆紀年壹貳等。）則遺民逸老眷戀不忘故國故交，同情分衞之舉，與漁仲之好事行俠者，更應區別論之也。

抑更有可附論者，前引同人集肆陳則梁「與冒辟疆書」，其中涉及劉漁仲之人參事，復檢余懷板橋雜記下軼事門云：

歲丙子（崇禎九年）金沙張公亮（明弼），呂霖生（兆龍），鹽官陳則梁（梁），漳浦劉漁仲（履丁），雉皐冒辟疆（襄），盟於眉樓，則梁作盟文甚奇。末云牲盟不如臂盟，臂盟不如心盟。（寅恪案，此條可參同人集伍「五子同盟詩」。）

同書同卷云：

陳則梁人奇，文奇，舉體皆奇。嘗致書眉樓，勸其早脫風塵，速尋道伴，言詞切至。眉樓遂擇主而事。誠以驚弓之鳥，遽爲透網之鱗也。掃眉才子，慧業文人，時節因緣，不得不爲延津之合矣。

寅恪案，冒陳張劉呂諸人爲同盟死友，劉爲冒出賣人參，以成情耦。（可參板橋雜記後跋引吳園次綺「弔董少君詩序」云：「當時才子，競着黃衫。合世淸流，爲牽紅繡。」幷加解釋云：「時錢虞山作于節度，劉漁仲爲古押衙。」）幷分贈陳以尋盟好。然則人參之功用有如是者，亦李時珍所不及知，而王安石眞可謂「拗相公」矣。橫波接受則梁之忠告，遂嫁芝麓。不但藉此得脫浙江傖父之困辱，（見板橋雜記中「顧媚」條。）又可免陳畹芬卞雲裝等之遭遇。則梁可謂眉樓之俠客，而兼功臣矣。至方望溪所記黃石齋與顧橫波之逸事一則（見方望溪先生全集玖「石齋黃公逸事」。）頗疑其或與劉履丁間接有關。未能詳攷，姑記於此。

其八云：

春日春人比若耶。偏將春病卸鉛華。綠牕舊譜蘆芽字，綺閣新評玉蘂花。（自注：「山礬二株，河東君所扳賞，訂其名爲玉蕋。余爲之記。」）曉鏡十眉傳蜀女，晚簾雙燕入盧家。（寅恪案，此句遵王無注，偶檢全唐詩第肆函劉方平「新春」五律云，「雙燕入盧家」及「更浣越溪紗」。牧齋詩辭旨當出此。）江南尙喜無征艦，院落燒燈聽鼓撾。

寅恪案，此首爲此題最後一首，乃專爲河東君而作者，卽白樂天新樂府大序所謂「卒章顯其志」之旨也。故特全錄之。首兩句言河東君此時正在病中。三四兩句乃言河東君之藝術賞玩。前論東山訓和集壹河東君次韻牧齋「上元夜小飮沈璧甫齋中」詩「玉蕋禁春如我瘦」句，引牧齋「玉蘂軒記」。此記末署：「崇禎十五年十二月二十九日牧翁記。」是年十二月大盡，則距次年元日賦此詩時，僅隔一日。故知此句乃寫當時實況。不知玉鑾軒有無題額，儻有之，當爲河東君所書。此第叁句所以著「柳家新樣元和脚」之旨也。五六兩句，自是以文君莫愁比河東君，固甚適切。至七八兩句，乃言此時江南尙可苟延旦夕。最能寫出當日士大夫偷安之一般心理。由今思之，甚可慨嘆也。

初學集貳拾下東山詩集肆「癸未四月吉水公總憲詣闕，詒書輦下知己及二三及門，謝絕中朝寢閣啓事，慨然書懷，因成長句四首。」云：

（詩見下。）

寅恪案，茲請先論此詩題，然後分別再論此四律。前於述「〔癸未〕元日雜題長句」八首之六及關於陳鴻節詩，已略言牧齋於崇禎十六年四月至揚州會晤李邦華事。有學集叁肆「明都察院左都御史贈特進光祿大夫柱國太保吏部尙書謚忠文李公神道碑」略云：

吉水李公諱邦華，字孟闇，懋明其別號也。先帝（指思宗。）御極，起工部右侍郎，改兵部，協理京營戎政，進本部尙書。在事一年，用中旨罷歸。〔崇禎十二年〕己卯特簡起南京兵部尙書，參贊機務。踰年丁父憂。〔十五年〕壬午服除，起南京都察院右都御史，未幾拜北掌院左都御史。抵湖口，得後命。便宜發餉遏寧南侯左良玉潰兵。上聞之，大喜。益專意委信公。〔十七年〕甲申三月十八日賊破外城，移宿吉安館文信公祠下。詰朝內城陷，持束帛繫信公坐榻，投繯而絕。

三月十九日辰時也。四月公之喪至自北京。十一月二十四日葬仁壽鄉鰲山釣魚臺之諭塋。公既葬，〔孫〕長世泣而言曰，隧道之碑銘有與吾祖游，而載史筆者誰乎？謀於諸父，渡江來請者至再。〔十六年〕癸未北上，要語廣陵僧舍，艱危執手，潸然流涕。囑曰，左寧南名將也。東南有警，兄當與共事，我有成言于彼矣。篋中出寧南牘授余曰，所以識也。入都，復郵書曰，天下事不可爲矣。東南根本地，兄當努力。寧南必不負我，勿失此人也。偷生假年，移日視息。生我知我，辜負良友，傷心刻骨，有餘痛焉。徬徨執筆，老淚漬紙，而不忍終辭者，以爲比及未死，放隻字于青簡，庶可以有辭于枯竹朽骨也。（又檢牧齋尺牘上有「與李懋明」札一通。繹其內容，知爲崇禎十二年四月李邦華起爲南京兵部尚書時所作。附記於此，以供參攷。）

牧齋此文作於何年，雖未能確定，但文中有「長世渡江來請」，及「偷生假年，移日視息。」等語，則當是明南都傾覆，牧齋隨例北行，至次歲，卽順治三年丙戌秋間南還家居以後所作。其述左良玉與李邦華及己身之關係一節，蓋欲藉是以湔洗其與馬阮交結之事實，並表明其中立不倚之政見耶？牧齋頗認此次與懋明之會晤，爲其一生志業所關。故於垂死之時賦詩，猶憶及此事。有學集壹叄東澗詩集下「病榻消寒雜詠」四十六首之十八云：

忠軀義感國恩賖。板蕩憑將赤手遮。星散諸侯屯渤海，飈迴子弟走長沙。神愁玉璽歸新室，天哭銅人別漢家。（原注：「一云，共和六載仍周室，章武三年亦漢家。」）遲暮自憐長塌翼，垂楊古道數昏鴉。（自注：「記癸未歲與羣公謀王室事。」）

自注云「羣公」，則懋明之外，尚有他人。侯忠節公（峒曾）年譜崇禎十五年壬午條云：

九月改浙江嘉湖道備兵參政。

十六年癸未條略云：

正月之官嘉興。夏五月吏部上計，舉府君大廉卓。而府君是時亦旣病矣。天方大旱，府君步而禱焉。未幾瘡痏發於足跗，委頓者兩月餘。又一日方覩案牘，忽嘔血數十口，累日乃止。投牒請於當事者三，終不許。府君方臥病時，徐太宰（石麒），以司寇事被放歸里，陶陶永夕，差以爲快。九月詔使逮問周宜興（延儒）。

寅恪案，虞求雖於崇禎十六年正月削職。其歸至嘉興之月日，今不易攷。但據侯譜，知其十六年五月以後，九月以前，必已返家。由是言之，虞求十六年正月削職後，由京南歸，於四月中途過揚州時，與牧齋會晤，頗有可能。若果如是，則虞求亦是與牧齋共謀王室羣公中之一人也。

又此事亦間接涉及侯恂方域父子。玆略論之於下。侯方域壯悔堂文集叁「爲司徒公與寧南侯書」（寅恪案，「司徒公」乃朝宗稱其父恂之官號。「寧南侯」則指左良玉而言也。）云：

鄉土喪亂，已無寧宇。闔門百口，將寄白下。喘息未蘇，風鶴頻警。相傳謂將軍駐節江州，且揚帆而前。老夫以爲不然，卽陪京卿大夫亦共信之，而無如市井倉皇，訛以滋訛，幾於三人成虎。

夫江州三楚要害，麾下汛防之衝也。鄖襄不戒，賊勢鴟張，時有未利，或需左次以驕之。儲威夙飽，殫圖收復，在將軍必有確畫。過此一步，便非分壤。冒嫌涉疑，義何居焉？若云部曲就糧，非出本願，則尤不可。朝廷所以重將軍者，以能節制經緯，危不異於安也。荆土千里，自可具食，豈謂小饑，動至同諸軍士倉皇耶？甚則無識之人，料麾下自率前驅，佯送室帑。匈奴未滅，何以家爲？生平審處，豈後嫖姚？或者以垂白在堂，此自綱紀，奉移內郡。何必雙旌，聿來相宅？況陪京高皇帝弓劍所藏，禁地肅淸。將軍疆場師武，未取進止，詎宜展覲？語云，流言止于智者。若將軍今日之事，其爲流言，又不待智者而決之矣。惟是老夫與將軍義則故人，情實一家。每聞將軍奏凱獻捷，報效朝廷，則喜動顏色，傾耳而聽，引席而前，惟恐其言之盡也。或功高而不見諒，道路之口發爲無稽，則輒掩耳而走，避席而去，蹙乎其不願聞也。頃者浪語最堪駭異，雖知其安，必以相告。將軍十年建豎，中外倚賴，所當矜重，以副人望。

此書後附楊廷樞跋語云：

癸未侯子居金陵，寧南侯兵抵江州，且夕且至。熊司馬知其爲司徒公舊部，請侯子往說之。侯子固陳不可，乃卽署中爲書以付司馬，馳致之寧南。後一夜侯子晤友人云，議者且唱內應之說。遂以書抵議者而行。侯子禍雖不始此，然自此深矣。寧南旋得書而止。余嘗見其回司徒公稟帖，卑讜一如平時，乃知寧南感恩，原不欲負朝廷者，駕馭失宜，以致不終，深可歎也。偶過侯子舟中，觀此書，慼而識之。乙酉三月楊廷樞記。

同書伍「寧南侯傳」略云：

朝廷以司徒公代丁啓睿督師，良玉大喜。未幾有媒孽之者，司徒公遂得罪，以呂大器代。良玉慍曰，朝廷若早用司徒公，良玉敢不盡死。今又罪司徒公，而以呂公代，是疑我，而欲圖之也。自此意益離。遂往來江楚，爲自豎計。盡取諸鹽船之在江者，而掠其財。賊帥惠登相等皆附之，軍益強。又嘗稱軍饑，欲道南京就食，移兵九江。兵部尚書熊明遇大恐，請於司徒公，以書諭之而止。朝廷不得已，更欲爲調和計，封良玉爲寧南侯，而以子夢庚爲總兵官。良玉卒不爲用。

同書叁「癸未去金陵日與阮光祿書」（寅恪案，「阮光祿」指阮大鋮。）云：

僕竊聞君子處己，不欲自恕，而苛責他人以非其道。今執事之於僕，乃有不然者，願爲執事陳之。執事僕之父行也，神宗之末，與大人同朝，相得甚歡。其後乃有欲終事執事，而不能者。執事當自追憶其故，不必僕言之也。大人削官歸，僕時方少，每侍，未嘗不念執事之才，而嗟惜者彌日。及僕稍長，知讀書，求友金陵。將戒途，而大人送之曰，金陵有御史成公勇者，雖於我爲後進，常心重之。汝至，當以爲師。又有老友方公孔炤，汝當持刺拜於床下。語不及執事。及至金陵，則成公已得罪去，僅見方公，而其子以智者，僕之夙交也，以此晨夕過從。執事與方公同爲父行，理當謁，然而不敢者，執事當自追憶其故，不必僕言之也。今執事乃責僕與方公厚，而與執事薄。噫！亦過矣。忽一日有王將軍過僕甚恭，每一至，必邀僕爲詩歌，旣得之，必喜而爲僕貰酒奏伎，招遊舫，攜山屐，殷殷積旬不倦，僕初不解，旣而疑，以問將軍。將軍乃屛人以告僕曰，是皆阮光祿所願納交於君者也。光祿方爲諸君所詬，願更以道之君之友陳君定生吳君次尾，庶稍湔乎？僕斂容謝之曰，光祿身爲貴卿，又不少佳賓客足自娛，安用此二三書生爲哉？僕道之兩君，必重爲兩君所絕。若僕獨私從光祿遊，又竊恐無益光祿。辱相款八日，意良厚，然不得不絕矣。凡此皆僕平心稱量，自以爲未甚太過，而執事顧含怒不已，僕誠無所逃罪矣。昨夜方寢，而楊令君文驄叩門過僕曰，左將軍兵且來，都人洶洶。阮光祿颺言於淸議堂云，子與有舊，且應之於內。子盍行乎？僕乃知執事不獨見怒，而且恨之，欲置之族滅而後快也。僕與左誠有舊，亦已奉熊尙書之敎，馳書止之。其心事尙不可知。若其犯順，則賊也。僕誠應之於內，亦賊也。士君子稍知禮義，何至甘心作賊？萬一有焉，此必日暮途窮，倒行而逆施，若昔日乾兒義孫之徒，計無復之，容出於此，而僕豈其人耶？何執事文織之深也！僕今已遭亂無家，扁舟短棹，措此身甚易。獨惜執事忮機一動，長伏草莽則已，萬一復得志，必至殺盡天下士，以酧其宿所不快，則是使天下士終不復至執事之門，而後世操簡書以議執事者，不能如僕之詞微而義婉也。

同書陸「壯悔堂記」略云：

余向爲堂，讀書其中，名之曰雜庸。或曰，昔司馬相如賣酒成都市，身自滌器，與庸保雜作。子何爲其然？余曰，以余目之所寓，皆庸也。子亦庸也。余不能不舉足出此堂，又不能使此堂卒無如子者，安往而不與庸雜，又豈必酒壚耶？嗚呼！君子之自處也謙，而其接物也恭，所以蓄德也。況余少遭黨禁，又歷戎馬間，而乃傲睨若是。然則坎壈而幾殺其身，夫豈爲不幸哉？忽一日念及，憮然久之，乃知余平生之可悔者多矣，不獨名此堂也。急別搆一室居之，名曰壯悔。古者三十爲壯，余是時已三十五矣。

同書首載年譜略云：

崇禎十六年癸未公二十六歲。司徒公解任，避兵揚州。左良玉軍襄陽，以糧盡，移駐九江，欲趨南京。南本兵乞公爲司徒書，馳諭止之。阮大鋮以蜚語中公。公避於宜興。有與光祿書。以不即救汴，逮司徒公繫獄。順治八年辛卯公三十四歲。奉司徒公居南園。當事欲案治公，以及於司徒公者。有司趨應省試，方解。

順治九年壬辰公三十五歲。司徒公居南園。治壯悔堂，作文記之。訪陳定生於宜興。

國榷玖捌略云：

壬午崇禎十五年閏十一月總督保定侯恂免。

同書玖玖略云：

癸未崇禎十六年二月庚辰平賊將軍左良玉避賊東下，沿江縱掠。土寇叛兵俱冒左兵攻剽，南都大震。壬午左良玉泊池州清溪口，副總兵王允成稱以二千人勤王，縱掠青陽南陵繁昌。沿江騷動，薄于蕪湖，競傳其兵叛。南京兵部尚書熊明遇知良玉爲尚書侯恂舊部。恂次子方域適在金陵，代爲尚書書〔致良玉〕。良玉得書，稟答卑謹，一如平昔。七月議處鄭三俊，逮張國維侯恂，以秉樞不職，棄開封不守也。

徐鼒小腆紀傳陸肆逆臣壹左良玉傳略云：

釋侯恂於獄，以兵部侍郎代丁啓睿督師。恂未至軍，而良玉已潰於朱仙鎮矣。開封陷。帝怒，罷恂官，而不能罪良玉也。〔十五年〕十二月二十四日〔良玉〕抵武昌，至正月中啓行，艨艟蔽江而下。當是時，降將叛卒假左軍號，恣剽掠。蘄州守將王允成爲亂首。破建德，掠池陽。去蕪湖四十里，泊舟三山荻港，漕艘鹽船盡奪以載兵，聲言將寄帑南京。士民一夕數徙，商旅不行。南兵部尚書熊明遇不知所計。適都御史在家被召，道出湖口，聞變，乃倚舟草檄告良玉曰，貴鎮宜即日嚴戢兵丁，疏通江路，捩舵回船，刻期還鎮。缺餉事情，候本部院到皖設法措處。勿過安慶一步，以實流言。良玉得檄心折。邦華飛書告安慶巡撫，發九江庫銀十五萬，補六月糧。軍心大定，南都解嚴。邦華具威儀入其營。良玉紅袜首，韡袴，握刀插矢，俯立船頭。邦華辭。乃用師弟子禮見。臨別，誓以餘生效頂踵。

寅恪案，侯恂與左良玉其關係密切，遠勝於李邦華。當崇禎十六年正月中良玉擁兵東下，南都士大夫皆欲止之。朝宗適在金陵，南京兵部尚書熊明遇使方域爲其父作書與良玉，亦情勢所必致，殊不足異。後來良玉之衆屯駐九江而不至南京者，實懋明籌撥銀十五萬兩之力。侯氏之書，豈能一動崑山之心乎？朝宗自言得楊龍友傳述阮集之謂已欲爲左氏內應之語，因促其出走避禍。年譜載崇禎十六年「司徒公解任避兵揚州」及「公訪陳定生於宜興」等語，假定崇禎十六年正月至四月侯恂果已在揚州，則方域何以不至揚州，而至宜興。考明史貳柒叁左良玉傳云：

〔崇禎十五年〕九月開封以河決而亡。帝怒恂，罷其官。

參以朝宗代其父致崑山書所謂「鄉土喪亂，已無寧宇。闔門百口，將寄白下。」及「相傳謂將軍駐節江州，且揚帆而前。」等語，則朝宗作書之時，若谷尚未至南京。但朝宗避禍出走之日，卽使若谷未至揚州，何以不留揚州以待其父，而逕至宜興定生家耶？如若谷於崇禎十六年春間及夏初果在揚州，似亦應列入與牧齋共謀王室羣公之中。今載籍未詳，不敢決言也。細繹朝宗之文，頗疑非其當日之原稿，致有疏誤。據邵青門述朝宗刻其文集事（見錢儀吉碑傳集壹叁陸邵長蘅撰侯方域傳及清史列傳柒拾文苑傳侯方域傳。）云：

末年游吳下，將刻集，集中文未脫稾者，一夕補綴立就，人益奇之。

今觀壯悔堂集載朝宗代其父致崑山書題作「爲司徒公與寧南侯書」。考明實錄懷宗實錄壹柒云：

崇禎十七年三月癸巳封遼東總兵官左都督吳三桂平西伯，平賊將軍總兵左都督左良玉寧南伯，薊鎮總兵左都督唐通定西伯，鳳廬總兵左都督黃得功靖南伯，各給勅印。

明史貳肆莊烈帝本紀云：

崇禎十七年三月癸巳封總兵官吳三桂左良玉唐通黃得功俱爲伯。

同書貳叁左良玉傳略云：

崇禎十七年正月（寅恪案，「正月」當爲「三月」之誤。王氏明史考證攟逸未之及。）詔封良玉爲寧南伯。福王立，晉良玉爲侯。

故朝宗作此書時，良玉尙未封伯更何侯之有？此亦足爲此書乃朝宗後來所補綴之一證，并足徵邵氏之言爲可信也。茲有可附論者二事。一爲朝宗作壯悔堂記時，其年三十五歲，卽順治九年壬辰。前一年朝宗欲保全其父，勉應鄉試，僅中副榜，實出於不得已。「壯悔堂」之命名，蓋取義於此。後來竟有人賦「兩朝應舉侯公子，地下何顏見李香。」之句以譏之。殊不知建州入關，未中鄉試，年方少壯之士子，苟不應科舉，又不逃於方外，則爲抗拒新政權之表示，必難免於罪戾也。至「庸雜堂」之命名，朝宗所言亦非其最初眞意。殆本以司馬長卿自擬，而以李香君之流比卓文君也。二爲自桃花扇傳奇盛行以來，楊龍友遂爲世人所鄙視。今據朝宗自述之文，則爲阮圓海遊說者，乃王將軍。傳阮氏誣搆之言，促其出走避禍者，爲楊龍友。戲劇流行，是非顚倒，亟應加以糾正也。寅恪近有聽演桃花扇戲劇七律一首，附錄於此。

聽演桂劇改編桃花扇劇中香君沈江而死，與孔氏原本異，亦與京劇改本不同也。

興亡舊事又重陳。北里南朝恨未申。桂苑舊傳天上曲，桃花新寫扇頭春。是非誰定千秋史，哀樂終傷百歲身。鐵鎖長江東注水，年年流淚送香塵。

若黃石齋者，則是時已被赦復官，自京乞假歸里。（見明史貳肆莊烈帝本紀「崇禎十五年八月乙丑釋黃道周於戍所復其官。」條，同書貳伍伍黃道周傳及莊起儔編漳浦黃先生年譜崇禎十五十六年條，幷黃漳浦集肆貳「壬午八月荷殳入楚，病臥西林，適逢環命，以淸修力學見褒，攬筆潸然，聊悉寤言。」二十有八章及同書肆叁「郡中結夏有作」二章。）亦在遠道預謀之列。又若曾化龍熊明遇諸人，當復參預其事。

至曾化龍則初學集壹陸丙舍詩集有「送曾霖寰使君左遷還里」二首，當是崇禎十三年春間霖寰去江南按察使時所作。於此足徵牧齋本與曾氏交好。檢同治重刊乾隆修泉州府志肆肆曾化龍傳略云：

曾化龍字大雲，號霖寰，晉江人。〔官〕江南副使，備兵常鎮。尋擢其省按察使。遷江西。丁外艱歸。

未言其有何左遷之事，與牧齋詩不合。但據談遷國榷玖柒略云：

辛巳崇禎十四年四月乙卯通政司使徐石麒，以前鎮江知府印司奇訐奏推官雷起劍及前巡撫應天張國維，兵道曾化龍事，久不結，命卽勘。

可見霖寰實有被訐之案，不知何故久懸未決。虞求與霖寰有氣類之好，故請速勘也。方志所據材料不盡翔實，特標出之如此。餘可參後引泉州府志曾氏傳所論熊明遇與牧齋共謀王室事幷詳後論黃石齋與張鯢淵書，茲俱不先及。又劉宗周亦當時淸望，與牧齋俱爲溫體仁之政敵，是有爲揚州共謀王室羣公中一人之可能，但蕺山於崇禎十五年以吏部左侍郎奉詔至北京，是年五月二十日始達揚，（見明史貳貳伍劉宗周傳及姚名達撰劉宗周年譜等。）時日過晚，恐不可能。姑附記之，更俟詳考。由是言之，牧齋所謂「羣公」，雖難一一考知，然其出語必非虛構，可以無疑也。黃漳浦集壹陸「與鄭將軍書」第壹通云：

方今□（奴？）寇漸合，輦轂洊驚，四方援兵度不能四五萬，皆逡巡西道，思度河北，出紫荊，潛詣都下，無敢泝淸德從景滄直上者。朝廷思間道之奇，以霖寰翁節制登萊，與大將軍共濟。呼餘皇，出旅順，搗瀋陽，此搏熊取子之智，用之必效。然懸師萬里，遠襲人國，載馬上車，踔泥出岸，豈得如三國時謀氿沓渚之事乎？以僕料敵，用師不過強萬，四□（奴？）持重，（寅恪案，牧齋投筆上「金陵秋興次草堂韻」八首之五「死虜千秋悔入關」句下自註云：「僞四王子遺言戒勿入關。東人至今傳之。」蓋明人往往以「四王子」稱淸太宗皇太極。其實皇太極乃太祖努爾哈齊第八子。見淸史稿貳太宗本紀壹。)不敢遠出。其牽制寧遠,守遼瀋者,必不盡撤而西。唯諸台吉跳蕩,及巢孔二三叛將,知我虛實者,相率鼓拊,攘取餌耳。誠得南兵萬餘,與兗濟之師,犄角直出,挫其前鋭,則眞保香阿(東隅?)之策也。

其第貳通云:

適劉舍親有南郡書至,稱南中之望麾下,猶楚人之望葉公也。黎總戎六月南來,述在鎭情形,已大不測。計天下男子,赤心靑膽,一意奉朝廷者,獨麾下耳。而又以盛名厚力,讋服一世,俯視左良玉輩,猶腐鼠枯蟬,直以苕帚汎除之,不煩遺鏃也。李大司馬方今偉人,所號召豪傑立應,擬與南郡諸紳,擊牛釃酒,以俟麾下。麾下但呼帳中健兒一二千人,坐鎭京口,遣靑雀小艇,飛入馬當,云大將軍督水師朝夕西上,彼輩望風隕角耳。天下事勢,固有力省而功倍者,如樓船出登萊,節長力緩,雖有三千,不當五百之用。今得一千渡彭蠡,可當十萬之師,且令塞上斬□□取通侯,(寅恪案,此句所諱闕之二字,疑是「賊奴」。蓋用世說新語尤悔類「王大將軍起事」條及晉書陸玩周顗傳「今年殺諸賊奴,取金印如斗大。」之語,與下文「取金印如斗」之句相應也。)如登高山,猶煩拾級。若從江中揚航,取左師猶掇之也。且又以是取金印如斗,不煩勞師燕然之外,而使不肖無拉脅折脛之苦,雖削藍爲犛勁弓,改筆鋒爲鋭剡,猶當爲之,況負英傑之名,受朝宁隆眷,爲天下之所利賴者乎?月初聞有三十餘艘弄兵潢池,藉檣櫓之靈,已朝夕潰散。此沙蟲區區，直以麾下諸篙卽制之，不煩神力。至如爲天下救蒼生，護京陵，取叛帥頭作勸杯，非大將軍親行不可。僕亦桑梓也，寧不爲桑梓根本慮？顧神京之患，有急於桑梓者，當舍大圖細，不獨爲副雲雷之望，直取侯封，壓服天下，爲吾鄕盛事而已也。黎總戎以李司馬書必爲麾下面陳情勢，惟麾下悉心圖之。臨楮神注。

同書同卷「與張鯢淵書」略云：

登萊天末，爲鵝爲鸛，水澤所嬉，王正尙未渡江，誠得一疏，留爲江淮阨塞之用，免至紛飛，爲精衞之塡木石。曾霖翁心手可資，亦遠鎭登萊，誰當泝長河以開青兗之路者？淸源蕃徒藉藉，嘯聚南安不軌。聞已漸入仙遊。凡此蛇虺，祗得賢守令銷萌於先，整頓於後，可次第爬梳之耳。頃晤黎總戎延慶者，云出老祖臺門下，持李茂翁書，（寅恪案，「茂翁」卽懋明。）云欲藉祖臺力，勸鄭將軍自疏入援。此不過欲借高敖曹名字嚇小兒耳。威鱗豈敢離淵，以僕度左師奔敗之餘，爲諸關所輕，必不能遂取安慶，亦不敢揚帆東下。南都名賢所聚，熊壇老諸公提挈於內，劉良佐諸將匡襄於外，借漕捐資，尙支歲月，吹篪假嘯，或改鴞音，神烈精靈，鼓吹風鶴，豈可令鼻眼異常，睹京華之動靜乎？黎兄欲僕作書，亦已達一函去。去臘有勸自疏入援書，已先茂翁獻其媸拙。今茂翁又云爾，乃知措大不異人意。三吳重地，留都關係甚鉅。茂老未到任，想未知諸賢擘畫。又不知鄭系岳得尙駐脚不？四海蜩螗，密勿淵深，與言輟餐，唯有隕涕。

綜合上引三書觀之，其稱李邦華爲大司馬，又謂「三吳重地，留都關係甚鉅。茂老未到任，想未知諸賢擘畫。」今檢明史貳陸伍李邦華傳略云：

崇禎元年四月起工部右侍郎總督河道。尋改兵部，協理戎政。十二年四月起南京兵部尙書，以父憂去。十五年冬起故官，掌南京都察院事。俄代劉宗周爲左都御史。都城被兵，即日請督東南援兵入衞，力疾上道。明年三月抵九江，左良玉潰兵數十萬，聲言餉乏，欲寄帑於南京。艨艟蔽江東下。留都士民一夕數徙，文武大吏相顧愕眙。邦華乃停舟草檄告良玉，責以大義。用便宜發九江庫銀十五萬餉之。一軍遂安。

又明史壹壹貳七卿年表貳，左都御史欄：「崇禎十五年壬午劉宗周八月任，十二月削職。李邦華十二月任。」則知石齋作書時尙未知李懋明代劉蕺山任左都御史之職，故仍以南京兵部尙書之故官稱之。否則當如牧齋於崇禎十六年四月賦詩稱懋明爲總憲公也。（詩見後引。）石齋與飛黃書第貳通云：「適劉舍親有南都書至。」此劉姓之人，當即前述董冒因緣有關之漳浦劉漁仲履丁也。石齋與漁仲情誼篤摯，今黃漳浦集中詩文涉及漁仲者不少。其爲師弟關係，如前引初學集伍叁「漳浦劉府君合葬墓誌銘」及四朝成仁錄柒「劉履丁傳」，可以證明。其有親戚關係，則黃漳浦集壹柒「與劉漁公」書云：「抑將姻婭之好，不及友朋。」亦足爲證。但究屬何種親戚關係，殊不易知。據黃漳浦集肆貳「劉漁仲使至攜家有寄」十二章。其二云：

不得補官去，爲誰嫁娶來。柴扉晞故里，荔薜費新栽。世道團風葉，鄉心濕雨灰。因無分宅法，
空寄隴頭梅。

其十云：

作客躭江表，全身愛首丘。所思非一轍，此道遠難謀。塡海疑通路，移山未度舟。秦淮佳麗處，
不耐老登樓。

其十二云：

如此將歸好，江干吾有家。一船供寶眷，半榻上烟霞。遣女迎新婦，呼兒接舅爺。山中分鳥掌，
白鹿爲推車。

頗疑崇禎十五年冬季漁仲由江南遣使攜家至閩，石齋因而寄詩。其致飛黃書所謂「劉舍親有南都書至」者，卽指此時此事而言。繹「遣女迎新婦，呼兒接舅爺。」一聯之意，石齋殆謂遣其女迎其嫂，呼其兒接其外舅耶？若果如是，則漁仲之女嫁石齋之子，石齋與漁仲爲兒女親家也。俟考。牧齋「請調用閩帥議」中，頗以福建方面之不同意爲慮，石齋乃閩中縉紳之魁首，觀其書中以神京大桑梓細爲言，鯢淵又爲當日守土之長吏，石齋致書告以本省苟得賢守令，卽可臻治安之效，不必特煩鄭芝龍之兵鎭壓。由是言之，錢李黃諸公實用三方敦促，以期鄭氏出兵保衛南都江左也。玆有可注意者，一爲李邦華與鄭芝龍之關係。邦華於崇禎元年以兵部侍郎協理戎政。計六奇明季北略壹壹「鄭芝龍

擊劉香老」條云：

初，芝龍爲海盜。天啓七年犯閩中銅山中左等處。崇禎元年五月招之。九月芝龍降于巡撫熊文燦，授以游擊。

當崇禎元年招降芝龍者，雖爲福建巡撫熊文燦，但邦華爲京師兵部主持人之一，福建地方奏授芝龍以游擊，邦華應亦預聞其事。夫兵部爲統轄全國軍事之機構。此機構之主持人對於全國之武職，實有上官屬吏之關係。故鄭氏乃李氏之舊屬，若李氏撝謙，不以官事行之，則可借用科舉制度座主門生之禮相對待。前述懋明與崑山「以師弟子禮見」，卽是其例。由此言之，懋明遺書飛黃，實非偶然也。或更有其他原因，俟考。一爲牧齋與石齋之關係。錢黃兩人本爲舊好，常通音問，自不待言。檢初學集貳拾上東山詩集叁「駕鵝行」之後，「送程九屏領兵入衞」之前，有「黃長公七十壽歌。石齋詹事之兄。」（寅恪案，石齋長兄名士珍。見黃漳浦集貳伍「贈考青原公墓碑」。）一題，末云：

七十長筵列孫子。弟勸兄酬數千里。共祝皇恩無盡期，漳海西連五溪水。

故疑牧齋此詩爲石齋於崇禎十五年冬復官之後，尙未歸里之時所作。牧齋之賦此詩，或是出於石齋之請，而交劉漁仲轉致者。蓋漁仲是時實在蘇州，與牧齋會晤。前論冒董因緣時，已及之矣。據此可知牧齋此際正與石齋音問密切，當有共謀王室之文字，今未得見，殊可惜也。一爲牧齋與登萊巡撫之關係。牧齋之欲任登府，前已詳論。沈季明雖曾疏請任牧齋以此職，用舟師攻滿洲。但牧齋手無寸鐵，何能辨是。其欲藉助於鄭氏水師之力，事理甚明。石齋與鄭將軍書第壹通云：「朝廷思間道之奇，以霖寰翁節制登萊，與大將軍共濟。呼餘皇，出旅順，搗瀋陽，此搏熊取子之智，用之必效。」又與張鯢淵書云：「曾霖翁心手可資，亦遠鎮登萊，誰當泝長河以開青兗之路者。」此「霖寰翁」及「曾霖翁」即曾化龍。檢同治重刊乾隆修泉州府志肆肆略云：

曾化龍字大雲，號霖寰，晉江人。萬曆戊午己未聯捷進士，授臨川知縣。直指謝文錦以治行第一薦。時權璫用事，密囑化龍往謁，即授銓諫。笑置之，外補寧國府同知，遷南戶部員外，改兵部。丁內艱，起補北兵部車駕司郎中，督學粵東。竣事，攝海道。平劉香之亂，上功第一。移廣西參議，士民勒石紀績。擢江南副使，備兵常鎮。尋擢其省按察使。有曾鐵面之稱。丁外艱歸，以宿望，即家起僉都御史，巡撫登萊。時地方殘破，奉旨蠲征三年，而兵頻呼庚癸。化龍練兵措餉，請蠲請恤，疏凡三十二上，備載撫登疏草中。會闖賊變作，膠密土寇蠭起，遂破高密。化龍亟移鎮膠州。膠圍解，而高密城復。以疾歸。抵家，病日劇。庚寅六月朔卒。年六十三。所著有作求堂集。

國權玖肆略云：

乙亥崇禎八年四月丁亥總督兩廣熊文燦奏福建游擊鄭芝龍合廣兵擊劉香于田尾遠洋。香勢蹙，自焚溺。

明季北略壹壹「鄭芝龍擊劉香老」條略云：

崇禎六年海盜劉香老犯長樂。甲戌四月，又寇海豐。乙亥四月芝龍合粵兵擊劉香老于四尾遠洋。（寅恪案「四」字疑當依國榷作「田」。俟考。）香勢蹙，自焚溺死。

寅恪案，大雲與芝龍同里，熊文燦督粵，令其攝海道，領粵兵共鄭飛黃之閩兵合擊劉香，平香之役，粵省上狀，霖寰功居第一。後來之巡撫登萊，亦是同其前任之曾櫻俱與鄭氏兄弟關係密切之故，（可參後論牧齋賀孫朝讓得子詩條。）當日明廷如此措施，自有理由，而牧齋之不得任登萊巡撫，乃勢所必然者也。至仲含與鄭氏之關係，可參明史貳柒陸曾櫻傳。其文略云：

曾櫻字仲含，峽江人。崇禎元年以右參政分守漳南。母憂歸。服闋，起故官，分守興泉二郡。進按察使，分巡福寧。先是，紅夷寇興泉，櫻請巡撫鄒維璉用副總兵鄭芝龍爲軍鋒，果奏捷。及劉香寇廣東，總督熊文燦欲得芝龍爲援，維璉等以香與芝龍有舊，疑不遣。櫻以百口保芝龍，遂討滅香。芝龍感櫻甚。十年冬，帝信東廠言，以櫻行賄欲擢官，命械赴京。御史葉初春嘗爲櫻屬吏，知其廉，於他疏微白之。有詔詰問，因具言櫻賢，然不知賄所從至。詔至閩，巡撫沈猶龍，巡按張肯堂閱廠檄有奸人黃四臣名，芝龍前白曰，四臣我所遣。我感櫻恩，恐遷去，令從都下訊之，四臣乃妄言，致有此事。猶龍肯堂以入告，力白櫻冤。芝龍亦具疏請罪。削芝龍都督銜，而令櫻以故官巡視海道。尋以衡永多寇，改櫻湖廣按察使，分守湖南。櫻乃調芝龍勦賊，賊多降，一方遂安。遷山東右布政使，分守東萊。十四年春擢右副都御史，代徐人龍巡撫其地。明年遷南京工部右侍郎，乞假歸。

據此可知仲含霖寰之成事及牧齋之企圖。但鄭氏與二曾眞正交誼密切，與牧齋之僅以文字酬應者，大有不同。假使牧齋果得任登萊巡撫，恐亦不得如二曾之能指揮鄭氏之水軍也。一爲南都與全局之關係。蓋當時長江以北受困於李張及建州，已成糜爛之勢。江左士大夫頗欲保全南方，以留都南京爲中心，聚兵力藉圖偏安之局。觀石齋「與鄭將軍書」第貳通云：「李大司馬方今偉人，所號召豪傑立應，擬與南都諸紳擊牛釃酒，以俟麾下。」及「與張鯢淵書」云：「南都名賢所聚，熊壇老諸公提挈於內，劉良佐諸將匡襄於外。借漕捐資，尙支歲月。」等語，是其明證。熊壇老卽熊明遇。明史貳伍柒熊明遇傳略云：

熊明遇字良孺，進賢人。崇禎元年起兵部右侍郎。明年進左，遷南京刑部尙書。四年召拜兵部尙書。五年以故官致仕。久之，用薦起南京兵部尙書。

幷參以上論侯方域代其父恂作書致左良玉，阻其擁兵至南京事，所引諸史料，足見崇禎十六年春間至初夏，熊氏亦在南京遙爲牧齋共謀王室羣公之一人也。一爲關於左良玉之爲人，石齋致鄭飛黃書中所論，與牧齋撰李邦華神道碑中所言，頗不相同。蓋石齋深知良玉之爲人不可信賴，故欲借鄭氏軍力以防制之也。夫左氏固不可信賴，鄭氏亦略相似。石齋當日或亦有所感覺，但此時所以取鄭而舍左者，其關鍵實在左氏軍糈不能自籌，動以索餉要挾官吏，殘害人民。前述其擁兵東下，欲寄帑南京之事，可爲一例，不必多論。至若鄭氏所統之兵，軍餉既能自給，故紀律亦較嚴肅。此點尤爲當時所罕見，非他軍所可企及也。

明季北略壹壹「鄭芝龍擊劉香老」條略云：

初，芝龍爲海盜。崇禎元年五月招之。九月芝龍降于巡撫熊文燦，授以遊擊。十三年八月加芝龍總兵。芝龍既俘劉香，海氛頗息。因以海利交通朝貴，寖以大顯。芝龍幼習海，知海情。凡海盜皆故盟，或出門下。自就撫後，海船不得鄭氏令旗，不能往來。每一船例入三千金。歲入年萬計。芝龍以此富敵國。自築城於安平海梢，直通臥內，可泊船徑達海。其守城兵自給餉，不取于官。旗幟鮮明，戈甲堅利。凡賊遁入海者，檄付芝龍，取之如寄。

同書同卷鄭芝龍小傳略云：

海盜有十寨，寨各有主。飛黄之主有疾，疾且痼，九主爲之宰牲療祭。飛黄乃泣求其主：「明日祭後必會飲，乞衆力爲我放一洋，獲之有無多寡，皆我之命。煩綏頰懇之。」主如其言，衆各欣然。刼四艘，貨物皆自暹邏來者，每艘約二十餘萬。九主重信義，盡畀飛黄。飛黄之富逾十寨矣。海中以富爲尊，其主亦就殂，飛黄遂爲十主中之一。時則通家耗，輦金還家。置蘇杭細軟，兩京大内寶玩，興販琉球朝鮮眞臘占城三佛齊等國，兼掠犯東粤潮惠廣肇福游汀閩台紹等處。

此天啓初年事也。劉香既沒，餘皆跪拜投降，海上從此太平。往來各國皆飛黃旗號，滄海大洋如內地矣。撫按又爲報功，因陞漳潮兩府副總兵。後至崇禎末年百計營求，欲得福閩全省正總兵，齎銀十萬至京師，大小司馬手長膽怯，不敢也。至十七年三月，此銀爲流賊所得。

小腆紀年壹叁「順治三年十一月丁巳明鄭芝龍降於我大淸。」條略云：

王師進逼安平鎮，芝龍軍容烜赫，砲聲震天地。〔將降於貝勒〕，其子成功諫曰，閩粵之地，不比北方，得任意馳驅。若憑險設伏，收人心以固其本。興販各港，以足其餉。選將練兵，號召不難矣。芝龍拂袖起。成功出告〔其叔〕鴻逵，逵壯之，入語芝龍曰，兄尙帶甲數十萬，舳艫塞海，糧餉充足。輔其君以號召天下，豪傑自當響應，何委身於人？

據上引史料觀之，鄭氏父子之興起，非僅由武力，而經濟方面，卽當時中國與外洋通商貿易之關係有以致之。明南都傾覆，延平一系猶能繼續朱氏之殘餘，幾達四十年之久，絕非偶然。自飛黃大木父子之後，閩海東南之地，至今三百餘年，雖累經人事之遷易，然實以一隅繫全國之輕重。治史之君子，溯源追始，究世變之所由，不可不於此點注意及之也。茲不避枝蔓之嫌，稍詳論述之，以俟通人之敎正。

至石齋致張鯢淵書所謂黎總戎延慶者，當是芝龍部下之將領。張鯢淵者，當日福建巡撫張肯堂之號。見黃宗羲思舊錄「張肯堂」條。其事蹟詳見明史貳柒陸張肯堂傳。唯明史傳書字不書號。今同治修福建通志壹貳玖張肯堂傳，載其字鯢淵，實則鯢淵乃其號，非其字也。熊明遇明史本傳及明詩綜伍玖熊氏小傳，皆言其字子良。光緒修江西通志壹叁捌及小腆紀傳伍柒遺臣貳熊氏傳，則謂其字良孺，微有不同。但陳忠裕全集壹捌白雲草「贈熊壇石大司馬」五言排律，附考證，引明史熊明遇本傳以實之。又談遷北游錄紀聞類上「熊明遇」條云：「進賢故大司馬熊壇石隱山中。」故知石齋所謂「壇老」，卽明遇。明史諸傳例僅書字，而不書號，實則名與字尙有相互關係，可以推尋。至於別號，則與其名之關係頗難揣測。如此節中所論黃李張熊諸人，苟僅就明史證之，殊不能得其聯係。此亦讀史者不可不知也。

牧齋「癸未四月吉水公總憲詣闕」詩題中，所謂「輦下知己」者，當指鄭三俊范景文馮元飈龔鼎孳等而言。此題第肆首自註云：「上命精擇大帥，冢宰建德公以衰晚姓名列上。」可以爲證。明史貳伍肆鄭三俊傳云：「鄭三俊字用章，池州建德人。」故稱「建德公」。同書壹壹貳七卿年表吏部尙書欄載，崇禎十五年壬午「鄭三俊八月任。」十六年癸未「三俊五月免。」故云：「冢宰。」范質公與牧齋之關係，見前論「題將相談兵圖，爲范司馬蔡將軍作。」詩。明史壹壹貳七卿年表工部尙書欄載，崇禎十五年壬午「范景文十月任。」十六年癸未景文仍任原職。十七年甲申二月入閣，三月殉難。至牧齋與馮元飈元飈兄弟關係尤密。見前論「〔癸未〕元日雜題長句」八首之五。及有學集貳捌「慈谿馮公墓誌銘」所述牧齋因張漢儒告訐被逮北行，時爾賡任蘇松兵備參議，特加營護事。明史貳伍柒馮元飈傳略云：

〔崇禎〕十五年六月召拜兵部右侍郎，轉左。元飈多智數，尙權譎。與兄元飂竝好結納，一時翕然稱二馮。然故與馮銓通普誼，初在言路，詆周延儒。及爲侍郎，延儒方再相，元飈因與善。延儒欲以振饑爲銓功，復其冠帶。憚衆議，元飈令引吳甡入閣助之。既而甡背延儒議。熊開元欲盡發延儒罪，元飈沮止之。開元以是獲重譴。兵部尙書陳新甲棄市，元飈署部事。一日帝召諸大臣遊西苑，賜宴明德殿，因論兵事良久。帝曰，大司馬缺久，無踰卿者。元飈以多病辭，乃用張國維。十六年五月國維下獄，遂以元飈爲尙書。至八月，以病劇乞休，帝慰留之。請益堅，乃允其去。將歸，薦李邦華史可法自代。帝不用。用兵科都給事中張縉彥，都城遂不守。

及同書七卿年表兵部尙書欄載：

十六年癸未〔張〕國維五月免。馮元飈五月任，十一月告病。張縉彥十月任。（寅恪案，談遷國榷部院表下兵部尙書欄，「崇禎癸未慈谿馮元飈五月任，十月罷。□□張縉彥十月任。」與明史略異。豈元飈久病，十月尙虛留原闕，縉彥代任職務，至十一月元飈始正式開去原闕，而縉彥遂眞除本兵耶？俟考。）

可知牧齋與馮銓周延儒諸人之複雜關係，爾弢實有牽涉。牧齋所指「輦下知己」，爾弢應爲其中一人，自無疑義也。又龔鼎孳定山堂集載其門人孝感嚴正矩所撰「大宗伯龔端毅公傳」略云：

莅蘄七載，撫按交章累薦，舉卓異，行取陛見。上注視嘉悅，拜兵科給事中。居兵垣十閱月，知無不言，言無不盡，而於人才士氣，尤爲諄諄致意云。於司寇徐公石麒之去國，特疏請留，極論言官章公正宸惠公世揚，憲臣劉公宗周，金公光宸等皆當賜環。因及錢公謙益，楊公廷麟，忤璫同難之方公震孺，俱不宜終老巖穴。

寅恪案，芝麓時任兵科給事中，請起用自命知兵之牧齋，則不僅能盡本身之職責，亦可稱牧齋知己之一矣。至作芝麓傳之嚴正矩，其人與顧橫波三十九歲生日，金陵市隱園中林堂盛會有關。板橋雜記中麗品門「顧媚」條紀其事略云：

歲丁酉（順治十四年）尙書挈〔橫波〕夫人重遊金陵，寓市隱園中林堂。（寅恪案，園在南京武定橋油坊巷。見嘉慶修江寧府志玖古蹟門，并可參吳應箕留都見聞錄上園亭門關於市隱園條。）値夫人生辰，（寅恪案，橫波生辰爲十一月三日。此年三十九歲。詳孟森心史叢刊二集「橫波夫人考」。）張燈開宴，請召賓客數十百輩，命老梨園郭長春等演劇，酒客丁繼之張燕筑及二王郎（原注：「中翰王式之，水部王桓之。」）串王母瑤池宴。夫人垂珠簾召舊日同居南曲呼姊妹行者與燕。李六（大？）娘十娘王節娘皆在焉。（寅恪案，三人事蹟見余書中麗品門及同卷「珠市名妓附見」。并同書下軼事門。）時尙書門人楚嚴某，赴浙監司任，逗遛居樽下，褰簾長跪，捧卮稱賤子上壽，坐者皆離席伏。夫人欣然爲罄三爵，尙書意甚得也。余與吳園次鄧孝威作長歌紀其事。嗣後還京師，以病死。尙書有白門柳傳奇行於世。（可參定山堂詩集附詩餘壹。）

寅恪案，澹心所言芝麓門人赴浙江監司任之「楚嚴某」，今檢嚴氏所作芝麓傳云：

〔崇禎九年〕丙子分校楚闈，總裁爲婁東吳駿公〔偉業〕宋九青〔玫〕，兩先生稱文壇名宿，與公氣誼甚合，藻鑑相同，所拔皆奇儁，得士周壽明等七人，中甲科者五，不肖矩與焉。

及光緒修孝感縣志壹肆嚴正矩傳略云：

嚴正矩字方公，號絜庵。癸未成進士，未仕。國初授嘉禾司理。以賢能陞杭州守，代攝學政。尋簡飭兵備溫處。

故澹心所指，卽絜庵無疑。茲以余氏所述涉及善持君事，頗饒趣味，因附記於此。

依上引諸資料，最可注意者，牧齋此詩作於崇禎十六年四月，其時正欲以知兵起用，故目當日管領銓曹幷此時前後主持戎政之人，皆爲知己，斯又勢所必然。今日思之，甚爲可笑。至牧齋京華舊友，可稱知己者，恐尚不止此數人，仍當詳檢史籍也。詩題中「二三及門」者，當指張國維等。檢商務重印本浙江通志壹肆拾選舉門舉人表載：「天啓元年辛酉科。張國維。東陽人。壬戌會魁。」及明史壹壹貳七卿年表兵部尚書欄載，崇禎十五年壬午「張國維九月任。」十六年癸未「國維五月免。」故牧齋所指「二三及門」，玉笥必是其中最重要之人。若熊汝霖，則浙江通志舉人表載：「天啓元年辛酉科。熊汝霖。餘姚人。辛未進士。」是雨殷之爲牧齋門人，固不待言。明史貳柒陸，浙江通志壹陸叁，乾隆修紹興府志伍陸，光緒修餘姚縣志貳叁，溫睿臨南疆繹史貳貳及小腆紀傳肆拾熊汝霖傳幷黃宗羲南雷文定前集玖「移史館熊公雨殷行狀」等，所載雨殷歷官年月，皆頗籠統。惟國榷玖玖崇禎十六年癸未二月壬申（初八日）載：

戶科右給事中熊汝霖謫福建按察司照磨。

官職時間最爲明確。牧齋賦詩在是年四月，當已知雨殷謫閩之事，故詩題所指「二三及門」中，熊氏似不能在內。至夏燮明通鑑捌玖崇禎十六年四月辛卯「大清兵北歸」條載：

謫給事中熊汝霖爲福建按察使照磨。

則不過因記述之便利，始終其事言之耳。未必別有依據。蓋熊氏既奉嚴旨謫外，恐不能在都遷延過久也。

更檢浙江通志舉人表載：「天啓元年辛酉科。王道焜。杭州人。」明史柒陸朱大典傳附王道焜傳，浙江通志壹陸叁及光緒修杭州府志壹叁拾王道焜傳等所載年月，殊爲含混，惟南疆繹史壹柒王道焜傳（參小腆紀傳肆玖王道焜傳。）略云：

王道焜字少平，仁和人。天啓辛酉舉於鄉。莊烈帝破格求材，盡徵天下廉能吏，臨軒親試，不次用。撫按以道焜名上，銓曹謂郡丞例不與選，授兵部職方主事。道焜不平，抗疏言〔之〕。尋得溫旨，許候考。會都城陷，微服南歸。

據此則少平似有爲牧齋所謂「二三及門」中一人之可能。然王氏之入京，究在十六年四月以前，或以後，未能考知，故不敢確定也。其餘牧齋浙閩所取之士，此時在北京者，或尚有他人，更俟詳考。

以上論詩題已竟，茲續論此四律於下。其一略云：

青鏡霜毛歎白紛。東華塵士懶知聞。絶交莫笑嵇康懶，即是先生誓墓文。

寅恪案，此首乃謝絶中朝寢閣啓事之總述。「絶交莫笑嵇康懶，即是先生誓墓文。」乃指初學集捌拾「寄長安諸公書」。此書題下署，「癸未四月」。可知牧齋當時手交此書與懋明帶至北京者。揆之牧齋此時熱中之心理，言不由衷，竟至是耶？

其二略云：

三眠柳解支憔悴，九錫花能破寂寥。信是子公多氣力，帝城無夢莫相招。

寅恪案，關於此首所用典故，錢遵王註中已詳者，不須多贅。惟有可注意者，即「三眠柳」「九錫花」兩句，此聯實指河東君而言。遵王雖引陶穀清異錄中羅虬九錫文以釋下句，但於上句則不著一語。因「柳」字太明顯，故避去不注耳。第柒第捌兩句，自是用漢書陸陸陳萬年傳附子咸傳中所云：

王音輔政，信用陳湯。咸數賂遺湯，予書曰，即蒙子公力，得入帝城，死不恨。（顏師古注曰，子公湯之字。）

遵王註已言之矣。但牧齋杜工部集箋註壹伍「秋興」八首之四「聞道長安似弈棋」一律箋云：

曰平居有所思，殆欲以滄江遺老，奮袖屈指，覆定百年舉棋之局，非徒悲傷晼晚，如昔人願得入帝城而已。

檢牧翁讀杜寄盧小箋及讀杜二箋，俱無此語。據季振宜「錢蒙叟杜工部集箋註序」云：

一日〔遵王〕指杜詩數帙，泣謂予曰，此我牧翁箋注杜詩也。年四五十，卽隨筆記錄，極年八十，書始成。

夫牧齋之讀杜詩，年四五十卽隨筆記錄，則崇禎七年九月以前，讀杜箋中，旣未用漢書陳咸之成語。可知季氏所刻蒙叟箋注中所用陳咸之言，乃牧齋於崇禎七年秋後加入者。初學集捌拾「〔崇禎十六年癸未〕復陽羨相公書」云：

兩年頻奉翰教，裁候闕然，屛廢日久。生平恥爲陳子康。願蒙子公力，得入帝城。此閣下之所知也。

據此，豈加入之時，卽崇禎十六年癸未作此書及賦「吉水公總憲詣闕」詩之際耶？若此揣測不誤，未免以退爲進。明言不欲「入帝城」，而實甚願「蒙子公力」也。措辭固甚妙，用心則殊可笑矣。

其三略云：

仕路揶揄誠有鬼，相門洒掃豈無人。雲皴北嶺山如黛，月浸西湖水似銀。東閣故人金谷友，肯將心跡信沈淪。

寅恪案此首之旨與第貳首相同，皆言不欲入帝城之意。所不同之點，前者之辭，以保有「文憔悴」「破寂寥」之河東君爲言，而後者則以管領「北嶺」「西湖」之拂水山莊爲說耳。劉本沛虞書「虞山」條云：「虞山卽吳之烏目山也。在縣治西北一里。」及「尙湖」條云：「尙湖卽今西湖。在縣治西南四里。」又光緒修常昭合志稿叁水道門「尙湖」條云：

尙湖在常熟縣西南四里，長十五里，廣九里，亦曰西湖。盧鎭琴川志：舊經曰，上湖昔人以虞山橫列於北，亦稱照山湖，而相沿多稱尙湖。

牧齋之拂水山莊實據虞山尙湖之勝境。周玉繩亦嘗親至其地。前論「（癸未）元日雜題長句」八首之六時，已言及之。此癸未元日詩第陸首第貳句自注云：「陽羨公語所知曰，虞山正堪領袖山林耳。」牧翁於周氏此語，深惡痛恨，至死不忘，屬筆遺辭，多及此意。「東閣故人金谷友」句，實用兩出處，而指一類之人。遵王引西京雜記貳「公孫弘起家徒步，爲丞相。」條以釋「東閣故人」之語，甚是。但於「金谷友」則闕而不注。檢晉書伍伍潘岳傳略云：

岳性輕躁，趨世利，與石崇等諂事賈謐。每候其出，與崇輒望塵而拜。（孫）秀誣岳及石崇歐陽建謀奉淮南王允，齊王冏爲亂，誅之。初被收，俱不相知。石崇已送在市，岳後至，崇謂之曰，安仁，卿亦復爾耶？岳曰，可謂白首同所歸。岳金谷詩云，投分寄石友，白首同所歸。乃成其讖。（寅恪案，晉書叁叁石苞傳附子崇傳云：「崇有別館在河陽之金谷。」）

可與前引牧齋癸未元日詩八首之七「潘岳已從槐柳列」及此首「相門洒掃豈無人」句相參證，皆謂周玉繩幕客顧玉書麟生及謀主吳來之昌期輩。關於顧氏洩漏牧齋請玉繩起用馮銓事，前已述及，但玉書非甚有名之文士，至若吳來之，則是當日詞人，其本末頗與安仁類似。牧齋作詩之際，周吳俱尚未敗，乃以「白首同所歸」爲言，可謂預言竟中者矣。

其四云：

虛堂長日對空枰。擇帥流聞及外兵。（自注：「上命精擇大帥，冢宰建德公以衰晚姓名列上。」）玉帳更番饒節鉞，金甌斷送幾書生。驪山舊匣埋荒草，譙國新書廢短檠。多謝羣公愼推舉，莫令人笑李元平。

寅恪案，此首乃牧齋自謂己身知兵，堪任大帥，而崇禎帝棄置不用，轉用周玉繩，所以致其怨望之意，故此首實爲此題之全部主旨也。詩中典故遵王已注釋者，可不復述。茲唯就詩中旨意，略證釋之。

明史貳肆莊烈帝本紀略云：

崇禎十五年十一月壬申大清兵分道入塞，京師戒嚴，命勳臣分守九門。詔舉堪督師大將者。閏〔十一〕月癸卯下詔罪己，求直言。壬寅大清兵南下畿南，郡邑多不守。十二月大清兵趨曹濮，山東州縣相繼下。十六年夏四月丁卯周延儒自請督師。許之。

同書貳柒陸熊汝霖傳云：

〔莊烈帝〕嘗召對，〔汝霖〕言，將不任戰，敵南北往返，謹隨其後，如廝隸之於貴官，負弩前驅，望塵莫及，何名爲將？何名爲督師？帝深然之。已言有司察舉者，不得濫舉邊才。監司察處者，不得遽躐巡撫。漉封疆重任，不爲匪人借途。

檢夏燮明通鑑捌玖崇禎十六年夏四月辛卯大清兵北歸條，述雨殷召對之語，於周延儒自請督師之後，特加「因言」二字，蓋謂熊氏所稱「何名爲將？何名爲督師？」之語，乃指玉繩而發，頗合當日情勢。然則雨殷所奏，疑卽陰爲排周起錢之地。牧齋賦詩之前，或亦遠道與謀，未可知也。

又「金甌斷送幾書生」句之「幾書生」，自是指溫體仁周延儒言。長卿以翰林起家，玉繩以狀頭出身，俱躋位首輔，其爲「書生」，固不待言。但牧齋詩中之「書生」，實偏重玉繩，蓋用吳均續齊諧記所述陽羡許彥於綏安山行，遇一書生，求寄鵝籠中之事。遵王有學集詩註壹「鵝籠曲」四首之一，已詳引之矣。其餘他詩，如此詩前一題「金陵客座逢水榭故姬感嘆而作」四首，每首皆有「鵝籠」二字。及同書壹叁「病榻消寒雜詠」四十六首之十三自注云：「壬午五日鵝籠公有龍舟御席之寵。」等，亦用此典。推其所以累用此典者，實有原因。蓋牧齋深惡玉繩，故於明人所通稱之「陽羡」二字，亦避而不用，特取「鵝籠」二字以目之。怨毒之於人，可畏也已。「驪山」「譙國」一聯之典故，遵王註已解釋，不須重論。牧齋以「知兵」自許，此聯之旨卽前論初學集貳拾上東山詩集叁「秋夕燕譽堂話舊事有感」七律，「洞房淸夜秋燈裏，共簡莊周說劍篇。」之意也。「多謝羣公愼推舉，莫令人笑李元平。」二句，表面觀之，雖似自謙之語，實則以李元平指周延儒，讀者幸勿誤解也。

綜合言之，牧齋所謂此次與羣公共謀王室之事，乃鈎結在朝在野之徒黨，排周延儒，而自以知兵爲借口，欲取而代之之陰謀。牧齋應有自知之明，揣其本人，於李元平所差無幾，故欲聯絡當日領兵諸將帥爲之效用，尤注意鄭芝龍之實力。此點雖極可笑，但亦是彼時之情勢所致，讀者不可因輕笑牧齋之故，而忽視此明季史事中重要之關鍵也。前言當「白首老人」世路馳驅之日，正「紅顏小婦」病榻呻吟之時。（初學集貳拾上東山詩集叄「冬至後京江舟中感懷」八首之一云：「白首老人徒種菜，紅顏小婦尚飄蓬。」）河東君適牧齋後，不久即患病。其病始於崇禎十四年辛巳秋冬之際，至十六年癸未秋冬之間方告痊愈，凡越三甲子之時日，經過情事之可考見於牧齋詩文中者，依次迻寫，而論釋之於下。但上已引者，僅列題目及有關數語。又上雖未引，因其題目有關，則止錄題目。讀者可取原集參之也。

初學集貳拾上東山詩集叄「小至日京口舟中」云：

病色依然鏡裏霜。眉間旋喜發新黃。

河東君和詩云：

首比飛蓬鬢有霜。香奩累月廢丹黃。

寅恪案，「小至」爲冬至前一日，（鄭氏近世中西史日表載，崇禎十四年辛巳十一月十九日冬至。雖未必與當時所用之曆切合，然所差亦不甚大也。）檢初學集貳拾上東山詩集叄有「（辛巳）中秋日攜內出游，次冬日泛舟韻。」二首，幷附河東君和作。兩人詩中未見河東君患病痕跡，則自小至日上湖至中秋日，共越三月，而中秋時，尙未發病，故依河東君「累月」之語推之，知其病開始於九十月間也。牧齋詩「病色依然鏡裏霜」之句，乃面有病容，呈霜白色之意。至河東君「首比飛蓬鬢有霜」句，則早與潘安仁二毛之嘆。但此時其年僅二十四，縱有白髮，當亦甚少，蓋自形其憔悴之態耳。且順治十三年丙申河東君年三十九時，牧齋賦茸城惜別詩，有「徐娘髮未宣」句，(見錢曾有學集詩註柒。餘詳下論。)豈有年四十髮尙未斑白，而年二十四，鬢反有霜乎？此爲詩人誇辭趁韻之言明矣。牧齋「發新黃」之語，用花間集伍張泌浣溪沙詞十首之四「依約殘眉理舊黃」句。故河東君和詩以「廢丹黃」答之。此處「丹黃」二字，乃指婦女裝飾用品，非指文士校點用品。因恐讀者誤會，故並及之。

抑更有可論者，前言牧齋不多作詞，今觀牧齋「發新黃」之語，旣出花間集，有學集叁夏五集「留題湖舫」七律二首之二「杜鵑春恨夕陽知」句亦用秦少游淮海詞踏莎行「郴州旅舍」詞「杜鵑聲裏斜陽暮」之語，(可參上論。)則知牧齋於詩餘一道，未嘗不研治，其爲博學通才，益可證明矣。

又靳榮藩吳詩集覽肆上「永和宮」詞「巫陽莫救倉舒恨，金鎖彫殘玉筯紅。」其釋「玉筯」固當，但其解「金鎖彫殘」，則無著落。頗疑梅村「金鎖彫殘」四字，卽從張泌「依約殘眉理舊黃」句而來。蓋謂雙眉愁鎖，不加描畫也。梅村易「黃」爲「金」，與「玉」相配，尤爲工切。斯爲一時之臆說，未必能得駿公眞意。姑記於此，以俟更攷。

茲復有一事附論於此。偶檢近日影印歸莊手寫詩稿辛巳稿中載「感事寄二受翁」二首之二「病聞妙道加餐穩，鄉入溫柔娛老宜。」句下自注云：

婁東受老方臥病，虞山受老初納河東君。

明史貳捌捌張溥傳略云：

張溥字天如，太倉人。與同里張采共學齊名。號婁東二張。采字受先。知臨川，移疾歸。

故玄恭所謂「二受翁」，一卽太倉張受先，一卽常熟錢受之也。至恆軒賦此題之時日，亦有可攷者，此題前「日食」七古一首，其詩云：

十月朔日晝如晦，青天無雲欲見沬。仰望中天知日食，日食之餘如月朏。

眉端有批語云：

丙子秋七月朔，日食，丁丑正朔食，是年十二月朔又食，幷今爲四。（寅恪案，談遷國榷玖伍載，崇禎九年丙子七月癸卯朔，日食。十年丁丑正月辛丑朔，日食。同年十二月乙未朔，日食。十四年辛巳十月癸卯朔，丙午日食。與歸氏批語除十四年十月「癸卯」作「丙午」外，其餘全同。明史貳叁莊烈帝紀崇禎九年秋七月不書日食，十年春正月辛丑朔日有食之，同年十二月不書日食。同書貳肆同紀十四年十月癸卯朔，日有食之。夏燮明通鑑莊烈帝紀所書日食，及陳鶴明紀中其孫克家所補崇禎元年以後之記載，皆與明史同。夫明史莊烈帝紀本多遺漏，其闕書日食，原不足異。

夏陳之書，依據明史，亦可不論。所可怪者，孺木與玄恭同爲崇禎時人，獨於崇禎十四年十月癸卯朔之日食，書作「丙午」，竟相差三日之久，殊不合理。故談氏之書，雖稱詳確，然讀者亦不可不愼也。）

玄恭此題後第貳題爲「十月四日復就醫婁東，夜雨宿舟中。」依是推計，可知「寄二受翁」詩乃作於崇禎十四年十月初一日至初四日之間也。今據恆軒作詩時日，附錄於此，以備參證。又恆軒手稿此題第壹首眉端有「存前首」三字。第貳首眉端有朱筆「丿」之刪去符號。然則恆軒本意不欲存第貳首者，豈以此首涉及河東君之故耶？復檢恆軒此稿辛巳年所作「虎丘卽事」詩「掐肩思斷袖，遊目更褰裳。」一聯旁有朱筆批云：「此等不雅，且不韻。」頗似師長語氣。更取國光社影印東澗手校李商隱詩中牧齋筆跡對勘，頗有類似之處。或疑「寄二受翁」詩第貳首眉端朱筆符號，卽出之牧齋之手。夫牧齋保有盧家莫愁，乃黃梨洲所謂「牧老生平極得意事。」（見范鍇華笑廎雜筆壹「黃梨洲批錢詩殘本茸城惜別詩」條。）故此端不僅不應隱諱，且更宜藉他人詩詞，作擴大之宣傳，安有使其門生刪去此首之理。據是推論，此刪去之符號，果東澗所加者，實因玄恭詩語，亦嫌「不雅不韻」所致，非由涉及河東君也。

初學集貳拾上東山詩集叁「寄榆林杜韜武總戎」云：

（詩略。結語前已論。）

同書同卷「冬至後京江舟中感懷」八首(寅恪案,此題第柒首前已迻錄。第捌首結語亦徵引論及。茲更錄第伍首,與此題後諸詩,迄於崇禎十四年「辛巳除夕」共五題,綜合論之於下。所以如是分併者,蓋欲發河東君適牧齋後,曾一度留蘇養疴未發之覆也。)

其五云:

人情物論總相關。何似西陵松柏間。敢倚前期論白首,斷將末契結朱顏。緣情詞賦推團扇,慢世風懷託遠山。戀別燭花渾未灺,宵來紅淚正斕斑。

「賀泉州孫太守得子四絕句」云:

(詩略。)

「半塘雪中戲成,次東坡韻」其一云:

千林晃耀失藏鴉。縈席迴簾擁鈿車。匝地楊枝聯玉樹,漫天柳絮攪琪花。薰鑪昵枕梁王賦,㸑燭裁書學士家。却笑詞人多白戰,腰間十韻手頻叉。

其二云:

方璧玄珪密又纖。霜娥月姊鬬清嚴。從教鏡裏看增粉,不分空中擬撒鹽。鋪作瑤臺粧色界,結成玉筯照冰簷。高山歲晚偏頭白,只許青松露一尖。

「次韻戈三莊樂六十自壽詩,兼簡李大孟芳。二君與余皆壬午。」詩云:

（詩略。）

「辛巳除夕」云：

風吹漏滴共蕭然。畫盡寒灰擁被眠。昵枕熏香如昨日，小窗宿火又新年。愁心爆竹難將去，永夕缸花只自圓。悽斷鰥魚渾不寐，夢魂那得到君邊。

寅恪案，前論牧齋「冬日嘉興舟中戲示惠香」詩謂惠香與蘇禾兩地有關。又論河東君與汪然明尺牘第貳伍通時，亦言及河東君曾在嘉興養病事。今細繹錢柳兩人「小至日京口舟中」之詩，牧齋「冬至後京江舟中感懷」詩第伍首及「半塘雪中戲成，次東坡韻。」詩幷「次韻戈三莊樂六十自壽」詩及「辛巳除夕」詩等，始恍然知河東君此次患病出遊京口，因病轉劇，遂留居蘇州養病，而牧齋獨自歸常熟度歲也。

「京江舟中感懷」第伍首，其爲河東君而作，固不待言。初讀之，見第柒第捌兩句，乃用杜牧之詩「蠟燭有心還惜別，替人垂淚到天明。」（見全唐詩第捌函杜牧肆「贈別」二首之二。）及晏叔原詞「紅燭自憐無好計。夜寒空替人垂淚。」（見晏幾道小山詞蝶戀花。）之典。「夜寒」二字與冬至後氣候切合，深服此老使事之精當，但不解何以此時忽有離別之感。後取「半塘雪中戲成，次東坡韻。」詩及「辛巳除夕」詩幷次年壬午春間，與惠香有關諸詩，參合證之，方悟牧齋「京江舟中感懷」詩第伍首，實因河東君不隨同歸家度歲，獨留蘇養疴，牧齋遂賦此首惜別也。此首全部皆佳妙，讀者自能得知。茲所欲指出者，卽「人情物論總相關，何似西陵松柏間。」兩句。此言當時輿論共推己身應作宰相，如河東君牛野堂初贈詩所謂「江左風流物論雄」之意。但仍不及西陵松柏下之同心人也。「敢倚前期論白首，斷將末契結朱顏。」一聯，上句用潘安仁金谷詩「投分寄石友，白首同所歸。」之典。（見晉書伍伍潘岳傳。）下句用陸士衡歎逝賦「託末契於後生，余將老而爲客。」之典。（見文選壹陸。）牧齋之意以爲己身長於河東君三十六歲，自當先死，不敢有「白首同歸」之望，但欲以死後未竟之志業，託之於河東君也。豈料後來牧齋爲黃毓祺之案所牽累，河東君雖欲從死，然竟俱得生，而不能從死。（見有學集壹秋槐詩集「和東坡西臺詩韻六首」序。）迨牧齋逝後三十四日，河東君卒自殺相殉。（見錢孺貽「河東君殉家難事實」。）然則牧齋詩語，亦終成預讖矣。奇哉！悲哉！

「賀泉州孫太守得子」詩在「冬至京江舟中感懷」詩後，「牛塘雪中戲成」詩前。依排列次序言，似當作於牧齋此遊未歸常熟以前，但「牛塘雪詩」乃牧齋極意經營之作，欲與東坡牛山競勝者，恐非一時所能完就，更須加以修改。豈此和蘇兩律之寫定，實在歸常熟，得聞孫氏生子以後，遂致如此排列耶？俟考。孫太守卽常熟孫林之子朝讓。牧齋與孫氏父子兄弟爲鄉里交好。初學集伍陸「誥封中大夫廣東按察司按察使孫君墓誌銘」略云：

孫氏世居中州，勝國時，千一公官平江路錄事司主事，遂家常熟。府君諱林，字子喬，與其弟諱森，字子桑，羈貫成童，爽朗玉立。子桑與君之伯子恭甫，相繼舉於鄉。又十年，少子光甫亦舉進士。君既辱與先人游，而余與子桑同舉，交在紀羣之間。恭甫既第，光甫始見知於余。君之喪，光甫自泉來奔。君卒於崇禎十年四月，享年七十有四。娶陳氏，贈淑人。子三人，朝肅廣東布政司右布政。朝諧國子生。朝讓福建泉州府知府。今余離告訐之禍，幽於請室，而光甫之乞銘也哀。故不辭而爲之銘。

及光緒修常昭合志稿貳伍孫朝肅傳附弟朝讓傳略云：

朝讓字光甫，一號木芝。登崇禎四年進士，歷官刑部郎，出知泉州府。內艱服闋，再補泉州。升建南兵巡副使。旋晉按察使，轉江西布政使，不赴。年方逾艾，林居終老。年九十而終。

故知牧齋賦賀孫太守得子詩，乃在光甫再任泉州知府之時。常昭合志稿謂「內艱服闋，再補泉州。」但據初學集孫林墓誌銘，子喬卒於崇禎十年四月，光甫請銘在牧齋以張漢儒告訐被逮至北京，即崇禎十年閏四月廿五日入獄，次年五月廿五日出獄之間。（參金鶴冲錢牧齋先生年譜。）可證光甫第壹次實因丁父憂解任。常昭合志稿傳文中之「內艱」，恐是「外艱」之誤也。

寅恪初視牧齋此賀得子詩，以爲尋常訓應之作，但揆以牧齋此際公私交迫，忙碌至極之情況，豈肯費如許時間及心思，作此通常訓應之舉。故疑其別有作用。檢有學集伍絳雲餘燼集下，即錢曾註本敬他老人集上，「伏波弄璋歌」六首及牧齋外集壹原删詩「越吟憔悴」中「伏波弄璋歌」二首（原注：「即敬他老人集中删餘。」）始知牧齋當時甚欲利用馬進寶之兵力，以復明室，故不憚煩爲此諂語。孫氏父子兄弟本是牧齋同里舊交，固與馬氏不同。然中年得子，亦爲常事，何乃遠道寄賀，詼詞累牘，一至如是耶？意者此際牧齋頗思借資鄭芝龍鴻逵兄弟水軍，以達其樓船征東之策。前論沈廷揚上書請任牧齋爲登萊巡撫事及牧齋「調用閩帥議」時，已言及之。攷談孺木國榷玖柒載：「崇禎十四年辛巳二月辛酉曾櫻爲副都御史，巡撫登萊。」同書玖捌載：「崇禎十五年壬午十月丁巳曾櫻爲南京工部右侍郎。」明史貳柒陸曾櫻傳云：「明年（崇禎十五年）遷南京工部右侍郎。」及吳廷燮明督撫年表陸「明季增置巡撫」欄載：

巡撫登萊地方贊理軍務

（崇禎）十四年。徐人龍。

曾櫻。明史本傳：「遷山東右布政使，分守登萊。十四年春擢右副都御史，巡撫其地。」山東志：「代徐人龍。」

十五年。曾櫻。萬曆丙辰進士題名：「曾櫻。江西峽江民籍。」

曾化龍。（彭孫遹）山中聞見錄（陸）：「十五年十一月以曾化龍巡撫登萊。」

十六年。曾化龍。山東志：「晉江進士。代曾櫻。」萬曆己未進士題名：「曾化龍。福建晉江軍籍。」

故牧齋於崇禎十四年末賦詩賀孫朝讓得子之時，恐已揣知仲含未必能甚久其位，己身儻能繼任，則鄭氏兄弟之兵力，必須爭取。孫氏與鄭氏兄弟之關係如何，今難詳考。但既爲泉州知府，則應有借以交通之可能。豈知受之所覬覦之官，乃爲與鄭氏兄弟同里之曾霖寰所得。霖寰與鄭氏關係自較牧齋直接。牧齋於此亦可謂不自量者歟？由是言之，牧齋平生賦詩，其中頗多爲己身政治服務之作，讀者不察其隱秘，往往以集中濫雜詶應之作相譏誚，亦未免過於膚淺，轉爲牧齋所笑矣。

關於「半塘雪詩」頗有可論者，檢牧齋外集伍「薛行屋詩序」略云：

介甫謂子瞻雪詩有少陵氣象。形神俱肖少陵復生者，在宋惟子瞻。

牧齋此序本爲敷衍薛所藴而作。酬應之文，殊不足道。但牧齋賦詩，宗尙少陵，於杜詩著有專書。此文引介甫謂子瞻雪詩有少陵氣象之語，可見受之於子瞻雪詩尤所用心。牧齋雪詩之工妙，固不敢謂勝於介甫，然必不遜於子由，可以斷言也。至牧齋詩中諸問題，茲不能詳論。唯有可注意者，卽牧齋與河東君出遊京口，歸途至蘇州，何以有此戲作雪詩一題。細繹詩後第貳題爲「辛巳除夕」七律，其結語云：「悽斷鰥魚渾不寐，夢魂那得到君邊。」幷參以「雪詩」第壹首第貳句「縈席迴簾擁鈿車」及第壹聯「匝地楊枝聯玉樹，漫天柳絮攪琪花。」之指河東君等句。然後豁然通解牧齋半塘雪詩，實與惠香有關。因惠香寓蘇州，（此點可參前引牧齋永遇樂詞「十七夜」：「隔船窗，暗笑低顰，一縷歌喉如髮。」及「生公石上，周遭雲樹，遮掩一分殘闕。」並初學集貳拾上東山詩集叁「效歐陽詹翫月詩」：「誰家翫月無歌版，若箇中秋不舉觴。虎山橋浸水精域，生公石上琉璃場。酒旗正臨天馳動，歌扇恰倚月魄涼。」等句。)河東君或又曾在其嘉興之寓所養疴。此寓所恐卽是吳來之昌時鴛湖別業,所謂勺園者。見前論牧齋「冬日嘉興舟中戲示惠香」詩。此次京江之遊病勢已劇,似可依前例留居惠香蘇寓療疾也。是時惠香究寓蘇州何處?是否在半塘,抑或在他處?今未能確悉。假使牧齋適在半塘途中遇雪,因而乘興賦詩,則殊不成問題。若不然者,則河東君留蘇州養疴之寓所,必與半塘有關。但惠香斯際是否寓半塘,又無以考知。此點尙須詳檢。

茲復有一事可以注意者,卽顧公燮消夏閑記選存「拙政園」條(參嘉慶一統志柒捌蘇州府貳津梁門「臨頓橋」條及吳詩集覽柒上「詠拙政園山茶花」幷引。又阮葵生茶餘客話捌「拙政園」條及吳槎客謇尖陽叢筆壹「徐夫人燦」條,所記頗詳,足資考證。至張霞房紅蘭逸乘「咫述」類「拙政園在齊門內迎春坊」條云:「吳三桂壻王長安別業也。吳敗,爲海鹽陳相國之遴得。」則所述名園之易主,先後顚倒,殊爲舛誤也。)云:

海寧相陳之遴薦吳梅村祭酒至京,蓋將虛左以待。比至,海寧已敗,盡室遷謫塞外。梅村作拙政園山茶歌,感慨惋惜,蓋有不能明言之隱。拙政園在婁齊二門之間,地名北街。嘉靖中御史王獻臣因大宏寺遺址營別墅,以自託于潘岳拙者之爲政也。文衡山圖記以誌其勝。後其子以樗蒲一擲,償里中徐氏。國初海寧得之,復加修葺,烜赫一時。中有寶珠山茶三四株,交枝連理,鉅麗鮮妍。海寧貶謫,而此園籍沒入官。順治末年爲駐防將軍寓居。康熙初又爲吳三桂壻王永寧所有，益復崇高雕鏤，備極華侈。滇黔作逆，永寧懼而先死，其園入官。內有斑竹廳一座，即三桂女起居處也。康熙十七年改爲蘇松道署，道臺祖道立葺而新之，缺裁，散爲民居，有王皐聞顧璧斗兩富室分售焉。其後總戎嚴公偉亦居於此。今屬蔣氏，西首易葉程二氏矣。

及同治修蘇州府志肆陸第宅園林門長洲縣「拙政園」條，「康熙十八年改蘇常新署」句下原注云：

徐乾學記云，始虞山錢宗伯謙益嘗構曲房其中，以娛所嬖河東君，而海寧相公繼之，門施行馬。海寧得禍，入官。（吳槎客騫尖陽叢筆壹「拙政園」條略云：「柳蘼蕪亦嘗寓此，曲房乃其所構。陳其年詩云，堆來馬糞齊妝閣。其荒涼又可想見矣。」可供參證。）

寅恪案，健菴生於崇禎四年，與錢柳爲同時人，所言當非虛構。但牧齋於順治四五兩年，因黃毓祺案，曾居拙政園，見第伍章所論。頗疑原一所言，乃指崇禎時事，與後來黃案無關。若所推測者不誤，則當是指十四年末，十五年初而言。蓋河東君自崇禎十四年六月適牧齋後，迄於明南都傾覆，唯此短時間曾居吳苑養痾也。姑記於此，更俟詳攷。或謂十四年末，十五年初，河東君居蘇州養痾之地，乃是張異度世偉之泌園，即舊時陳惟寅之滌水園。蓋異度及其子綏子奕，皆與牧齋交誼甚篤，故河東君可因牧齋之故，暫借其地養痾。但此說尚未發現證據，姑錄之，以俟詳攷。（可參初學集伍肆「張異度墓誌銘」及有學集伍「假我堂文讌詩」等。）

又梅村家藏藁叁詩前集叁「圓圓曲」云：

家本姑蘇浣花里。圓圓小字嬌羅綺。夢向夫差苑裏遊，宮娥擁入君王起。前身合是採蓮人，門前一片橫塘水。

自是以西施比畹芬，與此曲下文：

君不見館娃初起鴛鴦宿。越女如花看不足。香逕塵生鳥自啼，屧廊人去苔空綠。

及「爲君別唱吳宮曲」等語，皆用同一典故。「浣花里」者，辛文房唐才子傳陸「薛濤傳」云：

濤字洪度，成都樂妓也。性辨惠，調翰墨。居浣花里，種菖蒲滿門。傍卽東北走長安道也。

可知梅村所用乃薛濤故事。靳榮藩吳詩集覽柒上引宋人劉詵「題羅稚川小景」詩：「江村頗類浣花里」以釋此句。殊不知劉詩此句下接以「人品兼似陶淵明」之語。足徵劉詩之「浣花里」實指杜少陵，始可與陶淵明幷舉。梅村賦詩，豈得取杜陶以比畹芬，致貽儗人不於其倫之譏耶？蓋靳氏漫檢佩文韻府作注，並未深究駿公用意之所在也。至於「橫塘」與越來溪有關，而越來溪與越王勾踐及西施間接有關。（見嘉慶一統志柒柒蘇州府壹山川門「橫塘」及「越來溪」等條。）故又與「館娃宮」「響屧廊」「吳宮」等語互相聯係，不待詳論。由是言之，頗疑梅村意中「浣花里」卽指「臨頓里」。葉聖野贈姜如斯詩云：「酒壚尋卞賽，花底出陳圓。」（見下引。）或者當崇禎中河東君早與卞雲裝陳畹芬等居於臨頓里，迨崇禎十四年復在雲裝處，卽拙政園養疴歟？牧齋賦詩往往以河東君比西施。此點恐由河東君早在崇禎十四年以前卽與畹芬雲裝同寓臨頓里之故。若所推測不誤，則一代名姝，此短時間內，羣集於此里，洵可稱嘉話。惜倘難詳確證明，甚願當世及後來之通人有以賜教。寅恪追憶舊朝光緒己亥之歲旅居南昌，隨先君夜訪書肆，購得尙存牧齋序文之梅村集。是後遂習誦圓圓曲，已歷六十餘載之久，猶未敢自信能通解其旨趣。可知讀書之難若此。際今以癈疾之頹齡，旣如仲公之健忘，而欲效務觀之老學，日暮途遠，將何所成，可傷也已。

又鄙意河東君所以留蘇養痾，不偕牧齋歸家度歲，當更有其他理由。攷後漢書列傳捌叁梁鴻傳略云：

梁鴻字伯鸞，扶風平陵人也。疾且困，告主人曰，昔延陵季子葬子於嬴博之間，不歸鄉里。愼勿令我子持喪歸去。及卒，〔高〕伯通等爲求葬地於吳要離冢傍。咸曰，要離烈士，而伯鸞淸高，可令相近。

河東君者，以美人而兼烈女，企慕宋代之梁紅玉，觀其扶病出游京口，訪弔安國夫人之古戰場一事，可以證知。韓梁墓在蘇州靈巖山，河東君當時自料其必死，死而葬於蘇州，卽陸放翁「死當穿冢伴要離」及「死有要離與卜鄰」之意也。（見劍南詩稿柒「月下醉題」及貳柒「書歎」。）

復次，白氏長慶集壹貳「眞娘墓」（自注：「墓在虎丘寺。」）云：

眞娘墓，虎丘道。不識眞娘鏡中面，唯見眞娘墓頭草。霜摧桃李風折蓮。眞娘死時猶少年。脂膚荑手不牢固，世間尤物難留連。難留連，易銷歇。塞北花，江南雪。

吳地記云：

虎丘山有貞娘墓，吳國之佳麗也。行客才子，多題詩墓上。

范鍇華笑廎雜筆本顧云美「河東君傳」末署：

甲辰七月七日書於眞孃墓下。

據此，云美之意殆拘執地方名勝古蹟，以爲河東君願死葬蘇州之故，僅由於欲與唐之貞娘相比並，則猶未盡窺見河東君平生壯志之所在也。尤有可注意者，卽顧公燮消夏閑記選存「柳如是」條云：

甲辰七月七日東海徐賓爲葬於貞娘墓下。（寅恪案，徐賓事蹟見松江府志伍陸徐晃傳附長子賓傳及張應昌國朝詩鐸卷首名氏爵里著作目。）

夫河東君葬於常熟牧齋墓西數十步秋水閣之後，（詳見金鶴沖錢牧齋先生年譜康熙三年甲辰條後附載。）至今猶在，不解公燮何以有此語？豈徐賓曾有此議，未成事實，公燮遂誤認爲眞事耶？若徐氏果有此議者，則其意亦與云美相似矣。

抑更有可論者，卽關於半塘雪詩兩首之內容是也。牧齋爲文賦詩，韓杜之外，兼崇歐蘇。半塘雪詩一題，既是和蘇，自必與東坡詩集有密切關係。牧齋平生雖習讀蘇詩，然拈題詠物，仍當以分類之本爲便。寅恪昔年箋證白香山新樂府，以爲七德舞一篇，乃用吳兢貞觀政要爲骨幹。其理由已詳證釋之矣。東坡之詩，今古流傳，板本甚多，牧齋富有藏書，所見舊本，自必不少。檢錢遵王述古堂書目貳詩集類載「東坡集王梅溪註二十卷。」（參瞿鳳起君編虞山錢遵王藏書目錄彙編柒集部詩集類。）天祿琳瑯書目陸元版集部載：

增刊校正王狀元集註分類東坡先生詩，宋蘇軾著，王十朋集註，劉會孟批點，二十五卷。 元柯九思藏本，明項元汴，本朝季振宜俱經收藏。

近年涵芬樓影印之宋務本堂刊本，卽同此分類之本。 但天祿琳瑯本，既經季滄葦收藏，季氏之書，與遵王牧齋直接間接相涉，則牧齋賦半塘雪詩，曾取用此本，頗有可能。 絳雲樓書目中未載此書，牧齋殆以其爲坊賈編撰，殊有脫誤，棄不收錄耶？ 牧齋固是博聞強記之人，但賦半塘雪詩時，究以分類之本較爲省力。 吾國類書之多，與此甚有關係。 茲以軼出範圍，可置不論。 此題兩首，雖同爲詠雪之詩，然細繹之，其主旨所在，實有分別。 前首指河東君與己身之關係，後首指周延儒與己身之關係。 茲請依次略論之。

「半塘雪詩」前首第貳句「縈席迴簾擁鈿車」出謝惠連「雪賦」，「末縈盈於帷席」。 又「縈」字與後引「次韻晏殊壬午元日雪詩」第伍句「試粧破曉縈香粉」之「縈」字有關。 「鈿車」又與後引再次晏韻詩第貳句「油壁車應想玉珂」之「油壁車」及後引「獻歲書懷」第壹首第壹句「香車簾閣思葱蘢」之「香車」相涉。 第壹聯「匝地楊枝聯玉樹，漫天柳絮攪琪花。」「楊柳」爲河東君之姓，下句可參集註分類東坡先生詩柒「雨雪」類「癸丑春分後雪」詩「却作漫天柳絮飛」及有學集拾紅豆詩貳集「後秋興」八首之二

「漫天離恨攪楊花」，其指河東君而言，辭語明顯，實此首之主旨也。第貳聯「薰鑪昵枕梁王賦，爕燭裁書學士家。」上句錢遵王註已引文選壹叁謝惠連「雪賦」：「顧低帷以昵枕，念解佩而褫紳。」可不贅釋。下句似用宋祁修唐書事。魏泰東軒筆錄壹壹云：

嘉祐中禁林諸公，皆入兩府。是時包孝肅公拯爲三司使，宋景公祁守益州。二公風力名次，最著人望，而不見用。京師諺語曰，撥隊爲參政，成鼙作副樞。虧他包省主，悶殺宋尚書。明年包亦爲樞密副使，而宋以翰林學士承旨召。景文道長安，以詩寄梁丞相，略曰，梁王賦罷相如至，宣室釐殘賈誼歸。蓋謂差除兩府，足方被召也。

同書壹伍云：

宋子京博學能文章，天資蘊藉，好游宴，以矜持自喜。晚年知成都府，帶唐書於本任刊修，每宴罷盥漱畢，開寢門，垂簾，燃二椽燭，媵婢夾侍，和墨伸紙，遠近觀者，皆知尚書修唐書矣。望之如神仙焉。

蓋牧齋平生自負修史之才，又曾分撰神宗實錄，並著有太祖實錄辨證五卷（詳見初學集首程嘉燧序及同書壹佰壹至壹佰伍「太祖實錄辨證」并葛萬里編牧齋先生年譜天啓元年辛酉條。金鶴沖錢牧齋先生年譜天啓元年辛酉條及五年乙丑條等。）其以宋景文修唐書爲比，頗爲適合。又宋詩「梁王賦罷相如至」亦於牧齋有所啓發。所以有此推測者，一因上句用謝惠連「雪賦」，「低帷昵枕」之典。此賦首有：

歲將暮，時既昬，寒風積，愁雲繁。梁王不悅，遊於兔園。迺置旨酒，命賓友，召鄒生，延枚叟，相如末至，居客之右。俄而微霰零，密雪下，王迺歌北風於衛詩，詠南山於周雅，授簡於司馬大夫曰，抽子秘思，騁子妍辭，侔色揣稱，爲寡人賦之。

二因魏氏引景文詩有「梁王賦罷相如至」之句，與雪事間接相關。三因牧齋此首七八兩句用歐陽永叔詠雪故事，而歐宋同是學士，又同爲修唐書之人。（除宋史歐宋兩人本傳外，可參涵芬樓百衲本新唐書壹高祖紀及柒陸后妃傳等所署歐宋官銜。）四因宋子京在當時負宰相之望，而未入兩府，與牧齋身世遭遇相類。五因景文修唐書時垂簾燃燭，媵婢夾侍，河東君亦文亦史，爲共同修書最適當之女學士。初學集卷首載蕭士瑋讀牧翁集七則之五云：

錢牧老語余言，每詩文成，舉以示柳夫人，當得意處，夫人輒凝睇注視，賞詠終日。其于寸心得失之際，銖兩不失毫髮。余嘗以李易安同趙德甫每飯罷，坐歸來堂，烹茶指堆積書史，言某事在某書某卷，第幾葉第幾行，以中否勝負，爲飲茶先後。中則舉桮大笑，或至茶覆懷中，不得飲而起。每思閨閣之內，安得有此快友，而夫人文心慧目，妙有識鑒似此，易安猶當讓出一頭地。惟朝雲謂子瞻一肚皮不合時宜，此語眞爲知己。然則公與柳夫人，故當相視而笑也。

可以爲證。盧山受老（此歸恆軒恭上其師之尊號。今從之，蓋所以見卽在當日，老而不死之老，已不勝其多矣。）拈筆時據此五因，遂不覺連想揉合構成此聯下句「燃燭裁書學士家」之辭歟？或謂集註分類東坡先生詩肆婦女類「趙成伯家有麗人，僕忝鄉人，不肯開樽，徒吟春雪美句，次韻一笑。」詩：「試問高吟三十韻，何如低唱兩三盃。」句下自注云：

世言檢死秀才，衣帶上有雪詩三十韻。又云，陶穀學士買得党太尉家妓，（寅恪案，党太尉即党進，事蹟見宋史貳陸拾本傳。）遇雪，陶取雪水烹團茶，謂妓曰，党家應不識此。妓曰，彼麄人，安有此？但能於紅綃煖帳中，淺斟低唱，吃羊羔兒酒。陶嘿然慙其言。

據此，則牧齋所謂學士，指陶穀，或即東坡。但寅恪以陶蘇典故中，俱無「燃燭裁書」之事，此說未必有當也。

第柒句「却笑詞人多白戰」出六一居士外集「雪」七古題下自注：

時在潁州作。玉月梨梅練絮白舞鵝鶴銀等字，皆請勿用。

並集註分類東坡先生詩柒雨雪類「聚星堂雪」序云：

元祐六年十一月一日禱雨張龍公，得小雪，與客會飲聚星堂。忽憶歐陽文忠公作守時，雪中約客賦詩，禁躰物語，於艱難中，特出奇麗。爾來四十餘年，莫有繼者。僕以老門生繼公後，雖不足追配先生，而賓客之美，殆不減當時。公之二子，又適在郡，故輒舉前令，各賦一篇。

其詩云：

（上略。）當時號令君聽取，白戰不許持寸鐵。

及同書同卷「江上值雪，效歐陽體限不以鹽玉鶴鷺絮蝶飛舞之類爲比，仍不使皓白潔素等字，次子由韻。」云：

（詩略。）

第捌句「腰間十韻手頻叉」，「十韻」之出處，恐是指六一居士集壹叁「對雪十韻」詩，至「腰間」一語，或即用上引東坡詩「試問高吟三十韻」句自注中「世言檢死秀才，衣帶上有雪詩三十韻。」之典也。俟攷。

「半塘雪詩」後首第壹句「方壁玄珪密叉纖」當出文選壹叁謝惠連「雪賦」，「既因方而爲珪，亦遇圓而成璧。」但牧齋詩語殊難通解。豈由尚書禹貢有「禹錫玄圭，告厥成功。」及此首第柒句「高山歲晚偏頭白」，用劉禹錫詩「雪裏高山頭白早」語，因而牽混，誤「圓」爲「玄」。幷仿文選壹陸江文通「別賦」，「心折骨驚」之例，造成此句耶？揆以牧齋平日記憶力之強，似不應健忘如此，頗疑此首第壹聯「從敎鏡裏看增粉，不分空中擬撒鹽。」表面用閨閣典故及東坡「癸丑春分後雪」詩「不分東君專節物」句。（見集註分類東坡先生詩柒雨雪類。）實際指己身與周延儒之關係。故下句暗用尙書僞古文「說命」下「若作和羹，爾惟鹽梅。」之語。意謂從敎玉繩作相，而己身不分入閣也。當賦詩之時，心情激動，遂致成此難解之句歟？此首第柒句及第捌句「只許靑松露一尖」，用論語子罕篇「歲寒然後知松柏之後彫」語。蓋以己身與陽羨相對照，意旨亦明顯矣。

關於戈莊樂事蹟，可參初學集肆叁「保硯齋記」及同書捌貳「莊樂居士命工采畫阿彌陀佛偈」等，幷前論牧齋致李孟芳札，欲絕賣漢書與毛子晉事及光緒修常昭合志稿叁貳畫家門云：

戈汕字莊樂。畫法鉤染細密，雖巨幅長卷，石紋松針，了了可辨。嘗造蝶几，長短方圓，惟意所裁。疊則無多，張則滿室。自二三客至數十，皆可用。亦善吟。

幷郟蘭坡掄逵虞山畫志貳云：

戈汕字莊樂，能詩，善篆籀。

等條。總之，戈氏此時當留居常熟，故牧齋賦詩亦在崇禎十四年冬季，出遊歸家度歲之時也。

又「辛巳除夕」詩，前已據其七八兩句，謂牧齋別河東君於蘇州，獨還家度歲。此詩第壹聯「昵枕薰香如昨夜，小窗宿火又新年。」乃追憶庚辰除夜偕河東君守歲我聞室中之事。上句指「辛巳元日」詩「茗椀薰鑪殢曲房」之句。第貳聯「愁心爆竹難將去，永夕缸花只自圓。」下句指「(辛巳)上元夜泊舟虎丘西溪，小飲沈璧甫齋中。」柳詩「銀缸當夕爲君圓」，錢詩「燭花如月向人圓」。至此詩第貳句「畫盡寒灰擁被眠」，亦指辛巳上元夜錢詩「微雪疎簾鑪火前」句。總而言之，「辛巳除夕」詩爲今昔對比之作。景物不殊，人事頓異。牧齋拈筆時，其離合悲歡之感，可以想見矣。

茲迻錄初學集貳拾上東山詩集叁崇禎十五年壬午元日至清明牧齋所作詩於下。蓋以釋證牧齋此時期內由常熟至蘇州迎河東君返家，幷略述與惠香一段故事也。

「壬午元日雨雪，讀晏元獻公壬午歲元日雪詩，次韻。」云：

九天凍雨合銀河。一夜飛霙焰玉珂。颺絮柳催幡勝早，薄花梅入剪刀多。寒威盡掃黃巾壘，殺氣平塡黑水波。漫憶屯邊饒鐵甲，西園鐘鼓意如何。

「次前韻」云：

玉塵侵夜斷星河。油壁車應想玉珂。歷亂梅魂辭樹早，迷離柳眼著花多。試粧破曉縈香粉，恨別先春暈綠波。一曲幽蘭正相儷，薰爐明燭奈君何。

「獻歲書懷」二首。其一云：

香車簾閣思葱蘢。旋喜新年樂事同。蘭葉俏將迴淑氣，柳條剛欲泛春風。封題酒甕拈重碧，囑累花幡護小紅。幾樹官梅禁冷蘂，待君佳句發芳叢。

其二云：

香殘漏永夢依稀。綱戶疏窗待汝歸。四壁圖書誰料理，滿庭蘭蕙欲芳菲。梅花曲裏催游騎，楊柳風前試夾衣。傳語雕籠好鸚鵡，莫隨啁哳羨羣飛。

寅恪案，上列四詩，第壹首指周延儒，其餘三首則爲河東君而作。收齋此時憎鶤籠公，而愛河東君。其在明南都未傾覆以前，雖不必以老歸空門爲煙幕彈，然早已博通內典，於釋氏寃親平等之說，必所習聞。寅恪嘗怪玉谿生徘徊牛李兩黨之間，賦詠柳枝燕臺諸句。但檢其集中又有「世界微塵裏，吾寧愛與憎。」之語，（見李義山詩集下「北青蘿」。）可見能知而不能行者，匪獨牧齋一人，此古今所同慨也。

前論牧齋半塘雪詩，前首指河東君與己身之關係，後首指周延儒與己身之關係。次韻晏同叔壬午元日雪詩指鵝籠公，次前韻詩，則爲河東君而作。由是言之，此兩首卽補充半塘雪詩之所未備者，壬午元日詩七八兩句「漫憶屯邊鐃鐵甲，西園鐘鼓意如何。」錢遵王註已引魏泰東軒筆錄以釋之，自可不贅。第貳句「一夜飛霙熠玉珂」之「玉珂」，用岑嘉州「和祠部王員外雪後早朝卽事」詩「色借玉珂迷曉騎，光添銀燭晃朝衣。」之典。（見全唐詩第叁函岑參肆。）乃指京師百官早朝而言，玉繩時爲首輔，應居班首。與「次前韻」第貳句「油壁車應想玉珂」之「玉珂」，用李娃傳「自平康東門入，將訪友於西南，至鳴珂曲。」之典，乃指如汧國夫人身分之河東君言，且暗以墜鞭之人自許。故「玉珂」二字，雖兩詩同用，然所指之人各殊。牧齋賦詩精切，於此可證。第貳聯上句「黃巾」指李張，下句「黑水」指建州，蓋謂玉繩無安內攘外之才，今居首輔之位，亦卽「病榻消寒雜詠」第壹叁首「都將柱地擎天事，付與搔頭拭舌人。」之意也。

關於「次前韻」詩，專爲思念河東君而作，自不待言。故錢遵王註本全無詮解，亦不足怪。茲略釋之。其實皆淺近易知之典，作此蛇足，當不免爲通人所笑也。唯有可注意者，卽牧齋雖博涉羣籍，而此詩則多取材文選，豈以河東君夙與幾社名流往還，熟精選理，遂不欲示弱耶？第壹聯上句之「梅魂」，指己身，見前論河東君「寒柳」詞及論牧齋「我聞室落成，迎河東君居之。」詩等節。「辭樹早」即去國早之意。下句「柳眼」指河東君，見前引河東君次韻答牧齋「冬日泛舟」詩。「著花多」即「閱人多」之意。綜合言之，自傷中年罷斥，幷傷河東君亦適人稍晚，雖同淪落，幸得遇合，悲喜之懷，可於十四字中窺見矣。第貳聯「試粧破曉縈香粉，恨別先春暈綠波。」上句用玉谿生「對雪」七律二首之二「忍寒應欲試梅妝」（見李義山詩集上。）「忍寒」頗合河東君性格。又義山此首結語云：「關河凍合東西路，腸斷斑騅送陸郎。」尤與錢柳當日情事相合。此聯上句又用秦仲明詩「惹砌任他香粉妒，縈叢自學小梅嬌。」（見全唐詩第拾函秦韜玉「春雪」七律。）「縈」字復出謝氏「雪賦」，且秦氏之題爲「春雪」，亦頗適當。又「香」字或與惠香有關。下句用文選壹陸江文通「別賦」：「春草碧色，春水淥波。送君南浦，傷如之何。」「先春」者，牧齋於崇禎十四年歲暮別河東君於蘇州，而十五年立春又在正月初五日也。（見鄭氏近世中西史日表。）第柒第捌兩句「一曲幽蘭正相儷，薰罏明燭奈君何。」用謝氏「雪賦」，「楚謠以幽蘭儷曲」及「燎薰鑪兮炳明燭」。「奈君何」者，離別相思之意。「君」則「河東君」之「君」，非第二人稱之泛指也。

關於「獻歲書懷」一題，其爲河東君而作，亦不待言。第壹首除第陸句「囑累花幡護小紅」，用杜少陵「秋野」五首之三「稀疏小紅翠，駐屐近微香。」之「香」字，（見杜工部集壹肆。）或指惠香。其餘皆不難書之人，不足以當此語。前引顧云美「河東君傳」略云：

爲築絳雲樓于牛野堂之後，房櫳窈窕，綺疏青瑣，旁龕古金石文字，宋刻書數萬卷。君於是乎儉梳靚妝，湘簾棐几，煮沈水，門旗槍，寫青山，臨墨妙，考異訂譌，間以調謔，略如李易安在趙德甫家故事。

及蕭伯玉「讀牧翁集」七則之五，可以證知也。第柒捌兩句「傳語雕籠好鸚鵡，莫隨喁哳羨羣飛。」則爲紀當日之事實。玆略攷論之於下。

冒辟疆影梅菴憶語壹云：

辛巳早春，余省覲去衡嶽，由浙路往，過半塘訊姬，（寅恪案，「姬」指董小宛。）則仍滯黃山。許忠節公赴粵任，（寅恪案，「許忠節公」指如皐許直字若魯，明南都諡忠節者，事蹟見明史貳陸陸及查繼佐國壽錄壹本傳幷明詩綜柒貳小傳等。「赴粵任」者，蓋指其赴廣東惠來縣知縣任也。）與余聯舟行。偶一日赴飲歸，謂余曰，此中有陳姬某，（寅恪案，「陳姬某」指陳圓圓。）擅梨園之勝，不可不見。余佐忠節治舟，數往返始得之。其人淡而韻，盈盈冉冉，衣椒繭時背，顧湘裙，眞如孤鸞之在烟霧。是日燕，弋腔紅梅以燕俗之劇，咿呀嘲哳之調，乃出之陳姬身口，如雲出岫，如珠在盤，令人欲仙欲死。漏下四鼓，風雨忽作，必欲駕小舟去。余牽衣訂再晤。答云，光福梅花如冷雲萬頃。子能越旦偕我游否？則有半月淹也。余迫省覲，告以不敢遲留。故復云，南嶽歸棹，當遲子于虎嘐叢桂間，蓋計其期八月返也。余別去，恰以觀濤日奉母回。至西湖，因家君調已破之襄陽，心緒如焚。便訊陳姬，則已爲竇霍豪家掠去，聞之慘然。及抵閶門，水澁舟膠，去滸關十五里，皆充斥不可行。偶晤一友，語次有佳人難再得之歎。友云，子誤矣。前以勢刼去者，贋某也。某之匿處，去此甚邇，與子偕往。至果得見，又如芳蘭之在幽閣也。相視而笑曰，子至矣，子非雨夜舟中訂芳約者耶？曩感子殷勤，以凌遽不獲訂再晤。今幾入虎口得脫，重晤子，眞天幸也。我居甚僻，復長齋，茗椀爐香，留子傾倒于明月桂影之下，且有所商。余以老母在舟，緣江楚多梗，率健兒百餘護行，皆住河干，瞿瞿欲返。甫黃昏而炮械震耳，擊砲聲如在余舟旁。亟星馳回，則中貴爭持河道，與我兵鬥，解之始去。自此余不復登岸。越旦，則姬淡粧至，求謁吾母太恭人。見後，仍堅訂過其家。乃是晚舟仍中梗，乘月一往相見。卒然曰，余此身脫樊籠，欲擇人事之。終身可託者，無出君右，適見太恭人，如覆春雲，如飲甘露，眞得所天。子毋辭。余笑曰，天下無此易易事。且嚴親在兵火，我歸，當棄妻子以殉。兩過子，皆路梗中無聊閒步耳。子言突至，余甚訝。卽果爾，亦塞耳堅謝，無徒悞子。復宛轉云，君倘不終棄，誓待君堂上畫錦旋。余笑云，若爾，當與子約。驚喜申囑，語絮絮不悉記。卽席作八絕句付之。歸歷秋冬，犇馳萬狀。至壬午仲春，都門政府，言路諸公，恤勞人之勞，憐獨子之苦，馳量移之耗，先報。余時正在毘陵，聞音如石去心，因便過吳門慰陳姬。蓋殘冬屢趣余，皆未及答。至則十日前復爲竇霍門下客以勢逼去。先吳門有嫟之者，集千人譁刼之。勢家復爲大言挾詐，又不惜數千金爲賄。地方恐貽伊戚，刼出復納入。余至，悵惘無極！然以急嚴親患難，負一女子無憾也。

陳維崧婦人集云：

姑蘇女子圓圓（冒襃注：「字畹芬。」）戻家女子也。色藝擅一時。如皐冒先生常言婦人以姿致爲主，色次之。碌碌雙鬟，難其選也。蕙心紈質，澹秀天然，生平所覯，則獨有圓圓耳。崇禎末年戚畹武安侯刼置別室中，侯武人也，圓圓若有不自得者。（寅恪案，「武安侯」指田弘遇。蓋漢武帝舅田蚡封武安侯。見史記壹佰柒，漢書伍貳田蚡傳。此借用古典也。）

張潮虞初新志壹壹陸次雲「圓圓傳」云：

圓圓陳姓，玉峰歌妓也。聲甲天下之聲，色甲天下之色。崇禎癸未歲，總兵吳三桂慕其名，齎千金往聘之，已先爲田畹所得，時圓圓以不得事吳怏怏也。而吳更甚。田畹者，懷宗妃之父也。年耄矣。圓圓度流水高山之曲以歌，畹每擊節，不知其悼知音之希也。

鈕琇觚賸燕觚「圓圓傳」云：

明崇禎末，流氛日熾，秦豫之間關城失守，燕都震動，而大江以南，阻於天塹，民物晏如，方極聲色之娛，吳門尤甚。有名妓陳圓圓者，容辭閑雅，額秀頤豐，有林下風致。年十八，隸籍梨園。每一登場，花明雪豔，獨出冠時，觀者魂斷。維時田妃擅寵，兩宮不協，烽火羽書，相望於道。宸居爲之憔悴。外戚周嘉定伯〔奎〕以營葬歸蘇，（參明史叁佰周奎傳。）將求色藝兼絕之女，由母后進之，以紓宵旰憂，且分西宮之寵。（寅恪案，「西宮」指田妃。）因出重貲購圓圓，載之以北，納於椒庭。一日侍后側，上見之，問所從來。后對左右供御，鮮同里順意者。茲女吳人，且嫻崑伎，令侍櫛盥耳。上制於田妃，復念國事，不甚顧。遂命遣還。故圓圓仍入周邸。

吳詩集覽柒上「圓圓曲」後附馬孝升之言曰：

嘉定伯已將圓圓進。未及召見，旋因出永巷宮人，貴妃遂竄名籍中，出付妃父田弘遇家，而吳〔三桂〕于田席上見之也。

寅恪案，冒襄於崇禎十五年壬午二月在常州得其父起宗量移之耗，始赴蘇州，慰答陳圓圓。及抵吳門，則圓圓已於十日前爲外戚門下客以勢逼去。又辟疆於前一年，即崇禎十四年辛巳八月十五日在杭州得聞外戚豪家掠去贗鼎之陳圓圓。此兩點甚可注意，蓋取牧齋「獻歲書懷」二首之二，第柒捌兩句「傳語雕籠好鸚鵡，莫隨啁哳羨羣飛。」及初學集貳拾上東山詩集叁列於「催粧詞」四首後，「燕譽堂秋夕」七律前之「田國戚奉詔進香岱嶽。渡南海，謁普陀。還朝，索詩爲贈。」一首，參合時日地域人事三者攷之，始知其間實有未發之覆也。牧齋贈田弘遇詩云：

戚臣銜命報禖祥。玉節金函出尙方。天子竹宮親望拜，貴妃椒室自焚香。鯨波偃作慈雲色，蝗氣銷爲瑞日光。岱嶽山呼那得竝，海潮音裏祝吾皇。

國榷玖捌云：

壬午崇禎十五年七月己巳朔癸未皇貴妃田氏薨，輟朝三日。（寅恪案，癸未爲十五日，但王譽昌崇禎宮詞「粉瘦朱愁臥綺櫳」一首吳理註云：「七月十六日妃囑託外家兄弟，而歿。」差誤一日，恐因吳理依據妃薨後，次日發表之文告所致耶？）妃父田弘遇，嘗任千總，妻吳氏，倡也。養妃爲女，能書，最機警。居承乾宮。丁丑旱，上齋宿武英殿半月，俄欲還宮，妃遣人辭曰，政妾誕日，不宜還也。（參崇禎宮詞下「桑林終日望雲霓」一首註。）庚辰辛巳間，太監曹化淳買江南歌姬數人，甚得嬖，累月不見妃。妃疏諫，上曰，數月不見卿，學問大進。歌舞一事，祖宗朝皆有之，非自朕始也。（寅恪案，孺木此節所記，可參影梅庵憶語中所述崇禎十四年中秋在杭州得聞假陳圓圓被刼北行事及觚賸「圓圓傳」載周后對崇禎帝之謂圓圓吳人，且嫻昆伎節。幷崇禎宮詞「宵旰殷憂且暫開」一首註等。）及薨，上悼恤有加。

牧齋贈田弘遇詩，乃敷衍詶應之作，在初學集中，實居下品，可不錄存。但吾人今日轉藉此詩，得以判決當時一重公案，亦殊不惡。依「禖祥」及「貴妃」之語，知弘遇此行雖稱進香岱嶽，然實兼爲其女田貴妃往普陀禮拜觀音，祈求子息繁衍，幷禱疾病痊愈。世傳普陀爲觀音居處，由來已久，茲不必深考。檢圖書集成曆象彙編歲功典伍肆夏季部彙考江南志「吳縣」條：「六月十九日爲觀音成道，進香支硎。」故弘遇於崇禎十四年六月十九日進香完畢後，由普陀還京復命。其向牧齋索詩之時，當在七月間，因此詩列於六月七日，卽錢柳茸城結褵詩之後，已過七夕不久所賦之「燕譽堂秋夕詩」之前故也。今此可笑可厭之詩，其作成時間，既可約略推定，則發生一疑問，卽牧齋是時熱中進取，交結戚畹，似無足怪。但弘遇爲武人，應不解牧齋文章之佳妙，何以忽向之求詩，殆藉此風雅之舉，因便與牧齋有所商詢。

列朝詩集閏肆楊宛小傳云：

楊宛字宛叔，金陵名妓也。能詩有麗句，善草書。歸茗上茅止生。止生重其才，以殊禮遇之。宛多外遇，心叛止生。止生以豪傑自命，知之而弗禁也。（寅恪案，此點與牧齋之待河東君者相同。豈牧齋亦自命爲豪傑耶？一笑！又止生之目宛叔爲「內子」，與牧齋亦相同。見下引朱竹垞所記。）止生歿，國戚田弘遇奉詔進香普陀，還京，道白門，謀取宛而籌其貲。宛欲背茅氏他適，以爲國戚可假道也。盡橐裝奔焉。戚以老婢子畜之，俾敎其幼女。戚死，復謀奔劉東平。（寅恪案，「劉東平」指劉澤淸。）將行，而城陷。乃爲丐婦裝，間行還金陵，盜殺之於野。宛與草衣道人爲女兄弟，道人屢規切之，宛不能從。道人皎潔如青蓮花，亭亭出塵，而宛叔終墮落淤泥，爲人所姍笑，不亦傷乎？（寅恪案，此條下所選宛叔詩有「卽事二首寄修微」一題。同書同卷所選草衣道人王微詩有「近秋懷宛叔」，「冬夜懷宛叔」，「懷宛叔」，「過宛叔夢閣」，「夢宛叔」等題，可證牧齋「宛與道人爲女兄弟，道人屢規切之。」之語爲不虛矣。）

明詩綜玖捌楊宛小傳下附（靜志居）詩話略云：

〔茅〕止生得宛叔，深賞其詩，序必稱內子。既以譴荷戈，則自詡有詩人以爲戍婦。雖有句云，家傳傲骨爲迂叟，帝賚詞人作細君。可云愛惜之至。其行楷特工，能於瘦硬中逞姿媚，洵逸品也。

列朝詩集閏肆「草衣道人王微」小傳略云：

微字修微，廣陵人。七歲失父，流落北里。長而才情殊衆，扁舟載書往來吳會間。所與游，皆勝流名士。已而忽有警悟，皈心禪悅。布袍竹杖，游歷江楚。歸而造生壙於武林，自號草衣道人，有終焉之志。偶過吳門爲俗子所嬲，乃歸於華亭潁川君。（寅恪案，「潁川君」指許譽卿。）潁川在諫垣，當政亂國危之日，多所建白，抗節罷免，修微有助焉。亂後，相依兵刃間，間關播遷，誓死相殉。居三載而卒。潁川君哭之慟。君子曰，修微青蓮亭亭，自拔淤泥，峴岡白璧，不罹劫火，斯可謂全歸，幸也。修微樾館詩數卷，自爲敍曰，生非丈夫，不能掃除天下，猶事一室，參誦之餘，一言一詠，或散懷花雨，或箋志山水，喟然而興，寄意而止，妄謂世間春之在草，秋之在葉，點綴生成，無非詩也。詩如是可言乎？不可言乎？

明詩綜玖捌王微小傳云：

微字修微，揚州妓。皈心禪悅，自號草衣道人。初歸歸安茅元儀，晚歸華亭許譽卿，皆不終。

張岱石匱書後集戚畹世家門「田弘遇」條云：

田弘遇廣陵人，穀宗田貴妃兄也。（寅恪案，張氏作「兄」而不作「父」，恐是傳聞之誤。）封都督。妃有寵，弘遇竊弄威權，京城側目。南海進香，攜帶千人，東南騷動。聞有殊色，不論娼妓，必百計致之。遣禮下聘，必以蟒玉珠冠，餤以姬侍。入門三四日，卽貶入媵婢，鞭笞交下。進香復命，歌兒舞女數百人禮幣方物載滿數百餘艘。路中凡遇貨船客載，鹵掠一空。地方有司不敢詰問。崇禎十五年田妃死，寵遇稍衰。又以弱妹送入宮闈，以備行幸。甲申國變，不知所終。

棗林雜俎和集叢贅「田弘遇」條云：

弘遇挾勢驕橫，朝貴造請，權出嘉定周氏上。辛巳來江南，過金陵，收子女珍異亡算。故太學吳興茅元儀妾楊宛，本吳娼也。善琴書。弘遇至茅氏，求出見，卽脅以歸。壬午道臨淸，幾陷敵，潛免。八月貴妃薨，稍斂戢。明年奏進其少女，年十四，有殊色。從楊宛學琴，曲不再授。先帝納之，數日不朝。

王士禛池北偶談壹壹「張文峙」條（參金匱山房本有學集叁貳「明士張君文峙墓誌銘」。）云：

張可仕字文寺，更字文峙，字紫淀。楚人，家金陵。能詩，與歸安茅元儀善。茅死，有姬楊宛，以才色稱。戚畹田弘遇欲得之，以千金壽文寺，求喻意。文寺絕弗與通。

據此田弘遇實於崇禎十四年辛巳秋間，由普陀進香復命過南京時，取楊宛叔以歸。弘遇之待宛叔，可與張陶菴所記相印證也。揆以錢茅交誼之篤摯，牧齋必不至如酈況之賣交，而爲張紫淀之所不爲者。但受之當時號稱風流敎主，尤在與河東君發生關係之後，韻事佳話，流傳遠近，弘遇固非文士，若無專家顧問，則無以品題才藝之名姝。牧齋之被田弘遇訪問，或卽在此際。蓋此際宮中周后袁妃皆與田妃競寵。田以解音樂，工書畫，容色之外，加以藝能，非周袁所可及。此點姑不廣引，卽觀吳駿公永和宮詞（見梅村家藏藁叄。）云：

雅步纖腰初召入。鈿合金釵定情日。豐容盛鬋固無雙，蹴踘彈棊復第一。上林花鳥寫生綃。禁本鍾王點素毫。楊柳風微春試馬，梧桐露冷暮吹簫。

及王譽昌著吳理註崇禎宮詞有關田妃諸條，可以證知。惟是時田妃已久病，其父自應求一色藝兼備之替人，以永久維持其家族之恩寵。弘遇當時或者詢求牧齋以江左名姝中孰爲最合條件者。恐田先舉宛叔詢錢，非由牧齋之推薦也。

又據冒辟疆於崇禎十四年中秋日在杭州得聞假陳圓圓被刼一事言之，則田弘遇此次名爲往南海普陀進香，實則在江南採進佳麗，亦可稱天寶中之花鳥使。更由是推論，田弘遇本人於崇禎十四年自身在江南訪求佳麗外，次年亦可遣其門客代任此事。田弘遇既有此種舉動，周后之父周奎，亦應有類似行爲。鈕玉樵所記謂崇禎十五年春陳畹芬之被刼，出於周奎，與陳其年陸次雲所言田弘遇十五年春使人奪取圓圓北行者，有所不同。馬孝升作調停之說，謂周氏先奪畹芬，後又歸田氏，月所實於田邸遇見畹芬也。（寅恪昔年嘗見三桂叛清時招誘湖南清將手札，署名下鈐一章，其文爲「月所」二字。初視之，頗不能解，後始悟「所」字本義爲「伐木聲」。見說文解字斤部。舊說謂月中斫桂者爲吳剛。見酉陽雜俎天咫類。故三桂之稱「月所」與其姓名相關應。吳氏之以「月所」爲稱，不知始於何時。若早有之，則可謂後來殺明永曆帝卽桂王之預兆。若桂王被害以後，更用此章，是以「斫桂」自許，狠毒無恥，莫以復加，當亦洪亨九之所不爲者也。清史稿肆捌拾吳三桂傳云：「字長伯。」「月所」之稱，世所罕知，因附記於此，以供參攷。）其說自亦可通。鄙意此重公案，個性之眞實，卽崇禎十五年春在蘇州刼陳圓圓者，爲周奎抑或田弘遇之門客，雖難攷定。然通性之眞實，卽當日外戚於崇禎十四五年間，俱在江南訪求佳麗，强奪豪取，而吳會之名姝罹此浩刼者，應不止宛叔畹芬一二人而已。然則牧齋「傳語雕籠好鸚鵡，莫隨啁哳羨羣飛。」之語，蓋有不勝感幸之意存於其間。今日讀此詩之人，能通解其旨者，恐不多矣。

復檢龔鼎孳定山堂詩集叁「金閶行爲辟疆賦」云：

共請故人陳夙昔。十年前作金閶客。朱顏錦瑟正當樓，妙舞清歌恆接席。是時江左猶清平。吳趨美人爭知名。珊瑚爲鞭紫騮馬，嫣然一笑逢傾城。虎邱明月鴛鴦槳。經歲烟波獨來往。

茶香深夕玉纖纖，隋珠已入秦簫掌。竇霍驕奢勢絕倫。雕籠翡翠可憐身。至今響屧廊前水，猶怨苧蘿溪上春。

芝麓之詩又有「憶君四十是明朝」句，是此篇乃順治七年庚寅所作。（參影梅庵憶語「客春三月欲長去鹽官。」條所述。「客春三月」指順治七年三月也。）上溯十年之前，卽崇禎十四年辛巳，正是楊宛叔及假陳畹芬爲外戚豪家刼載北行之歲。次年春眞陳沅又被戚畹門客掠奪赴京。故龔芝麓及張陶菴所述崇禎十四五年間外戚侯家在江左訪取佳麗事，可與牧齋「獻歲書懷」詩相證，而龔詩「竇霍驕奢勢絕倫，雕籠翡翠可憐身。」乃錢詩「傳語雕籠好鸚鵡，莫隨啁哳羨羣飛。」之注脚也。

寅恪偶發見關於楊宛叔最有趣之資料，卽楊龍友文驄洵美堂詩集肆「楊宛叔四十壽」七律一首。茲參合其他材料略論之，以備一重公案。其詩云：

瑤島神仙謫碧空。奇才屈作女英雄。文成五采爭媧石，筆擅千秋奪衞風。曾把兵符生敵愾，嘗持桴鼓佐軍戎。蛾眉劍俠非閒氣，閒氣生成付令公。

寅恪案，此詩列於「壽眉公老師八十初度」七律前第肆題。據前引眉公子夢蓮所撰其父年譜，眉公八十爲崇禎十年丁丑。是宛叔在眉公八十生日以前，其年約爲四十。

列朝詩集丁壹叁下「茅待詔元儀」小傳云：

止生好譚兵，通知古今用兵方略及九邊阨塞要害。口陳手畫，歷歷如指掌。東事急，慕古人毀家紓難，慨然欲以有爲。高陽公督師，以書生辟幕僚，與策兵事，皆得要領。嘗出塞相視紅螺山，七日不火食，從者皆無人色，止生自如也。高陽謝事，止生亦罷歸。先帝即位，經進武備志，且上言東西夷情，閩粵疆事及兵食富強大計。先帝命待詔翰林。尋又以人言罷。己巳之役，高陽再出視師，半夜一紙催出東便門，僅隨二十四騎，止生腰刀匹馬以從。四城既復，牒授副總兵，治舟師，略東江。旋以兵譁下獄，戍漳浦。東事益急，再請募死士勤王，權臣惡之，勒還不許。蚤夜呼憤，縱酒而卒。

夫宛叔之奔田國戚，在崇禎十四年辛巳，據龍友「壽宛叔四十」詩題，可知是時年過四十，宜乎田氏「以老婢子畜之」。孫承宗以大學士資格出鎮山海，經略薊遼，第壹次在天啓二年壬戌至五年乙丑。第貳次在崇禎二年己巳至四年辛未。（見明史貳伍拾孫承宗傳，列朝詩集丁壹壹「少師孫文正公承宗」小傳及初學集肆柒上下兩卷「孫公行狀」。）止生之得罪遣戍漳浦，在孫氏第貳次經略薊遼之後，眉公八十生日之前。斯時間之約略可以推定者。龍友詩末二句，蓋以宛叔比紅拂，李靖比止生。或更疑以孫高陽比楊素，然宛叔非出自孫家，比儗不倫，或說未諦也。（見太平廣記壹玖叁虬髯客傳。又可參新唐書宰相表上貞觀二年戊子欄所載：「庚午刑部尚書李靖檢校中書令。」及同書陸柒李靖傳幷隋書壹捌楊素傳。）

又初學集壹柒「茅止生挽詞」七絶十首。其四云：

千貔貅擁一書生。小袖雲藍結隊行。鞍馬少休歌舞歇，西玄青鳥恰相迎。（自注：「君有西玄青鳥記，記其妾陶楚生登眞降乩之事。」）

其八云：

明月西園客散時。錢刀意氣總堪悲。白頭寂寞文君在，淚濕芙蓉製誄詞。（自注：「鍾山楊宛叔製石民誄詞，甚工。」）

寅恪案，前一首「雲藍」二字，遵王無釋。檢薩天錫都刺雁門集壹「洞房曲」云：

峭寒暗襲雲藍綺。鮫帳愔愔夜如水。

牧齋殆用此典。「西玄」之本事見遵王注，茲不備引。牧齋此詩可證止生崇禎二年出塞時，宛叔實曾隨從也。後一首第貳句遵王無釋。實出樂府詩集肆壹「白頭吟本辭」：「男兒重意氣，何用錢刀爲。」之語。第叁句據西京雜記叁所云：

相如將聘茂陵人女爲妾，卓文君作白頭吟以自絕，相如乃止。

牧齋詩「白頭」二字，自是指「白頭吟」而言。蓋止生卒於崇禎十三年庚辰，宛叔是時雖爲年過四十之半老徐娘，但其髮當尙未蒼白。恐後人誤會牧齋詩旨，故特辨之。又有學集柒高會堂詩集「茸城惜別皈與霞老訂看梅之約」詩「許掾來何暮，徐孃髮未宣。」一聯，遵王注云：

陸德明易說卦釋文，寡髮如字，本又作宣，黑白雜爲宣髮。

攷此詩作於順治十三年丙申。（見高會堂詩集牧齋自序。）是歲河東君年三十九，與宛叔製石民誄詞時，年歲約略相當，河東君髮既未宣，則宛叔之髮亦應如是，且古今明姝無不善於修飾，卽使宣髮，亦可染刷。此乃牧齋挽止生詩「白頭文君」句，實指「白頭吟」言之旁證也。第肆句遵王註雖已引西京雜記，但只釋「誄詞」，而不及「芙蓉」。檢西京雜記貳，此條復有「（文君）臉際常若芙蓉」之語，故牧齋詩「淚濕芙蓉」一辭，巧妙工切，遵王似未能知也。

又顧云美「河東君傳」云：

崇禎庚辰冬扁舟訪宗伯，幅巾弓鞋，著男子服，口便給，神情灑洒，有林下風。宗伯大喜，謂天下風流佳麗，獨王修微楊宛叔與君鼎足而三，何可使許霞城茅止生專國士名姝之目。

寅恪案，世說新語品藻類云：

諸葛瑾弟亮及從弟誕，並有盛名，各在一國。于時以爲蜀得其龍，吳得其虎，魏得其狗。

然則當明之季年，江左風流佳麗，柳如是王修微楊宛叔三人，錢受之得其龍，許霞城得其虎，茅止生得其狗。王楊終離去許茅，而柳卒隨錢以死。牧齋於此，殊足自豪，亦可使當日及後世爲河東君作傳者，不必如列朝詩集之曲筆爲王楊諱也。

抑更有可附論者，有學集壹叁東澗詩集下「病榻消寒雜詠」四十六首之三十七及三十八云：

夜靜鐘殘換夕灰。冬缸秋帳替君哀。漢宮玉釜香猶在，吳殿金釵葬幾迴。舊曲風淒邀笛步，新愁月冷拂雲堆。夢魂約略歸巫峽，不奈琵琶馬上催。（自注：「和老杜生長明妃一首。」）

秦淮池館御溝通。長養妖嬈香界中。十指琴心傳漏月，千行珮響從翔風。柳矜青眼舒隋苑，桃惜紅顏墜漢宮。垂老師師度湘水，縷衣檀板未爲窮。（自注：「和劉平山師師垂老絕句。」）

寅恪案，此兩首列於「追憶庚辰冬半野堂文讌舊事」及「爲河東君入道而作」諸詩後。和杜一首爲董白作，和劉一首爲陳沅作。牧齋所以如此排列者，不獨因小宛畹芬與河東君同爲一時名姝，物以類聚，既賦有關河東君三詩之後，遂聯想幷及董陳，亦由己身能如盧家之終始保有莫愁，老病垂死之時，聊藉此自慰，且以河東君得免崐岡刼火爲深幸也。至畹芬本末，梅村之圓圓曲實已詳備。其他吳詩所未言及之事，如小說月報第陸卷第壹壹號況夔笙周頤「陳圓圓事蹟」所載等，恐多出世人傳會，不必悉爲實錄也。小宛之非董鄂妃，自不待言。（詳見小說月報第陸卷第玖號及第拾號孟心史森「董小宛考」及明元清系通紀清初三大疑案「世祖出家事考實」。）當時所以有此傳說者，恐因「順治十七年八月壬寅（十九日）皇貴妃董鄂氏薨，輟朝五日。甲辰（廿一日）追封董鄂妃爲皇后。」及「是歲停秋讞，從后志也。」等事，（見清史稿伍世祖紀及同書貳貳拾后妃傳孝獻皇后棟鄂氏傳等。）舉國震驚，遂以譌傳譌所致也。至董鄂妃之問題，亦明末清初遼東漢族滿化史中一重公案，茲限於本文範圍，故不具論。又梅村家藏稿貳拾詩後集「題冒辟疆名姬董白小像」八首之八云：

江城細雨碧桃邨。寒食東風杜宇魂。欲弔薛濤憐夢斷，墓門深更阻侯門。

此絕後半十四字，深可玩味。蓋「侯門」一辭，出雲溪友議上「襄陽傑」條，崔郊詩「侯門一入深如海，從此蕭郎是路人。」然則小宛雖非董鄂妃，但亦是被北兵刼去。冒氏之稱其病死，乃諱飾之言歟？此事數十年來攷辨紛紜，於此不必多論，但就影梅庵憶語略云：

（順治七年）三月之杪，久客臥雨，懷家正劇，晚霽龔（孝升）奉常，（杜）于皇，（吳）園次過慰，留飲。因限韻各作詩四首，不知何故，詩中咸有商音。三鼓別去，余甫着枕，便夢還家，舉室皆見，獨不見姬。急詢荆人，不答。復徧覓之，但見荆人背余下淚。余夢中大呼曰，豈死耶？一慟而醒。姬每春必抱病，余深疑慮。旋歸，則姬固無恙。因閒述此相告，姬曰，甚異，前于是夜夢數人強余去，匿之幸脫。其人狺狺不休也。詎知夢眞而詩籤咸來相告哉！

可知辟疆亦暗示小宛非眞死，實被刼去也。觀牧齋「吳殿金釵葬幾迴」之語，其意亦謂冒氏所記述順治八年正月初二日小宛之死，（見影梅菴憶語及文藝月刊第陸卷第壹期聖旦編董小宛繫年要錄等。）乃其假死。清廷所發表順治十七年八月十九日董鄂妃之死，卽小宛之死。故云「葬幾迴」。否則錢詩辭旨不可通矣。

又辟疆影梅庵之名，不識始於何時？其命名之由，亦不易知。（拜鴛樓本影梅庵憶語略云：「余家及園亭，凡有隙地皆植梅。春來蚤夜出入，皆爛漫香雪中。姬于含蕊時，先相枝之橫斜，與几上軍持相受。或隔歲便芟薙得宜，至花放，恰採入供。使冷韻幽香恆霏微于曲房斗室。」又云：「姬最愛月，每以身隨升沈爲去住。」同書附錄葉南雪衍蘭「董君小傳」云：「性愛梅月，妝閣徧植寒香，月夜憑欄，恆至曉不寐。」等條，可供參攷。）惟姜白石疎影詞云：

昭君不慣胡沙遠，但暗憶江南江北。想佩環月下歸來，化作此花幽獨。

適與牧齋「和杜老生長明妃」一首不期冥會，亦奇矣哉！

復次，前第叁章論河東君與宋轅文之關係節，引錢肇鼇質直談耳述河東君爲松江知府所驅，請轅文商決一事。其文云：

案置古琴一張，倭刀一口，問轅文曰，爲今之計，奈何？轅文徐應之曰，姑避其鋒。如是大怒曰，他人爲此言，無足怪。君不應爾。我與君自此絕矣。持刀斫琴，七絃俱斷。轅文駭愕出。

據鈍夫所記及辟疆自述，則畹芬小宛與辟疆之關係，亦同河東君之於轅文。轅文負河東君，辟疆復負陳董。轅文爲人自不足道，辟疆恐亦難逃畏首畏尾之誚。但陳董柳三人皆爲一時名姝，陳董被刦，柳則獨免。人事環境，前後固不相似，而河東君特具剛烈性格，大異當時遭際艱危之諸風塵弱質，如陳董者，實有以致之。吾人今日讀牧齋垂死時所賦關涉柳陳董之詩，幷取冒錢宋對待愛情之態度以相比較，則此六人，其高下勇怯，可以瞭然矣。

復次，痛史第貳拾種附錄「紀錢牧齋遺事」云：

先年郡紳某黃門，嘗納其同年亡友妾。雖本校書，終傷友誼。紳稱清流，竟無譏之者，亦士大夫之恥也。

寅恪案,「某黃門」疑指許譽卿。「其同年亡友」疑指申紹芳。板橋雜記中云:

〔卞〕玉京有妹曰敏,頎而白如玉肪,風情綽約,人見之,如立水晶屏也。亦善畫蘭鼓琴,對客爲鼓一再行,即推琴斂手,面發頳。乞畫蘭,亦止寫篠竹枝蘭草二三朵,不似玉京之縱橫枝葉,淋漓墨瀋也。然一以多見長,一以少爲貴,各極其妙,識者並珍之。攜來吳門,一時爭豔,戶外屨恆滿。乃心厭市囂,歸申進士維久。維久宰相孫,性豪舉,好賓客,詩文名海內,海內賢豪多與之遊。得敏,益自喜爲閨中良友。亡何,維久病且死,家中替。後嫁一貴官潁川氏,三年病死。

檢明史貳壹捌申時行傳末云:

孫紹芳,進士,戶部左侍郎。

同書貳伍捌許譽卿傳略云:

許譽卿字公實,華亭人。萬曆四十四年〔丙辰〕進士,授金華推官。天啓三年徵拜吏科給事中。趙南星高攀龍被逐,譽卿偕同列論救,遂鐫秩歸。莊烈帝即位,起兵科給事中。薛國觀訐譽卿及同官沈惟炳東林主盟,結黨亂政,譽卿上疏自白,即日引去。〔崇禎〕七年起故官,歷工科都給事中。譽卿以資深,當擢京卿,〔謝〕陞希〔溫〕體仁意,出之南京。先是福建布政使申紹芳,欲得登萊巡撫,譽卿曾言之陞,陞遂疏攻譽卿,謂其營求北缺,不欲南遷,爲把持朝政地,幷及囑紹芳事。體仁從中主之，譽卿遂削籍，紹芳逮問，遣戍。

小腆紀傳伍陸申紹芳傳云：

申紹芳字維烈，長洲人。萬曆（四十四年）丙辰進士，由應天府教授陞部郎。出爲山東按察副使。累官戶部右侍郎。弘光時，起原官。僧大悲之獄，詞連紹芳及錢謙益，二人疏辨，獲免。

然則霞城與維烈同爲萬曆丙辰進士，公實歷任諸科給事中，號爲清流，且與紹芳交好。上引列朝詩集王微小傳中，牧齋目霞城爲「潁川君」，故綜合痛史板橋雜記列朝詩集小腆紀傳推之，痛史所指「某黃門」，殊有爲許譽卿之可能。因恐世人讀痛史者，以「某黃門」爲陳子龍，故辨之於此，以俟通人之教正。

初學集貳拾上「留惠香」云：

舞衣歌扇且相隨。（餘句見前引。下三首類此。）

「代惠香答」云：

桃花自趁東流水。（寅恪案，倪璠註庾子山集肆「詠畫屏風」二十四首之九「流水桃花色，春洲杜若香。」牧齋句出此。）

「代惠香別」云：

春水桃花沒定期。（寅恪案，倪註庾集伍「對酒歌」：「春水望桃花，春洲籍芳杜。」牧齋句出此。）

「別惠香」云：

花信風來判去期。

「仲春十日自和合歡詩四首」其一云：

綠波南浦事悠悠。天上人間盡斷愁。却扇風光生帳底，迴燈花月在床頭。平翻銀海塡河漢，別築珠宮館女牛。試與鴟夷相比竝，五湖今日是歸舟。

其二云：

綺窗春柳覆鴛鴦。萬線千絲總一香。應有光芒垂禁苑，定無攀折到垣牆。宮鶯啼處爲金屋，海燕棲來卽玉堂。最是風流歌舞地，石城山色接吳昌。

其三云：

數峯江上是郞家。翰苑蓬山路豈賒。立馬何人論共載，驂鸞有女喜同車。飯抄雲母層層雪，箏架珊瑚段段霞。宿世散花天女是，可知天又遣司花。

其四云：

畫屛屈戍綺窗深。蘭氣茶香重幄陰。流水解翻筵上曲，遠山偏識賦家心。詩成刻燭論佳句，歌罷穿花度好音。休擲丹砂成猰㺄，春宵容易比黃金。

「春游二首」其一云：

踏青車馬過淸明。薄靄新烟逗午晴。日射夭桃含色重，風和弱柳著衣輕。春禽欲傍釵頭語，芳草如當展齒生。每向東山看障子，不知身在此中行。

其二云：

韶光是處著芳叢。䡴轆香車輾鏡中。拂水硐如圍繡帶，石城山作畫屏風。柳因鶯淺低迷綠，花爲春深歷亂紅。璧月半輪無那好，碧桃樹下小房櫳。

寅恪案，以上六題共十首，其作成時間，當不盡依先後排列。鄙意「代惠香別」及「別惠香」兩題，實作於「春游二首」之後，因其與「留惠香」及「代惠香答」兩題，俱爲有關一人之詩，且同用一韻，以便利之故，遂併合四首爲一組耳。所以有此揣測者，據「別惠香」詩之「花信風來𣏌去期」及「春游」二首之一之「踏青車馬過清明」等句，證以程大昌演繁露「花信風」條云：「三月花開時風名花信風。」及鄭氏近世中西史日表崇禎十五年清明爲三月六日。（鄭表或有差誤，但所差亦不過一二日也。）則知惠香之離常熟返蘇州，實在十五年三月初六日以後，而「代惠香別」及「別惠香」兩題，轉列於「仲春十日自和合歡詩」以前，其非盡依作成時間先後排列，可以無疑也。

綜合言之，此六題十首之詩，乃述己身於崇禎十五年初親往蘇州迎接河東君同返常熟。惠香亦伴柳錢至牧齋家，淹留浹月後，始獨歸蘇州之一重公案也。

關於惠香一組諸詩，前已有所論證，兹不須多述。但於此特可注意者，即「舞衣歌扇且相隨」之句，蓋指惠香此次隨伴河東君同來常熟也。

關於「仲春十日自和合歡詩四首」作成之時間及地點，略有可言者，卽前二首作於初發蘇州舟中，後二首成於抵常熟家內也。東山訓和集沈璧甫序云：「壬午元夕通訊虞山，訓和之詩已成集矣。」末署「崇禎十五年二月望日吳門寓叟沈璜璧甫謹序。」可證崇禎十五年正月十五日以前，牧齋尙在常熟。若其此年二月十日自和合歡詩第壹首末句有「五湖今日是歸舟」之語，則牧齋發蘇州在二月十日。若其至蘇迎河東君，在正月下半月者，是留滯吳門，未免過久。故假定牧齋往蘇親迎河東君還家，實在二月朔以後，初十日以前，雖不中，亦不遠矣。

第壹首一二兩句「綠波南浦事悠悠。天上人間盡斷愁。」用江文通「別賦」：「春草碧色，春水綠波，送君南浦，傷如之何。」意謂崇禎十四年冬間別河東君於蘇州，獨自返常熟，今則親至蘇迎之同歸，離而復合，其喜悅之情，可以想見也。第貳聯「平翻銀海塡河漢，別築珠宮館女牛。」上句意謂今與河東君同返常熟，如天上阻隔牛女之河漢已塡平，無復盈盈脈脈相望相思之苦矣。下句出處見劉本沛虞書所載「石城在縣北五里，闔廬所置美人離宮也。」及「匽城在縣北五里，石城東。吳王遊樂石城，又建離宮以匽蹕，故名。」河東君固是「美人」，我聞室恐不足以當「離宮」，此所以更有絳雲樓之建築耶？

第貳首一二兩句「綺窗春柳覆鴛鴦。萬線千絲總一香。」不甚易解。檢全唐詩第壹函太宗皇帝「詠桃」詩（原注：「一作董思恭詩。」）云：

禁苑春暉麗，花蹊綺樹妝。綴條深淺色，點露參差光。向日分千笑，迎風共一香。如何仙嶺側，獨秀隱遙芳。

前論惠香名字中，當有一「桃」字，其籍貫恐是嘉興。若此兩點俱不誤，則牧齋此兩句乃兼指惠香而言歟？第壹聯「應有光芒垂禁苑，定無攀折到垣牆。」上句出太平廣記壹玖捌「白居易」條引雲溪友議（參孟棨本事詩事感類「白尙書姬人樊素善歌，妓人小蠻善舞。」條。）其文云：

唐白居易有妓樊素善歌，小蠻善舞。嘗爲詩曰，櫻桃樊素口，楊柳小蠻腰。年旣高邁，而小蠻方豐豔，因爲楊柳詞以託意曰，一樹春風萬萬枝。嫩於金色軟於絲。永豐坊裏東南角，盡日無人屬阿誰。及宣宗朝，國樂唱是詞，上問誰詞？永豐在何處？左右具以對之，遂因東使命取永豐柳兩枝，植於禁中。白感上知其名，且好尙風雅，又爲詩一章。其末句云，定知此後天文裏，柳宿光中添兩星。

前引史料知崇禎十三四五年間，內侍曹化淳，外戚田弘遇周奎等，皆有在江南訪求歌姬名伎之舉，河東君當時之聲譽，亦與陳董不殊。十四年冬至十五年春，養痾蘇州，外人寧有不聞之理。故其情勢，汲汲可危。牧齋「應有」及「禁苑」之辭，非虛言也。至關於范攄以樊素小蠻爲二人，非是。但於此不必攷辨。所可笑者，當牧齋賦詩用此典時，其心意中豈以「柳宿光中」之兩星，一爲河東君，一爲惠香耶？下句意謂今已與河東君同返常熟家中，必無畹芬被刼之事。噫！牧齋此次至蘇迎河東君還家，得免於難。斯爲十年前河東君在松江時，所祈求於宋轅文而不可得之事。當崇禎十五年二月十日少伯五湖歸舟之際，河東君心中，宜有不勝其感念者矣。此詩七八兩句「最是風流歌舞地，石城山色接吳昌。」意謂迎河東君由蘇州至常熟也。牧齋用「石城」「吳昌」之典，以西施比河東君，不僅此詩，卽如有美詩之「輸面一金錢」，「〔癸未〕元日雜題長句」八首之八「春日春人比若耶」及「禾髯遺餉醉李，戲作二絕句。」之一「語兒亭畔芳菲種，西子曾將療捧心。」等句，皆是例證。當時未發明攝影術，又無油畫之像，故今日不敢妄有所評泊，鄙意河東君雖有美人之號，其美之程度，恐尚不及顧横波，然在牧齋觀之，殆所謂「情人眼裏出西施」者耶？

第叁首第壹句「數峯江上是郎家」用錢考功「省試湘靈鼓瑟」詩「曲終人不見，江上數峯青。」之句。（見全唐詩第肆函錢起叁及雲谿友議中「賢君鑒」條。）牧齋喜用錢氏故實，以示數典不忘祖之意。此點河東君似亦習知，觀其依韻和牧齋「〔庚寅〕人日示內」二首之二，結語云：「香燈繡閣春常好，不唱卿家緩緩吟。」可證也。（見有學集貳秋槐詩支集。）第貳句「翰苑蓬山路豈賒」辭涉誇大，然牧齋實足當之，故亦不必苛責。第柒第捌兩句「宿世散花天女是，可知天又遣司花。」意謂河東君本是「霑花丈室何曾染」之天女，（見前引牧齋答河東君訪半野堂初贈詩。）今則爲「皇鳥高飛與鳳期」，（見上引牧齋「代惠香答」詩。）管領羣芳之司花，如李易安在趙德甫家故事。而非後來作「當家老姥」之比。（見牧齋尺牘上「與王貽上」四通之一。）讀者幸勿誤會。由是推論，此詩之作成當在二月十二日，卽花朝日，還家時也。

第肆首第壹句「畫屏屈戌綺窻深」用梁簡文帝「織成屏風金屈戌」及玉谿生「鎖香金屈戌」。(見全梁詩壹梁簡文帝壹「烏棲曲」四首之四及李義山詩中「魏侯第東北樓堂郢叔言別，聊用書所見成篇。」)蓋與次句「茶香」之「香」有關，殆兼指惠香而言。第柒第捌兩句「休擲丹砂成狡獪，春宵容易比黃金。」用神仙傳麻姑過蔡經家故事。自是謂惠香，不可移指河東君。麻姑之過蔡經家，乃暫過，且由王方平之邀請。「春宵」「千金」之語，意在惠香。牧齋賦此詩時之心理頗可笑也。

又關於麻姑之物語，亦略有可論者。太平廣記柒神仙柒引葛洪神仙傳王遠傳(參今本神仙傳貳王遠傳。)云：

麻姑欲見蔡經母及婦等，時經弟婦新產數日，姑見知之。曰，噫！且止勿前！即求少許米來。得米，擲之墮地，謂以米祛其穢也。視其米，皆成丹砂。遠笑曰，姑故年少也。吾老矣，不喜復作如此狡獪變化也。

同書陸拾引神仙傳麻姑傳(參今本神仙傳柒麻姑傳。)云：

姑欲見蔡經母及婦姪，時弟婦新產數十日，麻姑望見乃知之。曰，噫！且止勿前。即求少許米，得米便撒之擲地。視其米，皆成眞珠矣。方平笑曰，姑故年少，吾老矣，了不喜復作此狡獪變化也。

夫擲米祛穢爲道家禁咒之術，至今猶有之。米墮地變眞珠，以眞珠形色相似之故。至於變丹砂，則形似而色不似。頗疑王遠傳之作成，實先於麻姑傳，麻姑傳乃後人所修正者。殊不知眞珠在道家其作用遠不及丹砂。丹砂可變黃金，於道術之傳播關係甚大也。此點茲不必多論，唯錢詩所以用丹砂而不用眞珠者，蓋因丹砂可鍊黃金，牧齋當時欲以東坡「春宵一刻值千金」之句，（見東坡續集貳「春夜」七絕。）挑逗惠香，故寧取王遠傳，而不用麻姑傳歟？儻此揣測不誤，則讀受老之詩，而得其眞解者，復有幾人哉？關於「春游二首」之時間地點人事三者，頗有可論者。其時間據第壹首第壹句「踏青車馬過清明」及第貳首第柒句「璧月半輪無那好」之語。（鄭氏近世中西史日表崇禎十五年三月初六日清明。）則知牧齋此次春游當在三月初十日左右也。其地點據第貳首「拂水磵如圍繡帶，石城山作畫屏風。」一聯，則所遊之處，必是牧齋之拂水山莊別墅。檢初學集壹貳崇禎十年丁丑在北京獄中所作「新阡八景詩」之「石城開幛」并「山莊八景」中之「春流觀瀑」「月堤烟柳」「酒樓花信」三題，（見初學集壹貳霖雨詩集。）頗可與「春游」二詩相證，故節錄於下。

「石城開幛」詩并序云：

拂水巖之西，厓石削成，雉堞樓櫓，形狀備具，所謂石城也。列屏列幛，穹嚴聳起，阡之主山也。故曰石城開幛。

（詩略。）

「春流觀瀑」詩并序云：

山泉縣流自三沓石下垂，奔注山莊，滙爲巨磵。今旋折爲阡之界水，遇風捍勒，逆激而上，則所謂拂水也。

（詩略。）

「月堤煙柳」詩并序（此題詩并序前於論「有美詩」時已全引。茲以便於證釋，故重錄之。）云：

墓之前有堤回抱，折如肉環，彎如弓月。士女絡繹嬉游，如鐙枝之走馬。花柳蒙茸蔽虧，如張幃幕，人呼爲小蘇堤。

月堤人竝大堤游。墜粉飄香不斷頭。最是桃花能爛熳，可憐楊柳正風流。歌鶯隊隊勾何滿，舞鴈雙雙趁莫愁。簾閣瑣窗應倦倚，紅闌橋外月如鈎。

「酒樓花信」詩并序云：

酒樓直山莊之東，平田逶迤，晴湖蕩漾，北牖直拂水巖，寸人豆馬，參錯山椒。紅粧翠袖，移動簾額。月堤酒樓，此吾山莊之勝，與衆共之者也。

花厭（入）高樓酒泛（上）巵。登樓共賦豔陽詩。人閒容易催花信，天上分明掛酒旗。中酒心情寒食候，看花伴侶好春時。穠桃正倚新楊柳，橫笛朱欄莫放吹。

寅恪案，「春游」第貳首「拂水磵如圍繡帶，石城山作畫屏風。」乃「石城開幛」及「春流觀瀑」二題之縮寫。亦牧齋自詡其山莊之奇景，傳播於親知者。無怪周玉繩既游覽此勝境，遂有「虞山正堪管領山林耳。」之「題目」。(見初學集貳拾下「元日雜題長句」八首之六，詩及自注。)牧齋轉因此怨懟陽羨，可謂狐埋狐搰矣。「春游」第壹首「日射夭桃含色重，風和弱柳著衣輕。」一聯，初視之，亦是春游應有景物之描寫。細思之，「桃」恐是指惠香，「柳」則指河東君。河東君雖在病中，然素有不畏寒之特性，此際清明已過，氣候轉暖，自可衣著輕薄也。前論「有美詩」，「畫奪丹青妙」句，引湯漱玉玉臺畫史，述河東君畫「月隄烟柳」事，謂牧齋此「月堤烟柳」詩「最是桃花能爛熳，可憐楊柳正風流。」乃河東君來歸之預兆，並疑河東君愛此聯，因繪作圖。兹更引申推論之，即桃花楊柳一聯，復是此次惠香伴河東君返常熟并偕牧齋春游之預兆。

又「月堤烟柳」詩「紅闌橋外月如鈎」句，與「春游」詩第貳首「壁月半輪無那好」句，亦可互相印證。蓋符合「春游」詩第壹首「踏青車馬過清明」句之所言崇禎十五年三月初六日，即清明後不久，天上月輪形狀也。「酒樓花信」詩「登樓共賦豔陽詩」句中共賦詩之人自與河東君有關。惠香是否能詩，亦難確言。但今未見河東君詩中有涉及酒樓花信之篇什，尚待詳攷。至「中酒心情寒食後，看花伴侶好春時。」一聯，上句與「春游」第壹首「踏青車馬過清明」句所指之時間正合。下句復是同詩「日射夭桃含色重，風和弱柳著衣輕。」一聯之注脚。然則「看花伴侶」「共賦豔陽詩」之人可以推知矣。故「酒樓花信」一首，亦與「月堤烟柳」一首，俱有後來修改之痕迹也。

自崇禎十五年壬午三月惠香離常熟返蘇州後，河東君在牧齋家中，繼續臥病，至十六年癸未暮春始漸次痊復，是年中秋已愈大半，至初冬乃霍然病起矣。茲就牧齋詩中關涉此時期河東君之疾病者，迻寫於後，前已述者，則僅著其題目並最有關之詩句。其前所未及之篇什，則全錄之，略加證釋，以供論文者之參究。至若詳悉稽攷，則寅恪非治帶下醫學史之專家，故不敢多所妄言也。

初學集貳拾上東山詩集叁「効歐陽詹翫月詩」云：

崇禎壬午八月望，我生六十一中秋。（中略。）倦婢䠶睡高，病婦頻呻欿。（中略。）病婦夢回笑空床，笑我白癡中風狂。（下略。）

「駕鵝行。聞潛山戰勝而作。」云：

老夫喜失兩足躄。驚呼病婦笑欲噎。罏頭松醪酒新熱。

「〔崇禎十五年〕壬午除夕」云：

閒房病婦能憂國，却對辛盤歎羽書。

同書貳拾下東山詩集「〔崇禎十六年癸未〕元日雜題長句八首。」其八云：

春日春人比若耶。偏將春病卸鉛華。

「禾髯遺餉醉李，內人開函知爲徐園李也。戲荅二絕句。」其一云：

醉李根如仙李深。青房玉葉漫追尋。語兒亭畔芳菲種，西子曾將療捧心。

其二云：

不待傾筐寫盎盎。開籠一顆識徐園。新詩錯比來禽帖，贏得粧臺一笑論。

寅恪案，「禾髯」者，卽初學集捌伍「記清明上河圖卷」文中之「嘉禾譚梁生」及此「醉李二絕句」前一題「蟲詩十二章讀嘉禾譚梁生雕蟲賦而作」詩序中「禾髯進士譚埽」。又此「蟲詩」序末署「癸未三月十六日」。牧齋此二絕句後一題爲「癸未四月吉水公總憲詣闕，慨然書懷。」詩，可知譚梁生以其所著雕蟲賦請教於牧齋，或同時以徐園李相餉也。至關於徐園李事，兹略引載記，攷釋之於下。

李日華紫桃軒雜綴叁云：

今李脯佳者推嘉慶，吾郡不聞擅是。豈古昔地氣不同耶？（寅恪案，本草綱目貳玖果部「李」條，引韋述兩京記云：「東都嘉慶坊有美李，人稱爲嘉慶子。久之，稱謂旣熟，不復知其所自矣。」可供參攷。）余少時得嘗徐園李實，甘脆異常，而核止半菽，無仁。園丁用石壓其根使旁出而分植之。一樹結實止三十餘枚。視之稍不謹，卽搖落成空株矣。以故實甚貴，非豪侈而極意於味者，未始得嘗也。

嘉興府志壹伍古蹟門貳「徐長者園」條云：

園在嘉興。長者宋人，學道術，年八十。治圃栽花，老於此。

同書叁叁果類「檇李」條云：

俗名潘園李，大如羌桃。至熟猶靑，核最細，味極佳。春秋越敗吳於檇李，在石門桐鄉之間，遺種至今不絕。（烏青文獻。）

曹溶靜惕堂詩集肆叁「檇李」十首。其一云：

淨相僧坊起盛名。徐園舊價頓教輕。嘗新一借潛夫齒，嚼出金鐘玉磬聲。

其三云：

滮水蟠根奕葉長。筵前冰齒得仙漿。上林嘉種休相借，驗取夷光玉甲香。

其四云：

膚如熟柰能加脆，液較楊梅特去酸。江北江南無別品，傾城傾國借人看。

其十云：

微物何堪鼎鼐陳。公家宜索薦時新。年來無復街頭賣，愁殺文園病渴人。

朱彝尊曝書亭集玖「鴛鴦湖櫂歌一百首」其十八云：

徐園青李核何纖。未比僧盧味更甜。聽說西施曾一掐，至今顆顆爪痕添。（原注：「徐園李核小如豆，絲懸其中，僧盧謂淨相寺，產檇李，每顆有西施爪痕。」）

李時珍本草綱目貳玖果部「李」條集解略云：

時珍曰，早則麥李御李，四月熟。遲則晚李，冬季十月十一月熟。又有季春李，冬花春實也。

同書同條「核仁」略云：

令人好顏色。（吳普。）治面皯黑子。（蘇頌。）

同書同條附方引崔元亮海上方云：

女人面皯，用李核仁去皮細研，以雞子白和如稀餳，塗之。至旦，以漿水洗去，後塗胡粉。不過五六日，效。忌見風。

同書同條附錄「徐李」云：

別錄有名未用。曰，生太山之陰，樹如李而小。其實青色，無核。熟則采食之，輕身益氣延年。

時珍曰，此卽無核李也。唐崔奉國家有之，乃異種也。謬言龍耳血墮地所生。

吳其濬植物名實圖考叄貳果類「李」條云：

別錄下品。種類極多。別錄有名未用。有徐李，李時珍以爲卽無核李云。

然則譚氏於崇禎十六年癸未所餉牧齋之徐園李，殆是李東璧所言季春熟，或四月熟之品種。牧齋既以西施比河東君。夫西施之病，在心痛，不在面皯。故吳普蘇頌崔元亮諸家稱列李實核仁之功效，自不必用於「烏個頭髮，白個肉。」之河東君，轉可移治「白個頭髮，烏個肉。」或與王介甫同病之牧齋。由是言之，河東君應食李肉，牧齋應食李仁。但據舊籍，多誇詡其無仁，豈粱生之厚贈，專爲此際之捧心美人，而沒口居士（見金鶴沖錢牧齋先生年譜總述。）却無福消受耶？

初學集捌貳「造大悲觀世音像贊」云：

女弟子河東柳氏，名如是。以多病故，發願捨財造大悲觀世音菩薩一軀，長三尺六寸，四十餘臂，相好莊嚴，具慈愍性。奉安於我聞室中。崇禎癸未中秋大悲弟子謙益焚香合掌，跪唱贊曰：

有善女人，青蓮淤泥，示一切空。疾病蓋纏，非鬼非食，壯而相攻。歸命大士，造大悲像，瞻禮慈容。我觀斯像，黃金塗飾，旃檀斲礱。猶如我身，四大和合，假借彌縫。云胡大悲，紺目遍炤，地獄天宮。母陁羅臂，屈信爬搔，億刼撈籠。而我一身，兩目兩臂，兀如裸蟲。生老病死，八苦交煎，呼天告窮。以是因緣，發大誓願，悲淚漬胸。因愛生病，因病懺悔，展轉鉤通。是愛是病，是大悲智，顯調伏功。我聞之室，香華布地，寶炬晝紅。樓閣涌現，千手千眼，鑑影重重。疾苦蠲除，是無是有，如楊柳風。稽首說贊，共發誓願，木魚鼓鐘。刼刼生生，親近供養，大慈鏡中。

寅恪案，牧齋此文殊饒風趣，但頗欠嚴肅。足見其平生雖博涉內典，然實與眞實信仰無關。初時不過用爲文章之藻飾品，後來則藉作政治活動之烟幕彈耳。文中嵌用河東君姓氏名號，若「楊」，若「柳」，若「愛」，若「影」，若「如」，若「是」等字甚多，亦可謂遊戲之作品。今據此文，得知崇禎十六年癸未中秋前後，河東君之病已大半痊愈。故牧齋有此閒情，爲河東君寫此種文字。又可證知河東君自崇禎十四年夏由松江正式來歸錢氏後，至十六年冬絳雲樓未建成前，其所居之處，似不在我聞室。蓋寢息之室，不應用作供奉此長三尺六寸之大士像。否則，乃褻黷神明之舉，柳錢二人皆不出此也。但是時河東君所居之室，亦必距離供奉之處極近，藉便尚未完全康復之病體，得以朝夕來往禮拜。顧云美稱河東君「爲人短小，結束俏利。」由是推想，當其虔誠祈禱，伏地和南之際，對兹高大莊嚴之像，正可互相反映，而與前此之現天女身，散花於淨名居士之丈室者，其心理，其動作，其對象，大不同矣。

復次，錢曾讀書敏求記叁攝生類（參章鈺補輯本叁之下子攝生。）云：

端必瓦成就同生要一卷，因得囉菩提手印道要一卷，大手印無字要一卷。

此爲庚申帝演媟兒法。張光弼輦下曲：「守內番僧日念吽。」（寅恪案，「吽」當作「吽」，非作「吽」。蓋藏語音如是，中土傳寫譌誤。昔亦未知，後習藏語，始得此字之正確形讀也。）御廚酒肉按時供。組鈴扇鼓諸天樂，知在龍宮第幾重。」描寫掖庭秘戲，與是書所云長緩提稱吽字，以之爲大手印要，殆可互相證明。凡偈頌文句，悉揣摩天竺古先生之話言，閱之不禁失笑來。其紙是搗麻所成，光潤炫目。裝潢乃元朝內府名手匠，今無有能之者，亦一奇物也。（寅恪案，此可參權衡庚申外史「癸巳至正十三年脫脫奏用哈麻爲宣政院使」條。）

寅恪案，遵王所藏此種由天竺房中方術轉譯之書，當是從牧齋處得來。所附注語，應出牧齋之手，遵王未必若是淹博也。牧齋平生佛教著述中，有楞嚴經蒙鈔之鉅製。楞嚴爲密宗經典，其咒心實是眞梵文，唯前後諸品皆此土好事者，採摭舊譯，增飾而成。前於論「朝雲詩」第肆首「天魔似欲窺禪悅，亂散諸華丈室中。」句時，已言及之。故牧齋雖著此書，原與其密宗之信仰無關。但牧齋好蓄異書，兼通元代故實，既藏有演揲兒法多種，其與河東君作「洞房淸夜秋燈裏，共簡莊周說劍篇。」之事，亦非絶不可能。（見第壹章引「秋夕燕譽堂話舊事有感」詩。）果爾，則牧齋「因愛生病」之語，殆有言外之意。此贊爲游戲之文，尤可證明矣。

又受之本身在崇禎十三年冬以前已多內寵，往往爲人詬病，載記流傳，頗復不少，可信與否，殊不必徵引，亦不必攷辨。但間有涉及河東君者，亦姑附錄一二條，而闕略其過於猥褻之字句，聊備談助云爾。唯此等俱出自仇人怨家，文章愛憎者之口，故不敢認爲眞實也。王澐輞川詩鈔肆「虞山柳枝詞」十四首之十一云：

阿難毀體便龍鍾。大幻婆毗瞥地逢。何事陽秋書法異，覽揆猶自繼神宗。（自注：「錢注楞嚴經，不書當代年號甲子，稱大元曰蒙古，自紀生於神宗顯皇帝某年云。嘗學容成術，自傷其體，遂不能御女。其稱摩登，蓋指姬云。」）

阮葵生茶餘客話（參陳琰藝苑叢話玖「錢求媚藥與柳周旋」條。）云：

聞錢虞山既娶河東君之後，年力已衰。門下士有獻房中術以媚之者，試之有驗。錢驕語河東君曰，少不如人，老當益□。答曰，□□□□，□□□□。聞者嗤之。近李玉洲重華論詩，不喜錢派。有問者，輒曰，□□□□，□□□□。吾卽以柳語評其詩可矣。衆皆胡盧失笑。

寅恪案，楞嚴經文筆佳妙，古今詞人皆甚喜之。牧齋爲此經作疏，固不足怪。王氏之說，未免牽強。至若吾山所記，則房幃戲謔之語，惟有天知神知，錢知柳知，（參王先謙後漢書集解列傳肆肆楊震傳。）

寅恪所以不從袁宏後漢紀作「地知」者，蓋因牧齋「追憶庚辰冬半野堂文讌」詩有「看場神鬼坐人頭」之句，用「神」字更較切合也。至通鑑肆玖漢安帝永初四年紀此事，則雜糅范書袁紀成文。通鑑用袁紀「地」字之故，「天知地知」之語，遂世俗流行矣。）非阮葵生李重華輩所能知也。一笑！

初學集貳拾下東山詩集肆「燈下看內人插瓶花，戲題四絕句。」云：

水仙秋菊並幽姿。插向磁缾三兩枝。低亞小牕燈影畔，玉人病起薄寒時。

淺淡疎花向背深。插來重折自沈吟。劇憐素手端相處，人與花枝兩不禁。

懶將沒骨貌花叢。渲染緐來惜太工。會得遠山濃淡思，數枝落墨膽缾中。

幾朵寒花意自閑。一枝叢雜已爛斑。憑君欲訪缾花譜，只在疎燈素壁間。

寅恪案，牧齋四詩雅而切，殆可謂趙德甫爲易安居士寫「簾捲西風，人比黃花瘦。」圖。此時河東君病起，牧齋心情快適，得以推知矣。攷河東君適牧齋後，發病於崇禎十四年初冬，延至十六年初冬，始告痊愈，凡歷三年之歲月。故牧齋「絳雲樓上粱」詩八首之四「三年一笑有前期。病起渾如乍嫁時。」句下自注云：「泛舟詩云，安得三年成一笑。君病起恰三年矣。」及「癸未除夕」詩「三年病起掃愁眉，恰似如臯一笑時。」（兩詩全文俱見下引。）其間輕重轉變之歷程，今日自不能悉知。要而言之，河東君之病有二。一爲心病，一爲身病。其心病則有如往來蔡經家麻姑之惠香療治之矣。其醫診身病如遊「貴婦人」之邯鄲扁鵲，果爲誰耶？

檢孫原湘天眞閣集貳叁「紅豆莊玉杯歌」幷序云：

江靜蘿明經（曾祁），予乙卯同年也。自言高祖處士某，工俞柎之術，陳確菴先生集中有傳。處士曾爲河東君療疾，宗伯以玉杯爲贈，上鐫紅豆山莊欵識，屬子孫世寶之。後爲佗氏所得。靜蘿蹤蹟贖還。今夏值君六十壽辰，出以觴客，屬余作歌紀之。

芙蓉花裏開瑤席。象鼻筩深徧觴客。客辭酒酣力不勝。別出佳器容三升。捧出當筵光照徹。酒似丹砂杯似雪。滿堂醉眼一時醒。得寶知從我聞室。絳雲天姥臥玉牀。神仙肘後懸神方。刀圭妙藥駐年少，尙書捧杯向仙笑。水精不落鴛鴦杯。一錢不值付刼灰。此杯珍重如山壘。仙人玉山爲你頹。何年羽化雲雷渺。楚弓楚得何其巧。千金不易此一壺，祖宗口澤兒孫寶。斟君酒，爲君歌。頌君玉顏常爾酡。安能眼如魚目聽鳴珂。杯中日月長復長。門前紅豆花開香。

及楊鍾羲雪橋詩話餘集壹云：

常熟江滋源精醫術，曾療河東君疾。虞山宗伯以玉杯一爲先生壽。子孫世守之。後失去垂三十年。嘉慶間裔孫曾祁復得之，徵詩紀事。翁文端〔心存〕爲賦紅豆山莊玉盃歌云，鯉魚風起芙蓉裏。欲落不落相思子。碧玉盃調九轉丹，返魂香暈霞文紫。山莊紅豆花開香。尙書風流壽正長。鵂鶹夜詛瑤姬病，骨出飛龍臥象牀。此時黛絕尙書席。異日存孤仗誰力。判將三（？）

寶謝神醫，祇爲佳人難再得。仙人鴻術生春風。骨青髓綠顔桃紅。一服刀圭能駐景，秘方鈔得自龍宮。尙書捧杯听然笑。當筵顧比瓊瑤報。洞見胸中癥瘕來，盃脣湛湛蘭英照。絳雲轉瞬刼飛灰。不及玲瓏玉一盃。二百餘年明月影，曾經羽化卻歸來。盃中春色長不老。紅豆山莊滿秋草。

寅恪案，今陳瑚遺文中未見江靜蘿所稱其工醫先人之傳。但確菴著述留存頗少，此傳或已散佚矣。翁邃菴詩亦殊不惡，以其與孫子瀟詩爲同詠一物之作品，故並錄之。

復檢光緒修常昭合志稿叁貳醫家類江德章傳云：

江德章字湛源。其先自浙來虞，德章善醫，以術行何市。病者或不與值，雖診視數十次無吝色。市多盜，獨相戒勿入江先生宅。文虎其元孫也。

同書叁拾文學類江文虎傳略云：

江文虎字思駿，號頤堂，何市人。父朝，字儕岳，好施與負氣。子曾祁，字靜蘿。副貢生，亦工文章。

然則醫治河東君病之人，其一確是江德章。湛源後裔既有「紅豆莊玉杯」爲物證，自可信也。至玉杯之器乃明代士大夫家多有。牧齋家藏玉杯，見於舊籍者亦不少，茲略錄之，以供研究當日社會風俗者之參攷。

虞陽說苑甲編張漢儒疏稿云：

一惡。錢謙益乘閹黨崔呈秀心愛顧大章家羊脂白玉漢杯，著名一捧雪，價值千金。謙益謀取到手，又造金壺一把一齊餽送，求免追贓提問。通邑誹笑證。

寅恪案，白玉杯自可稱「一捧雪」，如傳奇戲劇中所述者。（參黃文暘曲海總目提要壹玖李元玉撰「一捧雪」條。）漢儒蓋以世俗所豔稱之寶物，聳動權貴，藉誣牧齋，其不可信，固不待論也。

董潮東皐雜鈔叁（參牧齋遺事「順治二年乙酉豫王兵渡江南」條。）略云：

柳南隨筆載〔順治二年〕乙酉五月，豫王兵渡江，大學士王鐸禮部尚書錢謙益等以南京迎降。王引兵入城，諸臣咸致禮幣，有至萬金者，錢獨致禮甚薄，蓋表己之廉潔也。其所具柬，前細書太子太保禮部尚書兼翰林院學士臣錢謙益百叩首謹啓上貢計開，蟠龍玉杯一進。宋製玉杯一進〔等〕。右啓上貢。又署順治二年五月二十六日太子太保禮部尚書兼翰林學士臣錢謙益。郡人張滉與豫王記室諸暨曾王佐善，因得見王鐸以下送禮帖子，而紀之以歸。

寅恪案，依上所述，既有人證，自當可信。但謂牧齋借此薄禮，以表己之廉節，則殊不然。蓋牧齋除精槧書籍外，實無其他珍品，而古籍又非多鐸所能欣賞故也。

復次，前論惠香有爲卞玉京之可能時，曾引吳梅村「過玉京道人墓」詩傳，其中有「過浙江，歸東中一諸侯。不得意。乞身下髮，依良醫保御氏於吳中。保御者，侯之宗人。築別宮，資給之良厚。」等語。

良醫保御氏卽鄭欽諭。梅村家藏藁伍拾「保御鄭三山墓表」略云：

鄭之先，始於司空公，爲宋天聖間名臣。建炎南渡，武顯大夫有扈蹕功，賜田松陵。子孫習外家李氏帶下醫，遂以術著。君堂構於程朱之學，和緩之技，咸有師承，相傳五百餘載，爲士族，爲名家。君自少攻詩書，鐮言行。其於醫也，發揮精微，行之以誠心惻怛，名乃益起。千里之內，鉅公貴游，輜軿接跡，書幣交錯於庭，君造請問遺無虛日。中廚日具十人之饌，高人勝流，明燈接席，評隲詩文書畫爲笑樂。君諱欽諭，三山其字，晚自號初曉道人。

可知鄭三山以名醫而兼名士，河東君以名姝而兼名士，牧齋則又是當日之鉅公勝流，吳江常熟同隸蘇州府，既在「千里之內」，其間自有往來。檢錢牧齋先生尺牘貳「致瞿稼軒」第玖通云：

劇甚佳，不可不看。三山託相邀甚切，今日亦當一赴，以慰其意也。詩稿附去，卽發下爲妙。

及第拾通云：

詢知貴恙已霍然。未及面晤，爲愧。犬子亦向安矣。

據「詩稿附去，卽發下爲妙。」之語，知爲崇禎十六年癸未冬稼軒爲牧齋刊印初學集時事。又據「詢知貴恙已霍然」及「犬子亦向安矣」等語，又足證此邀牧齋觀劇之「三山」，卽當日良醫吳江鄭欽諭無疑。鄭氏何時來常熟，未能攷悉。但崇禎十六年癸未冬間確在常熟。既爲稼軒及孫愛診病，而不言及河東君者，蓋此際河東君病已痊愈，無煩鄭氏診視之故。然則河東君之病，豈是此五百載家傳帶下醫之初曉道人所主治，而受玉杯報酬之江湛源不過爲會診者歟？又玉京道人詩傳謂雲裝依三山於吳中，三山築別館厚資給之。梅村詩話又言順治八年辛卯春玉京訪梅村於婁東，共載橫塘。此雖俱是明南都傾覆後之事。但可推知三山家亦在蘇州。河東君於崇禎十四年冬留居蘇州療疾，至十五年春惠香伴送返常熟。此重公案，豈與五百載家傳之帶下醫有關耶？均俟詳攷。

茲述河東君自崇禎十四年初冬閲時三年之病已訖，尚有入道一事，可附論於此，以求教當世讀錢詩之君子。

顧云美「河東君傳」略云：

〔康熙二年〕癸卯秋下髮入道。宗伯賦詩云，（詩見下引。）明年五月二十四日，宗伯薨。

寅恪案，云美所記河東君入道在癸卯之秋，殊與牧齋原詩辭旨不合。今迻錄原詩，略加釋證，非僅正顧氏之誤，并見卽與牧齋關係密切及對河東君極表同情之人，如云美者，其所紀述，尚有疏舛，何況他人耶？甚矣哉！攷史讀書之難也。

有學集壹肆「病榻消寒雜詠四十六首」有三詩爲河東君而作，卽第叁肆首題作「追憶庚辰冬半野堂文讌舊事」，第叁伍及叁陸兩首，題作「二首爲河東君入道而作」。其第叁肆首前已論釋，不須更贅。第叁伍及叁陸兩首，牧齋所以排列於第叁肆首之後者，非僅因此兩首俱屬追述河東君之入道，實在崇禎十三年庚辰冬後一年，卽十四年初冬臥病起，至十六年癸未初冬病愈止。凡歷三年之時間故也。

詩云：

一剪金刀繡佛前。裹將紅淚灑諸天。三條裁製蓮花服，數畝誅鋤穲稏田。朝日妝鉛眉正嫵，高樓點粉額猶鮮。（顧苓河東君傳引此詩「粉」作「黛」。）橫陳嚼蠟君能曉，已過三冬枯木禪。

鸚鵡疎窗晝正長。又教雙燕語雕梁。雨交澧浦何曾濕，風認巫山別有香。斫却銀輪蟾寂寞，搗殘玉杵兔凄涼。（寅恪案，此二句錢遵王註本作「初着染衣身體澁，乍拋稠髮頂門涼。」顧云美河東君傳所引亦同。恐是初稿如此。今諸本互異者，豈因語太質直，河東君見之不喜，牧齋遂加以修改耶？）縈烟飛絮三眠柳，颺盡春來未斷腸。（寅恪案，遵王本「斷」字下注「短」字，疑出牧齋之手，如上引山莊八景「酒樓花信」詩之例，非遵王後加也。）

寅恪案，第叄伍首結句「三冬枯木禪」之語，遵王已引「五燈會元」俗漢菴主「枯木倚寒巖，三冬無煖氣。」之言爲釋，甚是。但僅爲古典，尚未盡牧齋詩句之今典。蓋河東君起病於崇禎十四年初冬，至十六年初冬病起，共歷三冬故也。至俗漢菴主「三冬」二字之意，乃通常世俗寒冬之謂。若以漢書列傳叄伍東方朔傳王先謙補註及楊樹達窺管等專家所言衡量之，則大可不必矣。前引河東君和牧齋「小至日京口舟中」詩「首比飛蓬鬢有霜」句，可證河東君臥病之時，牧齋既無元微之「自愛殘粧曉鏡中，環釵慢篸綠絲叢。」及「閑讀道書慵未起，水晶簾下看梳頭。」之樂，（見才調集伍「離思」六首之一及二。）故不如「一剪金刀繡佛前」及「乍拋稠髮頂門涼」，借口入道較爲得計。卞玉京歸東中一諸侯，不得意，進其婢柔柔奉之，乞身下髮。（見前引梅村家藏藁拾「過錦樹林玉京道人墓」詩傳及梅村詩話「女道士卞玉京」條。）與河東君此時病中之事，頗相類似。至「又敎雙燕語雕梁」句及「雨交澧浦何曾濕，風認巫山別有香。」一聯，則「雙燕」句用前釋「癸未元日雜題長句」八首之八「晚簾雙燕入盧家」句，所引劉方平詩「雙燕入盧家」之語。「澧浦」句遵王已引山海經中山經「洞庭之山，帝之二女居之。」爲釋，俱是兩女共嫁一夫之古典。「何曾濕」乃牧齋表明心跡，自謂與惠香實無關係之意。讀之令人失笑。「別有香」句，標出惠香之名字，更與玉京進柔柔之事，尤爲相近。此等舉措，固爲當日名姝應付夫主之一公式也。

關於絳雲樓事，前於第貳章論河東君原名中必有一「雲」字。本章論牧齋賣兩漢書於謝三賓，幷論女性之惠香，其名中必有一「桃」字及河東君妹楊絳子事等節，已略言之。此點可參拙著元白詩箋證稿附論乙「白樂天之思想行爲與佛道敎關係」一文中謂韓退之有二妾，一曰絳桃，一曰柳枝。然則絳雲樓之命名，不僅專指河東君而言，更兼寓惠香之名。若所揣測不誤，是牧齋野心極大，自比昌黎，欲儲兩阿嬌於一金屋，亦甚可笑矣。牧齋所作絳雲樓詩八首，除自注外，更有遵王註釋。且詩中所用典故，多出陶宏景眞誥，讀者苟取隱居之書參證之，自能得其出處。故此等皆不須詳引。茲僅就其特有趣之古典及當日之今典，略爲疏通證明而已，實不須亦不必多論也。

初學集貳拾下東山詩集肆「絳雲樓上梁，以詩代文八首。」其一云：

負戴相將結隱初。高榆深柳愜吾廬。道人舊醒邯鄲夢，居上新營履道居。百尺樓中偕臥起，三重閣上理琴書。與君無復論榮觀，燕處超然意有餘。

寅恪案，此詩第壹聯上句，自是用沈既濟枕中記，（見文苑英華捌叁叁記叁柒寓言，并參太平廣記捌貳引陳翰異聞集「呂翁」條及湯顯祖「邯鄲記」。）人所習知。下句遵王引白樂天池上篇序爲釋，亦無待論。當牧齋賦此詩時，政敵之鵝籠公既死，帝城之陳子公頗多。謀求起用，不遺餘力。盧生枕中之夢方酣，言不由衷，甚爲可笑。但其「永與寺看綠萼梅」詩有「道人未醒羅浮夢，正憶新妝萼綠華。」之語，鄙意儻取「道人未醒羅浮夢」，以易「道人舊醒邯鄲夢」，則更切合當日情事。如此集句，錢柳二人地下有知，應亦欣然贊許歟？

又牧齋平生以宰相自許，崇禎元年閣訟問題，人所習知，可不必論。茲略取其在崇禎以前涉及盧生之夢者數條，以資談助。

牧齋外集貳伍「南北記事題詞」云：

〔萬曆三十八年庚戌〕余初登第，謁見冢宰立山孫公，（寅恪案，「立山孫公」指孫丕揚。但尚未知其有「立山」之稱。檢趙南星味檗齋文集壹壹「明吏部尙書贈太子太保孫淸簡公（鑨）墓誌銘」云：「公字文中，號立峯。」亦曾爲吏部尙書。豈牧齋混淆兩孫之號，而「山」字又爲「峯」字之誤寫耶？俟攷。）公謬以余爲可教，執手訓迪，以古名宰相相期許。

列朝詩集丁壹壹「申少師時行」小傳略云：

余爲書生，好談國政。登朝後，以詞林後輩謁少師于里第。少師語次，從容謂曰，閣臣委任重，責望深，每事措手不易。公他日當事，應自知之，方謂老夫之言不謬也。

初學集捌肆「書鄒忠介公賀府君墓碑後」（寅恪案，光緒修丹陽縣志壹玖賀學仁傳云：「賀學仁字知忍。」）略云：

應山楊忠烈（漣）令常熟。官滿，不能賃車馬。公質貸爲治裝。楊公被急徵，語所親曰，江左更安得一賀知忍乎？（天啓元年）辛酉冬，余報命北上，公病亟矣，執手榻前，氣息支綴，諄諄念主幼時危，國論參錯，而以枝柱屬余。

牧齋於萬曆三十八年二十九歲，天啓元年四十歲，崇禎十六年絳雲樓建築時六十二歲。由是言之，「舊醒邯鄲夢」之「舊」字，固甚確切，但「醒」字，則全爲虛語也。

復次，有學集叁壹「何君實（珩枝）墓誌銘」略云：

余年二十偕兄（指君實。）讀書破山寺，山門頹敝，護世四王架壞梁木爲坐。余拉兄度磵穿嶺，一日數過其前。兄夢四王語曰，公等幸勿頻出，出則我等促數起立，殊僕僕也。傭書人郭生婦病，禱城隍神，神憑而語曰，乞錢相公一幅名刺來，我貰汝。郭生叩頭乞哀，余笑而斥之。兄曰，安知不然？代余書名刺，俾焚廟中。婦立起。余枚卜罷居，兄從容爲余道之，且相慰曰，未止此也。嗚呼！兄歿而天崩地坼，兄作夢時垂六十年，而余固已老而憊矣。如兄之所云，豈所謂癡人前說夢耶？喪亂殘生，天眼護佑，創殘痛定，追尋前夢，未嘗不身毛俱豎，申旦屏營，誠不敢忘天神之假靈於兄以牖我也。

有學集秋槐別集「丙申春就醫秦淮，寓丁家水閣浹兩月。臨行作絕句三十首，留別留題，不復論次。」其第拾首云：

夢我迢迢黃閣居。眞成鼠穴夢乘車。宵來我夢師中樂，細柳營繙貝葉書。（自注：「茂之書來，元旦夢余登拜。」）

寅恪案，牧齋言何君感夢時已身年二十，距銘墓時垂六十年。由是言之，則牧齋作此文時，年已七十餘矣。丁家河房絕句作於順治十三年丙申，牧齋年七十五。攷順治十六年己亥牧齋年七十八，是歲鄭成功率師入長江。於此前數年間，牧齋頗爲奔走活動，故何君實墓誌所述之預兆，雖覺可笑，然亦寓將任明室中興宰輔之意。至記林茂之所夢詩，亦因牧齋屢向邢子陳述己身之願望，林氏遂受其暗示，而有此夢。然則此詩此文皆緣牧齋宰輔迷之所致，未可僅以稽神說鬼談夢目之。又此文及詩均作於建築絳雲樓後數十餘年，但邯鄲之夢未醒，羅浮之夢仍酣，亦可見此老功名之念，兒女之情，至死不衰也。

關於絳雲樓建築及焚毀之時日，并其所在之處等問題，玆略攷辨於後，以免讀者之誤會。

絳雲樓書目附曹溶題詞云：

虞山宗伯生神廟盛時。早歲科名，交游滿天下。盡得劉子威〔鳳〕，錢功父〔允治〕，楊五川〔儀〕，趙汝師〔用賢〕四家書，更不惜重貲購古本，書賈奔赴捆載無虛日。用是所積充牣，幾埒內府。視葉文莊〔盛〕，吳文定〔寬〕及西亭王孫〔朱謀㙔〕，或過之。中年構拂水山房，鑿壁爲架庋其中。凡四方從游之士，不遠千里，行滕脩贄，乞其文刻繫牲之石，爲先世光榮者，絡繹門外。自王弇州〔世貞〕，李大泌〔維楨〕以還，此事殆希見也。宗伯文價既高，多與淸流往來，好延引後進，大爲壬人嫉，一蹟不復起。晚歲浮沈南國，操委蛇術，容其身。所薦某某，大異平居所持論，物望爲之頓減。入北未久，稱疾告歸。居紅豆山莊，出所藏書，重加繕治，區分類聚，栖絳雲樓上，大櫝七十有三。顧之自喜曰，我晚而貧，書則云富矣。甫十餘日，其幼女中夜與乳媼嬉樓上，剪燭灺落紙堆中，遂燬。宗伯樓下驚起，焰已漲天，不及救，倉皇出走。俄頃樓與書俱盡。余聞駭甚，特過唁之。謂予曰，古書不存矣。尙有割成明臣誌傳數百本，俱厚四寸餘，在樓外。我昔年志在國史，聚此。今已灰冷，子便可取去。予心豔之，長者前未敢議値，則應曰，諾諾。別宗伯，急訪葉聖野，（寅恪案，同治修蘇州府志捌捌葉襄傳云：「葉襄字聖野。」並可參有學集壹柒「宋玉叔安雅堂集序」及同書壹玖「葉聖野詩序」。）託其轉請。聖野以稍遲，越旬日，已爲松陵潘氏〔檉章〕購去。歎息而已。今年從友人得其書目，手鈔一過，見不列明人集，偏於瑣碎雜說，收錄無遺。方知云厚四寸者，即割文集爲之，非虛語也。予以後進事宗伯，而宗伯絕款曲。〔順治三年〕丙戌同居長安，〔四年〕丁亥，〔五年〕戊子同僦居吳苑。時時過余，每及一書，能言舊刻若何，新板若何，中間差別幾何。驗之，纖悉不爽。蓋於書無不讀，去他人徒好書，束高閣者，遠甚。然大偏性，未爲愛古人者，有二端。一所收必宋元板，不取近人所刻及抄本。雖蘇子美〔舜欽〕，葉石林〔夢得〕，三沈〔遘，遼，括，〕集等，以非舊刻，不入目錄中。一好自矜嗇，傲他氏以所不及。片紙不肯借出，爐後不復見於人間。余深以爲戒。

寅恪案，「絳雲樓上梁」詩後一題爲「癸未除夕」，前隔一題爲「燈下看內人插瓶花」。其第壹首云，「水仙秋菊並幽姿」，則絳雲樓之建造在崇禎十六年冬季，可以無疑。

有學集壹柒「賴古堂文選序」云：

〔順治六年〕己丑之春，余釋南囚歸里，盡發本朝藏書，裒輯史乘，得數百帙，選次古文得六十餘帙，州次部居，遺蒐闕補，忘食廢寢，窮歲月而告成。〔七年〕庚寅孟冬，不戒于火，爲新宮三日之哭，知天之不假我以斯文也。

鐵琴銅劍樓藏書目錄捌史部壹正史類略云：

宋史四百九十六卷。（明刊本。）

是本舊爲邑中錢氏藏書，卷首記云：「歲庚寅四月朔日閱始。」其第一百七十九卷後，記云：「十月初二夜半野堂火。時方雷電交作，大雨傾盆，後〔絳雲〕樓，前〔半野〕堂，片刻煨燼，乃異災也。」絳雲一炬，藏書無遺，此書方校閱，故幸而獲留也。

又葉昌熾藏書紀事詩肆「錢謙益受之」條云：

〔查慎行〕人海記：「錢蒙叟撰明史二百五十卷，辛卯九月晦甫畢。越後月，絳雲樓火作，見朱人無數，出入煙燄中，隻字不存。」昌熾案，絳雲樓災，在庚寅。查云辛卯，誤也。海虞瞿氏所藏宋史，有牧齋題字云：「庚寅十月初二夜，半野堂火，片刻灰燼。」據此，則絳雲樓下，即半野堂所在矣。（寅恪案，半野堂在絳雲樓之前。葉氏之語，頗令人誤會。）

據此，絳雲樓焚毁，在順治七年庚寅十月初二夜，實無疑義。然則倦圃所謂「甫十餘日，遂燬。」乃牧齋自誇其家益貧，而書益富之言後，甫十餘日耳。若不如是解釋，絳雲樓自建成至被災，共歷七載，曹氏豈有不知之理乎？

又黃宗羲思舊錄「錢謙益」條云：

余數至常熟。初在拂水山莊，繼在半野堂，絳雲樓下。後公與其子孫貽同居，（寅恪案，牧齋子孫愛，字孺貽。思舊錄稱「孫貽」者，共有數處。梨洲殆有所牽混歟？）余即住於其家。拂水時，只言韓歐乃文章之六經也。見其架上八家之文，以作法分類，如直序，如議論，如單序一事，如提綱，而列目亦不過十餘門。絳雲樓藏書，余所欲見者無不有。公約余爲老年讀書伴侶。任我太夫人菽水，無使分心。一夜，余將睡，公提燈至榻前，袖七金贈余曰，此內人（自注：「即柳夫人。」）意也。蓋恐余之不來耳。是年十月絳雲樓燬，是余之無讀書緣也。

可知半野堂及絳雲樓，皆在牧齋常熟城中住宅之內。詳見金鶴沖錢牧齋先生年譜所附絳雲樓圖并說明，無待贅辨。但倦圃題詞於絳雲樓所在之地，頗與拂水山房（莊）及紅豆山莊牽混不明，易致誤會，故讀秋岳之文者，不可不注意也。他如鄭方坤國朝名家詩鈔小傳中「東澗詩鈔」小傳云：

築室拂水之隈，建絳雲樓其上。

所言之誤，自不待言。又若蘼蕪紀聞引俞蛟齋東妄言及何蛟「柳如是傳」，俱混牧齋城內住宅與白茆港紅豆山莊爲一地，雖非指絳雲樓而言，但亦同此誤。其餘後人弔古懷賢之篇什，諸多疏舛，則更無論矣。至絳雲樓建築形式如何，頗不易知。金氏牧齋年譜，雖繪有兩層之絳雲樓圖，然不知何所依據。夫牧齋取眞誥絳雲之典以爲樓名，其用梁書伍壹及南史柒陸陶弘景傳所云：

更築三層樓，弘景處其上，弟子居其中，賓客至其下。

以成「三重閣上埋琴書」之句，自無足異。（遵王註已引南史陶傳之文爲釋。）但此乃古典，未必是今典，故亦難認爲絳雲樓實有三層也。揆以通常建築形式，此樓既兼備藏貯圖書及家庭居住，并接待賓客等用，則絕非狹小之構造，可以推知。

牧齋遺事云：

牧翁於虞山北麓，搆樓五楹，匾曰絳雲，取眞誥絳雲仙姥下降，仙好樓居，以況柳，以媚柳也。牙籤萬軸，充牣其中。下置繡幃瓊榻，相與日夕晤對。錢集中所云，争先石鼎聯名句，薄暮銀燈算刼棋。（寅恪案，應作「争先石鼎搜聯句，薄怒銀燈算刦碁。」「薄怒」之誤爲「薄暮」，蓋涉「銀燈」而謁也。）蓋紀實也。牧翁披吟之好，晚而益篤。圖史校讎，惟河東君是職，臨文或有探討，柳輒上樓翻閱。雖縹緗盈棟，而某書某卷，隨手抽拈，百不失一。或用事微訛，旋爲辨正。牧翁悅其慧解，益加憐重。

觚賸叁吳觚下「河東君」條云：

柳歸虞山宗伯，自爲絳雲仙姥下降，仙好樓居，乃枕峰依堞於半野堂後，搆樓五楹，窮丹碧之麗，扁曰絳雲。大江以南，藏書之家，無富於錢。至是益購善本，加以汲古雕鐫，輿致其上，牙籤寶軸，參差充牣。其下黼幃瓊寢，與柳日夕相對。所云，争先石鼎搜聯句，薄怒銀燈算刼碁。蓋紀實也。宗伯吟披之好，晚齡益篤，圖史較讐，惟柳是問。每於畫眉餘暇，臨文有所討論，柳輒上樓繙閱，雖縹緗浮棟，而某書某卷，拈示尖纖，百不失一。或用事微有舛訛，隨亦辨正。宗伯悅其慧解，益加憐重。

寅恪案，牧齋遺事言「下置繡幃瓊榻，相與日夕晤對。」觚賸言「其下黼幃瓊寢，與柳日夕相對。」則錢柳之住室實在絳雲樓下。可與曹秋岳「宗伯樓下驚起」之語相印證。鄙意書籍之貯藏，在常熟近海潮濕地域，自以樓上爲宜。樓下縱有披閱之本，但大多數當必置於樓上無疑。牧齋「三重閣上理琴書」之句，「三重」之「三」，或不必拘泥，然「閣上」一辭，應可信也。至接待男性賓客之室，必在樓下，而不在「五楹」之內，疑是絳雲樓下之廂房也。觀絳雲樓未焚以前，牧齋作品中如牧齋外集貳伍「跋偈庵詩冊」末署：「庚寅正月書于沁雪石下。」及「題爲黃子羽書詩冊」末署：「庚寅二月二十五日蒙叟錢謙益書於絳雲樓左廂之沁雪石下。」並黃梨洲思舊錄「錢謙益」條（參南雷文案貳「天一閣藏書記」。）所云：「余數至常熟，初在拂水山莊，繼在半野堂，絳雲樓下。後公與其子孫貽(愛)同居，余卽住於其家。」則知絳雲樓下，別有廂房，供留宿賓客之用。至沁雪石者，原爲元代趙松雪孟頫舊物。上引有學集貳秋槐詩支集附河東君「洗罷新松看沁雪」句及此詩後，牧齋答陳開仲詩「沁雪摩挲新拜石」句，（可參有學集壹捌「徐存永尺木集序」：「坐絳雲樓下，摩挲沁雪石。」等語。）卽與此有關。此石本末見錢曾註牧齋「沁雪」句云：

沈石田圖琴川錢氏沁雪石詩序：「吳興趙文敏鷗波亭前有二石。一曰沁雪。一曰垂雲。垂雲流落雲間，已不可考。沁雪在海虞縣治中。錢允言氏購得之。白石翁爲作圖，系之以詩。石上勒沁雪二字，是松雪翁八分書。」

徐復祚花當閣叢談（一作石郇老委談。）肆「沁雪石」條（可參虞陽說苑乙編虞山雜記「垂雲沁雪二石」條。）云：

沁雪石原趙松雪家故物也。松雪實二石，一名垂雲，今在松江某大家。沁雪質純黑，遇雨潤，則白色隱起如雪，故名。不知何時乃入吾常熟縣治後堂。（虞山雜記作「沁雪者，石質黑，而額上一方，雪着卽消。今在環秀。」）會縣尹某愛女病，命女巫治之。錢昌時掌邑賦，默囑巫，令稱石爲祟。尹命牽出之，於是爲錢氏物。

又談遷棗林雜俎義集名勝「沁雪石」條云：

趙子昂鷗波亭前有石二，曰沁雪，曰垂雲。垂雲流落雲間，已不可攷。沁雪石在常熟縣署中，有鐫字。或云，沁雪子昂妾也。（寅恪案，若果如或說，則牧齋之求得此石，疑與河東君有關也。）錢侍御岱乘邑侯女疾，嗾巫言石爲祟，出之，得歸錢氏，在徐上舍處。

柳南隨筆肆「沁雪石」條云：

沁雪石趙松雪鷗波亭前物也。後入吾邑縣治中，邑人錢昌以計出之。旣而歸於錢，置之絳雲樓前。不久樓火，石亦燼。

前引湯漱玉玉臺畫史叁所載黃媛介畫扇署欵云：「甲申夏日書于東山閣。」此「東山閣」之名，是否皆令借以指絳雲樓總體而言，藉免「齊牢擕絳雲」之「齊牢」嫌疑。若作如是解釋，則皆令住室，卽是樓下之廂房。抑或「閣」字乃指樓上，蓋皆令實住於樓上，與樓下錢柳之寢室間隔稍遠也。

靳榮藩吳詩集覽壹貳上「題鴛湖閨詠」四首。其二云：

休言金屋貯神仙。獨掩羅裙淚泫然。栗里縱無歸隱計，鹿門猶有賣文錢。女兒浦口堪同住，新婦磯頭擬種田。夫婿長楊須執戟，不知世有杜樊川。

其三云：

絳雲樓閣啟空虛。女伴相依共索居。學士每傳青鳥使，蕭娘同步紫鸞車。新詞折柳還應就，舊事焚魚總不如。記向馬融譚漢史，江南淪落老尚書。

第叄首末附評語云：

離隱之目，本自新樣。「栗里縱無歸隱計」，若砭其「隱」字，正是剔清「離」字也。故此首云，「女伴相依共索居」。「索居」上有「相依」字，「共」字，亦奇。（寅恪於前第貳章已引此題第貳首兩句，幷靳氏評語。茲爲解釋便利，故重錄之。）

寅恪案，前於第貳章論梅村此題第貳首末句「不知世有杜樊川」乃謂錢牧齋，非指張天如。今更合此題第貳第叄兩首並讀之，駿公詩意尤爲明顯。第叄首「女伴相依共索居」句，亦是皆令暫居絳雲樓時之實況，蓋雖與女伴相依，而皆「索居」也。

又有學集貳秋槐詩支集河君依韻奉和牧齋「人日示內」二首之二，中有「洗罷新松看沁雪」之句，此題之後爲「贈黃若芷大家四絕句」云：

節比青陵孝白華。齋心況復事毘耶。丹鉛點染從遊戲，只似諸天偶雨花。

旃檀雲氣湧香臺。　蓮漏初殘貝葉開。　丈室掃除容寶座，散花天女故應來。

暈碧圖黃謝物華。　香燈禪板道人家。　中庭只有寒梅樹，邀得仙人萼綠華。

鷗波亭向絳雲開。　沁雪虛庭絕點埃。　墨竹數枝香一縷，小窗留待仲姬來。（寅恪案，河東君此首之意，自是以管仲姬比媛介。但揆之牧齋所以求得沁雪石置於絳雲樓前者，蓋以己身比松雪，而以河東君比仲姬也。牧齋前此爲築絳雲樓之故，不得已而賣趙松雪舊藏之兩漢書於謝象三，致使其不能享有對美人讀寶書之天福，遂無可奈何對美人玩奇石，聊用彌補舊日之遺憾歟？由是言之，此沁雪石者，在牧齋意中，本與河東君有關。在河東君詩中，則又借之以指媛介。然則此石亦是與惠香之名相同，可以概括合此條件之女性，不必限於某一人也。）

據錢遵王註本，此題下有一「附」字，與上一題「依韻奉和二首」下有一「附」字者，體例正同，可證此四絕句，亦是河東君作品，非牧齋所賦也。黃若芷者，未審爲何人，但旣稱之爲「大家」，則必是女敎師，而非尋常婦人可知。第肆首全部皆以趙孟頫夫人管道昇爲比，然則合此等條件之河東君女友，恐舍黃媛介外，別無他人。又「若芷」兩字，皆與「香」字有關。前論牧齋於崇禎九年丙子，已有惠香閣之名，惟此金屋，蓋所以留待將來之阿嬌，而此阿嬌不必爲一確定之人，任何女性，苟有當牧齋之意者，卽目之爲惠香，亦無不可。若依此解釋，論惠香之名時，曾引庾子山詩「流水桃花色，春洲杜若香。」等句，今觀「若芷」之稱，更與杜牧之「春日言懷，寄虢州李常侍十韻。」詩，「風畦芷若香」句（見全唐詩第捌函杜牧貳。)字字切合。是若芷固一惠香也。或謂贈若芷詩第壹首第壹句「節比青陵」之語，似與媛介身世未合，殊有可疑。但皆令於亂離之中，不被污染，縱遭嫌忌，亦能始終與其夫楊世功相守，當可借青陵臺相比擬，不必過於拘泥。惟「天女散花」及「萼綠華」之典，稍有語病，與王漁洋以秋娘比黃皆令，正復相似。此皆令之兄所以不喜其妹與河東君往來之故歟？復次，李漁笠翁十種曲中有「憐香伴」一種。曲海總目提要貳壹謂此曲「憑空結撰，無所本。」鄙意十種曲中如「意中緣」之類，卽指當時之事。「憐香伴」恐非全無所本。或者「憐」乃楊影憐之「憐」，「香」乃惠香或黃若芷之「香」。「伴」乃「女伴相依共索居」之「伴」。「憐香伴」曲中，崔雲箋之「雲」，與「阿雲」之「雲」有關。崔曹二女立誓並嫁范生，及雲箋托病願退居，讓曹語花爲正室，與惠香在牧齋家中護視河東君之病事及牧齋贈惠香詩「並蔕雙棲宿有期」句，亦頗相類。至雲箋語花賦詩定交，其題爲「美人香」則「美人」本河東君別號，而「香」則是「惠香」之「香」也。由此言之，「憐香伴」與「意中緣」，俱有所本，不過「憐香伴」隱諱特甚，撰曲海提要者，遂不能知其所指之實在人物耳。寅恪讀梅村「題鴛湖閨詠」戲用彩筆體爲賦一律，附錄於此，以博通人之一粲。斯固心中尚存黑白之盲瞽應有事也。詩云：

載筆風塵未飽溫。何妨招隱入朱門。紅巾翠袖誰揩淚，碧海青天共斷魂。炊劍乾坤珍白璧，擔簦身世怕黃昏。憐香伴侶非耶是，留付他時細討論。

抑更有可論者，有學集貳拾「贈黃皆令序」(此文前已引其一部分，茲爲便利起見，故全錄之。)云：

絳雲樓新成，吾家河東邀皆令至止。硯匣筆牀，清琴柔翰。挹西山之翠微，坐東山之畫障。丹鉛粉繪，篇什流傳。中吳閨閫，侈爲盛事。南宗伯署中，閑園數畝，老梅盤拏，柰子花如雪屋。烽烟旁午，訣別倉皇。皆令擬河梁之作，河東抒雲雨之章。（寅恪案，梅村家藏藁伍捌梅村詩話「黃媛介」條略云：「媛介後客於牧齋柳夫人絳雲樓中。樓燬於火，牧齋亦牢落，嘗爲媛介詩序，有今昔之感。媛介和余詩（四首之四，末兩句）曰，憶昔金閨曾比調，莫愁城外小江干。」可與牧齋此文參閱也。又「雲雨之章」之「雲」當作「零」。檢文選貳拾孫子荆「征西官屬送於陟陽候作詩一首」云：「晨風飄歧路，零雨被秋草。」及宋書陸柒謝靈運傳略云：「史臣曰，子荆零雨之章，正長朔風之句。」牧齋之語，蓋出於此。淺人不曉，習聞高唐賦「雲雨」之辭，因而抄寫譌誤，遂致比儗不倫，殊可笑也。）分手前期，蹔游小別，迄今數年矣。今年冬，余遊湖上，皆令僑寓秦樓，見其新詩，骨格老蒼，音節頓挫。雲山一角，落筆清遠，皆視昔有加，而其窮亦日甚。湖上之人，有目無覩，蠅鳴之詩，鵶塗之字，互相題拂，於皆令莫或過而問焉。衣帔綻裂，兒女啼號，積雪拒門，炊烟冷突。古人賦士不遇，女亦有焉。吁！其悲矣！滄海橫流，刦灰蕩埽，留署古梅老柰，亦猶夫上林之盧橘，寢園之櫻桃，斬刈爲樵薪矣。絳雲圖書萬軸，一夕煨燼，與西清東觀，琅函玉軸俱往矣！紅袖告行，紫臺一去，過清風而留題，望江南而祖別。少陵隮曲江之淚，遺山續小孃之歌，世非無才女子，珠沉玉碎，踐戎馬而換牛羊，視皆令何如？皆令雖窮，清詞麗句，點染殘山剩水間，固未爲不幸也。河東湖上詩：「最是西泠寒食路，桃花得氣美人中。」皆令苦相吟賞。今日西湖，追憶此語，豈非窮塵往刦？河東患難洗心，懺除月露，香燈禪版，淨侶蕭然。皆令盍歸隱乎？當屬賦詩招之。

吳應箕留都見聞錄上園亭門云：

六部各有園，皆爲之不及百年。禮戶二部俱在洪武門之左。禮部有敞亭可憩，戶部有高樓可眺。亦引水爲池，恨疏鑿不得法耳。余親見園中竹樹時爲堂官斫取。又衆以傳舍視之，不久廢圮矣。

寅恪案，牧齋此序未能攷定何時所作。但河東君贈黃若芷詩，附於「庚寅人日」詩後，庚寅十月二日絳雲樓焚燬，牧齋此文中已言及之。又序中有「香燈禪版」之語，與河東君贈黃若芷詩「香燈禪版道人家」之句，可相印證。然則序中之「今年冬，余遊湖上。」乃指順治七年庚寅之冬季歟？若果所揣測者不誤，河東君贈黃若芷詩，亦即序中「當屬〔河東〕賦詩以招之」之詩耶？至牧齋序文之佳妙，讀者自能知之，不待多論也。吳次尾所記南京禮部園一條，與牧齋任職弘光朝之時間相距極近，故附錄之，以資參證。茲尙有關涉絳雲樓者數事，附論述之於下。

牧齋尺牘中「致瞿稼軒」十四首。其二云：

癸未詩一卷，乞付文華刻入。文部缺者，即日補上也。壨似未必眞，如眞則不如新墨多矣。賤內辱太親母寵招，理應趨赴，何敢自外。第恐太費華筵耳。容伸謝不一。

其六云：

小樓卜築，重荷玉趾，但以輶褻爲愧耳。看菊自當如約。

其十一云：

內人性頗沾灩，再三商榷，以爲必待小樓成後，奉屈太母，然後可以赴召。其意確不可回，似亦一念恪愼，非有他意，只得聽之也。更俟面謝，不盡。

其十二云：

和韻四首，風致婉麗。以巴人之唱，而辱陽春之和，吾滋愧矣。拙集已料理三卷，乞付文華，卽當續補，以湊十卷之數，舊作似難再投也。

其十三略云：

華堂曲宴，大費郇廚，附謝不盡。泉酒領到，謝謝。

寅恪案，上所擇錄牧齋尺牘五通，皆爲崇禎十六年癸未冬間建築絳雲樓及刊刻初學集時之作品。「太親母」者，稼軒之夫人，孫愛妻之祖母也。前論顧云美本末時，引牧齋「先太淑人述」，已言及之矣。牧齋書中所言之墨及酒，疑俱稼軒贈與河東君者。蓋牧齋不善書（見牧齋有學集補「題丁菡生藏余尺牘小册」。）而河東君善書。牧齋不善飲，而河東君善飲。（見前論「採花釀酒歌」節。）稼軒之於牧齋，以老門生而兼太親翁之資格，又爲深能欣賞河東君之人，豈有不知「寶劍遺壯士，紅粉贈佳人。」之諺語，轉以寶劍贈非壯士之牧齋耶？據此等瑣事，更可證知稼軒在牧齋家庭中，乃河東君之黨，而非陳夫人之黨矣。至稼軒和韻四首，今檢瞿忠宣公集，未見有適合此時間和牧齋四首之詩者，甚難確指其爲何題。或者卽和絳雲樓上梁詩八首中之四首，與毛子晉所和詩，俱是同時之作品也。毛子晉野外詩載「登錢夫子絳雲樓和韻八首」。前第壹題爲「題垂虹橋亭」中有「秋風垂釣圖」。前第貳首爲「仲木來居池上寄之」。中有句云：「記取湖濱乙酉年」。其後第貳題爲「丙戌春分病起」。初據此推計，似子晉和絳雲樓詩作於順治二年乙酉秋季以後，三年丙戌春分以前。此時明南都已傾覆，牧齋隨例北遷，尚未還家。然子晉和絳雲樓詩，不見有國亡家散，人去樓空之感，則此和詩疑是絳雲樓初成時所作，後來因有忌諱，遂加修改，故排列次序亦不依初稿作成之先後耶？俟攷。子晉詩不甚佳妙，故不錄於此，讀者取毛集參之可也。

又有學集肆肆有「愚樓對」一篇，牧齋借施氏之愚樓，以誇其絳雲樓，文字詼奇，可稱佳作。玆節錄於後，聊備絳雲樓全部公案中之一事云爾。

其文略云：

愚山子治臨江之公廨，撤故亭爲愚樓。山陰徐伯調記其事於石。（寅恪案，「愚山子」卽施閏章。事蹟見淸史稿肆捌玖文苑壹本傳等。徐伯調卽徐緘。事蹟見浙江通志壹捌拾文苑叁本傳等。)余讀而美其文,傳示坐客。客有啐於旁者曰,子之營絳雲也,可謂夸矣。烏目再成,雀離奓加。眞檐翠微,闞宎丹霞。叢屋架棟,四部五車。如鳫竊脂,如雀啄花。剖葦負版,殫瘁厥家。祝融作難,焚如突如。綠字焦爛,丹書掀飛。珠塵玉膏,狼籍路衢。主人耄矣,誅茅燼餘。趼鼻枳足,驕亟之廬。過者竊笑,咸欲剷絳雲之扁,而諡之以愚。言已假寐囈語,有夫絳衣大冠,執而數之曰,余絳雲之守神也。用誓告汝,昔者金鏡委光,珠囊不收。經典漫漶,俗學嘲啁。主人奮肰,鈎河雒,披墳丘,穿地藏,羅天球。整齊經史,津涉姒周。寶書玉牒,旁摭曲蒐。神工百王,聖德千秋。浴堂沈沈,宣室悠悠。插牙籤其如織,執丹書以告修。枝柱乎星紀之虛,巋然此樓也。雲漢黯靄,壘穴晦冥。有光激射,上直帝廷。上帝曰,咨宿戒六丁,霞車日轂,載而上征。東澗老人與客同夢,蹶然而起。燈明風肅,神告在耳。幸斯文之未喪,知皇覽之不可以忽遺也。命筆書愚樓對,以復于愚山子。

「絳雲樓上梁」詩第貳首云:

麗譙如帶抱簷楹。置嶺標峯畫不成。窣堵波呈雙馬角,招眞治近一牛鳴。琴繁山應春絃響,月白香飄夜誦聲。還似玉眞淸切地,雲窗風戶伴君行。

寅恪案,此首寫絳雲樓上所能望見之景物及樓中絃誦之聲也。其他如「招眞治」等,已詳遵王註,無取多論。

第叁首云：

曾樓新樹絳雲題。（自注：「紫微夫人詩云，乘飈儔衾寢，齊牢攜絳雲。故以絳雲名樓。」）禁扁何殊降紫泥。初日東南長自炤，浮雲西北任相齊。花深綱戶流鶯睡，風穩雕粱乳燕棲。一曲洞簫吹引鳳，人間唱斷午時鷄。

第肆首云：

三年一笑有前期。病起渾如乍嫁時。（自注：「泛舟詩云，安得三年成一笑。君病起，恰三年矣。」）風月重窺新柳眼，海山未老舊花枝。爭先石鼎搜聯句，薄怒銀燈算刦碁。見說秦樓夫婦好，乘龍騎鳳也參差。

寅恪案，此兩首最佳，而遵王無所解釋，蓋皆是河東君本事，特有意不作一字，殊可恨可笑也。第叁首第壹句標出命名之由，據第貳句之意，書絳雲樓扁之人，疑卽是河東君。否則牧齋不致作此諛辭。前引翁瓶廬之言，謂河東君之書奇氣滿紙，想此樓扁亦復如是也。第叁句用陌上桑之典，以河東君比羅敷，亦暗寓「美人」之號。第肆句不僅自發牢騷，且用河東君「望斷浮雲西北樓」句之今典。第柒句不僅用蕭史之古典，亦兼用牧齋「鶴引遙空鳳下樓」句之今典。第肆首第叁句用河東君「春前柳欲窺青眼」句及牧齋「曲中楊柳齊舒眼」句之今典。皆見前論東山訓和集有關諸詩，玆不復贅。

第伍首云：

第陸首云：

絳雲樓閣牓齊牢。知有眞妃降玉霄。匏爵因緣看墨會，（自注：「紫淸眞妃示楊君，有匏爵分味，墨會定名之語。」）苕華名字記靈簫。（自注：「眞妃名鬱嬪，字靈簫。並見眞誥。」）珠林有鳥皆同命，碧樹無花不後凋。攜手雙臺攬人世，（自注：「攜手雙臺，亦眞誥語。」）巫陽雲氣自昏朝。

燕寢凝香坐翠微。辰樓修曲啓神扉。逍遙我欲爲天老，恬淡君應似月妃。霞熠牙箱雙玉檢，風吹綸絮五銖衣。夕陽樓外歸心處，縣鼓西山觀落暉。（寅恪案，「觀」下牧齋自注一「去」字。蓋內典止觀之義。遵王註引觀經，甚是。」）

寅恪案，此兩首多用眞誥典故，牧齋自注及遵王註，皆已詳述。惟第伍首第伍句「同命」之語，竟成詩讖，可哀也已。

第柒首云：

寶架牙籤傍綺疏。仙人信是好樓居。風飄花露頻開卷，月熠香嬰對較書。拂紙丹鉛雲母細，篝燈簾幙水精虛。昭容千載書樓在，結綺齊雲總不如。

寅恪案，第肆句乃是寫實，而非泛語也。詳見第伍章論列朝詩集節所引牧齋遺事「柳夫人生一女」條。茲暫不涉及。但今天壤間不知是否實有河東君所校之書籍，尙待訪問。據神州國光社影印東澗寫校李商隱詩集三卷。其中除牧齋外，別有一人校寫之手跡。取國光社影印柳如是山水畫冊河東君題字相比較，頗有類似之處。但以無確切不疑之河東君手跡可爲標準，故未敢斷定東澗寫校李集中，別一人之手筆，出於河東君也。第柒句之典見計有功唐詩紀事叁「上官昭容」條（參全唐詩第陸函呂溫貳。）其文云：

正（貞）元十四年崔仁亮於東都買得研神記一卷，有昭容列名書縫處。呂溫感歎，因賦上官昭容書樓歌云，漢家婕妤唐昭容。工詩能賦千載同。自言才藝是天眞。不服丈夫勝婦人。歌闌舞罷閑無事。縱恣優游弄文字。玉樓寶架中天居。緘奇秘異萬卷餘。水精編帙綠鈿軸，雲母擣紙黃金書。風飄花露清旭時。綺窗高掛紅綃帷。香囊盛煙繡結絡，翠羽拂案青琉璃。吟披嘯卷紛無已，皎皎淵機破研理。詞縈綵翰紫鸞迴，思耿寥天碧雲起。碧雲起，心悠哉。境深轉苦坐自催。金梯珠履聲一斷，瑤堦日夜生青苔。青苔秘仙關。曾比羣玉山。神仙杳何許，遺逸滿人間。君不見洛陽南市賣書肆。有人買得研神記。紙上香多蠹不成。昭容題處猶分明。令人惆悵難爲情。

牧齋之用此典，蓋有取於和叔「自言才藝是天眞。不服丈夫勝婦人」之語，以其與河東君性格甚爲切合故也。又河東君於崇禎十二三年遊杭州時，曾寄寓汪然明橫山別墅，（見河東君致汪然明尺牘第壹，第壹捌及第壹玖等通。）後來牧齋於崇禎十四年春遊黃山過杭州時，亦寓汪氏橫山別墅。今東山詶和集及初學集載有「橫山汪氏書樓」七律一首，前已論釋，不須更贅。惟可注意者，卽「書樓」二字，恐是牧齋因河東君曾寄寓其處，遂特加此二字，以媲美於上官婉兒，非然明別墅原有書樓之目也。俟攷。餘可參第貳章所引牧齋「觀美人手跡，戲題絕句七首」第陸首自注及有學集肆柒「明媛詩緯題詞」等。

第捌首云：

駕月標霞面面新。玉簫吹徹鳳樓春。綠窗雲重浮香母，翠𡾊風微守谷神。西第總成過眼夢，東山猶少畫眉人。憑闌共指塵中笑，差趺何當更一塵。

寅恪案，第叁聯上句之「西第」，以梁冀比周延儒。（見後漢書列傳伍拾上馬融傳及同書列傳貳肆梁統傳附梁冀傳。）蓋此時玉繩已死矣。下句之「畫眉人」，乃謂被畫眉之人，以張敞夫人比河東君。牧齋心目中固無陳夫人，豈不知此語未免唐突謝安石之劉夫人耶？